Michael Rasch   Michael Ferber

DIE HEIMLICHE
ENTEIGNUNG

DIE HEIMLICHE
ENTEIGNUNG

So schützen Sie Ihr Geld
vor Politikern und Bankern

Michael Rasch   Michael Ferber

Bibliografische Information der Deutschen Nationalbibliothek
Die Deutsche Nationalbibliothek verzeichnet diese Publikation in der Deutschen
Nationalbibliografie. Detaillierte bibliografische Daten sind im Internet über
http://dnb.d-nb.de abrufbar.

Für Fragen und Anregungen:
rasch@finanzbuchverlag.de
ferber@finanzbuchverlag.de

1., Auflage 2012
© 2012 by Finanzbuch Verlag, ein Imprint der Münchner Verlagsgruppe GmbH
Nymphenburger Straße 86
D-80636 München
Tel.: 089 651285-0
Fax: 089 652096

© 2012 Verlag Neue Züricher Zeitung, Zürich
Lizenzausgabe für Deutschland und Österreich
Münchner Verlagsgruppe GmbH, Nymphenburger Straße 86, D-80636 München

Umschlaggestaltung: Judith Wittmann, München
Druck: CPI | Clausen & Bosse, Leck
Printed in Germany

ISBN Print 978-3-89879-713-9

Weitere Informationen zum Verlag finden Sie unter

www.finanzbuchverlag.de

Beachten Sie auch unsere weiteren Verlage unter
www.muenchner-verlagsgruppe.de

Für unsere Eltern

Inhalt

Vorwort

Es ist erfreulich und auch überfällig, dass zwei Ökonomen endlich die Geldpolitik der Notenbanken kritisch analysieren. «So schützen Sie Ihr Geld vor Politikern und Bankern» ist ein besonders aktuelles Thema, dem ein breites Publikum bis jetzt allerdings wenig Beachtung geschenkt hat. Die beiden Autoren Michael Rasch und Michael Ferber behandeln in diesem Buch eingehend die Problematik einer sehr expansiven Geldpolitik. Trotzdem möchte ich noch einige Gedanken beifügen und dabei hauptsächlich auf die Politik der US-Notenbank (Federal Reserve) eingehen.

Unter den Präsidenten der US-Notenbank, den Herren Alan Greenspan (ab 1987) und Ben Bernanke (seit 2006), war und ist die amerikanische Geldpolitik durch eine vollständige Vernachlässigung des übermässigen Kreditwachstums gekennzeichnet. In den USA sind die Gesamtschulden der privaten Haushalte, der Unternehmen und des Staates von rund 140 Prozent des Bruttosozialprodukts im Jahre 1980 auf zurzeit knapp 380 Prozent gestiegen. Diese 380 Prozent schliessen noch nicht die fundierten, aber bestehenden künftigen Verpflichtungen in der Sozialversicherung und im Gesundheitswesen ein, die auf rund 400 Prozent des Bruttosozialprodukts geschätzt werden.

Zudem haben die führenden amerikanischen Notenbanker den Zweck von Krediten völlig vernachlässigt. Es besteht nämlich ein grosser Unterschied zwischen einem Kredit, der für allerlei volkswirtschaftlich nicht produktive Finanzspekulationen oder für gegenwärtigen Konsum aufgenommen wird, und einem Kredit, der für Kapitalinvestitionen, wie dem Bau einer Fabrik und der Beschaffung von Maschinen, in Anspruch genommen wird. Beim Konsumkredit ist der Multiplikatoreffekt sehr begrenzt, während der Kredit für Kapitalinvestitionen eine nachhaltig einkommensfördernde Wirkung hat. Die klassischen Ökonomen sprechen im letzteren Fall von einem produktiven Investitionskredit. Zudem sollte es auch einleuchten, dass der Konsumentenkredit lediglich die künftige Nachfrage vorzieht und dass eines Tages, wenn der private Haushaltssektor überschuldet ist, der Konsum der Haushalte nicht mehr stark wachsen kann oder sogar schrumpfen muss – so wie dies jetzt in den USA der Fall ist.

Die amerikanischen Geldpolitiker haben auch nicht verstanden, was Inflation tatsächlich heisst, da sie bei ihrer Geldpolitik lediglich die Kerninflation im Auge hatten. Die Autoren Rasch und Ferber behandeln in mehreren Kapiteln eingehend, was eine Inflation eigentlich ist. Ich möchte hier jedoch noch erwähnen, dass dieses Thema bereits in den 1920er-Jahren zwischen einigen amerikanischen Ökonomen und dem bedeutenden britischen Ökonomen John Maynard Keynes zu einer vertieften Debatte geführt hat. In einem Essay, das der Namensgeber des Keynesianismus damals an die US-Notenbank geschickt hat, argumentierte er, dass sich eine Inflation «früher oder später in den steigenden Preisen von Konsumgütern» bemerkbar machen würde. Einige Mitglieder der US-Notenbank, unter anderem Carl Snyder, antworteten ihm, dass ein übermässiges Kreditwachstum den grössten Immobilienboom der letzten 60 Jahre verursacht und dass die übermässige Kreditexpansion zu einer gewaltigen Inflation bei Aktien und Immobilien geführt habe. In A Treatise on Money aus dem Jahr 1930 revidierte Keynes dann seine Meinung und erklärte, dass für jemanden, der in den 1920er-Jahren nur Konsumentenpreisindizes betrachtete, es keine Inflation gegeben habe. Für jemanden, der die starke Expansion von Bankkrediten und die steigenden Aktienkurse in Betracht zog, habe es allerdings sehr wohl eine Inflation gegeben. Zwischen 1927 und 1929, so Keynes, sei es in den USA zu einer hohen Gewinninflation gekommen.

Ich schreibe dies hier, weil die gegenwärtigen amerikanischen Geldpolitiker, wie anfangs erwähnt, das übermässige Kreditwachstum völlig vernachlässigt haben. Ja, mehr noch: Sie erachten Anlageblasen nicht nur als völlig normal, sondern sogar auch als erstrebenswert, und fördern sie aktiv. An dieser Stelle ist es meine Pflicht, dem Leser mitzuteilen, dass die Förderung von Anlageblasen oder die Förderung einer Inflation der Anlagewerte («asset price inflation») das grösste Verbrechen ist, das eine Notenbank begehen kann. Der bekannte Ökonom Irving Fisher bemerkte schon in den 1930er-Jahren: Wenn zu einer Zeit monetärer Inflation alle Preise und Einkommen gleichmässig stiegen, würde niemand darunter leiden. Wenn jedoch der Anstieg der Preise und der Löhne ungleichmässig verteilt sei, würde die Mehrheit der Bevölkerung verlieren und nur eine Minderheit gewinnen.

Da mich die grossen Anlageblasen in der Wirtschaftsgeschichte immer fasziniert haben, bin auch ich nach dem Studium dieser Bubbles zu dem Schluss gekommen, dass beim Platzen einer Anlageblase die meisten

Anleger verlieren und nur ganz wenige profitieren oder wenigstens ohne grösseren Schaden davonkommen. Ausserdem sind Anlageblasen, die von negativen realen Zinsen begleitet werden, die perfidesten, weil ehrliche Sparer entweder Jahr für Jahr an Kaufkraft einbüssen oder geradezu von den Notenbanken zur Spekulation gezwungen werden. Aus diesem Grund führen Zeiten rapiden Geldmengen- und Kreditwachstums zu einer sich stark vergrössernden Differenz beim Einkommen und beim Reichtum. Der soziale Friede wird gestört, und wenn der Unterschied zwischen Arm und Reich zu gross wird, verursachen sie in Extremfällen sogar Revolutionen oder Bürgerkriege.

Schliesslich möchte ich die Worte von Ernest Hemingway in Erinnerung rufen, nach denen die erste Lösung für ein schlecht geführtes Land die Inflation der Geldmenge sei, die zweite der Krieg. Beide würden temporären Wohlstand bringen – und dann permanenten Ruin.

Marc Faber
Chiang Mai, August 2012

Prolog

Die Retter der Welt sind zum Risiko geworden

Wir leben in extremen Zeiten – in extrem interessanten Zeiten, in extrem aufregenden Zeiten und in extrem gefährlichen Zeiten. Seit dem Ausbruch der internationalen Finanzkrise hat sich im öffentlichen Leben und an den Märkten vieles geändert. Grosse Fehler wurden jedoch bereits Jahre vorher, ja sogar Jahrzehnte vorher gemacht. Sie blieben allerdings weitestgehend unbemerkt. Die wenigen Kritiker fanden kein Gehör, nicht in der Finanzbranche, nicht in den Medien und schon gar nicht in der Öffentlichkeit. Seit Mitte der 1980er-Jahre bekämpften die internationalen Notenbanken, vor allem jene der USA, jede Krise an den Finanzmärkten – dies fing in den USA an, und zwar mit dem Crash im Jahr 1987, setzte sich in den Folgejahren nach der Rezession 1991/92 fort, ging über die Asien- und Russlandkrise 1998 bis hin zum Platzen der New-Economy-Blase im Jahr 2000 und den Anschlägen vom 11. September 2001 – mit der immer gleichen Medizin: mit der Senkung der Leitzinsen und der Ausweitung der Geldmenge. Nun werden diese Fehler einmal mehr wiederholt.

Das Ziel war einerseits die Abfederung der genannten externen Schocks sowie andererseits die Erzeugung eines dauerhaften, rezessionsfreien Wachstums. Diese Phase von etwa 1990 bis zum Ausbruch der jüngsten Finanzkrise wird heutzutage gern als «the great moderation» bezeichnet. Die US-Notenbank meinte, sie könne das Wachstum steuern. Das war eine irrige Vorstellung, so als würde die Rezession nicht genauso zum natürlichen Konjunkturzyklus gehören wie der Boom. Über viele Jahre hinweg ging die Strategie scheinbar auf. In Anlehnung an den französischen Philosophen Voltaire hätte man diese Phase vor allem für die Aktienmärkte auch die «beste aller Welten» nennen können. Angetrieben von einem ordentlichen Wirtschaftswachstum, vor allem in den USA, sowie von einer positiven, aber relativ geringen Inflation stiegen die Kurse an den Aktienbörsen von Rekordhoch zu Rekordhoch. Bei dieser besten aller Welten handelte es sich jedoch um einen Trugschluss. Das relativ stetige Wachstum wurde nämlich zum Teil mit zu niedrigen Zinsen und daher zu billigen Krediten erkauft. Das förderte in den USA ein Leben auf Pump. Heutzutage würde man diese Periode wohl eher «the great manipulation» nennen. Irgendwann ist allerdings auch die schönste Party zu Ende – und die Rechnung muss unausweichlich bezahlt werden.

Dies geschieht seit dem Ausbruch der Finanzkrise. Doch auch auf diese heftigen Turbulenzen reagierten die internationalen Notenbanken mit dem bekannten Mittel. Sie stellten den Finanzmärkten nahezu unbeschränkt Liquidität zur Verfügung, senkten zum Teil panikartig die Leitzinsen und weiteten die Geldbasis (M0) stark aus. Und tatsächlich verhinderten die Präsidenten der Notenbanken damit in den dunkelsten Stunden der Finanzkrise im Herbst 2008 und in den Wochen nach dem Kollaps von Lehman Brothers noch Schlimmeres, nämlich den drohenden Systemzusammenbruch. Zu diesem Zeitpunkt war Ben Bernanke Präsident der US-Notenbank (Federal Reserve), Jean-Claude Trichet Präsident der Europäischen Zentralbank (EZB) und Mervyn Allister King Gouverneur der Bank of England. In der Eidgenossenschaft präsidierte die Schweizerische Nationalbank (SNB) damals Jean-Pierre Roth. Als die Welt am Abgrund stand und ein unkontrollierter Zusammenbruch des amerikanischen und europäischen, wenn nicht gar des globalen Finanzsystems drohte, drehten die Zentralbanker den Geldhahn voll auf. Dabei tat sich besonders Ben Bernanke hervor. Aber auch in Europa öffnete die Europäische Zentralbank die Geldschleusen.

Der Handel zwischen den Banken war praktisch zum Erliegen gekommen, da auch in diesem Sektor niemand wusste, welche Bank noch solvent war und übermorgen noch die Pforten öffnen würde. Geschäfte zwischen den Banken, die in normalen Zeiten am Ende des Tages, am Ende der Woche oder gar noch später verrechnet wurden, mussten nun sofort beglichen werden, teilweise sogar gegen Vorkasse. Da viele Kreditinstitute im Interbankenmarkt kein Geld mehr bekamen, waren die Notenbanken letztlich gezwungen, die Funktion der Liquiditätsbeschaffung zu übernehmen. Es bestand die Gefahr, dass auch gesunde Banken aufgrund eines Problems mit dem Cashflow, also mit dem Geldfluss für die laufenden Geschäfte, in die Pleite getrieben würden.

Die Notenbanken stützten die taumelnden Grossbanken daher unlimitiert mit Liquidität, legten dem zum Teil stillstehenden Finanzkreislauf einen Bypass und versuchten, die verängstigten und hypernervösen Teilnehmer an den Finanzmärkten zu beruhigen. In der Krise gerieten die traditionell zurückhaltenden, ja fast drögen Währungshüter nicht nur zu Hütern des Finanzsystems, sondern avancierten quasi zu den Rettern der

Welt. Dabei waren und sind ihre Massnahmen und Verdienste in der heissen Phase der Krise im Prinzip unbestritten. Das Problem ist nun jedoch die Beendigung der aussergewöhnlichen Hilfen und die Rückkehr zur Normalität. Dahingehende Schritte leiteten die Verantwortlichen bis heute nicht ein. Im Gegenteil: Es wurden immer neue, noch nie ausprobierte geldpolitische Experimente gemacht. Durch ihre fortlaufende exzessiv expansive Geldpolitik, für die es bis heute keine historischen Präzedenzfälle und damit auch keine Erfahrungen gibt, sind die Retter mit ihrer ungeheuerlichen Ausweitung der Geldmenge und mit ihrer Aufblähung der Notenbankbilanzen längst zum Risiko für die Welt geworden.

Vor allem die US-Notenbank und die Bank of England, aber auch die Europäische Zentralbank führen derzeit wohl das grösste geldpolitische Experiment aller Zeiten durch – und werden damit womöglich die grösste Finanzblase aller Zeiten erzeugen. Die Schweizerische Nationalbank sitzt durch die Einführung einer Wechselkursgrenze zum Euro im Prinzip mit im Boot, wenngleich aus anderen Gründen. Manche Ökonomen fürchten eine drohende «trifecta of bubbles» («dreifache Blase»), bestehend aus Aktien, Rohstoffen und Anleihen. Notenbanker sind sehr geübt darin, mit einer zu losen Geldpolitik riesige Blasen an den Finanzmärkten zu erzeugen. Bereits die lockere Geldpolitik der US-Notenbank in den 1990er-Jahren hat zur New-Economy-Blase an den Aktienmärkten beigetragen. Die lange andauernde Niedrigzinspolitik nach dem Platzen der Internetblase und nach den Anschlägen vom 11. September 2001 trug entscheidend mit dazu bei, dass es zu einer Blase am amerikanischen Häusermarkt und damit zu der Krise und der Rezession kam.

Ein grosses Problem der US-Notenbank ist, dass sie zwar theoretisch unbegrenzt Geld drucken, aber letztlich nicht kontrollieren kann, wohin diese Mittel fliessen. Vieles spricht dafür, dass sich das Geld den attraktivsten Ort sucht und dass so die Flut an Liquidität primär in die Aktien- und Rohstoffmärkte sowie in die Schwellenländer schwappt. Die sich in Richtung Fernost, aber auch in die Schwellenländer Lateinamerikas ausbreitenden Kapitalwellen treiben dort ebenfalls die Aktienkurse und andere Vermögenspreise hoch. Bald könnten sie womöglich auch zu exzessiven Wechselkursschwankungen und zu einer finanziellen Instabilität führen. Notenbankkritiker meinen mit Recht, die US-Notenbank versuche die Probleme mit demselben Denken zu lösen, mit dem sie sie einst selbst geschaffen hat.

Anders als die beim Gelddrucken zumindest anfangs viel vorsichtigere Europäische Zentralbank ist die US-Notenbank um ihren Präsidenten Ben Bernanke nicht nur der Geldwertstabilität verpflichtet. Sie soll auch für eine möglichst hohe Beschäftigung sorgen. Es ist aber immer schwierig, wenn nicht gar unmöglich, mit nur einer Variablen, nämlich mit dem Leitzins, zwei Ziele gleichzeitig erreichen zu wollen. Bernanke rechtfertigt seine Politik oft mit dem Verhindern einer Deflation, worunter man ein breites, nachhaltiges Sinken der Preise für Waren und Dienstleistungen aller Art versteht. Von einer Deflation ist aber in den USA bislang nichts zu spüren. Disinflation, also eine auf niedrigem Niveau rückläufige Inflation, trifft die Lage bis zur Finanzkrise am besten. Und auch seit Ausbruch der Krise kann von Deflation keine Rede sein, wenngleich es einige deflationäre Tendenzen gibt, weil sich sowohl Staaten als auch Privathaushalte entschulden müssen. Eine Teuerung von knapp 1 Prozent ist per se noch nicht besorgniserregend, wie die Schweiz seit Jahren zeigt. Und selbst ein Mitglied der US-Notenbank, nämlich Thomas Hoenig, sagte im Oktober 2010 im Gespräch mit der *Neuen Zürcher Zeitung*, ein bisschen Deflation sei nicht schlechter als ein bisschen Inflation.

Wie normale Bürger, so sind auch Notenbanker Opfer der kollektiven historischen Erfahrungen und Erinnerungen. So fürchten sich die Amerikaner und die US-Notenbank aufgrund der grossen Depression in den 1920er- und 1930er-Jahren vor allem vor einer Deflation. In Europa ist es genau umgekehrt. Die bisher besonders von Deutschland geprägte Europäische Zentralbank fokussiert sich primär auf eine zu hohe Teuerung. Die Deutschen und die Deutsche Bundesbank (bzw. die damalige Reichsbank) haben aufgrund ihrer Erfahrungen mit der Hyperinflation zur Zeit der Weimarer Republik vor allem Angst vor einer steigenden Inflation. Entsprechend steht bei den Amerikanern mental tendenziell der Kampf gegen die Deflation im Vordergrund und bei den Deutschen und den Europäern mental tendenziell der Kampf gegen die Inflation.

Insofern wirkten die niedrigen Inflationsraten der vergangenen 20 Jahre und die herrschende Disinflation auf die Zentralbanker in Europa eher beruhigend und auf die Notenbanker in den USA eher beunruhigend. Manche Ökonomen meinen jedoch, der seit Jahren vorherrschende disinflationäre Druck sei gar nicht die Folge einer monetären Entwicklung, sondern eher der IT-Revolution in den vergangenen 20 Jahren, der starken Zunahme des Welthandels durch den Fall des Eisernen Vorhangs (Globalisierung) sowie der immer besseren Entwicklung der von Niedriglöhnen geprägten Schwellenländer als Produktionsstandorte. Sollte diese Einschätzung richtig sein, wäre das ein Indiz dafür, dass die Kunst der Zentralbanker, die Konjunktur zu steuern, in den vergangenen Jahren noch mehr überschätzt worden ist als ohnehin schon. Das bedeutete nichts Gutes für die Zukunft, haben die Zentralbanken doch inzwischen mehrere 1000 Milliarden Dollar beziehungsweise Euro aus dem Nichts neu geschaffen. Die Vertreter der Notenbanken räumen zwar ein, dass ihre Gelddruckmaschinen auf Hochtouren laufen, doch behaupten sie standhaft, sie könnten eine anziehende Inflation sofort unter Kontrolle bringen. Wenn dies nicht nur der Versuch ist, die Medien und die Öffentlichkeit zu beruhigen, dürften sie damit einmal mehr ihre Fähigkeiten überschätzen. Sollten die derzeit noch herrschenden grossen deflatorischen Einflüsse einst abklingen, wird sich zeigen, ob und wie schnell die Währungshüter auf eine dann möglicherweise rasch anziehende Inflation reagieren. Noch sind hier viele Fragen unbeantwortet, und noch ist auch der Ausgang des grössten geldpolitischen Experiments in der jüngeren Geschichte völlig offen.

Einleitung

Die grossen Auseinandersetzungen unserer Zeit

«Man will Geld verdienen, um glücklich zu leben, und die ganze Anstrengung,
die beste Kraft eines Lebens konzentriert sich auf den Erwerb dieses Geldes.
Das Glück wird vergessen, das Mittel wird zum Selbstzweck.»

Albert Camus, Philosoph und Schriftsteller

Im Zweifel für die Freiheit der Finanzmärkte

Immer wieder machen Politiker die Finanzmärkte für die Folgen ihrer eigenen disziplinlosen Haushaltspolitik und ihrer anderen Verfehlungen verantwortlich, um vom Versagen der politischen Klasse abzulenken. Das hat vor allem die Finanz- und Schuldenkrise immer wieder beispielhaft gezeigt. Mit mehr Regulierung wollen sie die Hoheit über den Markt zurückerobern. Doch die Einschränkung der Freiheit reduziert das Wohl aller Bürger.

Schon im Griechenland der Antike sollen die Überbringer schlechter Botschaften bestraft worden sein. Im Mittelalter verloren die Boten schlechter Nachrichten sogar ihren Kopf. Und viele Hundert Jahre später gibt es denselben Reflex – aller Aufklärung zum Trotz – noch immer, wenngleich die Köpfe heutzutage da bleiben, wo sie hingehören. Griechenland spielte auch in den vergangenen Jahren eine wichtige Rolle und war Ausgangspunkt von Vernebelungsaktionen und Hetzkampagnen. Als sich die Kreditkonditionen des Landes zunehmend verschlechterten, machten die Politiker und viele Medien die Finanzmärkte dafür verantwortlich. Besonders kritisierte man Spekulanten im Allgemeinen sowie Hedgefondsmanager und Investmentbanker im Speziellen. Ratingagenturen, die es diesmal wagten, ihrer Aufgabe nachzukommen und die Kreditwürdigkeit von unseriös haushaltenden Ländern herabzustufen, stellte man gleich mit an den Pranger der öffentlichen Entrüstung.

Ursache und Wirkung wurden dabei wieder einmal vertauscht. Nicht die Arbeit der Marktakteure war die Ursache für die Explosion der Refinanzierungskosten gewisser Staaten, sondern es war das unsolide Finanzgebaren in diesen Ländern. Das haben die jeweiligen Politiker zu verantworten, die daher lieber Finanzmarktteilnehmer zu Sündenböcken machen, um von ihrem eigenen Versagen abzulenken. Institutionelle Anleger wie Pensionskassen und Versicherungen trennten sich von griechischen Staatsanleihen und denen anderer kriselnder Staaten, weil ihnen diese zu riskant wurden. Spekulanten mit hoher Sachkenntnis wetteten auf den steigenden Wert von Kreditausfallversicherungen für derlei Staatsanleihen und machten damit auf Missstände aufmerksam. Sie läuteten quasi die Alarmglocke und übten so eine disziplinierende Wirkung aus. Hätten Griechenland und andere Staaten je mit dem Sparen begonnen, wenn die Märkte sie nicht dazu gezwungen hätten?

Durch eine verfehlte oder übermässige Regulierung von Anlagen wie Hedgefonds sowie von gewissen Finanzprodukten oder Mechanismen, mit denen man auf fallende Kurse wetten kann, besteht inzwischen die Gefahr, dass derlei Warn- und Korrekturmechanismen unterdrückt werden. Beispielsweise kennen Hedgefondsmanager die Märkte, auf denen sie agieren, und die Produkte, die sie handeln, sehr gut und liefern daher oft schon früh wichtige Preissignale. Entgegen der öffentlichen Wahrnehmung sind Hedgefonds keine Bedrohung der öffentlichen Ordnung. Mit Ausnahme von Long Term Capital Management (LTCM) im Jahr 1998 musste nie ein Hedgefonds aus systemischen Gründen gestützt werden, und von keinem musste je eine Staatshilfe beantragt werden. Das haben nur manche konventionelle Konzerne und einige der bereits stark regulierten Banken getan. Auch die Regulierung der Ratingagenturen trägt mehr Züge von Aktionismus als von Effizienz. Dass etwa Ratings wirklich besser werden, wenn die Analytiker im Abstand einiger Jahre die – teilweise sehr unterschiedlichen – Branchen wechseln müssen, darf bezweifelt werden. Allerdings sind Hedgefonds, Banken und Ratingagenturen ebenso wenig perfekt wie andere Unternehmen oder Regierungen. In einer Marktwirtschaft erweisen sich viele Annahmen als richtig, etliche Erwartungen und Kalkulationen zeigen aber auch, dass sie falsch sind. Deshalb muss neben dem Markteintritt auch der Marktaustritt möglich sein, sonst funktioniert der Ausleseprozess des Marktes nicht. Wer sich, wie Griechenland oder viele Firmen, auf den Markt begibt, muss mit Überraschungen und Sanktionen rechnen. Diese können bisweilen unberechenbar sein!

Unsinnig ist auch der Bann beziehungsweise die Einschränkung von Produkten oder Mechanismen wie Leerverkäufen (Short Selling), mit denen die Anleger auf fallende Kurse spekulieren. Bereits das kurzzeitige Verbot von Leerverkäufen nach der Insolvenz der amerikanischen Investmentbank Lehman Brothers erwies sich nicht nur als wirkungslos, sondern sogar als kontraproduktiv. Das Verbot schränkte die Liquidität an den Börsen ein und vergrösserte so die Spannen zwischen Ankaufs- und Verkaufskursen. Auch die erhoffte Wirkung trat nicht ein. Der Absturz der Kurse der betreffenden Wertpapiere wurde nicht gestoppt. Viele sanken weiter deutlich stärker als der Gesamtmarkt, da die Anleger die Papiere aus Risikogründen einfach nicht mehr im Depot haben wollten. Die Nutzlosigkeit eines Leerverkauf-verbots haben inzwischen sogar viele Aufsichtsbehörden erkannt.

Vermutlich wird es dennoch immer wieder – zumindest temporäre – Short-Selling-Verbote geben, weil Regulierer und Politiker die besorgte Öffentlichkeit lieber mit nutzlosem Aktionismus zu beruhigen suchen, als die tatsächlichen Effekte zu erklären. Das gilt umso mehr, als derlei Verbote oft Applaus bekommen, da Menschen intuitiv steigende Kurse für etwas Gutes und fallende für etwas Schlechtes halten. Doch entgegen dieser Wahr-nehmung ist die Spekulation auf fallende Kurse nicht verwerflich. Es ist ge-nauso legitim, auf sinkende wie auf steigende Kurse zu setzen. Beides dient der effizienten Preisfindung. Diese Einsicht fehlt aber oft.

Nicht die vermeintlich zügellosen Finanzmärkte sind an den Refi-nanzierungsschwierigkeiten vieler Staaten schuld. Es sind vielmehr unfä-hige und machtversessene Politiker, die die gegenwärtigen Wähler zulasten von Kindern und Enkeln gemessen an den realen Knappheitsverhältnissen viel zu oft überversorgen. Kein Unternehmen und keine Familie könnte je so unseriös haushalten wie manche Minister. Sie wären längst pleite oder müssten Privatinsolvenz anmelden. Dabei gehört die Vernunft, heute zulas-ten der gegenwärtigen Bedürfnisse für morgen zu sparen, ja gerade zu den bedeutenden Entwicklungen der Menschheit. Den Politikern geht diese Einsicht in ihrem Streben nach Ansehen und Machterhalt meist ab. Es fehlt ihnen allzu häufig an Rückgrat und Überzeugungskraft, um dem Volk die ungeschönte Wahrheit zu sagen.

Letztlich helfen die Finanzmärkte den Politikern sogar, sich nicht in Wolkenkuckucksheimen zu verlieren, sondern sich mit den Realitäten aus-einanderzusetzen. Die Hilfe ist nicht immer sanft, manchmal ist sie sogar sehr schmerzhaft. Deshalb versuchen Regierungen mit mehr Kontrollen, Vorschriften oder gar neuen Behörden, die Freiheit einzuschränken und die Marktkräfte auszuhebeln. Eine falsche und übermässige Regulierung der

Märkte, mit der nur kurzfristig Symptome bekämpft, nicht aber Ursachen beseitigt werden, machen langfristig alles nur schlimmer, weil die Probleme und Unwägbarkeiten noch später angegangen werden. Zudem finden die Marktkräfte oft einen anderen Weg. Der Handel geht von der Börse auf nicht regulierte Plattformen. Teile der Bilanzen werden in Spezialvehikel ausgelagert, und die Marktteilnehmer weichen auf kaum regulierte Domizile irgendwo auf der Welt aus. All dies führt meist zu unerwünschter Intransparenz. Daher sollte folgender Leitsatz in Europa derzeit mehr denn je gelten: «In dubio pro libertate.» – Im Zweifel für die Freiheit.

Deflation versus Inflation

Für die Anleger und Bürger ergeben sich angesichts der herrschenden Banken-, Finanz- und Schuldenkrise so grosse Herausforderungen, wie sie die heutige Generation von Investoren noch nie erlebt hat. Grundsätzlich ist für die Anleger an der Börse eine der wichtigsten Fragen, ob sie sich in einem deflationären oder in einem inflationären Umfeld befinden. In den vergangenen drei Jahrzehnten musste jedoch nie mit einem extremen Szenario gerechnet werden. Die Investoren bewegten sich weitgehend in einem Rahmen mit einem ordentlichen Wirtschaftswachstum und einer geringen Inflation. Experten sprechen von einem disinflationären Umfeld. In der Regel sind solche Phasen die Zeit des relativ billigen Geldes. Das beflügelt die Risikonehmer in einem System und führt zu einem grossen Schuldenaufbau – was bis zum Jahr 2007 über längere Zeit geschehen ist. Wenn der Schuldenaufbau dann ein Ausmass erreicht hat, das den Zinsendienst stark in die Höhe treibt, und wenn die erworbenen Vermögenswerte an Wert verlieren, schwächt das die öffentlichen und privaten Bilanzen und wirkt deflationär.

Inzwischen herrschen jedoch extreme Zeiten – und die Zukunft dürfte kaum einfacher werden. Im Sommer 2012 sind anhaltend grosse deflatorische Prozesse in Gang. In den USA und in Europa droht weiterhin eine starke Deflation. Das jahrelange Leben auf Pump – vor allem in den USA, aber auch in Europa und an anderen Orten der Welt – hat zu einer gewaltigen Kreditblase geführt, die ebenfalls für die Finanz- und Bankenkrise mitverantwortlich ist. Diese Kreditblase ist nun geplatzt. Der übermässige Konsum der Vergangenheit auf Kosten der künftigen Generationen, der die Überschuldung vieler Nationen verursachte, kann so nicht weitergehen.

Im Gegenteil: Die Rechnung muss irgendwann bezahlt werden. Und dieser Zeitpunkt ist nun gekommen. Die angelaufene Entschuldung vieler Volkswirtschaften – betroffen sind vor allem die USA, Grossbritannien und die südeuropäischen Länder – entzieht der Wirtschaft Kaufkraft und wirkt daher deflationär. Zudem durchliefen und durchlaufen zahlreiche Länder eine Rezession, und es gab einen Einbruch am Immobilienmarkt, was in vielen Bereichen ebenfalls sinkende Preise verursachte. In den USA legte beispielsweise das Bruttoinlandsprodukt 2007 um 3 Prozent zu, 2009 sank es um rund 5 Prozent. Dies lag vor allem auch an der Pleite der Investmentbank Lehman Brothers und deren Folgen. Seitdem hat sich die Konjunktur jedoch wieder erholt und das Niveau vor der Krise erreicht. Auch in der Eurozone gab es im gleichen Zeitraum einen drastischen Konjunktureinbruch von einem Plus von 4 Prozent auf rund –5 Prozent. Noch gravierender war der Absturz in Grossbritannien, während sich in der Schweiz der Einbruch in etwa auf dem Niveau des Euroraums bewegte. Selbst China erlebte einen Konjunkturrückgang von einem Plus von rund 12 Prozent im Jahr 2007 auf gerade noch 6 Prozent im Jahr 2009. Zwar legte die Konjunktur in China zwischendurch wieder um rund 12 Prozent zu, doch seitdem ging es erneut bergab. Im Juli 2012 wuchs die Wirtschaft im Reich der Mitte nur noch mit 7,6 Prozent. Dies wäre zwar für ein Industrieland ein herausragender Wert, für ein schnell wachsendes Schwellenland kommt es jedoch beinahe einer Rezession gleich.

Den USA und Europa geht es längst wie Japan. Das asiatische Land kämpfte nach dem Platzen seiner Aktien- und Immobilienblase Anfang der 1990er-Jahre über lange Zeit immer wieder mit einer extrem hartnäckigen Deflation. Die Entwicklung dürfte in den USA und in Europa zumindest vorerst ähnlich verlaufen, wird aber vermutlich nicht ganz so schlimm werden. In Japan gibt es nämlich sehr verkrustete Gesellschaftsstrukturen, und es herrscht eine starke Überalterung. Ausserdem erlebte das Land der aufgehenden Sonne in der Deflationsphase einen Kollaps von Vermögenswerten wie Aktien und Immobilien, der etwa dreimal den Wert des Bruttoinlandsprodukts aufwies. In den USA betrug die Einbusse nur etwa einmal das Bruttoinlandsprodukt, und in Europa ist es von Land zu Land unterschiedlich. Deutschland, Österreich und die Schweiz sind zum Beispiel recht gut davongekommen.

Dennoch wird Europa unter dem Prozess insgesamt wohl mehr leiden als die USA. Das europäische System mit dem sehr stark ausgebauten

Sozialstaat und der herrschenden Bürokratie ist viel starrer als das amerikanische, das mehr auf Eigenverantwortung setzt und deshalb flexibler ist. Die Vorsorge für das Alter wird immer mehr zu einem Riesenproblem – und ist in Europa viel grösser als in den USA. Deshalb wird der alte Kontinent vermutlich länger leiden. Hinzu kommt in Europa der Euro. Die europäische Gemeinschaftswährung zwingt die Mitgliedstaaten in eine Geld-, Zins- und Währungspolitik, die zwar insgesamt richtig sein mag, aber nicht unbedingt für jedes einzelne Land zu jedem Zeitpunkt. Für die schwächeren Volkswirtschaften wirkt die Politik ähnlich wie der Goldstandard in den 1930er-Jahren für die USA vor der Abwertung. Sie ist eine Zwangsjacke, die für Länder wie Griechenland, Spanien, Italien und Portugal hoch deflationär ist.

Auf die herrschenden grossen deflatorischen Kräfte reagierten die Notenbanken in den USA und in Europa mit einem Senken des Leitzinses auf null oder fast null. Das hat für die Anleger zur Folge, dass sie kaum mehr Rendite für ihr Erspartes beziehungsweise ihr Kapital bekommen. Über eine Laufzeit von zwei Jahren sind in Europa sogar zahlreiche Renditen ins Negative gerutscht. Das bedeutet, ein Staat erhält von den Investoren sogar Geld dafür, dass er sich bei ihnen verschuldet. Den Investoren ist die Sicherheit von Ländern wie Deutschland und der Schweiz also lieber als eine Rendite auf das eingesetzte Kapital. Zusätzlich zu den drastischen Reduktionen der Leitzinsen reagierten die Notenbanken mit dem Anwerfen der Gelddruckmaschinen in einem seit vielen Jahrzehnten nicht mehr gesehenen Ausmass. In den USA erhöhte sich die Bilanz der US-Notenbank von unter 1000 Milliarden Dollar auf knapp 3000 Milliarden Dollar innerhalb von vier Jahren. In Europa stieg die Bilanz der Europäischen Zentralbank von knapp 1500 Milliarden Euro auf rund 3100 Milliarden Euro. Diese spektakuläre Ausweitung der Geldbasis schafft grosse Inflationsgefahren für die Zukunft.

Durch die beschriebenen Prozesse ergibt sich ein gewaltiger Kampf der Deflation gegen die Inflation. Im Sommer 2012 stehen die Deflationsrisiken noch im Vordergrund. Dies dürfte voraussichtlich auch noch einige Jahre so bleiben. Wie lange, weiss allerdings niemand. Irgendwann könnte sich das aufgebaute enorme Inflationspotenzial realisieren, wenn es den Notenbanken nicht gelingt, rechtzeitig aus der ultraexpansiven Geldpolitik auszusteigen. Letzteres war in der Vergangenheit schon oft der Fall. Anleger müssen sich dieses Umfeldes bewusst sein und flexibel bleiben. Zwar sollte man generell sein Vermögen auf so viele unterschiedliche Anlageklassen aufteilen, dass man für die verschiedensten Entwicklungen gut gerüstet ist. Künftig sind jedoch vermutlich hin und wieder grössere Anpassungen nötig – je nachdem, wie sich der Kampf der Deflation gegen die Inflation entwickelt.

Am Ende dieses Buches werden wir zeigen, auf welche Wirtschaftsdaten die Anleger achten sollten, um den Überblick zu behalten, und wo sie diese finden können. Die Herausforderungen sind in den kommenden Jahren für die Investoren so gross wie seit vielen Jahrzehnten nicht mehr.

TEIL 1

Das monetäre und wirtschaftliche Umfeld

Der Machbarkeitsglaube der Notenbanken – das Streben nach rezessionsfreiem Wachstum

«Vor Schulden, die man gemacht hat, auch Staatsschulden,
kann man nur eine Zeit lang davonlaufen, eingeholt wird man schliesslich doch.»

Milton Friedman, Wirtschaftsnobelpreisträger

Der Konjunkturzyklus – ein ewiges Auf und Ab

Am Anfang war die Konjunktur. Seit vielen Jahrhunderten spiegelt sie den Auslastungsgrad des Produktionspotenzials einer Volkswirtschaft, und seit einigen Jahrzehnten versuchen Ökonomen, die Konjunktur zu messen. Der wichtigste Indikator dafür ist das sogenannte Bruttoinlandsprodukt (BIP). Der Verlauf der Konjunktur wird in sogenannten Konjunkturzyklen abgebildet. Diese sind wellenförmige Schwankungen des Aktivitätsniveaus innerhalb einer Marktwirtschaft. Sie umfassen die Produktion, das Einkommen und die Beschäftigung, wie der Wirtschaftsnobelpreisträger Paul A. Samuelson und der renommierte Ökonom William D. Nordhaus in ihrem Buch *Volkswirtschaftslehre* schreiben. Ein Zyklus dauert in der Regel zwischen zwei und zehn Jahren. In dieser Zeit kommt es in den meisten Branchen – je nach Zustand der Konjunktur – zu einer Expansion oder einer Kontraktion der Leistung. Üblicherweise wird die Konjunktur in vier verschiedene Phasen unterteilt: in den Aufschwung, die Hochkonjunktur (den Boom), den Abschwung und die Rezession (vgl. hierzu Abbildung 1). Der Boom und die Rezession stellen jeweils den Wendepunkt des Zyklus dar. Normalerweise dauern der Aufschwung der Konjunktur und die Boomphasen sehr viel länger als der Abschwung und die Rezession. So hielten seit dem Jahr 1945 die Aufschwünge in den USA durchschnittlich deutlich über 50 Monate an, während die Abschwünge im Durchschnitt lediglich rund zehn Monate dauerten.

Unter einer Rezession verstehen Samuelson und Nordhaus immer wieder auftretende Perioden, in denen ein Rückgang der gesamtwirtschaft-

Stilisierter Konjunkturzyklus
Wirtschaftswachstum

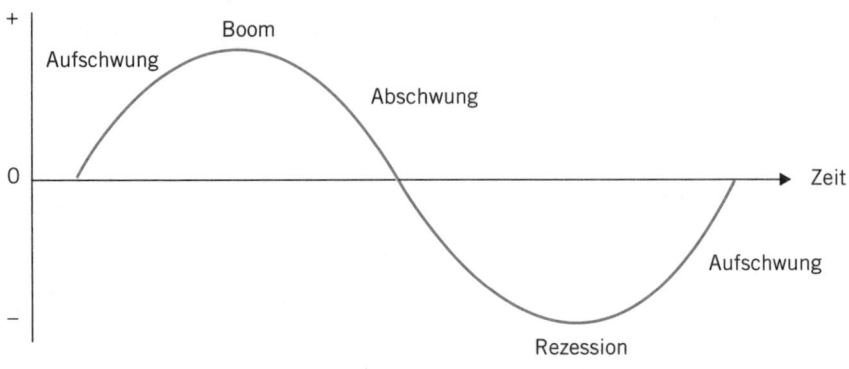

Abbildung 1   Quelle: eigene Darstellung

lichen Nachfrage, des Einkommens und der Beschäftigung festzustellen ist. Sie dauert üblicherweise zwischen sechs Monaten und einem Jahr und ist durch einen deutlichen Abschwung in vielen Branchen gekennzeichnet. Eine lang anhaltende, gravierende Rezession wird als Depression bezeichnet. Die bekannteste Depression ist wohl auch heutzutage noch die sogenannte Grosse Depression in den USA im Rahmen der Weltwirtschaftskrise von Ende 1929 bis weit in die 1930er-Jahre hinein. In den USA befasst sich das halb offizielle, private Forschungsinstitut National Bureau of Economic Research (NBER) damit, wann ein Konjunkturzyklus beginnt und endet. Das National Bureau of Economic Research definiert eine Rezession als einen signifikanten Rückgang der wirtschaftlichen Aktivität, der die gesamte Volkswirtschaft erfasst und mehr als ein paar Monate anhält. Üblicherweise bewirkt eine Rezession einen Rückgang des realen Bruttoinlandsprodukts, des realen Einkommens, der Beschäftigung, der Industrieproduktion und des Verkaufs- und Einzelhandels. Gelegentlich wird auch eine andere Definition von Rezession verwendet. Diese besagt, dass eine Rezession immer dann vorliegt, wenn das reale Bruttoinlandsprodukt in zwei aufeinanderfolgenden Kalenderquartalen schrumpft. Diese Definition wird als technische Definition einer Rezession bezeichnet. Sie ist, weil sie so einfach ist, in der Finanz- und Wirtschaftswelt weitverbreitet. Jeder Ökonom und Wirtschaftsjournalist weiss deshalb, dass eine Volkswirtschaft in einer Rezession steckt, wenn das Bruttoinlandsprodukt in zwei Quartalen nacheinander rückläufig ist. Eine Rezession kann, so wie in Europa im Jahr 2012, mild ausfallen. Sie kann aber auch, wie dies die akute Phase der Subprime- und Finanzkrise in den Jahren 2008/09 in den USA und in Europa bewiesen hat, sehr schwer sein.

Wie die Wirtschaftsgeschichte zeigt, ist in der Realität kein Konjunkturzyklus einem früheren Zyklus gleich. Es kann einen sehr langen Aufschwung oder auch nur eine kurze Erholung von einer Rezession geben. Nach starken Übertreibungen können dramatische Abstürze der Konjunktur folgen. Fast immer kommt es dabei zu einem Auf und Ab in der Produktion, der Inflation, der Zinssätze und der Beschäftigungslage. Dies charakterisiert in jeder Marktwirtschaft den Konjunkturzyklus. Aufgrund ihres unregelmässigen Vorkommens gleichen die Konjunkturzyklen eher den Unwägbarkeiten des Wetters, wie Samuelson und Nordhaus schreiben. Man könnte sie vielleicht auch mit dem Auf und Ab an den Aktienmärkten vergleichen. Schliesslich heisst es nicht umsonst, dass die Kurse an den Aktienbörsen, gemessen an den Leitindizes, der Konjunktur um etwa sechs bis neun Monate vorauslaufen.

Trotz der grossen Unterschiede bei den Konjunkturzyklen weisen sie doch oft gemeinsame Merkmale auf, wie die beiden Volkswirtschaftler in ihrem Buch schreiben. Bei einer Rezession gehen die Investitionen typischerweise deutlich zurück. Normalerweise sinken dabei zuerst die Ausgaben für Immobilien. Dann sinken die Ausgaben der Bürger, also der Konsumenten, oft ebenfalls stark. Die Unternehmen drosseln die Produktion, und irgendwann sinkt das reale Bruttoinlandsprodukt. Zu dem gefürchteten Beschäftigungseinbruch kommt es meist bereits am Anfang einer Rezession. Danach kann es häufig sehr lange dauern, bis sich die Beschäftigungslage, die meist anhand der Arbeitslosenquote gemessen wird, wieder so erholt, wie sie vor der Rezession war. Dies ist beispielsweise in den USA der Fall, wo die Arbeitslosenquote auch im Sommer 2012 immer noch massiv über dem Rekordwert der Jahre 2000 bis 2006 lag. Zieht die Wirtschaftsleistung bereits wieder an, ohne dass es zu einer Erholung am Arbeitsmarkt kommt, spricht man von einer «jobless recovery», also einer konjunkturellen Erholung, ohne dass es zu einem nennenswerten Abbau der Arbeitslosigkeit kommt. Durch die in einer Rezession sinkende Produktion verlangsamt sich auch die Inflation. Ferner lässt die Nachfrage nach Rohstoffen nach, und ihre Preise beginnen zu sinken. Zudem schrumpfen die Gewinne der Unternehmen in Zeiten der Rezession oft beträchtlich. Dies ist auch einer der wichtigsten Gründe dafür, dass es im Rahmen eines Wirtschaftsabschwungs zu einem grösseren Einbruch an den Aktienmärkten kommt. Die Kurse sinken, sobald die Investoren aufgrund von Frühindikatoren zu ahnen beginnen, dass eine Rezession heraufzieht. Die Gewinne der Unternehmen gehören zu den wichtigsten Treibern von Kursveränderungen am Aktienmarkt.

Wenn sich das Umfeld für die Firmen verschlechtert und die Arbeitslosigkeit zu steigen beginnt, fängt die Zentralbank üblicherweise damit an, die Zinsen kurzfristig zu senken. Damit will sie die Investitionen der Unternehmen stimulieren und andere Zinssätze, beispielsweise am Hypothekarmarkt, zum Sinken bringen. Sobald sich dann die Konjunktur wieder aufhellt, die Arbeitslosigkeit zu sinken beginnt und sich damit ein Aufschwung abzeichnet, beginnen die Notenbanken in der Regel, darüber nachzudenken, die Zinsen wieder zu erhöhen. Damit wollen sie einer Überhitzung der Wirtschaft vorbeugen und die Inflation, die normalerweise im Wirtschaftsaufschwung zunimmt, unter Kontrolle halten.

Schon seit dem Ende des Zweiten Weltkrieges, besonders aber in den vergangenen 25 Jahren, gibt es eine zunehmende Anzahl an Personen, auch an Ökonomen, die behaupten, die Konjunkturzyklen seien endgültig besiegt. Und in der Tat zeigte sich in den vergangenen Jahrzehnten der erstaunliche Trend hin zu einer höheren Stabilität der Konjunktur. Bis 1940 gab es zahlreiche Krisen und Depressionen. Dagegen gibt es seit 1945 viel weniger ausgeprägte Konjunkturschwankungen. Viele Menschen in den USA, in Europa und in Japan, in den sogenannten Triademärkten, haben niemals eine Depression erlebt. Ökonomen führen für diese Entwicklung vielfältige Gründe an. Erstens könnte das kapitalistische System heutzutage stabiler sein als in der Vergangenheit. Zweitens ist die Beständigkeit vielleicht auf einen grösseren und berechenbareren Staatssektor zurückzuführen. Drittens liegt ein besseres Verständnis der volkswirtschaftlichen Vorgänge vor, das es Regierungen und Notenbanken ermöglicht, ihre Geld- und Fiskalpolitik gezielter einzusetzen, um nach einem Schock ein Abgleiten der Wirtschaft in eine Rezession oder gar in eine Depression zu verhindern.

Die Frage, welcher der wahre oder gar der einzige Grund dafür ist und ob es eine Kombination aus den unterschiedlichen Gründen gibt, kann letztlich nicht beantwortet werden. Samuelson und Nordhaus zitieren den Ökonomen Arthur Melvin Okun, um den Irrglauben, es gäbe ein rezessionsfreies Wachstum, zu widerlegen: «Rezessionen werden heutzutage im

Grunde als vermeidbar qualifiziert, vergleichbar einem Flugzeugabsturz, aber anders als ein Wirbelsturm. Es kommt jedoch nach wie vor zu Flugzeugkatastrophen. Wir können nicht darauf bauen, dass wir über die nötige Weisheit oder die nötigen Fähigkeiten verfügen, um Rezessionen zu verhindern. Die Gefahr ihres Auftretens besteht nach wie vor. Die Kräfte, die zu wiederkehrenden Rezessionen führen, lauern auch in der Gegenwart noch im Hintergrund – und warten nur auf ihren Einsatz.» Eine passendere Aussage zur weltweiten Rezession in den Jahren 2007 bis 2009 lässt sich kaum finden.

Kampf den Naturgesetzen

Kann man Naturgesetze wirklich umgehen? Die Antwort vieler Ökonomen und etlicher Notenbanker muss in den vergangenen Jahrzehnten wohl «Ja» gewesen sein. Wie im vorangegangenen Kapitel beschrieben, waren immer mehr Ökonomen der Meinung, man könne den Konjunkturverlauf steuern und Rezessionen verhindern. Eine Zeit lang funktionierte dies auch erstaunlich gut. Von 1982 bis 2007 verharrte die Konjunktur laut Berechnungen der Schweizer Bank Vontobel in den USA insgesamt nur 16 Monate in einer Rezession. Dies entspricht einem Anteil von nur 5 Prozent der Monate. In den Jahren zwischen 1854 und 1982 betrug der Anteil hingegen 35 Prozent. In den letzten knapp drei Jahrzehnten reagierten die Zentralbanken, allen voran die US-Notenbank, auf jede Krise mit der immer gleichen Medizin. Man verabreichte niedrige Zinsen und erhöhte die Geldmenge. Das hatte die immer gleichen Folgen: ein Leben auf Pump und eine Blasenwirtschaft. Die Notenbanken konnten sich diese Politik deshalb leisten, weil die rasant voranschreitende Globalisierung antiinflationär wirkte. Durch die erstarkende Konkurrenz aus den Schwellenländern und die dortigen niedrigen Löhne nahm der Wettbewerb weltweit in vielen Branchen erheblich zu, was dazu beitrug, die Inflation unter Kontrolle zu halten. Die Teuerung suchte sich jedoch andere Wege. Die grosse Liquidität floss in Vermögensanlagen wie Aktien oder Immobilien – man nennt dieses Phänomen Asset-Price-Inflation – und verursachte dort das Entstehen von Finanzblasen.

Der erste schwere Börsencrash nach dem Zweiten Weltkrieg ereignete sich am 19. Oktober 1987. An diesem Schwarzen Montag – Alan Greenspan war gerade erst seit gut zwei Monaten Chef der US-Notenbank –

sackte der amerikanische Leitindex Dow Jones innerhalb eines Tages um 22,6 Prozent oder gut 500 Punkte ab. Die Gründe für den damaligen Absturz sind bis heute umstritten, vermutlich kamen mehrere Dinge zusammen. Der Dow Jones war in den Jahren zuvor stark gestiegen, und die Inflation lag, wie das Handelsdefizit der USA, noch auf sehr hohem Niveau. Zudem gab es zwischen den USA und Deutschland – beziehungsweise zwischen der US-Notenbank und der Deutschen Bundesbank – einen Währungs- und Zinsstreit, der zu eskalieren drohte. Dies alles führte zu einer hohen Unsicherheit an den Finanzmärkten. Schon in den Wochen vor dem Schwarzen Montag hatte der Dow Jones fast 500 Punkte nachgegeben. Das war etwa genauso viel wie der Absturz am 19. Oktober. Die US-Notenbank reagierte unter ihrem neuen Präsidenten Alan Greenspan auf den Schwarzen Montag folgendermassen: Sie senkte den Leitzins bis zum Frühjahr 1988 dreimal, und zwar von 7,25 Prozent auf 6,50 Prozent. Angesichts der weiterhin hohen Inflation begannen die Währungshüter anschliessend, die Zinsen wieder anzuheben. Die Geldmenge wurde, gemessen an der sogenannten Geldmenge M3, von der US-Notenbank unmittelbar nach dem Crash um 0,8 Prozent ausgeweitet und stieg bis zum Ende des Folgejahres um knapp 8 Prozent.

Ähnlich reagierte die US-Notenbank auf die Dreifachkrise der Jahre 1997 bis 1999. Das wichtigste Ereignis dürften dabei die Turbulenzen um den Hedgefonds Long Term Capital Management (LTCM) gewesen sein. Das im Jahr 1994 von John Meriwether, einem früheren Anleihenhändler der Investmentbank Salomon Brothers, lancierte Anlagevehikel geriet aufgrund von Fehlspekulationen ins Straucheln. Der Fonds hatte zuvor besonders hohes Vertrauen genossen, weil er eine kontinuierliche und solide Performance erzielte und weil zudem die beiden Nobelpreisträger Myron S. Scholes und Robert C. Merton im Direktorium sassen. Am Anfang der Krise wies das Vehikel noch ein Vermögen von 7,3 Milliarden Dollar auf, am Ende des Jahres 1998 waren es nur noch 2,7 Milliarden Dollar. Aufgrund der drohenden Pleite des Hedgefonds stand ein Kollaps des Finanzsystems bevor. Um diesen zu verhindern, rief Alan Greenspan die Chefs der führenden Geschäftsbanken in den USA zusammen, und man arbeitete einen Rettungsplan aus. Für weitere Turbulenzen sorgten zugleich die Asien- und die Russlandkrise. In den Schwellenländern Ostasiens, vor allem in den sogenannten Tigerstaaten, zu denen Indonesien, Südkorea und Thailand zählen, war es in den Jahren 1997/98 zu einer schweren Finanz-, Währungs- und

Wirtschaftskrise gekommen, deren Auswirkungen auch in Malaysia, auf den Philippinen und in Singapur zu spüren waren. Die Krise strahlte ferner bis in die westlichen Industrienationen aus. 1998 kam es zudem zu einer Wirtschaftskrise in Russland, in der es massive Kapitalflüsse aus dem Land gab. Die US-Notenbank reagierte auf diese Krisen erneut mit einer Senkung des Leitzinses. Wieder in drei Schritten setzte der Präsident der US-Notenbank die Zinsen von 5,5 Prozent auf 4,75 Prozent herab. Dort liess er sie bis in den Sommer 1998. Erst dann begann wieder ein Zinserhöhungszyklus, der im Jahr 2000 6,5 Prozent erreichte (vgl. hierzu Abbildung 2). Dabei stellt sich die Frage, ob in Anbetracht des New-Economy-Booms und der Interneteuphorie die Zinsen nicht hätten deutlich höher liegen sollen.

Auch auf das Platzen der Internetblase im Jahr 2000, auf die Anschläge auf das New Yorker World Trade Center am 11. September 2001 und auf die ein Jahr später folgende Krise der Versicherungsunternehmen reagierte die US-Notenbank unter ihrem Präsidenten Alan Greenspan in gewohnter Form. Sie senkte den Leitzins drastisch, um eine Rezession und eine eventuelle Deflation zu verhindern. Innerhalb von nur zwölf Monaten fiel die sogenannte Federal Funds Target Rate, so heisst der Leitzinssatz offiziell, von 6,5 Prozent auf 1,75 Prozent bis Ende des Jahres 2001. Von dort aus ging es bis Mitte des Jahres 2003 in zwei Schritten nochmals

Entwicklung der Leitzinsen in den USA (Federal Funds Target Rate)
In Prozent

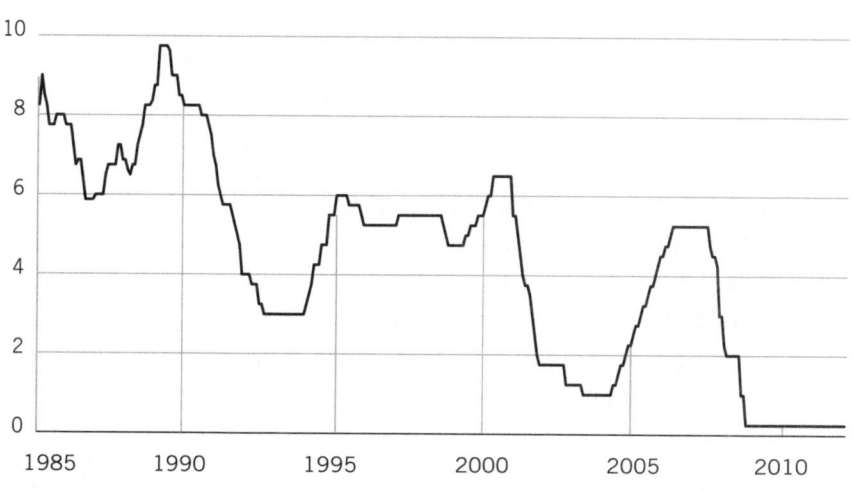

Abbildung 2

Quelle: Bloomberg

auf 1 Prozent zurück. Auf diesem Niveau verharrte der Leitzins bis Mitte des Jahres 2004. Dann fing die US-Notenbank an, den Leitzins in Trippelschritten wieder zu erhöhen. In den folgenden zwei Jahren setzte sie die Zinsen bis zum Sommer 2006 auf 5,25 Prozent herauf. Nach Einschätzung vieler Ökonomen war das Zinsniveau damals über einen langen Zeitraum zu tief. Das heisst, dass die Geldpolitik in den USA deutlich zu expansiv war. Diese Aussage lässt sich mithilfe der sogenannten Taylor-Regel belegen, die aufzeigt, auf welchem Niveau der Leitzins in einem gewissen Umfeld innerhalb eines Währungsraumes erfahrungsgemäss liegen sollte (vgl. hierzu das Kapitel «Der Verrat an den Sparern – die Folgen der staatlich orchestrierten Umverteilung»). Mit aller Macht wollten Greenspan und seine Kollegen im Offenmarktausschuss der US-Notenbank – dieses Gremium ist für die Zinspolitik zuständig – die in den USA drohende Rezession verhindern. Offenbar verloren die Währungshüter dabei aber aus den Augen, dass innerhalb des Konjunkturzyklus zum Boom der Wirtschaft auch die Rezession gehört.

Wenngleich in den 1980er- und 1990er-Jahren der Leitzins in den USA – und vielleicht auch anderswo – tendenziell zu niedrig war, so liegt das Hauptaugenmerk bei der Kritik doch vor allem auf dem Zeitraum nach dem Platzen der Internetblase und den Anschlägen vom 11. September 2001. Der drastische Einbruch an den Aktienmärkten, bei dem der Dow Jones um 39 Prozent, der breite amerikanische S&P-500-Index um 51 Prozent, der Nasdaq Composite um 78 Prozent, der Deutsche Aktienindex (DAX) um 73 Prozent und der Swiss-Market-Index (SMI) um 57 Prozent nachgaben, sorgte für Befürchtungen, dieser Einbruch könnte sich bei der Konjunktur wiederholen und eine Deflation auslösen. Diese Ängste erwiesen sich als überzogen, doch hatten sich andere Zentralbanken bereits von der Panik der US-Notenbank anstecken lassen. So senkte die Bank of England die Zinsen von rund 6,5 Prozent innerhalb von zwölf Monaten auf unter 2 Prozent und später dann noch bis auf 1 Prozent. Auch sie begann erst im Jahr 2004 und dann sehr zögerlich mit einem neuen Zinserhöhungszyklus. Weniger drastisch reagierte hingegen die Europäische Zentralbank. Sie senkte die Zinsen von 2000 bis Ende 2001 lediglich von 4,75 Prozent auf 3,25 Prozent und dann bis zum Jahr 2003 noch auf 2 Prozent. Allerdings startete sie den Zinserhöhungszyklus auch später als ihre Pendants in den USA und in Grossbritannien, nämlich erst Ende 2005. Die etwas grössere Zurückhaltung der Währungshüter in Kontinentaleuropa dürfte ein Grund dafür gewesen sein, dass der Immobilienboom in vielen Ländern geringere Ausmasse annahm als in den USA und in Grossbritannien. Im Nachhinein zeigte sich jedoch, dass die Zinsen in der wirtschaftlich sehr heterogenen Währungsunion damals für ein grosses Land wie Deutschland, das gerade strukturelle Anpassungen am Arbeitsmarkt hinter sich brachte, noch zu hoch waren. Zugleich jedoch war der Leitzins für boomende Länder wie Spanien und Irland zu niedrig. Entsprechend entwickelte sich auch in diesen beiden Ländern ein gigantischer Immobilienboom. Die dort entstandene Blase am Häusermarkt platzte schliesslich ebenfalls während der ab dem Jahr 2008 grassierenden Finanzkrise.

Im Nachhinein ist man natürlich immer schlauer. Doch es zeigte sich, dass die expansive Geldpolitik der Notenbanken zur Stabilisierung des Wirtschaftsverlaufs und schliesslich zur Verhinderung von Rezessionen am Ende doch nicht funktionierte. Seit den 1970er-Jahren hatte die US-Notenbank auf jede Wirtschaftsschwäche mit Zinssenkungen und höheren Geldmengen reagiert, um die Verbraucher zu mehr Konsum und Schulden zu verleiten. Nach und nach wurden mit den wachsenden Schulden aber immer grössere Stimuli nötig, mit denen immer kleinere Wachstumseffekte erzielt wurden. So urteilen jedenfalls heutzutage viele Ökonomen, unter ihnen ist auch William White, früher Chefökonom der Bank für Internationalen Zahlungsausgleich (BIZ) in Basel, der Zentralbank der Notenbanken. White sagte schon 2010, dass irgendwann – vielleicht zurzeit – ein Zustand erreicht sei, bei dem Stimuli überhaupt nicht mehr wirkten. Traditionelle makroökonomische Instrumente hätten ihre Wirkungsgrenzen erreicht. White glaubt, dass die Geldpolitik derzeit keinerlei Einfluss auf das Konsumverhalten und damit auf die Realwirtschaft hat. Das Grundproblem sei nicht die zu geringe Liquiditätsversorgung, sondern die zu niedrige Nachfrage. Offensichtlich wollen die Konsumenten ihre Schulden lieber abbauen, als dass sie sich von der US-Notenbank zu einer weiteren Schuldenwirtschaft verführen lassen. Zudem wurden Rezessionen durch die expansive Geldpolitik nicht wirklich aufgehoben, sondern nur aufgeschoben. Das in rauen Mengen vorhandene billige Geld hat man ferner oft in wirtschaftlich nicht sinnvolle Aktivitäten gesteckt, wie beispielsweise in den übermässigen Bau von Immobilien. Schliesslich kam die Rezession dann ab dem Jahr 2008 sowohl in den USA als auch in Europa doch – diesmal allerdings mit brachialer Gewalt.

Siamesische Zwillinge – die Konjunktur und die Börse

Es gibt Zwillinge, die kann man einfach nicht voneinander trennen. Dazu gehören der Aktienmarkt und die Konjunktur. Sie sind aneinandergefesselt. Allerdings gleichen die Fesseln nicht einer eisernen Kette, sondern eher einem Band aus Gummi, denn die Bewegungen werden nicht immer eins zu eins übernommen. Als Faustregel hat sich etabliert, dass die Aktienmärkte der Konjunktur um sechs bis neun Monate vorauslaufen. Dabei entwickeln sich unterschiedliche Branchen zu verschiedenen Phasen des Zyklus besser oder schlechter. Am Aktienmarkt wird deshalb oft von einer Sektorrotation gesprochen. Ein bekanntes Modell, das den Zusammenhang von Sektor- und Konjunkturentwicklung erklärt, geht auf die Analysen des bekannten amerikanischen Marktanalytikers Martin J. Pring zurück, die er in seinem 1992 erschienenen Buch *The All-Season Investor: Successful Strategies for Every Stage in the Business Cycle* beschrieben hat.

Pring unterscheidet zwischen Aktienmarkt- und Konjunkturzyklus, wobei Ersterer eben vorausläuft (vgl. hierzu Abbildung 3). Typische, sich im Vergleich zum Konjunkturverlauf früh wiederbelebende Branchen sind demnach Zykliker und Technologieaktien. Danach folgen die Industriewerte und die Basismaterialien. Die Papiere von Unternehmen aus diesen Branchen beginnen oft schon zu steigen, wenn sich die Konjunktur noch am Tiefpunkt befindet. Dieser Tiefpunkt ging früher mit einer Rezession einher. Die übermässig expansive Geldpolitik in den USA, die bis zum grossen Knall im Jahr 2008 die Möglichkeit eines rezessionsfreien Wachstums suggeriert hatte, verhinderte aber über viele Jahre Rezessionen, die klassisch genauso zum Wirtschaftsverlauf gehören wie der Boom.

Da, wo der Aktienmarktverlauf, der mit dem Aufschwung der Konjunktur zusammenfällt, am höchsten ist, entwickeln sich schliesslich Aktien aus den Branchen Energie und Massenkonsumgüter am besten. Beginnen die grossen Indizes wieder zu fallen, schichten die Anleger gern in die sogenannten Spätzykliker um. Das sind Aktien von Unternehmen aus den Branchen Gesundheitswesen, Betriebsstoffe und Finanzdienstleistungen.

Das Modell von Pring hat sich über viele Jahre bewährt. Es ist aber nicht mehr als ein potenzieller Fahrplan. Wie immer, gilt an der Börse, dass es keine Garantien gibt und dass die reale Entwicklung stets von der theoretischen und erwarteten abweichen kann. So verläuft in der Praxis jeder Konjunkturzyklus anders, und entsprechend verhalten sich auch die Aktien-

Branchenauswahl nach Aktienmarkt- und Konjunkturverlauf
Die theoretisch am besten rentierenden Branchen im Wirtschaftsverlauf

Technologie	Basismaterialien	Basiskonsumgüter	Betriebsstoffe
Zyklische Konsumgüter	Industrie	Energie	Gesundheit	Finanzen

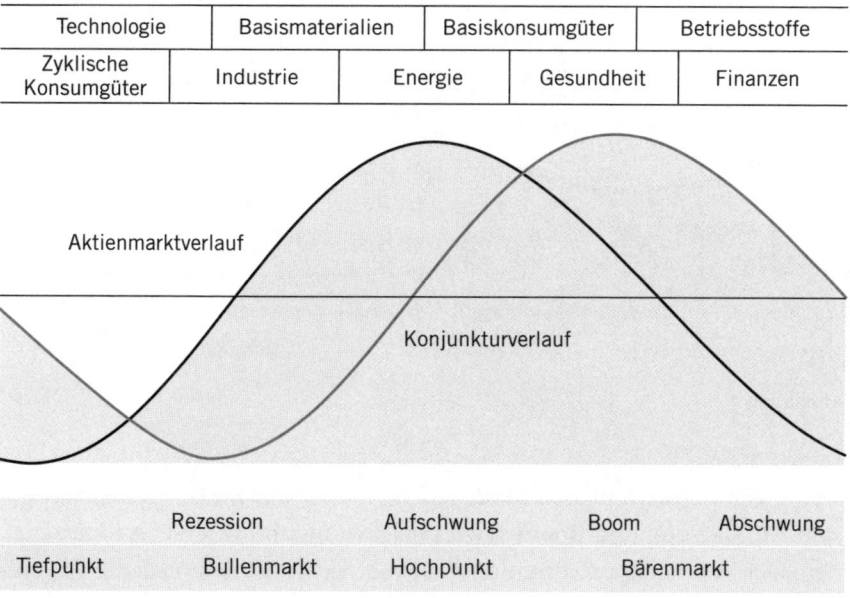

	Rezession	Aufschwung	Boom	Abschwung
Tiefpunkt	Bullenmarkt	Hochpunkt	Bärenmarkt

Abbildung 3　　　　　　　　　　　　　　　　　　Quelle: Martin J. Pring, NZZ

märkte unterschiedlich. Da neben dem Konjunkturzyklus noch viele andere Faktoren auf die Entwicklung der Börsen einwirken – zum Beispiel ein Boom in einer bestimmten Weltregion, ein Technologiesprung in einer Branche sowie Inflation, Deflation, Krisen, Katastrophen, Kriege usw. –, können sich ebenfalls Abweichungen vom Modell ergeben. Zudem ist es oft schwierig zu sagen, in welcher Phase sich die Konjunktur gerade exakt befindet. Ist etwa ein leichter Abschwung nur eine kleine Verschnaufpause innerhalb einer weiter boomenden Wirtschaft oder ist er der Beginn einer Rezession? Insofern ist es stets schwierig, in dem Sektor zu investieren, der gemessen am makroökonomischen Umfeld die beste Rendite verspricht.

Die gleichen Aussagen gelten im Prinzip für ein anderes Konjunkturmodell von Martin J. Pring, bei dem der theoretisch ideale Zeitpunkt für den Kauf und Verkauf von Aktien, Anleihen und Rohstoffen im Konjunkturverlauf aufgezeigt wird (vgl. hierzu Abbildung 4). Dabei teilt Pring den Konjunkturverlauf in sechs Phasen ein: drei mit wirtschaftlicher Kontraktion und drei mit wirtschaftlicher Expansion. Diese Sichtweise weicht ein

Günstiger Zeitpunkt für den Kauf und Verkauf von Anlageklassen

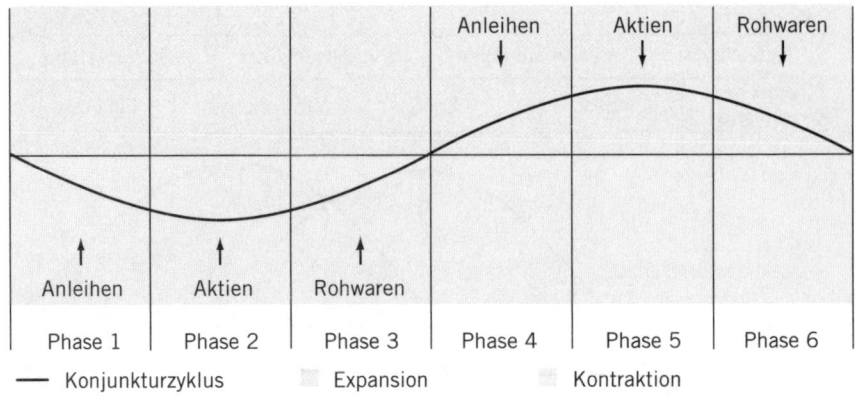

Abbildung 4   Quelle: Martin J. Pring, NZZ

wenig von herkömmlichen Modellen ab, die oft nur zwischen den Kategorien Aufschwung und Boom sowie Abschwung und Rezession unterscheiden. Der beste Zeitpunkt für den Kauf von Aktien ist demnach die Talsohle einer Rezession. In Prings Modell entspricht dieser der Phase 2. Der optimale Zeitpunkt für den Verkauf von Aktien ist dann die Phase 5, die den Höhepunkt des Booms darstellt. Für Anleihen wäre zudem die Phase 1 der geeignetste Zeitpunkt für den Kauf und die Phase 4 der beste für den Verkauf. Für Rohstoffe wären dies die Phase 3 für den Kauf sowie die Phase 6 für den Ausstieg. Hier gilt ebenfalls: Die Realität kann immer von diesem idealisierten Fahrplan abweichen.

Trotz der Globalisierung kann der Zustand der Konjunktur in den verschiedenen Ländern zum gleichen Zeitpunkt ganz unterschiedlich sein. Das gilt auch für die Situation innerhalb eines Währungsgebiets, wie die Eurozone in den vergangenen Jahren exemplarisch gezeigt hat. In Ländern wie Griechenland, Portugal und Spanien herrschte bereits eine gravierende Rezession, während die Wirtschaft in Staaten wie Deutschland, Österreich oder den Niederlanden noch gut lief. Im Mai 2012 befanden sich laut den Modellen der Schweizer Vermögensverwaltungsbank Julius Bär die Konjunkturverläufe führender Wirtschaftsräume in recht unterschiedlichen Phasen (vgl. hierzu Abbildung 5). So hatte Japan den Höhepunkt gerade erst überwunden und stand am Anfang des Abschwungs – mit einer negativen kurzfristigen Wachstumsdynamik. Am anderen Ende siedelten die Bankökonomen die USA an. Die USA waren demnach in der Frühphase des Aufschwungs mit positiver kurzfristiger Wachstumsdynamik – im Sommer gaben die wirtschaftlichen Frühindikatoren für die USA dann aber bereits wieder nach. Die führenden Nationen der Eurozone sowie die Schweiz und China befanden sich – zwischen Japan und den USA – am Ende des Abschwungs und sollten den Tiefpunkt damals bald erreicht haben. Dabei fielen Frankreich und die Schweiz mit negativer Wachstumsdynamik aus der Reihe, wobei sich die Konjunktur in der Schweiz bis zum Sommer schliesslich wacker schlug. Auch diese Übersicht ist nur ein vereinfachtes Hilfsmittel, mit dem Ökonomen verschiedenste Wirtschaftszahlen grafisch umzusetzen versuchen. Derlei Modelle müssen nach und nach immer wieder an die Realität angepasst werden, beispielsweise wenn neue Konjunkturzahlen veröffentlicht werden. Und auch die besten Ökonomen können nie sicher sein, wie es mit der Konjunktur weitergeht. Oftmals schreiben Volkswirte die bestehenden Trends lediglich in die Zukunft fort, wobei sie meist zu optimistisch sind.

Ein einfaches System zur Orientierung, ob gerade Luxus- oder Konsumgüter besser rentieren, bietet zudem noch der Verlaufsvergleich zyklischer Branchen mit nicht zyklischen Branchen. Dazu kann man beispielsweise einen Fonds für zyklische Werte, etwa den Consumer Discretionary SPDR Fund für Autos, Elektronikgeräte, Computer, Hotels, Freizeit usw., und einen für nicht zyklische Werte, etwa den Consumer Staples SPDR

Länder im derzeitigen Konjunkturzyklus (Stand: Mai 2012)

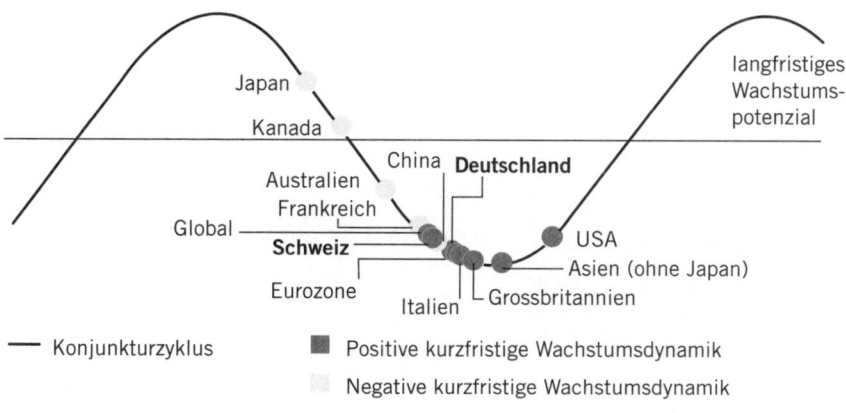

Abbildung 5

Quelle: Julius Bär, NZZ

Fund für Kosmetik, Pharma, Tabak, Nahrungsmittel usw., zueinander ins Verhältnis setzen.

Derlei Konjunkturmodelle sind alles andere als perfekt. Sie haben sich jedoch über viele Jahre bewährt und helfen Spezialisten und Laien, sich ein Bild vom Wirtschaftsverlauf zu machen und sich darauf einzustellen, was in den kommenden Wochen und Monaten möglicherweise kommt. Ferner helfen diese Modelle den Anlegern, sich zu orientieren und in Szenarien zu denken. Investoren können dann versuchen, mit zeitlich geschickten Umschichtungen, dem sogenannten Timing, gerade von den Branchen zu profitieren, die sich theoretisch am besten entwickeln sollten. Es besteht allerdings die Gefahr, gerade zu den falschen Zeitpunkten ein- und auszusteigen. Der übermässige Versuch mancher Notenbanken, vor allem jener in den USA, den Konjunkturverlauf zu steuern beziehungsweise eine Rezession sogar ganz auszuschalten, hat das Agieren der Investoren an der Börse nicht unbedingt vereinfacht. Zwar sind Börsianer kurzzeitig stets über jede Hilfe der Notenbanker erfreut, denn diese schützt sie meist vor Verlusten beziehungsweise vor noch grösseren Verlusten. Doch die herkömmlichen Zyklen werden durch übermässige Aktivitäten der Zentralbanken gestört, und wie sich in den vergangenen Jahren gezeigt hat, kommt das dicke Ende dann zum Schluss doch. So ist es in den USA und anderswo zwar über beinahe zwei Jahrzehnte nicht mehr zu einer Rezession gekommen, doch die Rezession nach dem Platzen der Immobilienblase fiel dann umso dramatischer aus. Dies hatte für die ganze Welt Folgen.

Die Geister, die sie riefen – das Geschehen in der Finanzkrise

«Banken sind gefährlicher als stehende Armeen.»

Thomas Jefferson, Präsident der Vereinigten Staaten

Wie Notenbanker die Welt in den Ruin führ(t)en

Ihre Namen kennt heutzutage kaum noch jemand, ihre Geschichte ebenfalls nicht. Doch vor rund 80 Jahren waren ihre Namen in aller Munde. In den 1920er- und 1930er-Jahren präsidierten sie die damals bedeutendsten Notenbanken der Welt: der «neurotische und geheimnisvolle» Montagu Norman die Bank of England, der «ausländerfeindliche und misstrauische» Emile Moreau die Banque de France, der «strenge und arrogante, aber auch brillante und intelligente» Hjalmar Schacht die Deutsche Reichsbank sowie der «energische und kraftvolle, aber überforderte» Benjamin Strong die US-Notenbank. In seinem Buch *Die Herren des Geldes* erzählte Liaquat Ahamed, wie diese vier Männer – zugespitzt formuliert – die Welt in die grösste Wirtschaftskrise des 20. Jahrhunderts führten. Könnte Geschichte aktueller sein?

In der Neuzeit sind wohl vor allem die letzten beziehungsweise amtierenden Präsidenten der US-Notenbank Alan Greenspan und Ben Bernanke sowie Mervyn Allister King von der Bank of England die Pendants, weil sie mit ihrer ultraexpansiven Geldpolitik, die in anderen Regionen der Welt imitiert wurde, die derzeitige Banken- und Finanzkrise entscheidend mit verursacht haben. Damals wie heute kennt man die Namen dieser Notenbanker über die Zirkel der Hochfinanz hinaus, obwohl für Währungshüter sonst die Maxime galt, möglichst langweilig und unsichtbar zu sein. Der ehemals als Investmentbanker und für die Weltbank arbeitende Ahamed erzählt in seinem faszinierenden, aber manchmal etwas gar detailreich geratenen Buch die – auch persönliche – Geschichte dieser Männer vom Beginn des Ersten Weltkrieges bis in die Weltwirtschaftskrise hinein und erinnert an die Nachwirkungen bis hin zum Zweiten Weltkrieg. Das englische Original *Lords of Finance* wurde 2010 mit dem Pulitzerpreis geehrt.

Wenngleich das Umfeld im vergangenen Jahrhundert völlig anders war, so verleihen doch gerade die derzeitige Finanzkrise sowie die darin nicht über jeden Zweifel erhabene Rolle der Notenbanken dem Buch eine unheimliche Aktualität. Das gilt nicht zuletzt auch für den Schweizer Fall des jüngst über sich selbst und eine weithin vermutete politische Intrige gestolperten Philipp Hildebrand. Dem ehemaligen Präsidenten der Schweizerischen Nationalbank wurde hinter vorgehaltener Hand von Neidern oft auch der Vorwurf von zu grosser Eitelkeit gemacht. Doch warum sollten Notenbanker weniger eitel sein als andere Berufsgruppen? Vor allem Alan Greenspan, der von Mitte 1987 bis Anfang 2006 die US-Notenbank präsidierte, genoss zu seiner Amtszeit einen ungeheuer guten Ruf. Der Sohn ungarischer Einwanderer wurde in der Finanzwelt und in den Medien quasi als lebende Legende gefeiert. Ihm war es im Herbst 1987 und in den anschliessenden Monaten gelungen, die Folgen des grossen Börsencrashs abzufedern. Danach folgte in seiner Amtszeit eine sehr lange Phase eines disinflationären Umfeldes, in dem sich an den Aktienmärkten eine der grössten Haussen der Geschichte entwickelte. Analytiker und Journalisten klebten an seinen Lippen, wenn er mit verklausulierten Worten die Politik der US-Notenbank erklärte. Im Nachhinein fällt das Urteil über seine Amtszeit jedoch deutlich negativer aus. Ihm wird vorgeworfen, die Zinsen in den USA über einen langen Zeitraum tendenziell zu niedrig gelassen zu haben. Damit löste er Fehlverteilungen von Kapital aus. Zuerst verstärkte seine expansive Geldpolitik den New-Economy-Boom und erzeugte die Internetblase. Dann liess er nach dem Platzen dieser Blase die Zinsen erneut zu lange zu niedrig, was den Boom am amerikanischen Häusermarkt anheizte und schliesslich mit zur grossen amerikanischen Immobilienblase führte. Selbst kurz bevor die Katastrophe begann und die Exzesse offenkundig wurden, behauptete Greenspan noch, es gebe keine Blase am Immobilienmarkt. Welche Folgen das Platzen dieser Blase hatte, ist bekannt. Wie andere in der Öffentlichkeit stehende Personen, dürfte auch Alan Greenspan den Rummel um seine Person innerlich genossen haben.

Inzwischen hat der Ruf von Greenspan, aber auch von Bernanke und King gelitten. Kritiker echauffieren sich über die Schuld und die mangelnde Sühne der Notenbanker. Nach dem wirtschaftlichen Kollaps hätten die Währungshüter, besonders in den USA und in Grossbritannien, unter Hochdruck gearbeitet – und zwar daran, die Schuld von sich auf andere zu lenken. In der immer grösser werdenden Gemeinde der Kritiker tun sich besonders die Strategen der französischen Bank Société Générale in London hervor. Ihr Chefstratege Albert Edwards forderte inzwischen, Greenspan und King die Ritterwürde abzuerkennen. Die Idee fusst auf den Vorkommnissen um Fred Goodwin, dem ehemaligen CEO der – inzwischen fast vollständig verstaatlichten – britischen Grossbank Royal Bank of Scotland. Ihm wurde Ende Januar 2012 der Adelstitel aberkannt, was in der britischen Öffentlichkeit für grosse Aufmerksamkeit und viel Diskussion sorgte. Eigentlich können nämlich nur Kriminelle «entadelt» werden.

Edwards vertritt die Auffassung, man sollte nicht Schuldner und Gläubiger dafür verantwortlich machen, dass sie wegen der Flut von günstigem Geld übertrieben optimistisch geworden seien. Hauptverantwortlich für die Krise seien die Personen, die die falschen Leitplanken für die Geldpolitik gesetzt hätten, nämlich Alan Greenspan in den USA und Mervyn Allister King in England. Beide wurden in den britischen Adelsstand erhoben und dürfen ihren Namen mit einem «Sir» schmücken. Die Strategen der Société Générale und Kritiker aus anderen Banken wundern sich darüber, dass die Bank of England in der öffentlichen Meinung bisher relativ glimpflich davongekommen ist. Während in den USA der Ruf der Notenbank stark gelitten hätte und weitherum anerkannt sei, dass Alan Greenspan eben doch kein Magier, sondern nur ein gewöhnlicher, vermutlich nicht einmal einer der besseren Notenbanker war, ist sein Pendant in England bisher vor grosser Kritik verschont geblieben. So wurde King tatsächlich erst im letzten Jahr in den Ritterstand erhoben. Dieser Vorgang überrascht tatsächlich, zumal die Bank of England an ihrer Politik festhält. Jüngst behaupteten deren Vertreter sogar, England habe bis dahin keine übertriebene Inflation gehabt. Die Personen, die prognostiziert hätten, der Aufkauf von Anleihen durch die Zentralbank werde dem Land das Schicksal von Simbabwe – eine Hyperinflation – bescheren, seien falsch gelegen. Kritiker wie Edwards nehmen derlei Aussagen inzwischen nur noch mit Galgenhumor und meinen, der Vorgang erinnere sie an den französischen Film *La Haine*, in dem ein Protagonist, der vom Wolkenkratzer fällt, sich bei jedem Stockwerk selbst versichert: «Bis hierher lief es noch ganz gut!»

In der Tat wäre es global gesehen nicht ungewöhnlich, wenn man auch die Notenbanker stärker zur Rechenschaft ziehen würde. In den Industriestaaten ist ihr Verhalten allerdings oft noch sakrosankt. Dabei müsste man sicher nicht so weit gehen wie in Südkorea, sagen die Kritiker, wo man den Chef der Zentralbank nach der Asienkrise ins Gefängnis steckte, oder in Thailand, wo der Finanzminister eine enorme Geldbusse zahlen musste. Ein Mangel an Verantwortung und Haftung berge jedoch durchaus mehr Gefahren für die Zukunft, als man im ersten Augenblick denke. Wenn Verantwortung und Schuld nicht übernommen würden, sei die Wahrscheinlichkeit hoch, dass die begangenen Fehler wiederholt würden. Der Unwille, aus Fehlern zu lernen, zieht weite Kreise. Überall auf der Welt leihen Zentralbanken nämlich weiterhin praktisch kostenlos Gelder an den Bankensektor aus. Die Strategie, die bisher nicht funktioniert, sondern die Finanzmärkte in grosse Schwierigkeiten brachte, wird nun wieder angewandt. Daher meinen inzwischen immer mehr Beobachter, die Notenbanken würden die aktuelle Krise mit den gleichen Mitteln bekämpfen, mit denen sie sie verursacht hätten. Werfen wir also nochmals einen konkreten Blick auf die bisherigen Massnahmen führender Notenbanken und ihre Auswirkungen.

Die USA – Spekulation auf Inflation

Die Finanzkrise ist nicht der Anfang und nicht das Ende des entstandenen Desasters – und schon gar nicht dessen Ursache. Sie hat lediglich die Fehlentwicklungen der vergangenen 25 Jahre mit Vehemenz zum Vorschein gebracht. Die Krise hat viele Ingredienzen, die sich mit der Zeit zu einem giftigen Cocktail entwickelten. Eine der wichtigsten Ursachen, vermutlich sogar die entscheidende, dürfte die Geldpolitik in den USA gewesen sein. Die von der US-Notenbank festgelegten Leitzinsen waren über viele Jahre tendenziell zu niedrig. Vor allem nach dem Platzen der New-Economy-Blase liessen die US-Notenbanker den Leitzins aus Angst vor einer Deflation zu lange zu tief. Die Rückkehr auf ein «normales» Niveau geschah lediglich in kleinsten Schritten und wurde über einen langen Zeitraum gestreckt (vgl. hierzu die Abbildung in dem Unterkapitel «Implosion der Leitzinsen auf faktisch null» in dem Kapitel «Ein Bild des Schreckens – die Aktivitäten der einzelnen Notenbanken»). Heutzutage sind sich viele Ökonomen einig, dass die Zinsen deutlich zu niedrig waren.

Neben den niedrigen Zinsen gab es noch andere Ursachen für das Entstehen der Finanzkrise. Da waren Politiker in den USA, die tatsächlich meinten, sie könnten gegen die wirtschaftliche Realität grossen Teilen der Bevölkerung zum eigenen Heim verhelfen, obwohl sich viele den Erwerb eines Hauses oder einer Wohnung gar nicht leisten konnten, weil sie zu wenig Erspartes, ein zu niedriges Einkommen oder gar keine Arbeit hatten. So wurde gemäss Medienveröffentlichungen etwa einem mexikanischen Erdbeerpflücker, ohne Englischkenntnisse und mit einem Jahreseinkommen von 14 000 Dollar, ein Haus im Wert von 724 000 Dollar bis auf den letzten Cent finanziert. Der Mann war kein Einzelfall, denn was aus heutiger Sicht unfassbar erscheint, war damals an der Tagesordnung. In den USA war es unter der Regierung von George W. Bush politisch gewünscht, dass sich möglichst viele Bürger den Traum von den eigenen vier Wänden erfüllen können. Über die beiden halbstaatlichen Immobilienfinanzierer Fannie Mae und Freddie Mac kurbelte die Regierung die Kreditvergabe an. Diese beiden Institute verhielten sich nicht marktgerecht. Aufgrund ihrer impliziten Staatsgarantie, das heisst, dass der Staat im Fall der Fälle für ihre Verpflichtungen einspringen würde, gingen sie viel zu grosse Risiken ein und finanzierten Projekte, die sich im Nachhinein als zu abenteuerlich erwiesen. Während der Finanzkrise mussten diese beiden Unternehmen schliesslich mit Milliarden und Abermilliarden gerettet und am Ende sogar verstaatlicht werden. Wie zahlreiche Geschäftsbanken hielten Fannie Mae und Freddie Mac viel zu wenig Eigenkapital. Dies rächte sich später ebenso wie die ähnlich gelagerten Exzesse der Geschäftsbanken bei der Vergabe von Krediten.

Da waren zudem Banker, die sich für die unbezwingbaren Meister des Universums hielten. Die Manager dieser Banken wurden durch das damalige Umfeld dazu motiviert, aus heutiger Sicht komplexe, ja abenteuerliche Anlageprodukte zu kreieren, die riskante Darlehen an Hausbauer oder auch an Studenten und Autokäufer in Anleihen mit hoher Bonität verwandelten. Die Gründe hierfür waren die niedrigen Zinsen, der Wunsch der amerikanischen Regierung nach möglichst vielen Hauseigentümern sowie die verlockend hohen Boni. Dadurch entstanden die mit verbrieften Hypotheken und anderen Wertpapieren unterlegten Finanzprodukte. Diese erhielten von den Ratingagenturen, die eng mit den Banken verbandelt waren und für die dies ein sehr lukratives Geschäft war, Bestnoten. Die vom Rang her in diesen Geschäftsbereichen niedrigeren Bankmitarbeiter gingen, getrieben von der Jagd nach exzessiv hohen Bonuszahlungen, viel zu hohe Risiken ein, weil sie für die Konsequenzen nicht haften mussten. Viele der Banker verstanden vermutlich sogar selbst nicht, was sie taten. Und so wurden Menschen mit einer geringen Bonität durch anfangs extrem niedrige Zinsen in Eigenheime getrieben, die sie niemals abbezahlen konnten.

Das wurde spätestens nach zwei, drei Jahren offenkundig, wenn Lockvogel-zinsen ausliefen und sich der Abtrag der Kredite dem realen Zinsniveau anpasste. Dieser Markt der Immobilienfinanzierung für Menschen mit geringer Bonität, der sogenannte Subprimemarkt, war der Ausgangspunkt für die folgende Immobilien- und Finanzkrise. Während Mitte der 1990er-Jahre – als es zu einem ersten Crash in diesem Bereich kam, der viele Kre-ditgeber in den Konkurs trieb – der Markt für Subprimehypotheken ein Volumen von 30 Milliarden Dollar aufwies, betrug er im Jahr 2005 über 600 Milliarden Dollar. Das kreierte System glich laut dem Autor Michael Lewis, der in seinem Buch *The Big Short* die Entstehung der Krise sezierte, einer Kreditwäsche für Menschen der unteren Mittelschicht und geriet für die Wall Street zu einer Maschinerie, die vermeintlich Blei in Gold verwan-delte. Der Ausgang ist bekannt. Hinzu kamen damals zum einen eine zu lange Leine der Regulatoren beziehungsweise zum anderen falsche Regu-lierungen und der Irrglaube, mit genügend strengen Aufsichtskompeten-zen könne man Missbrauch und kriminelles Fehlverhalten verhindern. Zudem erkannten auch renommierte Ökonomen die Gefahren, die sich auftürmten, nicht.

Und da war eben die US-Notenbank, deren Führer in unglaublicher Hybris der Meinung waren, Rezessionen langfristig verhindern oder zumin-dest den Konjunkturverlauf dauerhaft glätten zu können. Vor allem die Notenbanken dürften einen grossen Anteil am Entstehen des ganzen Desas-ters haben. Durch eine zu laxe Geldpolitik war Geld auf Pump zu billig, was zu immensen Fehlallokationen von Kapital führte. Projekte wurden finan-zierbar, die unter normalen Umständen, also bei höherem Zinsniveau, nicht finanzierbar gewesen wären. Das viele Geld suchte zwangsläufig nach ver-meintlich lukrativen Anlagen – und das waren damals, so meinte man, die neuartigen strukturierten Finanzprodukte, in denen eben die Kredite an Hausbauer, Studenten oder Autokäufer verbrieft waren.

Durch die von der US-Notenbank stark mitverursachte, seit dem Jahr 2008 laufende und in Wellen immer wieder in den Vordergrund tre-tende Finanz- und Wirtschaftskrise sind die Zentralbanken inzwischen unfreiwillig enorm gefordert. Das gilt vor allem für die westlichen Noten-banken der besonders betroffenen Regionen USA, Kontinentaleuropa und Grossbritannien. Dort sind die US-Notenbank, die Europäische Zen-tralbank und die Bank of England für die Geldpolitik zuständig. Doch die Ausläufer der Krise oder die lokalen Sonderfälle fordern genauso die

Schweizerische Nationalbank, die Bank of Japan und sogar die Peoples Bank of China. Dies ist auch, aber nicht nur der Fall, weil andere staatliche Vertreter wie die Finanz- und Haushaltspolitiker vieler Staaten und die Bankenregulierer ihre Aufgaben und ihre Verantwortung nicht gut genug oder überhaupt nicht wahrgenommen haben. Dadurch sind die Zentralbanken, die schon immer der Kreditgeber der allerletzten Instanz waren, sozusagen zum Retter in jeder Not geworden – ohne dass sie dies selbst wollten. Doch irgendjemand musste die bestehenden Probleme ja lösen. Die Währungshüter haben auf diese historisch wohl einzigartige Situation mit einem historisch genauso einzigartigen Mitteleinsatz reagiert – mit konventionellen und mit zuvor noch nie ergriffenen unkonventionellen Massnahmen. Inzwischen droht dieser Ausnahmezustand jedoch zum Dauerzustand zu werden. Einmal mehr ist zu befürchten, dass die Notenbanker aufgrund falscher Prioritäten viel zu spät die Rückkehr zur Normalität in Angriff nehmen werden.

Dabei ist allen Beteiligten klar, dass die exzessiv expansiven Massnahmen nicht von Dauer sein können, sondern dass es früher oder später zu einer Normalisierung kommen muss. Bis zur Drucklegung dieses Buchs im Sommer 2012 befand sich die Welt schon vier Jahre in der Krise. Das kann und darf nicht so weitergehen. Allerdings sind der Zeitpunkt und die Art und Weise des Ausstiegs aus der Krisenpolitik völlig unklar. Das wissen auch die Notenbanker selber, wie einige von ihnen sogar unumwunden zugeben. Alarmierend ist seit Jahren, dass zwar die Notwendigkeit des Ausstiegs aus der ultraexpansiven Geldpolitik zugegeben, er aber effektiv kaum thematisiert wird. Manche Währungshüter räumen sogar ein, dass der Ausstieg nicht einfach sei. Andere behaupten das Gegenteil und suggerieren mit beschönigenden Worten, dies sei ein Leichtes. Dies ist einerseits für die nach der Droge Liquidität süchtigen Finanzmärkte beruhigend, andererseits schafft es aber auch eine Unsicherheit über das künftige Geschehen und stellt somit einen latenten, zumindest psychologischen Belastungsfaktor dar. Manche Beobachter meinen sogar, dass dies besonders schwer wiege, da auch der Fortgang der Finanz- und Verschuldungspolitik in vielen Staaten, vor allem in den europäischen Schuldenländern, von sehr viel Unwägbarkeiten und Ungewissheiten geprägt sei.

Die Situation ist in den USA und in Europa nicht gleich, obwohl sie sich ähneln. In den USA ist die US-Notenbank bereits seit vier Jahren in der Krise. Der Leitzins liegt seit Dezember 2008 bei faktisch null, und seit dem

Frühjahr 2009 laufen die aussergewöhnlichen, zum Teil noch nie ausprobierten geldpolitischen Lockerungsübungen, die im Fachjargon als quantitative Lockerung («quantitative easing») bezeichnet werden. Dabei setzen Ben Bernanke, der Chef der US-Notenbank, und seine Kollegen an verschiedenen Stellen an. Erstens gibt es die Nullzinspolitik, die seit Ende 2008 ununterbrochen fortgesetzt wird. Zweitens startete die US-Notenbank mehrere Runden der quantitativen Lockerung. In der ersten Runde – März 2009 bis März 2010 – kaufte sie verbriefte Wertpapiere der beiden staatlich kontrollierten Immobilienfinanzierer Fannie Mae und Freddie Mac sowie US-Staatsanleihen mit längeren Laufzeiten über insgesamt mehr als 1 Billion Dollar (1000 Milliarden Dollar). Den Kauf der verbrieften Wertpapiere der Immobilienfinanzierer könnte man auch treffender als «credit easing» bezeichnen, also als eine Erleichterung der Kreditbedingungen für Häuslebauer. Dabei handelte es sich um direkte Interventionen in einen Markt, in dem eine staatliche Notenbank nach Ansicht führender Geldpolitikexperten, wie etwa dem emeritierten Schweizer Professor Ernst Baltensperger, mit sehr gutem Grund nicht aktiv sein sollte.

Im August 2010 kündigte Ben Bernanke dann eine zweite Runde an, deren konkrete Ausgestaltung im Herbst desselben Jahres bekannt gegeben wurde. Zwar war die Erholung der amerikanischen Wirtschaft in Gang gekommen, doch das Tempo reichte der US-Notenbank nicht aus. Bis Mitte 2011 erwarb die Währungsbehörde daraufhin nochmals Staatsanleihen im Wert von über 600 Milliarden Dollar, um die langfristigen Zinsen weiter zu drücken. Sie reinvestierte zudem nochmals rund 300 Milliarden Dollar in amerikanische Staatsanleihen, die aus den auslaufenden Anleihen von Fannie Mae und Freddie Mac stammten. Letzteres könnte man – drittens – als eine Art quantitative Lockerung 2.5 bezeichnen. Ben Bernanke vermittelte durch diesen Aktionismus immer mehr den Eindruck, die Nothilfe werde zum Normalzustand. In dem elfköpfigen geldpolitischen Gremium der US-Notenbank, dem sogenannten Offenmarktausschuss, wehrte sich als einziger Thomas Hoenig gegen den Entscheid. Dem Präsidenten der Federal Reserve von Kansas City, einer Filiale der US-Notenbank, waren die zusätzlichen Risiken zu hoch. Hoenig und andere Kritiker ausserhalb der US-Notenbank warnten vor der Illusion, eine Notenbank könne die Inflationserwartungen nach Belieben steuern. In der Realität bestehe die Gefahr, dass sie die Kontrolle über die Inflationserwartungen verliere. Zudem komme es durch das billige Geld in anderen Bereichen des Finanzmarktes erneut zu Blasen. Stossend war ferner die Grössenordnung, wie Staatsanleihen gekauft wurden, da sie in etwa der Kreditaufnahme der USA innerhalb der gleichen Periode entsprach. Eine auf Unabhängigkeit Wert legende Notenbank sollte jedoch unter allen Umständen den Eindruck vermeiden, sie betreibe eine Art Staatsfinanzierung. Doch schon damals begann dieser Verdacht, sich zu verdichten.

Viertens startete die US-Notenbank nach dem Auslaufen der quantitativen Lockerung 2.0 und 2.5 aufgrund der erneut schwächelnden Konjunktur und der rutschenden Börsenkurse schliesslich am 21. September 2011 das Projekt «operation twist». Mit dieser Operation begann die US-Notenbank, ihr Portfolio an Staatsanleihen umzuschichten. Aus dem Bestand der auch Treasury Bonds genannten Titel mit kurzen Laufzeiten von unter drei Jahren wurde im Ausmass von 400 Milliarden Dollar vermehrt in solche mit langen Laufzeiten umgeschichtet. Dadurch wollten Bernanke & Co. noch stärker die Zinsen im langfristigen Bereich unter Kontrolle bekommen, sprich manipulieren. Anfang der 1960er-Jahre hatte die US-Notenbank bereits einmal eine solche Umschichtung mit den gleichen Zielen vorgenommen. Über den Erfolg der damaligen Massnahmen gehen die Meinungen auseinander. Während die Währungshüter und ihnen wohlgesonnene Zeitgenossen die Operation als Erfolg erachteten, da tatsächlich die Renditen der langen Laufzeiten empirisch nachweisbar sanken, warfen Kritiker der US-Notenbank vor, unter anderem damit einen Grundstein für die dann in den 1970er-Jahren eskalierende Inflation gelegt zu haben. Fünftens gab die US-Notenbank am 20. Juni 2012 bekannt, dass sie die Operation Twist bis zum Jahresende verlängert und dabei die restlichen Staatsanleihen mit kurzer Laufzeit aus ihrem Portfolio verkaufen und die entsprechende Summe von 267 Milliarden Dollar in lang laufende Staatsanleihen investieren will. Dadurch sollen die Zinsen am langen Ende der Zinskurve, also bei den langen Laufzeiten, weiter gesenkt werden. Die kurzfristigen Zinsen, die vom Leitzinssatz bestimmt werden, liegen ja, wie beschrieben, bereits seit Dezember 2008 bei null. Der neuerliche expansive Schritt war für viele Beobachter einmal mehr kaum nachvollziehbar, ging doch das Wirtschaftswachstum in den USA zu dieser Zeit nur leicht auf 2,2 Prozent zurück und sank auch die Arbeitslosigkeit, wenngleich sehr langsam. Sechstens verschiebt die US-Notenbank den potenziellen Ausstieg aus der Nullzinspolitik immer weiter nach hinten und signalisiert dies den Marktteilnehmern auch eindeutig. Im Sommer 2012 liess sie durchblicken, dass die Leitzinsen bis Ende des Jahres 2014 bei null bleiben und dass, wenn nötig, weitere Massnahmen zur Stimulierung der Wirtschaft getroffen werden.

Kann diese Art von Geldpolitik die erhoffte Wirkung entfalten? Daran zweifeln immer mehr Ökonomen. In den USA ist eine gigantische Verschuldungsblase geplatzt. Die Folgen dauern bis in die Gegenwart und werden auch noch Jahre in der Zukunft zu spüren sein. Das Land der unbegrenzten Möglichkeiten muss lernen, dass auch zwischen Florida und Kalifornien die Bäume nicht in den Himmel wachsen. Die Gesetze der Ökonomie kann man nicht ausser Kraft setzen, schon gar nicht im Kernland des Kapitalismus. Das Platzen einer gigantischen Verschuldungsblase verlangt grosse realwirtschaftliche Anpassungen. Dazu gehört etwa der Transfer von Ressourcen von der künstlich aufgeblähten Finanzwirtschaft und der überdimensionierten Bauwirtschaft in andere Sektoren. Verursacht wurde die Blase durch die erwähnte zu expansive Geldpolitik. Die zu billigen Kredite liessen die Schuldenspirale in den USA – einem Land, dessen Bürger ohnehin einen Hang zum übermässigen Konsum haben – immer schneller drehen. Die Verschuldungsblase führte somit nicht nur zu einer Blase bei den Finanzprodukten mit gebündelten und dann verbrieften Krediten, sondern auch zu einer Blase in der Bauwirtschaft. Durch die niedrigen Zinsen kam es zu Fehlallokationen von Kapital und Arbeitskraft. Im aufgeblähten Bausektor wurden zu viele Menschen beschäftigt. Diese finden nun keine Arbeit mehr, da der Bausektor in Trümmern liegt.

Bis zum Sommer 2012 gab es auf dem amerikanischen Immobilienmarkt auch mehrere Jahre nach dem Abschwung nur wenige Lebenszeichen. Dafür wurden Subprimepapiere langsam wieder salonfähig. Hedgefonds und Banken kauften ganze Portfolios. Ein Blick auf die Abbildungen zum US-Häusermarkt zeigt das Ausmass des Debakels. Zwar ist die Implosion des Immobilienmarktes von 2006 bis 2008 offenbar zu Ende, und es hat eine Stabilisierung oder Konsolidierung auf niedrigem Niveau eingesetzt. Doch neue Lebenszeichen sind fast nirgends zu orten. Der in den Vorkrisenjahren bis zum Höhepunkt 2005 durch das billige Geld der US-Notenbank gigantisch aufgeblähte Immobilienmarkt liegt zum grossen Teil noch immer in Trümmern, wie etwa die Zahlen zu den Neubauverkäufen, den Baugenehmigungen und dem Baubeginn zeigen (vgl. hierzu Abbildung 6). Gemäss den Daten des amerikanischen statistischen Bundesamtes betrug die saisonal adjustierte, annualisierte Zahl der verkauften neuen Einfami-

Entwicklung des Immobilienmarktes in den USA
Alle Angaben in Tausend-Einheiten

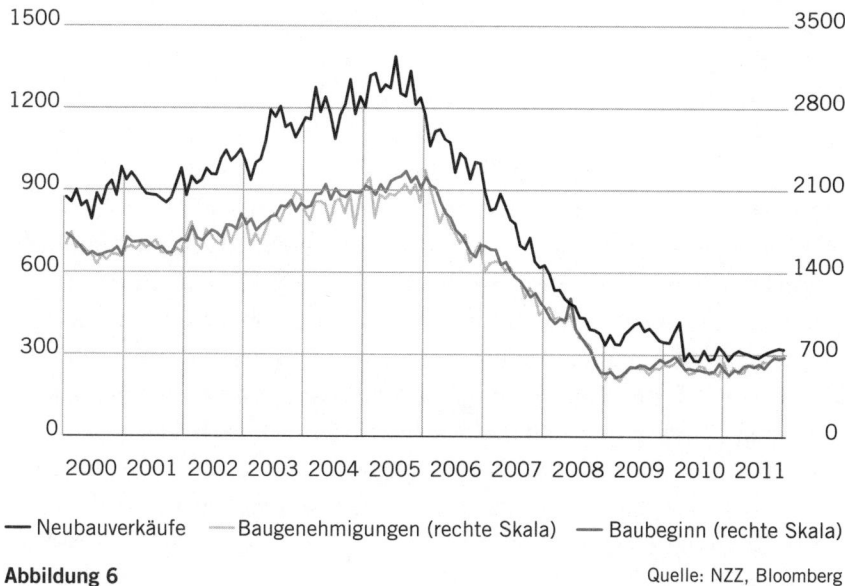

— Neubauverkäufe   — Baugenehmigungen (rechte Skala)   — Baubeginn (rechte Skala)

Abbildung 6   Quelle: NZZ, Bloomberg

lienhäuser im Frühjahr nur 321 000. Damit lag der Wert noch immer um sage und schreibe 77 Prozent unter dem Spitzenwert des Jahres 2005 in Höhe von 1,4 Millionen. Das Gleiche gilt für die eng zusammenhängenden Zahlen an einer Baugenehmigung und an einem Baubeginn im breiten privaten Immobilienmarkt. Auch diese Kennziffern für die Aktivität der Amerikaner in Sachen Eigenheim lagen mit jeweils rund −70 Prozent dramatisch unter den Rekordwerten von 2005 und 2006.

Die seit drei Jahren registrierten Werte dieser drei Indizes sind die tiefsten seit Beginn der Aufzeichnungen rund um das Jahr 1960. Die bisherigen Tiefstwerte, die knapp über dem gegenwärtigen Niveau liegen, wurden jeweils nur ganz kurz erreicht, und es folgte eine schnelle Erholung. Derzeit handelt es sich dagegen um eine bereits über drei Jahre dauernde Depression. Im Keller verharren laut Statistikamt auch die Bauinvestitionen. Nach dem Boom von 2003 bis 2006 sind sie nun wieder auf das Niveau von 2001/02 gefallen. Die Entwicklung der Häuserpreise in den USA zeichnet ebenfalls ein trauriges Bild. Der viel beachtete S&P-Case-Shiller-Hauspreis-20-Index lag im Frühjahr 2012 bei 137 Punkten und damit um 34 Prozent unter dem Spitzenwert des Jahres 2006. Die Tendenz war immer noch eher abwärts gerichtet, wenngleich man wohlwollend auch von einem nun bereits rund drei Jahre dauernden Versuch einer Bodenbildung sprechen könnte. Vielleicht ist dies der zarte Anfang einer beginnenden Trendwende.

Das wäre auch aus der Sicht der amerikanischen Konjunktur wünschenswert. Vor allem der Wert ihrer Häuser ist für viele Amerikaner ein Massstab für das eigene – gefühlte und effektive – Vermögen und beeinflusst darüber hinaus ihren Konsum. Solange die Häuserpreise anscheinend unaufhaltsam stiegen, erlaubte dies den Eigentümern einen auf dem Wertzuwachs fussenden Konsum. Diese Spirale dreht sich nun in die andere Richtung und treibt viele Besitzer von Wohneigentum in den Ruin. Dies belegen auch die weiterhin rekordverdächtigen Zahlen an Zwangsvollstreckungen, wie Daten der Mortgage Bankers Association zeigen (vgl. hierzu Abbildung 7). Der Anteil der gerichtlichen Vollstreckungserklärungen einer Hypothek im Verhältnis zu allen Hypotheken lag im Frühjahr 2012 mit 4,4 Prozent weiterhin deutlich über der Marke von 4 Prozent. Vor der Krise hatte die Quote zwischen 1 Prozent und 1,5 Prozent geschwankt. Eine Entspannung der delikaten Lage ist nicht absehbar. Einen Hoffnungsschimmer geben hingegen die vom gleichen Branchenverband gesammelten Hypothekenanträge. Diese erholten sich 2012 deutlich und lagen in etwa wieder auf

Anteil der Zwangsvollstreckungen am Hypothekenmarkt
In den USA, in Prozent

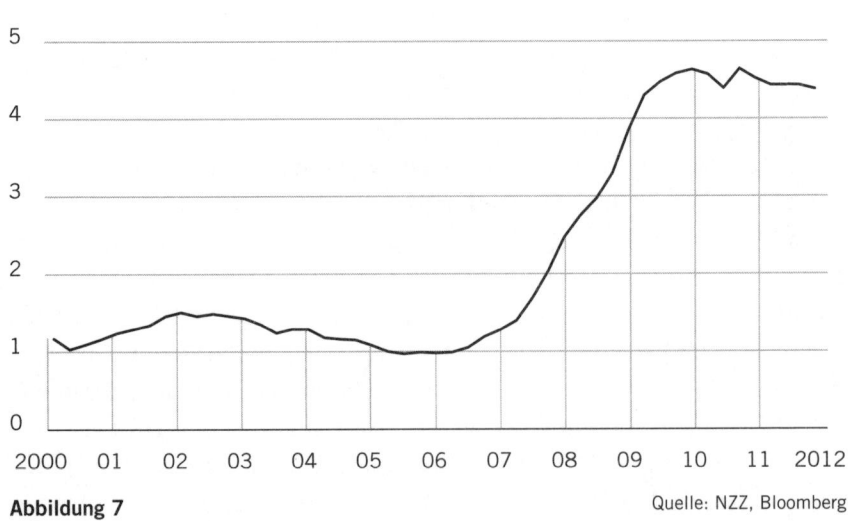

Abbildung 7   Quelle: NZZ, Bloomberg

dem durchschnittlichen Niveau der vorangegangenen zehn Jahre. Anlass zur Hoffnung geben auch die Zahlen zu den sogenannten schwebenden und effektiven Hausverkäufen. Beide Indizes haben sich von den Tiefstwerten der letzten drei Jahre entfernt, befinden sich aber noch weit unter dem Niveau des Spitzenjahres 2005.

Während also grosse Teile des amerikanischen Immobilienmarktes noch in einer Art Scheintod verharren, sendete ein anderer Krisenmarkt im ersten Semester des Jahres 2012 deutliche Lebenszeichen, nämlich jener für verbriefte Hypotheken, zu denen auch die strukturierten Subprimepapiere gehören. Der Sektor, in dem Banken wie die Schweizer UBS oder die deutsche IKB während der Krise Milliarden versenkten, ist ins Visier von Hedgefonds und Investmentbanken geraten. Sie orteten auf diesem Niveau attraktive Investitions- oder besser ausgedrückt Spekulationsmöglichkeiten. Auch bei der Ratingagentur Standard & Poor's sehen die Experten Erholungspotenzial. Hedgefondsmanager sammeln Gelder für Investitionen in Ramschpapiere oder sind schon gross eingestiegen. Und auch die Banken greifen zu. Die Schweizer Grossbank Credit Suisse kaufte im Januar aus dem toxischen Topf der New Yorker Filiale der US-Notenbank, dem sogenannten Maiden-Lane-Portfolio, verbriefte Immobilien im Volumen von 7 Milliarden Dollar für ihre Kunden, und die US-Investmentbank Goldman Sachs erwarb im Februar ebenfalls aus dem Maiden-Lane-Portfolio mit Hypotheken besicherte Papiere im Volumen von 6,2 Milliarden Dollar.

Die Tiefstzinspolitik der US-Notenbank nach dem Platzen der Immobilienblase hat dem Markt einerseits bei der Stabilisierung geholfen, andererseits wurden dadurch notwendige Anpassungen aber verzögert oder an anderer Stelle neue Probleme ausgelöst. Und nicht alle Schwierigkeiten der Welt lassen sich mit der Geldpolitik lösen. Das gilt vermutlich auch für die Folgen der Schuldenexzesse sowie das Platzen der Immobilienblase. Ohnehin versucht die Geldpolitik in den USA im Gegensatz zur Tradition der Deutschen Bundesbank und auch im Gegensatz zur Europäischen Zentralbank einen Spagat. Die US-Notenbank hat ein duales Mandat und ist zugleich zwei Zielen verpflichtet. Sie soll für stabile Preise und für eine maximale Beschäftigung sorgen. Um diese beiden Ziele zu erreichen, hat sie jedoch nur eine Variable, an der sie drehen kann: den Leitzinssatz. Doch jeder Wirtschaftsstudent lernt schon in den ersten Semestern, dass es äusserst schwierig, wenn nicht gar unmöglich ist, mit einem Instrument zugleich zwei Ziele zu verfolgen. Das duale Mandat ist auch Grund dafür, weshalb es so lange dauerte, bis sich die Geldpolitiker im Jahr 2011 auf eine Definition für Preisstabilität einigen konnten. So gab es im für die Geldpolitik zuständigen Offenmarktausschuss der US-Notenbank durchaus einige Vertreter, die befürchteten, das Beschäftigungsziel würde dadurch in den Hintergrund rücken. Bernanke betonte deshalb an Pressekonferenzen wiederholt, die beiden Ziele seien gleichrangig. Zwar seien die Ziele üblicherweise komplementär, schrieb die US-Notenbank, doch es könne Umstände geben, wo dies nicht der Fall sei. Sollte dies vorkommen, werde der Offenmarktausschuss die Abweichung von etwaigen Zielwerten berücksichtigen. Bernanke verdeutlichte dies: Wenn beispielsweise die Arbeitslosenquote sehr hoch sei, die Teuerung zugleich aber nur etwas über dem Zielwert liege, werde man die Teuerung möglicherweise nur langsam zurückführen, wenn dadurch die Arbeitslosigkeit gesenkt werden könne. Die Notenbank verkauft dies als Flexibilität.

Pointiert kommentierten die Geldpolitikexperten der *Neuen Zürcher Zeitung* die Aussage dahingehend, dass es sich eher um ein «weiches Inflationsziel» handle. Der unterschiedliche Charakter der Ziele komme auch dadurch zum Ausdruck, dass für die Arbeitslosenquote kein fixer Zielwert formuliert worden sei, sondern die Mitglieder der US-Notenbank eine Schätzung über die normale Arbeitslosenquote vornehmen, die sich ändern kann. Dies hat damit zu tun, dass die Arbeitslosigkeit längerfristig von Faktoren wie Demografie, Steuerpolitik oder Regulierung abhängt, die die Notenbank nicht beeinflussen kann. Die Europäische Zentralbank ist dagegen einzig und allein der Preisstabilität verpflichtet, so wie das auch für die Deutsche Bundesbank gilt. Dies erscheint auch aus einer theoretischen Sichtweise konfliktfreier, sinnvoller und zielführender zu sein.

Die Mitglieder des US-Notenbanksystems wollen die Folgen der Schuldenexzesse mit der geldpolitischen Brechstange lösen. Dies wird aber nicht möglich sein. Indem sie es trotzdem versuchen, schaffen sie enorm hohe, langfristige Risiken und verzögern dadurch noch den ohnehin nötigen und letztlich unausweichlichen Anpassungsprozess. Im besten Fall kaufen die Währungshüter Zeit, doch der Preis dafür ist womöglich extrem hoch. Erschwerend kommt hinzu, dass sie Probleme einmal mehr mit den gleichen Mitteln lösen wollen, die für ihr Entstehen massgeblich mitverantwortlich waren, nämlich mit der Ausweitung der Geldmenge und den schon mehrfach erwähnten extrem niedrigen Zinsen, die die Schuldenexzesse erst angekurbelt haben. Die Geldpolitik wird somit zu einer Dauerdroge. Die

Weigerung vieler Politiker und Notenbanker, die Grenzen des Geldausgebens aufgrund nicht vorhandener und schon gar nicht erarbeiteter Mittel anzuerkennen, kann jedoch kein erfolgreiches Konzept sein.

Der riesige Liquiditätszufluss mag als temporäres Beruhigungsmittel durchaus wirken. Und in der akuten Phase der eigentlichen Krise war diese Politik auch angebracht. Das bezweifelt so gut wie niemand. Doch inzwischen droht sie selbst mehr und mehr zur Quelle neuer Übertreibungen und neuer Ungleichgewichte zu werden, beispielsweise an den Märkten für Gold, Silber und andere Rohstoffe, an jenen für Immobilien und an den Aktienbörsen. Dazu kommen unerwünschte Kapitalzuflüsse in die Schwellenländer Asiens und Lateinamerikas. Viel billiges Geld fliesst nämlich nach Asien, weil Anleger dort das grösste Wachstumspotenzial und somit auch die grössten Renditechancen orten. Hier zeigt sich auch ein Dilemma, in dem die US-Notenbank steckt. Sie kann zwar das Geld drucken, doch sie kann die Verwendung und den Fluss des Geldes nicht immer kontrollieren. Dies gelänge nur, wenn die Geschäftsbanken die Gelder wiederum bei ihr hinterlegen würden. Wäre die Verzinsung der Gelder hoch genug, würden die Geschäftsbanken die Mittel bei der Notenbank belassen – und die Gelder wären immobilisiert. Das an den Finanzmärkten und darüber hinaus weitverbreitete Wissen darum, dass sich diese Politik nicht ohne Schaden und schon gar nicht unbegrenzt weiterführen lässt, schafft fast zwangsläufig Unsicherheit und labile Marktverhältnisse. Und Anleger hassen nichts so sehr wie Unsicherheit. Vor allem aber stellt diese Politik ein gefährliches Spiel mit den Erwartungen von Anlegern und anderen Teilnehmern am Wirtschaftskreislauf dar. Vorläufig sind die Inflation und die Erwartung an sie zwar gering – ja sie scheinen sogar unter Kontrolle zu sein. Letzteres täuscht allerdings, denn die Destabilisierung von Inflationserwartungen kann ganz plötzlich eintreten, wie die Erfahrungen aus früheren Jahrzehnten, beispielsweise in den 1970er-Jahren, gezeigt haben.

Mittelfristig wird der Ausstieg aus der expansiven Geldpolitik zum grossen Problem werden. Und es wird aller Wahrscheinlichkeit nach umso grösser, je länger der Ausstieg nach hinten geschoben wird. Diese Erkenntnis ist längst aus früheren Krisen gewonnen worden. Das richtige Timing für den Ausstieg aus einer Expansionspolitik ist ohnehin immer schwierig. Ist die Geldpolitik jedoch so exzessiv expansiv, wird der Ausstieg aus ihr noch viel komplexer – und gefährlicher. Eine Abkehr wird nicht ohne einen Zinsanstieg und den damit einhergehenden Druck auf die Preise von Vermögenswerten wie Aktien, Rohstoffen und Immobilien möglich sein. Diese bei den Anlegern und den Bürgern gleichermassen unerwünschten Folgen dürften kaum ohne politischen Widerstand über die Bühne gehen. Der öffentliche Druck auf eine Aufrechterhaltung der expansiven Politik wird, wie bereits in früheren Phasen, gross sein. Das ist unvermeidlich und wird angesichts der hohen Staatsverschuldung zu besonders grossen Konflikten führen. Ein Zinsanstieg kann nämlich zu einer sprunghaften Erhöhung des staatlichen Zinsdienstes und somit zur Verschärfung der Defizite bei den Staaten führen. Dadurch würde die ohnehin immer noch auf hohen Touren laufende Verschuldungsmaschinerie weiter angetrieben. Dies ist angesichts der riesigen und nicht einmal im Ansatz gelösten haushaltspolitischen Probleme der USA besonders brisant. Die USA sind nämlich gemessen am Bruttoinlandsprodukt noch stärker verschuldet als der Euroraum im Durchschnitt.

Angesichts dieser sehr ungemütlichen Gemengelage dürfte die Inflation sehr wahrscheinlich zu einer Lösung der vorhandenen Probleme beitragen. Der Ausstieg aus der ultraexpansiven Geldpolitik wird von der US-Notenbank grosse Standfestigkeit und Härte gegenüber den amerikanischen Politikern und der Öffentlichkeit verlangen. Es ist wohl nicht allzu gewagt zu behaupten, dass der Ausstieg, wie bereits nach den Exzessen der New-Economy-Blase zu Beginn des Jahrhunderts, mit Verspätung eingeleitet werden wird. Ferner liegt der Verdacht nahe, dass der zu treffende politische Kompromiss, der den USA den Weg zurück zu Entschuldung und haushaltspolitischer Vernunft erlaubt, auch die vorübergehende Toleranz einer beschleunigten Inflation einschliessen wird. Sogar renommierte Ökonomen, die nicht dem linken politischen Spektrum angehören, bringen bereits die vorübergehende Tolerierung von rund 5 Prozent Teuerung ins Spiel. Ein Beispiel dafür ist Kenneth S. Rogoff. Der Ökonom wurde in den vergangenen Jahren vor allem deshalb bekannt, weil er zusammen mit seiner Kollegin Carmen M. Reinhart das viel beachtete Buch *Dieses Mal ist alles anders* (*This Time Is Different*) verfasst hat. Darin analysieren die Autoren die Finanzkrisen der letzten 800 Jahre. Ihr erstaunliches Ergebnis ist, dass immer wieder die gleichen Fehler begangen werden, die schliesslich zum Kollaps führen. Rogoff schlägt vor, die US-Notenbank sollte vorübergehend das Inflationsziel auf 5 Prozent oder gar 6 Prozent erhöhen, um dabei zu helfen, die gegenwärtige Wirtschaftskrise zu überwinden. Was er dabei allerdings nicht sagt, ist, dass sich bei einer Inflationsrate von 6 Prozent der

Wert des Geldes alle zwölf Jahre halbieren würde. Damit wären die Sparer die Gelackmeierten, und die Schuldner könnten sich freuen, denn auch der reale Wert der Schulden würde alle zwölf Jahre halbiert. Angesichts des immensen Ausmasses der nationalen und auch internationalen Verschuldung der USA wird die Versuchung, zum Trick der Inflation zu greifen, um die Schulden loszuwerden oder zumindest zu reduzieren, wohl sehr gross sein. Auch die nach wie vor schwache Position, in der sich – als Folge des Zwangs zu Entschuldung und realwirtschaftlicher Strukturbereinigung – grosse Teile der Privatwirtschaft befinden, wird das ihre dazu beitragen, dass es so weit kommen wird.

Für das immer stärker ineinander verwobene globale Finanz- und Wirtschaftssystem stellt die gegenwärtige amerikanische Geldpolitik eine grosse Gefahr dar – wenngleich oder gerade weil die USA trotz der Entwicklung in Asien und vor allem in China noch immer als eine Art Wachstumslokomotive für die Weltwirtschaft gesehen werden. Die Hauptgefahr ist, dass die USA die Welt mittelfristig in eine neue Phase akzelerierender Inflation führen und dadurch das internationale Finanzsystem zusätzlich destabilisieren werden. Der Dollar dürfte damit, wie bereits in den vergangenen mehr als 30 Jahren, eine Schwachwährung bleiben. Man muss kein ausgemachter Pessimist sein, um Analogien zu den 1960er- und 1970er-Jahren zu ziehen, als die Inflation in den USA völlig ausser Kontrolle geriet.

Im Sommer 2012 hofften die Marktteilnehmer angesichts der weiter schwächelnden Konjunktur und der Entwicklung an den Aktienbörsen bereits auf eine quantitative Lockerung 3. Der vermeintliche Hoffnungsschimmer – oder besser gesagt: die Wunschvorstellung –, die USA würden ihre Politik nach den Präsidentschaftswahlen im November des Jahres 2012 schnell, kraftvoll und nachhaltig ändern, dürfte wohl ein Traum bleiben.

Die Eurozone – Zerreissprobe zwischen Nord und Süd

Die Lage in den USA ist also alles andere als erbaulich. In Europa sieht es aber nicht viel besser aus. Hier war die Entwicklung jedoch eine andere. In den ersten zehn Jahren ihrer noch jungen Geschichte nahm es die Europäische Zentralbank mit der Tradition der Deutschen Bundesbank sehr ernst.

Unter Wim Duisenberg, dem ersten Präsidenten der Europäischen Zentralbank, sowie anfangs auch unter seinem Nachfolger Jean-Claude Trichet, betrieben die Währungshüter eine verantwortungsvolle und stabilitätsorientierte Geldpolitik. Seit ihrem Bestehen hatte die Europäische Zentralbank genauso wie früher die Deutsche Bundesbank oder in der Eidgenossenschaft die Schweizerische Nationalbank die Inflation unter Kontrolle. Durchschnittlich lag die Teuerung in Deutschland unter der Führung der Europäischen Zentralbank sogar etwas niedriger als früher unter dem Regime der Bundesbank, wenngleich die Perioden historisch nicht eins zu eins vergleichbar sind. Seit die internationale Finanzkrise eskaliert ist, hat sich dies aber verändert. Die europäischen Notenbanker wurden mehr und mehr Opfer der unfähigen europäischen Politiker, die es nicht schafften, die strukturellen Probleme mit den Staatsfinanzen selbst zu lösen und deswegen die Europäische Zentralbank immer wieder unter grossen politischen Handlungsdruck brachten und mehr denn je bringen. So wurde und wird die Europäische Zentralbank immer wieder dazu gedrängt, vom Konkurs bedrohte Staaten und Banken zu stützen. Inzwischen zweifeln immer mehr Beobachter daran, dass die europäischen Politiker in der Lage sind, die herrschenden Probleme langfristig wirklich zu lösen.

Im Gegensatz zur US-Notenbank und auch zur Bank of England war die Europäische Zentralbank am Anfang der Finanzkrise mit ihren Interventionen dennoch wesentlich zurückhaltender. Das änderte sich erst mit dem Beginn der europäischen Schuldenkrise. Die Währungshüter in Europa hatten direkt nach dem fulminanten Ausbruch der Subprimekrise die Zinsen zwar ebenfalls relativ schnell gesenkt, doch gingen sie nicht ganz so weit wie ihre amerikanischen Kollegen. Während in den USA das Zinsniveau bis auf null herabgesetzt wurde, stoppten die europäischen Notenbanker bei 1 Prozent (vgl. hierzu Abbildung 8). Erst im Sommer 2012 senkten sie schliesslich den Leitzins auf 0,75 Prozent. Auch in Sachen aussergewöhnliche geldpolitische Lockerungen war die Europäische Zentralbank deutlich zurückhaltender. Doch nach und nach entwickelte sie aufgrund eines immer grösser werdenden Drucks der Politik und vonseiten der Marktteilnehmer ihre eigenen unkonventionellen Instrumente.

Der Sündenfall ereignete sich im Mai 2010, als die Europäische Zentralbank mit ihrem Kaufprogramm für griechische Staatsanleihen startete. Später begann sie dann damit, auch Staatsanleihen weiterer Problemländer in der Eurozone direkt zu kaufen. Derartige Massnahmen, die die Grenze

Der Leitzins im Euroraum seit 1999
In Prozent

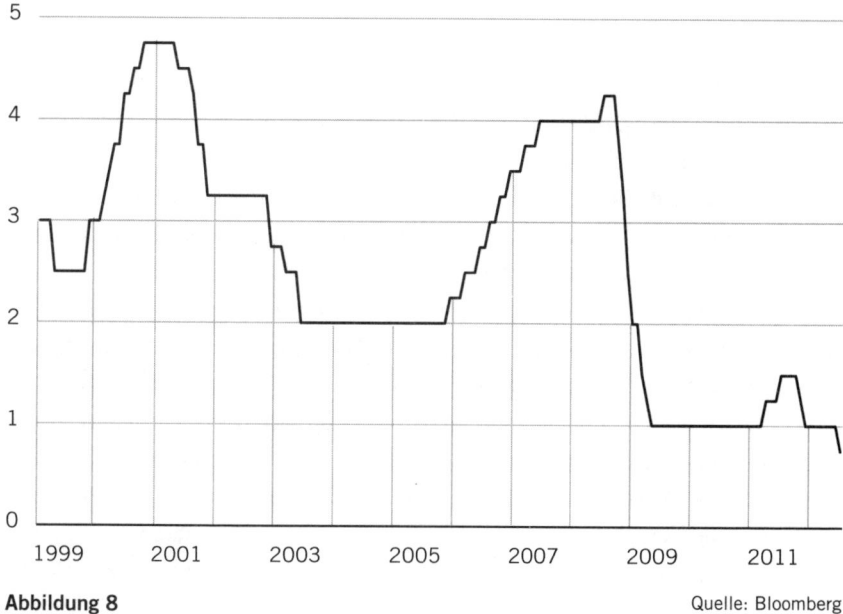

Abbildung 8   Quelle: Bloomberg

zur Staatsfinanzierung überschreiten und damit gegen den Vertrag zur Europäischen Währungsunion verstossen, wären für die Deutsche Bundesbank undenkbar gewesen. Deswegen zogen sich auch die ursprünglichen deutschen Vertreter aus dem Rat der Europäischen Zentralbank zurück. Das waren Axel Weber, der als künftiger Präsident der Europäischen Zentralbank und damit als Nachfolger von Jean-Claude Trichet gehandelt wurde, und Jürgen Stark, der Chefvolkswirt der Europäischen Zentralbank. Inzwischen befinden sich bereits die gemässigten Deutschen im Rat der Europäischen Zentralbank, nachdem die deutschen Hardliner, die sich strikt für das Ziel einer niedrigen Inflation und gegen eine Staatsfinanzierung eingesetzt hatten, längst das Handtuch geworfen haben. Doch selbst die deutschen «Tauben» sind für viele der übrigen Mitglieder im Rat der Europäischen Zentralbank zu scharf. Deshalb sind die Deutschen sowie die Vertreter von ihnen nahestehenden Nationen wie Finnland, Österreich und die Niederlande im Rat der Europäischen Zentralbank inzwischen in der Minderheit. Dort haben nämlich die Vertreter der südeuropäischen Länder, die eine ganz andere Stabilitätskultur pflegen, die Mehrheit. Diese Machtverschiebung dürfte durch den Sieg von François Hollande bei den französischen Präsidentschaftswahlen im Mai 2012 mittelfristig sogar noch zunehmen. Durch den Sozialisten an der Spitze der «grande nation» könnte die deutsche Stabilitätskultur endgültig geopfert werden. Das gilt umso mehr, als nun nicht der deutsche Hardliner Axel Weber die Europäische Zentralbank präsidiert, sondern der Italiener Mario Draghi. Wenngleich sich dieser bisher geschickt auf die Kultur der Deutschen Bundesbank beruft und seine Bewunderung für diese Institution ausdrückt, so spricht sein Handeln doch eine andere Sprache. Längst gleicht die Europäische Zentralbank von Jean-Claude Trichet und Mario Draghi, so könnte man zumindest zugespitzt formulieren, mehr der früheren italienischen Notenbank Banca d'Italia als der einstigen geld- und stabilitätspolitischen Bastion Deutsche Bundesbank.

Die Käufe von Staatsanleihen in den südlichen Problemländern der Eurozone durch die Europäische Zentralbank sind alles andere als ein kleines Problem. Allerdings muss nach der jeweiligen Motivation der Käufe unterschieden werden. Solange sie im Rahmen der normalen Geldpolitik erfolgen, sind sie problemlos. Dies ist für viele Zentralbanken eine Routineaufgabe. Die Währungshüter führen sie bei ihren sogenannten Offenmarktoperationen durch. Werden die Käufe von Staatsanleihen jedoch im Rahmen der unkonventionellen Geldpolitik vorgenommen, ist die Beurteilung schon kritischer. Zwar könnte man dies, wohlwollend betrachtet, ebenfalls als unproblematisch erachten, solange die Käufe im Rahmen rein geldpolitischer Massnahmen erfolgen. Doch in der Praxis ist die Abgrenzung von haushaltspolitischen Motiven äusserst schwierig, vor allem dann, wenn die Zentralbank im Marktsegment von längeren Laufzeiten eingreift. Der Schritt zur Finanzierung eines Staates durch die Notenbank ist dann nicht mehr fern. Dies ist der Europäischen Zentralbank jedoch strengstens verboten. Unter einer Staatsfinanzierung versteht man dabei, dass eine Notenbank Staatsanleihen des betreffenden Staates kauft, denn dadurch finanziert sich der Staat selber. Die Notenbank ist nämlich trotz einer gewissen Unabhängigkeit immer ein Teil des Staatsapparates. Kauft sie die Anleihen, die ein Staat über das Finanzministerium an den Markt herausgibt, wird letztlich nur von einer Tasche in die andere geschichtet, und der Staat finanziert sich letztlich selber – das Perpetuum mobile lässt grüssen. Die Kritik ist auch dann berechtigt, wenn die Notenbank die Anleihen nicht direkt beim Finanzministerium kauft, sondern über einen Umweg, nämlich den Sekundärmarkt, bei einer Investmentbank. Marktmechanismen werden durch die künstliche Nachfrage ausser Kraft gesetzt, da das Ziel solcher Aktionen ist, die langfristigen Zinsen zu senken. Davon profitiert dann auch der hoch verschuldete Staat. Am Markt würden Gläubiger den Staaten nämlich zu diesen Zinssätzen keine oder nicht mehr so viele Anleihen abkaufen, da ihnen das Risiko zu gross ist. Im schlimmsten Fall würde ein Staat sogar überhaupt keine Käufer mehr finden, und nur die Notenbank träte noch als Käufer von Staatsanleihen auf. Das Aufkaufen von Staatsanleihen – egal, ob aufgrund offener oder verdeckter haushaltspolitischer Motivation – ist höchst problematisch. Das war der alten Deutschen Bundesbank nicht erlaubt, und es ist auch der Europäischen Zentralbank zu Recht streng verboten.

Die Mitglieder der Europäischen Zentralbank verteidigen ihr Kaufprogramm mit der angeblichen Notwendigkeit zur Stabilisierung des Geldmarktes und des Bankensystems in den Krisenländern. Sie behaupten, das Kaufprogramm diene dazu, die Funktionsfähigkeit ihrer Geldpolitik in diesen Ländern zu gewährleisten. Dies ist rein formell vielleicht ein vertretbares Argument. Da aber die Effekte des Programms auf die Fiskalsituation der Krisenländer direkt und offensichtlich sind, kann diese Rechtfertigung der Europäischen Zentralbank gleichwohl nicht allzu ernst genommen werden. De facto verstösst die Europäische Zentralbank schon lange gegen das vertraglich bei der Gründung der Währungsunion festgelegte, sogenannte No-Bailout-Prinzip der Eurozone. Nach diesem Prinzip darf kein in Finanznot geratenes Land des Euroraums durch ein anderes Land oder die Gemeinschaft gerettet werden. Jedes Land ist demnach für sich selbst verantwortlich. Ein gewisses Verständnis für die Massnahmen der Europäischen Zentralbank bringen Kritiker nur noch deshalb auf, weil die Politiker der Staaten in der Eurozone offenkundig unfähig sind, die Probleme schnell genug selber zu lösen. Besser wäre es nämlich, die Schwierigkeiten mit neuen Regulierungsansätzen für die Banken und einer disziplinierten Haushaltskonsolidierung anzugehen. Da dies aber nicht zeitnah genug und auch nicht in ausreichendem Mass geschieht, ist die Europäische Zentralbank quasi zum Handeln verdammt. Man könnte auch mit den Worten von Geldpolitikprofessor Ernst Baltensperger sagen, die Europäische Zentralbank wurde durch die Politik in Geiselhaft genommen.

Von einigen Seiten wird die Europäische Zentralbank noch stärker in die Richtung einer völligen Manipulation der Preise für Staatsanleihen gedrängt. Diese Ökonomen halten das für die einzige noch mögliche

Lösung, um die Schuldenkrise im Euroraum zu bekämpfen. Danach soll die Europäische Zentralbank quasi unbeschränkt Staatsanleihen von Krisenländern in der Eurozone kaufen dürfen, um damit die Zinslast dieser Staaten künstlich unter Kontrolle zu halten. Damit würden sich zwar die Finanzierungsbedingungen dieser Staaten entspannen, doch zugleich sänke auch der Druck, die Staatshaushalte zu konsolidieren. Um ein derartiges Vorgehen zu fordern, bedarf es einiger geistiger Verrenkungen. In der Finanzpresse machte diese Strategie unter dem Namen «big bazooka» die Runde. Das Vorgehen, meinen manche Beobachter fälschlicherweise, würde jenem der Schweizerischen Nationalbank gleichen, die für den Franken im Handel mit dem Euro einseitig eine Wechselkursgrenze eingeführt hat. Die Schweizerische Nationalbank hält seit dem 6. September 2011 eine Wechselkursgrenze von 1,20 Franken pro Euro. Die Ankündigung, diese Demarkationslinie mit allen Mitteln und unumstösslich zu verteidigen, führte dazu, dass die Marktteilnehmer die Grenze am Anfang nicht massiv angegriffen haben. Die Politik der Schweizerischen Nationalbank war insofern glaubwürdig und überzeugend und führte dazu, dass die Währungshüter in der Praxis in den ersten Monaten keine allzu grossen Summen aufwenden mussten, um die Kursobergrenze tatsächlich durchzusetzen. Dies änderte sich erst im Verlauf des Jahres 2012.

Allerdings wäre eine ähnliche Massnahme der Europäischen Zentralbank im Markt für Staatsanleihen nicht mit dem Eingreifen der Schweizerischen Nationalbank beim Euro-Franken-Wechselkurs vergleichbar. Die Europäische Zentralbank würde damit nämlich stark in die Haushaltspolitik der einzelnen Länder eingreifen, da sie ja darüber befinden müsste, welches der richtige oder gerade noch tolerierbare Zinssatz für diese Staaten wäre. Sie müsste beispielsweise darüber befinden, bei welchen Staatsanleihen sie aktiv werden wollte – bei griechischen, spanischen, portugiesischen, italienischen oder welchen Staatsanleihen auch sonst. Dies ist ein zutiefst politischer Entscheid. Er würde alle Mitglieder innerhalb des Rates der Europäischen Zentralbank in eine unmögliche Situation bringen. Das gilt vor allem für die Mitglieder, die aus den jeweiligen Ländern stammen, in deren Staatsanleihenmärkten die Europäische Zentralbank eingreifen will. Eine solche Ausgangslage würde die Europäische Zentralbank unmittelbar, zumindest aber mittelfristig unweigerlich unter einen extremen politischen Druck der Mitgliedsländer bringen. Vermutlich wäre den krisengeplagten Staaten letztlich jeder Zinssatz zu hoch, den die Währungshüter noch für einigermassen tragbar hielten. Dies würde letztlich dazu führen, dass die Europäische Zentralbank zwischen den fiskalischen Wünschen von 17 unabhängigen Regierungen, die völlig unterschiedliche Interessen haben, zerrieben würde. Dies liefe auch dem in Europa und vor allem in Deutschland und der Schweiz stets hochgehaltenen Prinzip einer unabhängigen Europäischen Zentralbank diametral entgegen. Die Folgen wären ein Verlust an Glaubwürdigkeit und ein enormer Reputationsschaden. Zudem würde eine derartige Strategie den Druck von den Krisenländern nehmen, dringend nötige Strukturreformen, etwa beim Rentensystem und im Arbeitsmarkt, endlich vorzunehmen und so die Wettbewerbsfähigkeit zu verbessern. Anpassungsmassnahmen der Krisenländer würden somit verzögert und vermutlich bis zum Sankt-Nimmerleins-Tag verschoben.

Last but not least müsste eine solche Strategie äusserst glaubwürdig sein. Dies ist jedoch schwierig zu erreichen, da die Marktteilnehmer wissen, dass Deutschland und die anderen stabilitätsorientierten Länder grosse Skepsis entwickeln würden. Die Besitzer von Staatsanleihen der Krisenländer könnten aus der Situation vermutlich sogar Kapital schlagen, indem sie ihre Bestände an Staatsanleihen erst recht verkaufen würden und eine gute Gelegenheit hätten, noch günstig aus den Fehlinvestitionen auszusteigen, denn die Europäische Zentralbank wäre gezwungen, den privaten Gläubigern ihre Titel abzukaufen. Dadurch stünde sogar infrage, ob es zu der erhofften, vorübergehenden Beruhigung überhaupt kommen würde. Schlimmstenfalls könnten sich sogar noch grössere Turbulenzen entwickeln.

Grundsätzlich ist es in Krisenzeiten völlig normal und gewünscht, dass Banken einen leichteren Zugang zur Refinanzierung über die Zentralbank haben. Die Zentralbank ist dann der sogenannte «lender of last resort», also der letzte ultimative Kreditgeber in einem System. Dazu wurden Zentralbanken Ende des 19. beziehungsweise Anfang des 20. Jahrhunderts unter anderem überhaupt erst gegründet. Allerdings sollte dies nur für die Banken gelten, die grundsätzlich solvent sind. Derlei Banken hinterlegen bei der Zentralbank hochwertige und marktfähige Wertpapiere als Sicherheiten, um im Gegenzug von der Zentralbank Kredite zu bekommen. Durch solche Massnahmen sollten aber keine Banken künstlich am Leben gehalten werden, die es nicht geschafft haben, sich im Wettbewerb durchzusetzen. Zudem dürfte solchen Banken auch nicht erlaubt sein, minderwertige Wertpapiere, also solche mit zweifelhafter Bonität, als Pfand zu hinterlegen. Von dieser ursprünglichen Vereinbarung hat sich die Europäische

Zentralbank in der Krise aber inzwischen deutlich entfernt. Spätestens mit dem Ausbruch der Bonitäts- und Liquiditätskrise des griechischen Staates, von dem selbstverständlich die griechischen Banken als grosse Besitzer griechischer Staatsanleihen am meisten betroffen waren, ist dies offenkundig nicht mehr der Fall. Nicht mehr am Markt überlebensfähige Banken sollten jedoch nicht mit ausufernder Liquidität künstlich am Leben erhalten, sondern sollten restrukturiert oder abgewickelt werden. Die Europäische Zentralbank als dauerhaften Reanimateur von derlei Instituten einzusetzen, ist ein Irrweg.

Die zunehmende Lockerung der Kreditbedingungen für die Geschäftsbanken zum Erhalt von Zentralbankkrediten und die Herabsetzung der Anforderungen an die Sicherheiten, die die Geschäftsbanken zum Erhalt dieser Kredite hinterlegen dürfen, gipfelte schliesslich zum Jahreswechsel 2011/12 in der zweimaligen unlimitierten Zuteilung von Liquidität. Im Dezember 2011 und dann noch einmal im Februar 2012 offerierte die Europäische Zentralbank unbeschränkt Liquidität für Banken mit einer Laufzeit von drei Jahren. Im Rahmen dieses sogenannten Drei-Jahre-Tenders liehen Banken aus der Eurozone bei der Zentralbank Mittel über insgesamt rund 1000 Milliarden Euro. Diese Aktion unterstützte die dauerhafte, künstliche Bankenrefinanzierung. Zwar beruhigte die Massnahme die Märkte erst einmal, und am Aktienmarkt startete entsprechend ein Rallye, weshalb der Tender zumindest aus diesem Blickwinkel auch erfolgreich war. Doch die künstliche Beatmung maroder Banken birgt enorme Risiken. Es handelt sich nämlich um die Stützung von Banken, die am Markt nicht mehr in ausreichendem Mass Geld bekommen würden und denen damit die Insolvenz droht. Solche Kreditinstitute sollten nur geschützt werden, wenn sie systemrelevant sind, wenn also durch ihre Pleite die Funktionsfähigkeit des gesamten Bankensystems gefährdet wäre. Die meisten betroffenen Banken sind aber nicht systemrelevant. Insofern sollten sie ihrem Schicksal überlassen und nicht durch Staatseingriffe künstlich am Leben gehalten werden. Das gilt umso mehr, als es nach Meinung vieler Branchenexperten in Europa ohnehin zu viele Banken gibt und eine Bereinigung des Marktes überfällig ist. Die Einlagen der Sparer könnte der Staat trotzdem schützen und zu anderen Banken verlagern.

Doch wie kann eine langfristige Lösung effektiv aussehen? Mit einem völligen Auseinanderbrechen der Eurozone ist wohl noch nicht zu rechnen, da der politische Wert eines gemeinsamen Europas derzeit noch von den meisten Ländern als sehr hoch eingestuft wird. Noch scheint es sich für die meisten Länder zu lohnen, den schwachen Staaten zu helfen und immense Restrukturierungsanstrengungen zu unternehmen, um weiterhin in der Eurozone zu bleiben. Daher ist die Wahrscheinlichkeit, dass die europäische Geldpolitik den amerikanischen Standard nach und nach übernehmen wird, leider gross. Die Europäische Zentralbank dürfte also eine Politik des leichten Geldes für sehr viel länger betreiben, als man dies ursprünglich angenommen und gehofft hat, weil man sich an den schwächsten Mitgliedern orientieren muss. Das führt zu einer strukturellen Schwächung des Euro auf Jahre hinaus. Auch in Europa dürfte die Inflation – ähnlich wie in den USA und in Grossbritannien – ein wichtiger Teil sein, um die immensen Schuldenprobleme zu lösen. Im Schlepptau der angelsächsischen Länder dürfte auch in Europa die Bereitschaft zunehmen, Teuerung in einem gewissen Mass zuzulassen. Dabei herrscht bei vielen Notenbankern dies- und jenseits des Atlantiks die Vorstellung, dass man die Inflation ähnlich wie über weite Strecken der 1980er- und 1990er-Jahre kontrollieren kann. Viel wahrscheinlicher ist jedoch, dass die Währungshüter in den USA und in Europa ihre Fähigkeit überschätzen, die Inflation jederzeit wieder unter Kontrolle zu bekommen. Das gilt wohl besonders für die Inflationserwartungen der Bürger und der Marktteilnehmer. Sind nämlich erst einmal die Inflationserwartungen ausser Kontrolle geraten, ist es nicht mehr weit, bis auch die Inflation tatsächlich selber zunehmen könnte. Hier zeigt sich einmal mehr der weitverbreitete Machbarkeitswahn vieler Notenbanker.

Fakt ist schon jetzt, dass sowohl in den USA als auch in Grossbritannien und in der Eurozone die Liquidität an den Märkten und zwischen den Banken sowie auch die Refinanzierung der Staaten an den Kapitalmärkten sehr stark vom Wohlwollen der Notenbanken abhängt, die wiederum unter grossem politischen Handlungsdruck stehen. Eine rechtzeitige Erhöhung der Zinsen, also bevor die Inflation stark anzieht, dürfte für die Notenbanker sehr schwierig sein, da diese auf grossen Widerstand der Regierungen stossen wird. Viele politische Akteure dürften darauf setzen, dass die Schuldenprobleme zum Teil durch die Inflation gelöst werden, weil dies für sie der schmerzloseste Weg ist. Das gilt aber nicht für die Bürger, vor allem nicht für die Sparer unter den Bürgern. Ökonomisch gesehen wäre dabei eine gewisse Inflation im Norden, die vom Süden nicht mitgemacht wird, wohl der einfachste Weg, innerhalb der Eurozone eine reale Abwertung für den Süden herbeizuführen. Dies wäre quasi die Umkehr des Prozesses, der den Süden über die vergangenen zehn Jahre EU-intern wettbewerbsunfähig gemacht hat. Das Kernproblem der Eurozone, nämlich die völlig unterschiedliche Wettbewerbsfähigkeit einzelner Länder, ist damit aber nicht gelöst.

Exkurs

Die Targetsalden – das versteckte 700-Milliarden-Risiko

Im Rahmen der Schuldenkrise im Euroraum kommen Themen ans Tageslicht, die früher aufgrund ihrer Komplexität nie die Öffentlichkeit erreicht hätten. Dazu gehören auch die sogenannten Targetsalden innerhalb des Zahlungssystems der Europäischen Zentralbank. Das von Professor Hans-Werner Sinn, dem Präsidenten der deutschen CESifo Group Munich, kurz Ifo-Institut, aufgedeckte Problem hat unter anderem zu einem Streit zwischen der Europäischen Zentralbank und Sinn sowie anderen Ökonomen darüber geführt, wie relevant die Targetsalden sind. Die Europäische Zentralbank behauptet, bei den Targetsalden handle es sich um ein rein buchhalterisches Phänomen. Das mag auch stimmen, zumindest wenn die Währungsunion fortbesteht. Doch sollte die Währungsunion scheitern, hätte die Deutsche Bundesbank ein grosses Problem – und zwar ein 700-Milliarden-Euro-Problem (Stand Juni 2012).

Die Targetsalden stehen für Kredite unter den einzelnen Zentralbanken Europas. Neben dem führenden Institut, der Europäischen Zentralbank, haben alle Länder der Währungsunion noch immer ihre eigene Zentralbank. Das ist in Deutschland die Deutsche Bundesbank, in Frankreich die Banque de France und in Italien die Banca d'Italia. Bei den Targetsalden handelt es sich um Forderungen und Verpflichtungen innerhalb des europäischen Zentralbankensystems, also um Kredite der Zentralbanken untereinander. Laut Ifo-Institut kann man Targetkredite auch als Refinanzierungskredite der Europäischen Zentralbank an die Banken eines Landes bezeichnen. Sie gehen über die normale Liquiditätsversorgung dieses Landes hinaus und ermöglichen es den Empfängern der Kredite, den Kauf von Waren und Dienstleistungen in anderen Euroländern zu finanzieren. Sie sind den nationalen Zahlungsbilanzen gleichzusetzen. Dabei spiegeln die Targetkredite eine Verlagerung der normalen Geldschöpfung zwischen den Ländern der Europäischen Währungsunion – und zwar von Deutschland in die sogenannten GIIPS-Länder, also nach Griechenland,

Irland, Italien, Portugal und Spanien. Die Salden spiegeln das Versiegen der privaten Kreditflüsse in diese Länder sowie die Kapitalflucht aus diesen Staaten. Mit den Targetkrediten werden nun die Zahlungsbilanzdefizite dieser Länder finanziert, also der Überhang von Importen gegenüber Exporten. Zu einem solchen Überhang kommt es, weil die dortigen Volkswirtschaften mehr importieren als sie exportieren. Sie leben also, vereinfacht gesagt, über ihre Verhältnisse.

Die Kreditaufnahme wird nun jedoch nicht mehr über Geschäftsbanken finanziert, sondern mit quasi frisch gedrucktem Geld der heimischen Notenbank im Rahmen des europäischen Zentralbankensystems. Laut Ifo-Institut wurde in Griechenland und Portugal in den vergangenen drei Jahren der gesamte Importüberhang auf diese Art und Weise finanziert. In Spanien soll es dagegen nur etwa ein Viertel des Importüberschusses gewesen sein. Die Exzesse wurden möglich, weil die Europäische Zentralbank den dortigen Geschäftsbanken einen stark erleichterten Zugang zu Krediten der Europäischen Zentralbank zu sehr tiefen Zinsen einräumte und weil eine krisenbedingte Umkehr der Kapitalströme in Europa von Nord nach Süd in Richtung Süd nach Nord eintrat. Die Banken der Krisenländer haben diesen Kredit der Europäischen Zentralbank in grossem Umfang benutzt. Staaten wie Griechenland, Portugal und Spanien hielten so ihre privaten Kapitalexporte und Güterimporte in einem Umfang aufrecht, der sonst nicht möglich gewesen wäre, urteilt beispielsweise der Schweizer Geldpolitikexperte Ernst Baltensperger.

Die Targetkredite der Deutschen Bundesbank an das Europäische Zentralbanksystem nahmen vor allem ab Mitte 2011 immer rasanter zu. Allein im Mai 2012 stiegen sie um weitere 55 Milliarden Euro auf insgesamt 700 Milliarden Euro. Beobachter erwarteten bis Jahresende 2012 einen Wert von rund 1000 Milliarden Euro. In beinahe exakt dem Ausmass wie die Forderungen der Bundesbank zunahmen, erhöhten sich im gleichen Zeitraum die Verpflichtungen der Zentralbanken der fünf GIIPS-Länder (vgl. hierzu Abbildung 9). Laut Ifo-Institut bestehen damit inzwischen knapp 75 Prozent des Nettoauslandsvermögens der Deutschen aus blossen Targetforderungen. Es handle sich dabei um einen Prozess, bei dem das Sparvermögen der Deutschen von marktfähigen Anlagen in blosse Ausgleichsforderungen gegenüber der Europäischen Zentralbank verwandelt würde. Diese Forderungen würden zudem nur minimal verzinst und hätten faktisch eine unendliche Laufzeit.

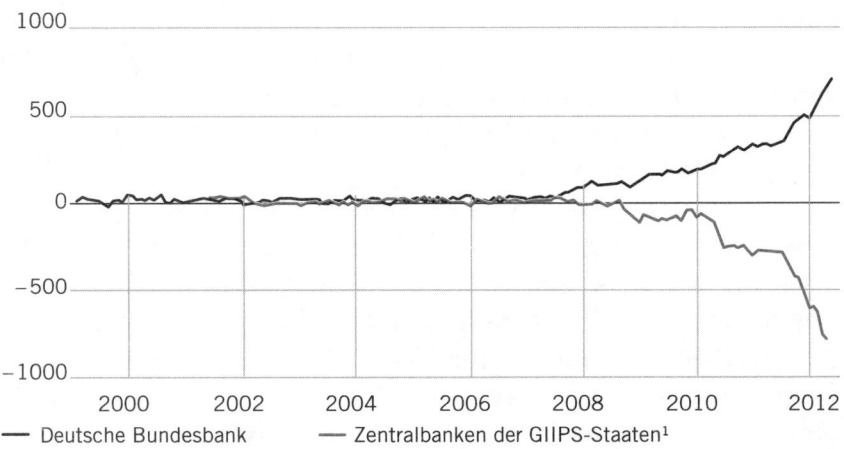

— Deutsche Bundesbank   — Zentralbanken der GIIPS-Staaten[1]

[1] Griechenland, Irland, Italien, Portugal, Spanien   Quelle: NZZ, Bank Vontobel

Abbildung 9

Zwar handelt es sich bei den Targetsalden vorerst um ein buchhalterisches Phänomen, doch sie verursachen drei grosse Probleme. Erstens machen sie Deutschland erpressbar, weil sich die Risikoexposition des Landes erhöht. Sollte die Europäische Währungsunion nämlich auseinanderbrechen und der Euro verschwinden, hätte die Bundesbank enorme Kredite an ein System gegeben, das so nicht mehr besteht. Die Forderungen könnten dann schlimmstenfalls nicht mehr einbringbar sein. Das haben auch die anderen Euroländer bemerkt und spielen das Wissen um die Verluste Deutschlands bei einem Scheitern der Währungsunion herunter. Die Forderungen der Deutschen Bundesbank sind zwar besichert, doch der mittelfristige Wert dieser Sicherheiten ist höchst fraglich. So sollen die Sicherheiten Griechenlands zu rund zwei Dritteln aus griechischen Staatsanleihen bestehen. Sollte Athen jedoch einmal endgültig pleite sein oder auch nur einen nochmaligen Schuldenschnitt durchführen, wären diese Papiere deutlich weniger oder im Extremfall gar nichts mehr wert. Würde Griechenland darüber hinaus aus dem Euro austreten, würden die Verluste unter den Notenbanken nach einem bestimmten Schlüssel verteilt. Auf Deutschland entfielen dabei 27 Prozent der Verluste. Würde der Euro endgültig sterben, sässe die Bundesbank sogar auf Verlusten, die ihr Eigenkapital um ein Mehrfaches übersteigen. Sie wäre pleite. Da eine Notenbank jedoch immer neues Geld drucken und daher nie effektiv in Konkurs gehen kann, würden die Deutschen die Folgen des Gelddruckens später in der Form einer höheren Inflation zu spüren bekommen.

Zweitens tragen die Targetkredite dazu bei, dass die ohnehin dringend notwendigen Reformen in den Krisenländern hinausgezögert werden. Kämen die Länder nämlich nicht an die günstigen Kredite der Europäischen Zentralbank, müssten sie viel schneller den Forderungen der Marktteilnehmer nach einer glaubwürdigen Sanierung ihrer Haushalte nachkommen. Und drittens verzerren die Targetkredite einmal mehr das Marktgeschehen. Auch normale Banken würden den südeuropäischen Ländern nämlich Kredite geben, jedoch entsprechend den Risiken zu deutlich teureren Konditionen, vielleicht zu 5 Prozent bis 7 Prozent. Doch für die Südeuropäer ist es billiger, sich für 1 Prozent das Geld bei der Europäischen Zentralbank zu leihen. Zudem weist das Kieler Institut für Weltwirtschaft in einem Diskussionsbeitrag vom Sommer 2012 darauf hin, dass die Verteilungsfunktion des Kapitals massiv gestört und der Wettbewerb im Bankensektor infolge der Targetkredite stark geschädigt wird.

Den aktuellen Stand der Targetsalden und den deutschen Haftungspegel kann man auf der Homepage des Ifo-Instituts unter www.cesifo-group.de anschauen. Anfang Juli 2012 stand der Pegel bei 704 Milliarden Euro. Davon waren Targetverbindlichkeiten von rund 350 Milliarden Euro. Zum Vergleich: Das gesamte Steueraufkommen der Bundesrepublik Deutschland betrug im Jahr 2011 gut 550 Milliarden Euro.

Grossbritannien – im Angesicht der Stagflation

In Grossbritannien ist der Albtraum bereits Realität geworden. Er heisst Stagflation. Er könnte aber auch noch auf den Kontinent überschwappen. Diese Mischung aus hoher Inflation und stagnierendem Wirtschaftswachstum gehört zu den möglichen schlimmen Folgen, die eine zu expansive Geldpolitik im Nachgang der Finanzkrise haben kann. Zwar hat die Bank of England seit der Einführung ihrer ausserordentlichen Massnahmen zur Lockerung der Geldpolitik die Inflationsgefahren konstant und systematisch heruntergespielt, doch genauso lange lag sie mit ihren schönfärberischen Inflationsprognosen daneben. Wie die Europäische Zentralbank ist auch die Bank of England der Preisstabilität verpflichtet. Davon kann bei Inflationsraten von zwischendurch über 4 Prozent und gar 5 Prozent aber keine Rede mehr sein. Anstatt endlich wieder die angestrebte Zielmarke von rund 2 Prozent Teuerung gemessen an den Konsumentenpreisen zu erreichen, geriet die Inflation in Grossbritannien immer mehr ausser Kontrolle. Sie stieg im Herbst 2008 und im Herbst 2011 in der Spitze jeweils auf 5,2 Prozent. Bis zum Sommer 2012 ist sie zwar wieder leicht unter 3 Prozent gesunken, die Zielmarke von 2 Prozent ist jedoch immer noch weit entfernt. Zugleich stagniert das Wirtschaftswachstum auf der Insel. Im Herbst 2011 rutschte die britische Wirtschaft wieder in die Rezession. So sieht Stagflation aus. Und was in Grossbritannien in den vergangenen Jahren bereits Realität war, droht mittelfristig auch den Bürgern in den USA und in der Eurozone.

Domiziliert in der Londoner City, dem Herzen der britischen und europäischen Finanzbranche, leiteten auch die Währungshüter der Bank of England in der feinen Threadneedle Street drei Runden aussergewöhnlicher geldpolitischer Lockerungen ein. Nach dem Ausbruch der Finanzkrise in den USA und dem Übergreifen auf Europa senkte auch die britische Notenbank den Leitzins schlagartig von 5 Prozent auf 0,5 Prozent. Dort verharrt er nun seit dem Frühjahr 2009. Zudem starteten Notenbankgouverneur Mervyn Allister King und seine Kollegen im März 2009 eine erste Runde geldpolitischer Lockerungen. Dabei kauften sie bis Januar 2010 britische Staatsanleihen mit mittlerer und längerer Laufzeit für 200 Milliarden Pfund. In einer zweiten Runde erwarben sie dann ab Oktober 2011 nochmals Wertschriften in Höhe von insgesamt 125 Milliarden Pfund. Am 6. Juli 2012 lancierten sie ein drittes Programm für weitere 50 Milliarden Pfund, womit die Bank of England bis im Herbst 2012 Staatsanleihen für 375 Milliarden Pfund erworben haben wird. Dieser Betrag steht für fast ein Drittel der gesamten britischen Staatsverschuldung und machte Anfang 2012 rund 78 Prozent der Nettoneuverschuldung der vergangenen drei Jahre aus. Ist das wirklich keine Monetarisierung der Schulden, also eine Finanzierung von Staatsschulden mithilfe der Gelddruckmaschine über die Notenbank? Die Frage ist rein rhetorisch, denn so sieht es aus, wenn sich der Staat über die Zentralbank selbst finanziert. Profiteure dieser Politik des leichten Geldes sind die Banken, teilweise die Unternehmen und die Hausbesitzer. Die Bürger müssen hingegen durch die hohe Inflation, zu der die ultraexpansive Geldpolitik erheblich beitrug, deutliche Wohlstandsverluste hinnehmen.

Die langfristigen Risiken sind zudem unklar, aber voraussichtlich erheblich. Zu Recht warnte auch in Grossbritannien der Verband der privaten Pensionskassen vor einer Katastrophe, wenn die Pensionen durch langfristig negative Realzinsen aufgefressen werden.

Die Befürworter einer solchen Politik wie beispielsweise Mervyn Allister King, der Gouverneur der Bank of England, rechtfertigen die Massnahmen damit, dass sie indirekt die Nachfrage nach Finanzanlagen aller Art stärken würden. Das würde wiederum zu höheren Vermögenspreisen führen, die die finanzielle Lage breiter Bevölkerungsschichten sowie der Banken stärke. Dass aber tatsächlich ein grosser Teil der Bürger davon profitiert, darf mit Fug und Recht bezweifelt werden. Vielmehr leiden alle Sparer darunter, dass die Inflation in Grossbritannien mit phasenweise über 5 Prozent schon äusserst hoch war (vgl. hierzu Abbildung 10). Beispielsweise halbieren sich die Ersparnisse der Bürger bei einer Inflationsrate von 6 Prozent gemessen an der Kaufkraft des Geldes innerhalb von nur zwölf Jahren. In der Praxis kann man dann zum Beispiel für 30 000 Pfund nicht mehr ein ganzes Auto kaufen, sondern nur noch ein halbes. Der Gouverneur der britischen Notenbank räumte im Januar 2011 sogar selbst ein, dass sich der Lebensstandard der Lohnempfänger auf der Insel in den vergangenen Jahren um 12 Prozent reduziert habe. Die Reallöhne seien 2011 nicht höher gewesen als im Jahr 2005. Eine so lange Durststrecke habe es seit den 1920er-Jahren nicht mehr gegeben. King führte die hohe Inflation allerdings fast ausschliesslich auf importierte und fiskalische Preiseffekte zurück. Auslöser für die starke Inflation seien laut Statistikamt zum einen die Erdölpreise (Importeffekt) und zum anderen die Erhöhung der Mehrwertsteuer um 2,5 Prozentpunkte auf 20 Prozent (fiskalischer Effekt). Die äusserst expansive Geldpolitik habe hingegen kaum zur Teuerung beigetragen, sondern das System nach dem Schock der Finanzkrise sogar stabilisiert. Die Bank of England räumt aufgrund eigener Berechnungen immerhin ein, dass die erste Runde der quantitativen Lockerung von bis zu 200 Milliarden Pfund einen Inflationsschub von 0,75 bis 1,5 Prozentpunkten ausgelöst haben könnte. Der werde allerdings nach Einschätzung der Währungshüter angeblich rasch wieder verpuffen. Zudem ist trotz der ultraexpansiven Geldpolitik die Kreditvergabe der Banken an kleine und mittelständische Unternehmen seit 2009 kontinuierlich gesunken. Das bestätigt die Ansicht von Kritikern, wonach die monetäre Lockerung gar nicht dort ankomme, wo sie benötigt werde, nämlich an den Kreditmärkten.

Entwicklung der Konsumentenpreise in Grossbritannien
In Prozent, EU-harmonisiert

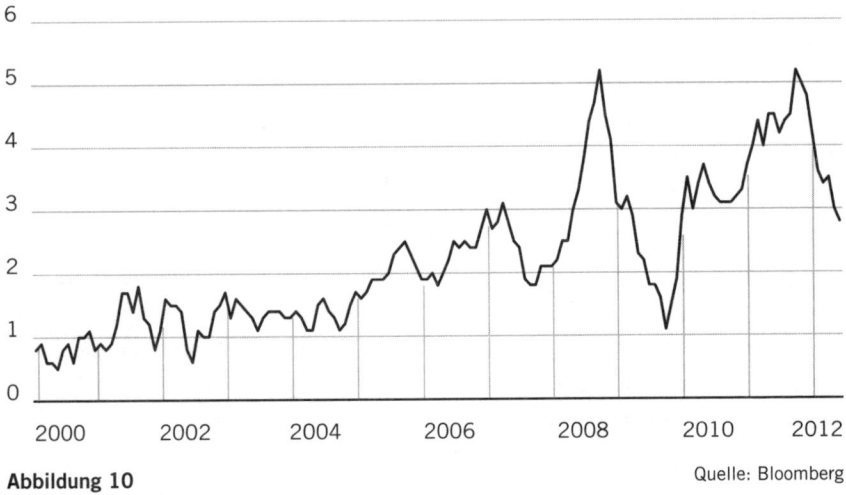

Abbildung 10

Quelle: Bloomberg

Wie auch bei anderen Notenbanken gab es im geldpolitischen Ausschuss der britischen Zentralbank Differenzen zwischen den Mitgliedern, wobei sich allerdings auch hier letztlich meist die Befürworter einer ultraexpansiven Geldpolitik durchsetzten. In Grossbritannien war der stärkste Befürworter der Bilanzausweitung der amerikanische Wirtschaftsprofessor Adam Posen. Er kämpfte mehr als ein Jahr lang für eine nochmalige Lockerung der Geldpolitik, nachdem das erste Programm im Januar 2010 abgeschlossen worden war. Im Oktober 2011 hatte er dann endlich die Mehrheit im Rat der Bank of England hinter sich. Der Schritt wurde beschlossen, weil sich die Konjunktur in Grossbritannien nur langsam entwickelte und weil sich die Schuldenkrise im Euroraum angeblich negativ auf die Refinanzierung der britischen Banken auswirkte. Die Wachstumsschwäche auf der Insel erweise sich als hartnäckiger und ausgeprägter als befürchtet, hiess es im Herbst 2011. Wieder einmal sollte also das Wirtschaftswachstum auf Pump erzwungen werden. Dabei ist – wie in anderen Regionen – in Grossbritannien nicht die mangelnde Liquidität das Problem, sondern die mangelnde Nachfrage der Konsumenten, die sich noch von den Schuldenexzessen der vergangenen Jahre erholen müssen. Banken wie Privatpersonen sind noch immer dabei, ihre Bilanzen zu sanieren – also die Schulden abzubauen. Das wirkt sich in einer Volkswirtschaft automatisch auf das Wachstum aus. Doch erneut will eine angelsächsische Notenbank die Konsumenten mit billigem Geld zum weiteren Schuldenmachen verführen.

Dazu beigetragen haben dürfte, dass die Notenbank in England, obwohl formell unabhängig, unter starken politischen Druck geraten ist. Im Herbst 2011 riefen Schatzkanzler George Osborne sowie Wirtschaftsminister Vince Cable lauthals nach einer weiteren geldpolitischen Lockerung. Als diese angekündigt wurde, zeigten sie sich hocherfreut. Unabhängigkeit sieht anders aus. Und damit nicht genug: Unaufhörlich fordern Politiker, dass die Notenbanker auch noch zum «credit easing» übergehen und neben britischen Staatspapieren auch Anleihen von Unternehmen sowie gar verbriefte Kredite an kleine und mittelständische Firmen kaufen und garantieren sollen. Bisher hat die Notenbank diesen Rufen widerstanden. King wehrte sich dagegen stets mit dem Argument, dass dies einem Eingriff in den Preissetzungsmechanismus für private Vermögenswerte entsprechen würde, der sich für eine Notenbank nicht rechtfertige. Doch im Juni 2012 lenkte die Bank of England in einen Kompromiss ein. Zusammen mit dem Schatzamt lancierte sie ein Programm zur Vergabe verbilligter Kredite an die Banken, wofür sie als Sicherheiten auch private Kredite der Banken akzeptiert. Wegen des begrenzten Volumens dieses Programms sowie der verbreiteten Skepsis darüber, ob die Kreditnachfrage überhaupt genügend gross sein werde, zeigten sich die Wirtschaftsverbände nur beschränkt zufrieden. Das Programm ist an die Vergabe von Bankkrediten an Klein- und Mittelbetriebe geknüpft. Der Druck auf noch weitergehende, direkte Eingriffe in die Kreditmärkte bleibt bestehen.

Die Schweiz – im Bann des starken Frankens

Wo steht die Schweiz in diesem ganzen Chaos? Gelegen im Herzen Europas, ist die Schweiz eine Insel und ein Sonderfall, wie Vertreter des Landes immer wieder gerne betonen. Doch auch die Wohlstands- und Stabilitätsinsel Schweiz kann sich den Vorgängen um sie herum nicht entziehen. Zu stark ist die Wirtschaft und zu sehr sind die Finanzmärkte heutzutage international miteinander verwoben. Insofern ist auch die Eidgenossenschaft sehr stark davon betroffen, wenn es den grossen Blöcken der Welt, vor allem den USA und der Eurozone beziehungsweise der Europäischen Union, schlecht geht. Davon zeugen vor allem die Turbulenzen an den Devisenmärkten im

Jahr 2011, als der Franken gegenüber dem Euro und dem Dollar innerhalb sehr kurzer Zeit stark aufgewertet wurde. Eine schnelle Erstarkung einer Währung bringt die Exporteure unter Druck, da sich ihre Produkte im Ausland verteuern. Dies hat für eine kleine, exportorientierte Volkswirtschaft wie die Schweiz schmerzliche Konsequenzen. So können sich beispielsweise Unternehmen nicht mehr schnell genug an die Geschehnisse anpassen und müssen mit sinkenden Margen oder gar Verlusten bis hin zu Konkursen rechnen, was sich dann wieder in Entlassungen und einer steigenden Arbeitslosigkeit spiegelt. Die starke Aufwertung des Frankens durch die Flucht vieler Europäer in den sicheren Hafen Schweiz rief im September 2011 die Schweizerische Nationalbank auf den Plan, die gegenüber dem Euro eine Wechselkursobergrenze für den Franken festlegte. Dies ist aus der Sicht des Euro eine Wechselkursuntergrenze von 1,20 Franken pro Euro. Kurse darunter lässt die Schweizerische Nationalbank nicht mehr zu, da sie an dieser Schwelle oder leicht darüber seit dem 6. September 2011 unlimitiert Euro aufkauft. Seitdem verteidigt die Schweizerische Nationalbank die Wechselkursgrenze erfolgreich, womit der Franken währungsmässig faktisch an den Euro angebunden ist. Hierbei zeigt sich ein bestehender Vorteil der Eidgenossenschaft gegenüber den Ländern in der Eurozone. Sie ist geldpolitisch weiterhin souverän. Dennoch handelt sie nicht völlig autark. Ihre Massnahmen werden international genau beobachtet und sorgen auch innerhalb der Eidgenossenschaft für hitzige Diskussionen. Dies zeigte sich beispielsweise, als die Schweizerische Nationalbank in den Jahren zuvor am Devisenmarkt intervenierte und dafür Dutzende Milliarden Franken aufwendete. Die Einführung der Wechselkursgrenze erfolgte jedoch mit dem grossen Rückhalt führender Geldpolitiker, Wirtschaftsvertreter und Politiker. Sie fand zudem auch in der Bevölkerung eine starke Unterstützung.

Die Ursache für die heftige Erstarkung des Frankens, der schon seit jeher in Krisenzeiten von den Anlegern als sicherer Hafen angelaufen wird, war eine sich immer stärker akzentuierende Vertrauenskrise im Hinblick auf die beiden grossen Währungen Dollar und Euro. Davon profitierte, nebenbei bemerkt, sogar der japanische Yen. Dies ist umso erstaunlicher, als die Probleme der japanischen Volkswirtschaft sehr viel grösser als jene der USA oder der Eurozone sind. Im Land der aufgehenden Sonne sieht es noch düsterer aus als in vielen anderen Regionen der Welt. Die Staatsverschuldung liegt gemessen am Bruttoinlandsprodukt mit weit über 200 Prozent rund doppelt so hoch wie in den USA und im Durchschnitt der Eurozone.

Die Erstarkung des Frankens und des Yen sind somit Ausdruck der weltweit herrschenden Finanzkrise und des Misstrauens der Anleger in den Dollar und in den Euro. Dadurch legte der Franken derart stark zu, dass er, gemessen an der Kaufkraftparität zwischen der Schweiz und der Eurozone, laut der einhelligen Meinung von Experten stark überbewertet war und immer noch ist (vgl. hierzu Abbildung 11). Zwar kann man auch bei der Anwendung der Kaufkraftparität tricksen, indem man entsprechende Parameter des Modells wunschgemäss wählt, doch herrscht durchaus Einigkeit darüber, dass der Franken nach allen herkömmlichen Kriterien stark überbewertet ist. Dies stellt für die Schweizer Wirtschaft eine grosse Gefahr dar, da sie, wie erwähnt, stark vom Export abhängig ist. So schnell wie der Franken aufgewertet wurde, konnten sich die Unternehmen nicht auf die veränderten Rahmenbedingungen einstellen, sprich die Effizienz erhöhen und die Kosten senken. Insofern erachten die meisten Beobachter die Einführung der Wechselkursgrenze als gerechtfertigt und ziehen Parallelen zur starken Frankenaufwertung in den Jahren 1977/78.

Da die gezogene Demarkationslinie glaubwürdig vertreten und verteidigt wurde, brauchte die Schweizerische Nationalbank am Anfang nicht allzu grosse Mittel aufzuwenden, um die Grenze zu verteidigen. Ihre Händler mussten nur selten intervenieren. Dies hing vermutlich damit zusammen, dass zum einen die Unterstützung aus der Politik und der Wirtschaft gross ist und zum anderen mit der Marke von 1,20 Franken pro Euro eine glaubwürdige Grenze gewählt worden ist. Eine Anhebung der Grenze auf 1,30 Franken oder gar höher, wie sie von manchen Politikern und Ökonomen vor allem aus dem linken politischen Spektrum gefordert wird, wäre insofern kontraproduktiv, als dieses Niveau weniger glaubwürdig wäre und den Reiz für Spekulanten erhöhen würde, die Wechselkursgrenze mit erheblichen Mitteln anzugreifen. Als sich im Frühjahr 2012 die Krise im Euroraum wieder verschärfte, war die Schweizerische Nationalbank gezwungen, doch stärker am Devisenmarkt einzugreifen. Dabei rutschte der Kurs des Euro zum Franken für Sekunden sogar zweimal unter die Interventionsmarke.

Die aussergewöhnliche Massnahme der Schweizerischen Nationalbank und der damit verbundene Eingriff in den freien Handel am Devisenmarkt ist im Vergleich zu den Aktionen der US-Notenbank und der Europäischen Zentralbank viel eher zu rechtfertigen. Doch auch die Schweizerische Nationalbank ist nicht frei von Sünde. Zusammen mit der US-Notenbank und der Europäischen Zentralbank senkte auch sie nach dem Ausbruch der

Finanzkrise die Zinsen sehr stark. Im Herbst 2008 reduzierten die Schweizer Währungshüter sehr schnell den Leitzins von 2,75 Prozent auf 0,5 Prozent. Damals entwickelte sich die Schweizer Wirtschaft noch verhältnismässig gut, wenngleich ein grösserer Einbruch drohte. Insofern kann man die aussergewöhnlich schnelle und starke Reduktion durchaus kritisieren. In zwei weiteren Schritten senkten die Währungshüter den Leitzins im Frühjahr 2009 und nochmals im Sommer 2011 erst auf 0,25 Prozent und dann auf null. Dort liegt der Zinssatz bis heute.

Aus wirtschaftlicher Sicht wäre eine Erhöhung der Zinsen zwar inzwischen längst angezeigt, doch würden steigende Zinsen den Aufwertungsdruck auf den Franken erhöhen, da die Wechselkurse zwischen den verschiedenen Volkswirtschaften sehr stark auch auf dem jeweiligen Zinsniveau innerhalb der Währungsräume beruhen. Steigen in einem Wirtschaftsraum die Zinsen, während sie in einem anderen gleich bleiben, führt dies tendenziell dazu, dass die Währung des Wirtschaftsraums mit steigenden Zinsen erstarkt, weil die Anleger dort mehr Rendite für ihr Geld bekommen und somit tendenziell mehr Mittel dorthin fliessen. Bei einem sinkenden Zinsniveau wäre die Wirkungskette genau umgekehrt. Zudem muss man

Entwicklung der Kaufkraftparität und des Euro zum Franken

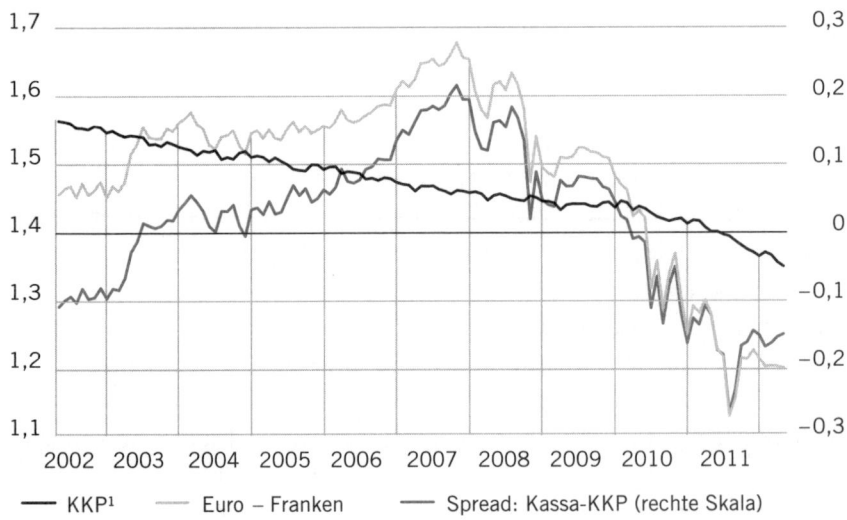

— KKP[1]   — Euro – Franken   — Spread: Kassa-KKP (rechte Skala)

[1]Kaufkraftparität auf Basis der Konsumentenpreise   Quelle: NZZ, Bloomberg

Abbildung 11

kritisch konstatieren, dass die Schweizer Währungshüter auf einem Auge blind zu sein scheinen. Als der Franken gegenüber dem Euro im Jahr 2007 etwa genauso stark unterbewertet war, wie er im Herbst 2011 überbewertet war, griffen sie nicht ein (vgl. hierzu Abbildung 11). Auch dies zeigt tendenziell, dass Notenbanken nur vermeintlich unabhängig sind. Sie sind immer auch Opfer ihres Umfeldes und der politischen Forderungen. Ein sehr schwacher Wechselkurs war für die Schweizer Wirtschaft gut, und deswegen interessierte sich in der Öffentlichkeit niemand dafür, obwohl durch eine starke Währung die Importe tendenziell teurer werden und die Konsumenten mehr für Waren bezahlen müssen.

In das Bild einer etwas einseitig agierenden Schweizerischen Nationalbank passt, dass die Schweizer Notenbanker auch zu früh damit begannen, am Devisenmarkt zu intervenieren, um den Franken im Hinblick auf den Euro zu schwächen. Zwar geben die Hüter des Frankens, die ihren Sitz in Bern und in Zürich haben, offiziell nicht bekannt, ob und wann sie am Devisenmarkt intervenieren beziehungsweise interveniert haben, doch lässt sich aus dem Kursverlauf oft durchaus schliessen, wann dies der Fall gewesen sein muss (vgl. hierzu Abbildung 12). So tanzte beispielsweise im Jahr

Kurs des Euro zum Franken und Interventionen der SNB

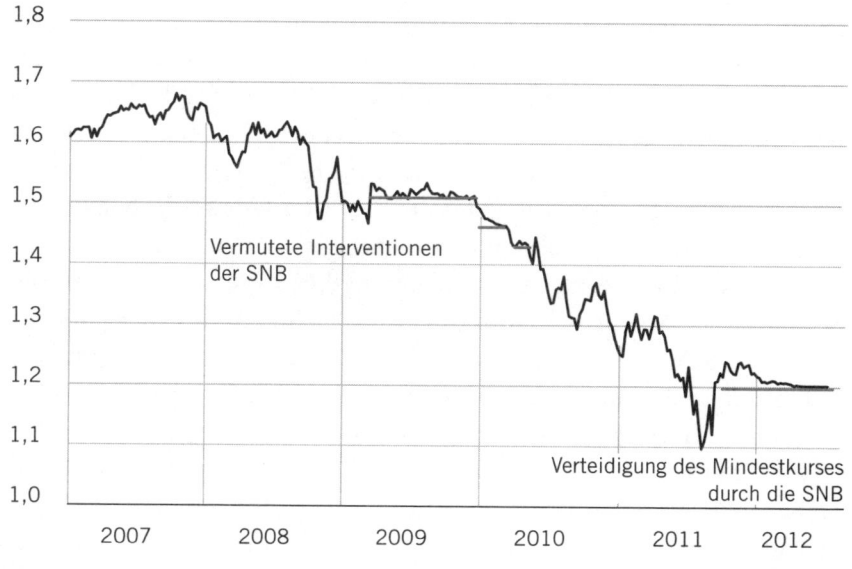

Abbildung 12   Quelle: Bloomberg

83

2009 der Kurs des Euro im Hinblick auf den Franken – dies ist die international übliche Perspektive auf das Währungspaar im Gegensatz zu Franken in Euro – verdächtig lange auf der Marke von 1,51 Franken pro Euro. Diese Schwelle wurde erst im Dezember unterschritten, und der Euro sackte bis auf gut 1,46 Franken ab. Auch an dieser Marke sieht der Chart so aus, als ob die Schweizerische Nationalbank den Kurs einen Monat lang verteidigt hätte. Das Gleiche gilt für den Zeitraum von April bis Anfang Mai 2010, als der Kurs des Euro wochenlang exakt auf 1,43 Franken lag. Danach scheinen die Währungshüter ihren Widerstand aufgegeben und ihre Finger von Interventionen gelassen zu haben, zumindest wenn man dem Chartverlauf glauben mag. Vermutlich wurden die Schweizer Währungshüter um ihren Präsidenten Philipp Hildebrand dann erst wieder in den dramatischen Tagen des Herbstes 2011 aktiv. Als im Euroraum die Krise mit der Gemeinschaftswährung eskalierte und der Euro innerhalb weniger Tage um fast 20 Prozent von über 1,20 Franken auf Fastparität zum Franken rutschte, griff die Schweizerische Nationalbank zu einer ultimativen Massnahme. Kurz nachdem sich der Euro wieder auf über 1,10 Franken erholt hatte, kündigte sie am 6. September 2011 an, ab sofort eine Wechselkursgrenze von 1,20 Franken pro Euro festzulegen. Daran hielt die Schweizerische Nationalbank bis zur Drucklegung dieses Buchs im August 2012 fest.

Schon bevor die Schweizerische Nationalbank diese Ultima Ratio ergriff, war sie durch die Devisentransaktionen in den Jahren 2009/10, bei der sie Franken druckte und dafür Euro kaufte, in der Schweizer Öffentlichkeit stark unter Druck geraten. Die Währungshüter führten die Transaktionen durch, weil sie die Gefahr einer Deflation orteten. Doch dieses Argument wurde selbst unter Experten damals wie heute als eher vorgeschoben erachtet. In der Öffentlichkeit und in der Politik ereiferten sich vor allem die Vertreter des äussersten rechten Lagers über das Verhalten der Schweizerischen Nationalbank. Man warf den Währungshütern vor, mit dem Geld der Schweizer zu spekulieren und die Schweizerische Nationalbank in einen gigantischen Hedgefonds zu verwandeln. Bis Ende des Jahres 2011 hatte die Schweizerische Nationalbank Devisenbestände im Umfang von 260 Milliarden Franken angehäuft. Davon ging anfangs nur wenig auf die erst im September gezogene Untergrenze zurück. Im Sommer 2012 stiegen die Devisenbestände vor allem wegen der Wechselkursgrenze auf 365 Milliarden Franken. Aufgrund der grossen Devisenkäufe und der dadurch aufgeblähten Bilanz schwankten die Jahresergebnisse der Schweizerischen Nationalbank in den letzten Jahren enorm. Einem Gewinn von 10 Milliarden Franken für 2009 folgte ein Verlust von fast 20 Milliarden Franken im Jahr 2010. Erst 2011 ergab sich schliesslich wieder ein stattlicher Gewinn. Die Haupttreiber für die Gewinne und Verluste waren neben den Fremdwährungsreserven die Goldbestände in Höhe von rund 50 Milliarden Franken sowie die Zinserträge, die Dividenden und gewisse Kursgewinne auf dem Aktien- und Anleihenportfolio. Ende 2011 waren die Fremdwährungspositionen der Schweizerischen Nationalbank so gross, dass laut einer Analyse der *Neuen Zürcher Zeitung* eine Verteuerung des Euro und des Dollar gegenüber dem Franken um nur jeweils zwei Rappen der Schweizerischen Nationalbank einen Verlust von etwa 3 Milliarden Franken bescheren würde und ein um 2 Prozent sinkender Goldpreis einen Verlust von rund 1 Milliarde Franken. Das Gleiche gilt auch für die Höhe der möglichen Gewinne bei umgekehrten Vorzeichen. Die Vorgänge bei der Schweizerischen Nationalbank sind auch deshalb ein Politikum, weil die Bank laut einer Vereinbarung mit dem Schweizer Finanzdepartement, also dem Finanzministerium, bis 2017 jedes Jahr insgesamt 2,5 Milliarden Franken an den Bund und die Kantone verteilen muss – ausser, die sogenannte Ausschüttungsreserve der Schweizerischen Nationalbank fällt unter null. Und genau das ist im Jahr 2010 passiert. Dabei hat die Schweizerische Nationalbank laut Gesetz lediglich den Auftrag, die Preisstabilität zu gewährleisten und dabei konjunkturellen Entwicklungen Rechnung zu tragen. Sowohl der Bund als auch die Kantone haben sich jedoch an die Gewinnausschüttungen der Notenbank gewöhnt.

Die Stimmung in der Öffentlichkeit kochte vor allem deshalb hoch, weil die enormen Eurokäufe der Nationalbank im ersten Halbjahr 2010 ihren Devisenreserven einen Verlust von rund 30 Milliarden Franken bescherten. Ein solcher Vorgang war allerdings alles andere als neu. Bereits von 1971 bis 1977 erlitt die Schweizerische Nationalbank wegen der damaligen Erstarkung des Frankens Währungsverluste von rund 5 Milliarden Franken. 1978 kam ein Verlust von 4,4 Milliarden Franken dazu. Und von 1985 bis 1987 betrugen die Wertverluste auf den vorhandenen Devisenbeständen schliesslich knapp 11 Milliarden Franken. Laut dem emeritierten Geldpolitikprofessor Ernst Baltensperger wurden diese Verluste aber nur zum Teil ausgewiesen, weil man die Devisenbestände damals nicht zum Marktwert, sondern zu einem sogenannten Gleichgewichtskurs bilanzierte und zur Deckung der Verluste einen Rückgriff auf früher gebildete stille Reserven vornahm. Auch die Schwankungen des Goldpreises verursachten immer wieder starke Verluste. Als 1999 der Preis für das Edelmetall seinen Tiefststand erreichte, brachte diese Entwicklung der Schweizerischen Nationalbank einen Verlust auf ihrem Goldbestand von über 40 Milliarden Franken, der, gemessen an der Kaufkraft, sogar noch grösser war. In einem Gastbeitrag für die *Neue Zürcher Zeitung* wies Baltensperger im April 2011 darauf hin, dass die jüngsten Verluste der Schweizerischen Nationalbank sowohl absolut als auch im Vergleich zu ihrer Bilanzsumme durchaus mit früheren Verlusten vergleichbar seien. Damals seien die Verluste allerdings nicht explizit ausgewiesen worden. Der Grandseigneur der Schweizer Geldpolitik erläuterte zudem, Bewertungsschwankungen seien unvermeidbar. Um ihrem geldpolitischen Auftrag nachzukommen, müsse die Schweizerische Nationalbank nämlich stets einen Bestand an Währungsreserven in Form von Devisen und Gold vorhalten, der nicht unter dem Gesichtspunkt von Gewinn und Verlust bewirtschaftet werden dürfe. Schliesslich hätten den immensen Verlusten immer auch wieder grosse Gewinne gegenübergestanden. Zudem merkte Baltensperger an, die Politik der Schweizerischen Nationalbank dürfe nicht am Ertrag ihrer Währungsreserven, also nicht an den daraus resultierenden Gewinnen und Verlusten, gemessen werden. Entscheidend für die Beurteilung der Schweizerischen Nationalbank sei, ob sie die hohe Liquidität und die aufgeblähte Bilanzsumme zeitig wieder zurückfahren werde, wenn der Schweiz eine steigende Inflation drohe. Die Gefahr einer steigenden Teuerung besteht letztlich immer, wenn Geld sozusagen aus dem Nichts geschaffen wird, wie dies auch in der Schweiz geschah. Daher müssen die Währungshüter einer drohenden Inflation gegenüber sehr wachsam sein.

Nun, da die Schweizer Notenbanker in ihrer Not sogar eine Währungsgrenze festgelegt haben, sind aufgrund der dazu nötigen Eurokäufe die Fremdwährungsbestände bis Ende Juni 2012, wie bereits erwähnt, auf satte 365 Milliarden Franken – rund 62 Prozent des Bruttoinlandsprodukts – gestiegen. Obwohl sich der Trend zu steigenden Devisenbeständen so lange fortsetzen dürfte, wie sich die Eurozone in einer existenziellen Krise befindet, stellt sich doch zumindest mittelfristig die Frage nach dem Ausstieg. Zwar ist jederzeit ein Abklingen der akuten Krisensituation in der Eurozone möglich, doch genauso gut kann sich die Krise jederzeit wieder verschärfen – bis hin zum Auseinanderbrechen der Gemeinschaft. Daher dürfte die Beendigung der Wechselkursgrenze ein Balanceakt werden. Erst wenn sich die Schuldenkrise in Europa wirklich nachhaltig zu entspannen beginnt, dürfte auch mittelfristig der Druck auf den Franken etwas nachlassen. Eine andere Möglichkeit der Entspannung könnte entstehen, wenn sich die Aufmerksamkeit der internationalen Anleger verschiebt. Dabei könnte die Eurozone aus dem Fokus geraten und der Blick der Anleger sich auf die beiden anderen potenziellen Krisenregionen USA und Japan richten. In diesen Ländern ist die Staatsverschuldung gemessen am Bruttoinlandsprodukt deutlich höher als in der Eurozone im Durchschnitt. Das gilt vor allem für Japan. Langfristig gesehen dürfte die langsame und kontinuierliche Erstarkung des Frankens aber ohnehin kaum aufzuhalten sein, da die Kapitalflüsse und eine gewisse Inflationsdifferenz für eine weitere Stärkung der Schweizer Währung sprechen.

Unabhängig von den unterschiedlichen Ursachen und den hehren Zielen der verschiedenen Notenbanken wurde auch in der Schweiz die Geldmenge erheblich ausgeweitet und die Bilanz der Schweizerischen Nationalbank enorm vergrössert – bis auf mehr als 70 Prozent des Bruttoinlandsprodukts. Wie in den USA, im Euroraum und in Grossbritannien wird auch in der Schweiz die grosse Herausforderung sein, die geschaffene Liquiditätsflut rechtzeitig einzudämmen, also den Stöpsel aus der Badewanne zu ziehen und die Liquidität nach und nach abzulassen. Dabei wird es auch in der Schweiz möglicherweise zu heftigen politischen Widerständen kommen. Dies zeigte sich bereits in den Jahren 2011/12, als verschiedene Gruppierungen mit dem Einsatz der Schweizerischen Nationalbank nicht vollständig zufrieden waren, sondern sogar die Anhebung der Grenze auf 1,30 Franken oder 1,40 Franken forderten. Von diesen Gruppierungen, die politisch vor allem links der Mitte stehen, wird unweigerlich wieder die Forderung kommen, die Schweizerische Nationalbank dürfe nicht aufhören, den Wechselkurs des Frankens zum Euro zu manipulieren, um die heimische Wirtschaft zu stützen. Dies gilt wohl selbst dann, wenn bereits offenkundig ist, dass die Schweizer Unternehmen diese Unterstützung gar nicht mehr benötigen. Eine weitere unbekannte Grösse ist die Inflationstoleranz in den USA und im Euroraum. Je häufiger dort Inflationsraten über dem akzeptierten Mass von rund 2 Prozent toleriert werden, desto schwerer dürfte es auch der Schweizerischen Nationalbank fallen, von ihren aussergewöhnlichen Massnahmen abzurücken und umso grösser dürfte die Versuchung sein, auch in der Eidgenossenschaft eine etwas höhere Inflation zuzulassen als erwünscht, obwohl die Schweiz eines der letzten Länder auf der Erde ist, das eine Inflation braucht, um die vergleichsweise geringen Schulden zu reduzieren.

Japan – unter immensem politischen Druck

Die Geldpolitik allein könne Japan nicht aus der Deflation führen, sagt Masaaki Shirakawa, der Präsident der japanischen Notenbank. Bereits seit knapp zwei Jahrzehnten verharrt der Leitzins im Land der aufgehenden Sonne bei null. Im Herbst 1995 senkte die Bank of Japan den Zinssatz von 1 Prozent auf 0,5 Prozent. Seitdem schwankt der Leitzins zwischen 0 Prozent und 0,5 Prozent. Seit Dezember 2008 liegt er sogar nur noch bei 0,1 Prozent. Obwohl die Programme zum Aufkauf von Staatsanleihen jedes Jahr grösser werden, zieht die Inflation bisher kaum an. Das könnte sich ändern, denn wie kaum eine andere Notenbank flutet die japanische Zentralbank inzwischen die Märkte mit Liquidität. Japans Erfahrungen im vergangenen Jahrzehnt zeigen jedoch, dass man auch mit einer ultraexpansiven Geldpolitik die Wirtschaft nicht wieder auf einen stabilen Wachstumspfad zwingen kann. Umso erstaunlicher ist es, dass sich in den USA und in Europa die Zentralbanken an der Politik der Bank of Japan zu orientieren scheinen. Japan ist ein exzellentes Beispiel dafür, dass Geldpolitik nicht alle Probleme lösen kann. Gefordert sind vielmehr Politiker, die endlich Strukturreformen anpacken und diese den Bürgern einleuchtend erklären. In dem asiatischen Inselstaat werden der Globalisierung zum Trotz beispielsweise der Binnenmarkt sowie der Arbeits-, Gesundheits-und Agrarsektor auch im 21. Jahrhundert noch immer stark vom internationalen Wettbewerb abgeschottet. Deshalb, so wird von Aussenstehenden oft kritisiert, mangelt es vielen Unternehmen an der nötigen Robustheit. Doch in Japan sind Politiker, Unternehmer und Bürger schon seit Jahrzehnten nicht mehr bereit, dringend nötige Veränderungen zu akzeptieren, sondern wursteln Jahr für Jahr mehr schlecht als recht weiter – auf Kosten der kommenden Generationen, die für die Versäumnisse bezahlen werden.

Weil sich die politische Klasse weigert, die bei der Bevölkerung unbeliebten, aber dringend nötigen Reformen anzupacken, gerät die Bank of Japan, die formell seit dem Jahr 1998 unabhängig ist, immer mehr unter Druck. Politiker von Regierung und Opposition fordern von Shirakawa und seinen Kollegen, die laxe Geldpolitik noch stärker zu lockern. Diesem Drängen gaben die Zentralbanker im Februar 2012 und dann nochmals im April nach. Sie stockten das Programm zum Ankauf von Wertpapieren erst um 10 Billionen und dann nochmals um 5 Billionen Yen auf nun insgesamt 70 Billionen Yen (das sind 692 Milliarden Euro beziehungsweise 832 Milliarden

Franken) auf. Zudem plant die Bank of Japan zur Förderung der sogenannten Zukunftsindustrien ein bereits bestehendes Kreditprogramm um 2 Billionen auf 5 Billionen Yen aufzustocken und um zwei Jahre bis 2014 zu verlän-
gern. Auch dieser Eingriff in die Märkte und in die Strukturpolitik ist aus
geldpolitischer Sicht höchst fragwürdig. Ohnehin kauft die japanische Zentralbank seit Jahren für gut 20 Billionen Yen (das sind 198 Milliarden Euro
beziehungsweise 237 Milliarden Franken) Wertpapiere und erleichtert es
dem hoch verschuldeten Staat so, sich zu refinanzieren. Wie sehr Politiker
auf die japanische Nationalbank Druck ausüben, zeigte exemplarisch ein
Vorgang im Juni 2012, als zwei ehemalige Investmentbanker von Nomura
beziehungsweise Morgan Stanley zu neuen Ratsmitgliedern der Bank of
Japan ernannt wurden. Beide galten als Befürworter einer noch stärkeren
Lockerung der Geldpolitik. Zuvor war ein Favorit der Notenbank – ebenfalls
ein ehemaliger Investmentbanker, der jedoch als Gegner weiterer expansiver
Massnahmen angesehen wurde – vom Parlament abgelehnt worden.

Finanzpolitisch wird es im Land der aufgehenden Sonne immer düsterer. Japan ist inzwischen mit weit mehr als 200 Prozent seiner jährlichen
Wirtschaftsleistung verschuldet. Damit übertrifft das asiatische Land die
Schulden Italiens um fast das Doppelte und liegt nach dem Schuldenschnitt
in Athen sogar weit über dem Wert von Griechenland. Da in Japan die
Schulden allerdings hauptsächlich im Inland gehalten werden, ist man von
ausländischem Kapital – im Gegensatz zu vielen europäischen Krisenländern – kaum abhängig. Nur 5 Prozent der Schulden werden von Ausländern
finanziert. Ende 2011 hielten die japanischen Geschäftsbanken rund 40 Prozent der ausstehenden Staatsanleihen, die japanischen Versicherungen und
Pensionskassen rund 25 Prozent, der nationale Pensionsfonds etwa 10 Prozent und die Bank of Japan 8 Prozent. Die japanische Notenbank ist also
bereits ein bedeutender Gläubiger des Landes geworden. Sie hält in ihrer
Bilanz Staatsanleihen in Höhe von 60 Billionen Yen. Wenn sie dieses Tempo
beim Aufkauf der Staatsanleihen beibehält, könnte sie bald an ihre selbst
gezogene Grenze stossen. Danach darf sie nicht mehr Staatsanleihen besitzen, als Banknoten im Umlauf sind – und im Umlauf waren Ende 2011
Banknoten über rund 81 Billionen Yen. Im Fiskaljahr 2012/13 könnten die
Währungshüter der Schwelle schon gefährlich nahekommen.

Zu Recht fürchten sich die Geldpolitiker des Inselstaates immer
mehr davor, dass an den Finanzmärkten der Eindruck entsteht, Japan werfe
die Gelddruckmaschine für Geldnoten an, um das immense Defizit des

Landes zu finanzieren. Dadurch könnte das Vertrauen in die Notenbank verloren gehen, und es könnten sich eine stark steigende Inflation sowie damit einhergehend steigende Zinsen entwickeln. Doch anziehende Zinsen wären für den Staat der Todesstoss, da diese den Schuldendienst auf die hohe Staatsverschuldung sehr schnell in die Höhe treiben und Japan an den Rand des Konkurses führen würden. Für das Finanzjahr 2012/13 plant die Regierung Ausgaben von rund 90 Billionen Yen (das sind 890 Milliarden Euro beziehungsweise 1069 Milliarden Franken). Etwa die Hälfte davon, nämlich 44 Billionen Yen, will die Regierung durch neue Schulden finanzieren. Dabei ist Japan ohnehin schon das am höchsten in der Kreide stehende Industrieland der Welt. Irgendwann werden die Marktteilnehmer den exorbitanten Ankauf von Staatsanleihen als sogenannte Monetarisierung der Staatsschulden betrachten. Das bedeutet, dass sich der Staat quasi selber finanziert, indem er das benötigte Geld von der – formell ja unabhängigen – Notenbank drucken lässt. Daher werden Vertreter der Bank of Japan auch nicht müde, das Ankaufprogramm für Staatsanleihen mit dem Versuch zu rechtfertigen, das Wirtschaftswachstum solle gefördert und nicht etwa das Haushaltsdefizit gedeckt werden. Doch diese Argumentation verliert immer mehr an Glaubwürdigkeit. Ende des Jahres 2011 machte der Bestand an Staatsanleihen bei der Bank of Japan bereits fast 18 Prozent der jährlichen Wirtschaftsleistung aus. In den USA hält die US-Notenbank dagegen «nur» US-Staatsanleihen in Höhe von 11 Prozent der jährlichen Wirtschaftsleistung.

Die Ursache für die jahrzehntelange Deflation in Japan war das Platzen einer Immobilienblase Anfang der 1990er-Jahre, wodurch Unternehmen und Banken immense Abschreibungen vornehmen mussten und dabei gewaltige Verluste erlitten. Die daraufhin eingeleitete Nullzinspolitik der Bank of Japan nutzten die Unternehmen und Banken aber nicht dazu, mit dem günstigen Geld neue Märkte zu erschliessen oder Innovationen zu fördern, sondern sie senkten lediglich die Kosten und bauten Schulden ab. Im Nachgang der geplatzten Immobilienblase steigerten die in der Hauptstadt Tokio beheimateten Währungshüter die Geldversorgung der Geschäftsbanken um fast 30 Prozent. Zugleich wuchsen die Kredite der Geschäftsbanken an die Unternehmen jedoch nur um gut 3 Prozent. Das Geld kam also kaum in der Wirtschaft an, weil es die Banken zur Sanierung ihrer Bilanzen nutzten. Heutzutage sieht es allerdings anders aus. Nicht mehr die Unternehmen brauchen dringend Kredite, sondern der Staat ist auf Käufer seiner Staatsanleihen angewiesen. Das übernehmen, wie die anfangs präsentierten Zahlen zeigen, mit einem Anteil von 40 Prozent primär die Geschäftsbanken, die somit nach und nach zu gigantischen Staatsanleihefonds degeneriert sind.

Ebenso wie die Schweizerische Nationalbank sah sich auch die japanische Zentralbank durch die eskalierende Finanzkrise dazu gezwungen, am Devisenmarkt zu intervenieren. Im Rahmen der weltweiten Krise war nämlich auch der Yen gegenüber dem Dollar und dem Euro massiv erstarkt. Im Jahr 2007 kostete der Dollar phasenweise noch über 120 Yen. Dann zog der Wert der japanischen Währung kontinuierlich, aber in Wellenbewegungen bis auf unter 80 Yen für einen Dollar an. Im Rahmen dieser Erstarkung – es mussten ja immer weniger Yen für einen Dollar bezahlt werden, was einer Aufwertung des Yen gleichkommt – intervenierte die japanische Notenbank mehrfach zugunsten des Dollar, um die Erstarkung des Yen aufzuhalten oder zumindest zu bremsen. Einen ersten Höhepunkt erreichten die Interventionen am Devisenmarkt nach der dreifachen Katastrophe im Frühjahr 2011, bestehend aus Erdbeben, Tsunami und atomarem Desaster. Als die japanische Währung direkt nach der Kernschmelze massiv erstarkte, startete die japanische Notenbank mit anderen bedeutenden Zentralbanken eine konzertierte Aktion, um den Yen zu schwächen. Die ohnehin durch das Unglück angeschlagene japanische Wirtschaft sollte nicht noch zusätzlich durch eine enorme Aufwertung des Yen belastet werden, der sich dämpfend auf die Exporte der Unternehmen auswirken würde. Der Eingriff ins freie Spiel der Marktkräfte war insofern erfolgreich, als der Yen danach für mehrere Monate über der Marke von 80 Yen für einen Dollar pendelte. Das war das Niveau, auf dem er auch in den Monaten vor dem Tsunami in etwa gelegen hatte und mit dem viele exportorientierte Unternehmen in Japan zu diesem Zeitpunkt kalkuliert hatten.

Durch die weitere Eskalation der Finanzkrise im Euroraum sowie durch die schwachen Konjunkturdaten in den USA geriet der Yen im zweiten Halbjahr 2011 aber erneut unter Aufwertungsdruck. Allerdings setzte die japanische Notenbank dann eine Grenze bei rund 76 Yen für einen Dollar. In seiner besten Zeit stieg der Yen am 31. Oktober 2011 bis auf 75,57 Yen pro Dollar. Das entsprach dem höchsten Stand in der Geschichte. Lediglich direkt nach dem starken Erdbeben in Kobe im Jahr 1995, als der Yen innerhalb kurzer Zeit um rund 20 Prozent dramatisch stieg, erreichte die japanische Währung mit 79,75 Yen für einen Dollar einen ähnlichen Wert. Auch damals intervenierten die Notenbanken in einer gemeinsamen Aktion am

Devisenmarkt, um den rasanten Höhenflug des Yen zu bremsen. Zwar legten die japanischen Währungshüter im Gegensatz zu ihren Schweizer Kollegen keine offizielle Grenze, etwa bei eben jenen 76 Yen pro Dollar, fest, die unumstösslich verteidigt werden sollte. Doch sie liessen den Yen, abgesehen von kurzzeitigen Ausnahmen, nicht mehr unter diese Schwelle fallen (vgl. hierzu Abbildung 13). Erst im Februar und März 2012 erlitt der Yen dann einen Schwächeanfall, als sich die Wirtschaft in den USA zu erholen schien und die Krise in Europa etwas an Dramatik verlor. Dabei kletterte die Währung bis auf 85 Yen pro Dollar. Im Sommer 2012 erstarkte die japanische Währung dann wieder auf rund 80 Yen pro Dollar. Auch künftig wird der Yen für die Zentralbank ein wichtiges Thema bleiben, und sie dürfte sich weiterhin gezwungen sehen, den Devisenmarkt scharf zu beobachten und gegebenenfalls die Devisenkurse erneut zu manipulieren.

Kurs des Dollar zum Yen und Interventionen der Bank of Japan

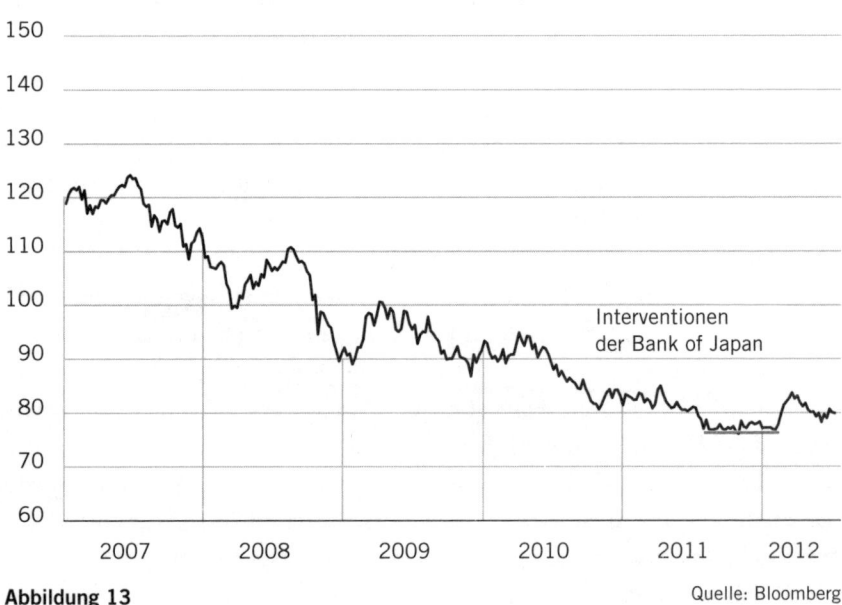

Abbildung 13   Quelle: Bloomberg

Ein Bild des Schreckens – die Aktivitäten der einzelnen Notenbanken

«Das Papiergeld kehrt früher oder später zu seinem inneren Wert zurück – null.»

Voltaire, Philosoph

Implosion der Leitzinsen auf faktisch null

Die Finanzkrise hat zu einer kaum je da gewesenen Konvergenz bei den Leitzinsen geführt. Der Leitzinssatz ist der von einer Zentralbank für den eigenen Währungsbereich festgelegte Zinssatz, zu dem sich Geschäftsbanken bei ihr gegen die Hinterlegung von Sicherheiten Geld leihen dürfen. Mit dem Leitzins versuchen die Notenbanken laut verschiedener Definitionen, das Zinsniveau, die Kreditvergabe, die Liquidität, die Preisentwicklung und letztlich den heimischen Geld- und Kapitalmarkt zu steuern. In den grossen Währungsräumen unterschieden sich die Leitzinsen vor dem Ausbruch der Turbulenzen teilweise erheblich. Ende des Sommers 2007, kurz bevor das Unheil seinen Lauf nahm, lag die sogenannte Federal Funds Target Rate der US-Notenbank noch bei 5,25 Prozent, der Hauptrefinanzierungssatz der Europäischen Zentralbank in der Eurozone betrug 4 Prozent, und die Official Bank Rate der Bank of England in Grossbritannien stand bei 5,75 Prozent. In der Schweiz war das Zinsniveau zu diesem Zeitpunkt – wie traditionell üblich – deutlich niedriger. Der Libor-Target-Satz der Schweizerischen Nationalbank lag bei 2,75 Prozent. Einen Ausreisser stellten allein die Leitzinsen in Japan dar. Aufgrund der seit über einem Jahrzehnt grassierenden Deflation lag die Target Rate der Bank of Japan bereits seit Herbst 1995 bei 0,5 Prozent (vgl. hierzu Abbildung 14). Gut anderthalb Jahre danach hatte die Welt eine Serie der grössten und schnellsten Leitzinssenkungen der Geschichte gesehen, die alle grossen Währungsräume betraf.

Sowohl in den USA als auch in Grossbritannien und in der Schweiz sank der Leitzinssatz auf faktisch null. Lediglich die Europäische Zentralbank, damals noch stärker in der Tradition der Deutschen Bundesbank

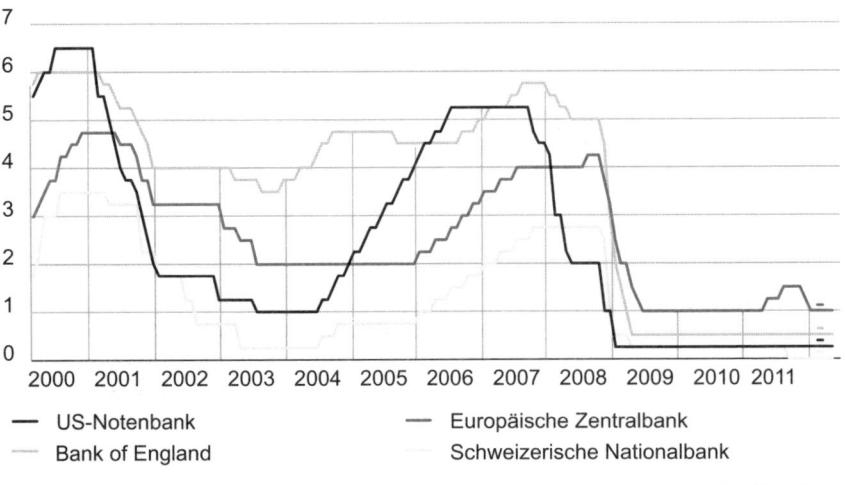

Leitzins verschiedener Zentralbanken
In Prozent

2000	2001	2002	2003	2004	2005	2006	2007	2008	2009	2010	2011

— US-Notenbank   — Europäische Zentralbank
— Bank of England   Schweizerische Nationalbank

Abbildung 14   Quelle: Bloomberg

verhaftet, hielt sich etwas zurück und senkte den Zins auf lediglich 1 Prozent. Zudem unternahm sie zwischendurch als einzige Zentralbank einen Anlauf, das Zinsniveau etwas zu normalisieren. 2011 erhöhte sie, angetrieben von den deutschen Inflationsfalken im Rat der Europäischen Zentralbank, den Leitsatz in zwei Schritten auf 1,5 Prozent. Allerdings konnte sie dieses Niveau nicht allzu lange durchhalten, da sich eine erneut verschlechternde Konjunktur innerhalb und ausserhalb der Eurozone sowie die neuerliche Eskalation der Schuldenkrise zu negativ auf das Wirtschaftsumfeld auswirkten. Im Dezember senkten die europäischen Währungshüter den Hauptrefinanzierungssatz daher in zwei Schritten auf 1 Prozent und im Juli 2012 sogar auf 0,75 Prozent. Ob und wann die Zentralbanken von der Nullzinspolitik wieder abrücken und sich die Zinsen normalisieren oder ob auch alle anderen Notenbanken dem Weg der dauerhaften Nullzinspolitik der japanischen Zentralbank folgen, steht derzeit in den Sternen. In den USA soll der Leitzins, so lassen es die Mitglieder des Offenmarktausschusses der US-Notenbank durchblicken, bis mindestens Ende 2014 bei null bleiben. Auf jeden Fall scheint schon jetzt sicher zu sein, sollten die Zentralbanker in aller Herren Länder versuchen, das Zinsniveau dereinst zu normalisieren, dürften sie von den Politikern und Unternehmern in ihrer

Heimatregion unter erheblichen Druck geraten, die angesichts der unange-
messenen Zinserhöhung aufschreien werden. Einmal mehr wird sich dann
zeigen, dass es sich bei der viel beschworenen Unabhängigkeit der Notenbanken nur um eine formelle, nicht aber um eine tatsächliche Unabhängigkeit handelt. Und wieder einmal wird der Leitzins wohl zu lange zu niedrig
bleiben.

Vervielfachung der Notenbankbilanzen

Die Notenbanken senkten nicht nur den Leitzins in einem enormen Tempo,
sondern blähten durch die ausserordentlichen geldpolitischen Lockerungen ihre Bilanzen in einem ungeheuerlichen Ausmass auf. Die Finanzkrise
hat die Welt der Zentralbanken fundamental verändert. Im Vergleich mit
der Zeit vor der Finanzkrise haben die Notenbanken der Industriestaaten
heutzutage sehr viel mehr Risiken in ihren Büchern stehen. Die Bilanz der
US-Notenbank betrug Ende 2007 noch rund 800 Milliarden Dollar, explo-
dierte dann 2008 auf über 2000 Milliarden Dollar und stand im Sommer
des Jahres 2012 sogar bei rund 2900 Milliarden Dollar. Das annähernd gleiche Bild ergibt sich in Europa. Ende 2007 betrug die Bilanz der Europäischen Zentralbank rund 1300 Milliarden Euro. Dieser Wert stieg bis Sommer 2012 auf über 3000 Milliarden Euro an. Und die Bank of England
vergrösserte ihre Bilanz seit 2008 von unter 100 Milliarden auf über 375
Milliarden Pfund.

Ursache der enormen Vergrösserung bei den Zentralbankbilanzen
waren die Käufe verschiedener Wertschriften, hauptsächlich von Staatsanleihen aus dem jeweiligen Währungsgebiet, im Rahmen der monetären
Lockerungen. So initiierte die US-Notenbank zwei Runden extremer geldpolitischer Ausweitungen, bei denen sie verschiedene Wertschriften kaufte.
Die Europäische Zentralbank erwarb ebenfalls direkt Staatsanleihen von
Mitgliedsländern der Eurozone, die aufgrund ihrer hohen Verschuldung
unter Druck gekommen waren und sich selbst nicht mehr am Markt zu
erträglichen Konditionen refinanzieren konnten. Zudem stellte sie an zwei
Terminen Ende 2011 beziehungsweise Anfang 2012 den Banken der Euro-
zone unlimitiert Kredite für drei Jahre in einer Gesamthöhe von rund 1000
Milliarden Euro zur Verfügung. Im Fachjargon wurde diese Aktion als Drei-
Jahre-Tender bezeichnet. Dies war praktisch eine Staatsfinanzierung durch

die Hintertür, da die Banken einen grossen Teil der Mittel wieder in Staatsanleihen investierten. Auch die Bank of England kaufte britische Staatsanleihen und weitete ihre Bilanz damit stark aus. In der Schweiz hingegen war der Fall etwas anders gelagert. Hier investierte die Schweizerische Nationalbank enorme Summen zur Schwächung des Frankens.

Die Massnahmen sind in ihrem Ausmass allesamt ungeheuerlich. Blickt man auf die Folgen dieses – wie manche Beobachter meinen – grössten geldpolitischen Experiments aller Zeiten, kann einem angst und bange werden. So hat sich im Vergleich zum Vorkrisenniveau die Bilanz der Bank of England mehr als vervierfacht, jene der US-Notenbank und der Schweizerischen Nationalbank haben sich mehr als verdreifacht, und die der Europäischen Zentralbank hat sich weit mehr als verdoppelt. Eher unauffällig sehen aus dieser Optik dagegen derzeit noch die geldpolitischen Massnahmen der Bank of Japan aus (vgl. hierzu Abbildung 15).

Aufschlussreich ist es auch, wenn man die Grösse der Bilanzen bei den Zentralbanken im Vergleich zu dem jeweiligen Bruttoinlandsprodukt des Heimatlandes beziehungsweise der Heimatregion betrachtet. Aus dieser Perspektive hat die Schweizerische Nationalbank am meisten getan. Zwischendurch machte ihre Bilanz beinahe 70 Prozent des schweizerischen Bruttoinlandsprodukts aus (vgl. hierzu Abbildung 16). Die Europäische Zen-

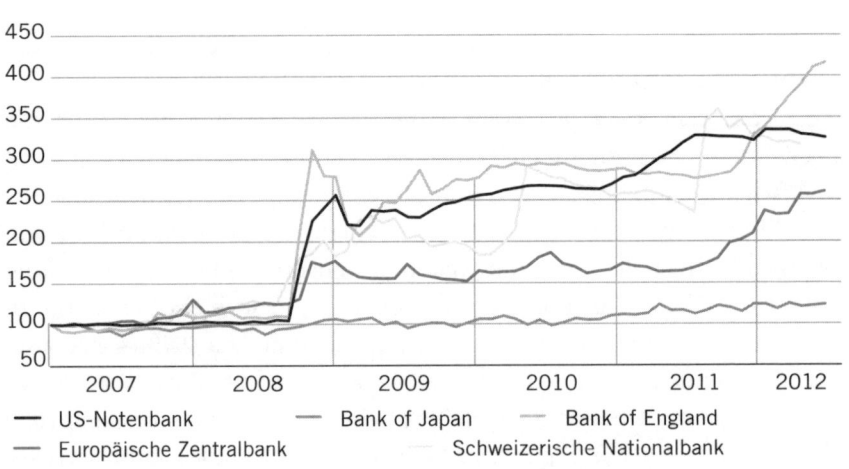

Bilanzen führender Notenbanken I
Stand Juli 2012; indexiert: 01.01.2007 = 100

— US-Notenbank   — Bank of Japan   — Bank of England
— Europäische Zentralbank   Schweizerische Nationalbank

Abbildung 15   Quelle: Bloomberg

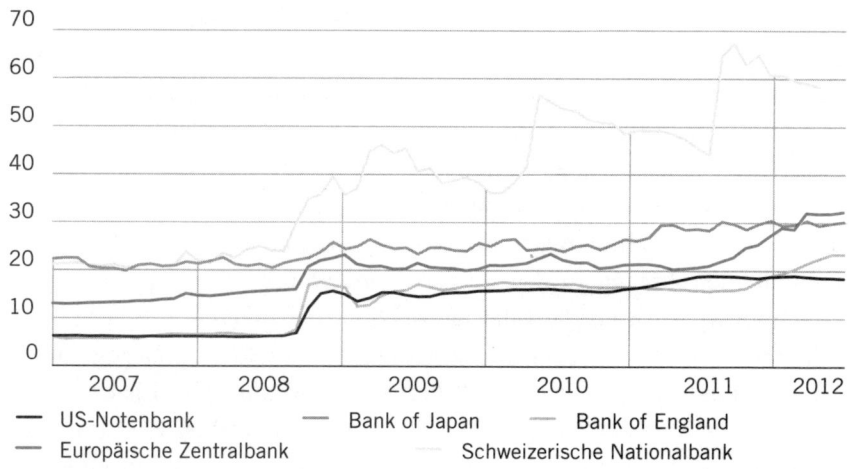

70					
60					
50					
40					
30					
20					
10					
0					
2007	2008	2009	2010	2011	2012

— US-Notenbank   — Bank of Japan   — Bank of England
— Europäische Zentralbank   Schweizerische Nationalbank

Abbildung 16   Quelle: Bloomberg

tralbank und die Bank of Japan kommen inzwischen mit ihren Bilanzen auf immerhin gut 30 Prozent des jeweiligen Bruttoinlandsprodukts. Vergleichsweise harmlos sehen dagegen die US-Notenbank und die Bank of England aus, deren Bilanzen knapp beziehungsweise gut 20 Prozent der heimischen Wirtschaftsleistung darstellen. Der Vergleich mag etwas hinken, da die Länder verschiedene Grössen und eine unterschiedliche Wirtschaftskraft haben. Doch zeigt er die Bilanzausweitungen aus einem anderen Blickwinkel.

Die Notenbanken haben nicht nur die Bilanzen extrem ausgeweitet. Auch die Zusammensetzung der Bilanzen, also die Aktiv- und die Passivseite, änderte sich stark. Da die Institute zum Teil unterschiedliche Massnahmen getroffen haben, unterscheiden sich die Bilanzen der US-Notenbank, der Europäischen Zentralbank, der Bank of England, der Schweizerischen Nationalbank und der Bank of Japan teilweise deutlich. Vor dem Ausbruch der Krise glichen sich die Bilanzen hingegen stark. Auf der Aktivseite der Bilanz befinden sich normalerweise Devisen- und Goldpositionen als markanteste Posten sowie die Ausleihungen an Geschäftsbanken. Letztere werden vorwiegend im Rahmen sogenannter Offenmarktoperationen vorgenommen. Die Passivseite wird dagegen normalerweise von den in der Wirtschaft im Umlauf befindlichen Banknoten sowie von den Bankreserven dominiert.

Durch die Pleite der amerikanischen Investmentbank Lehman Brothers im Herbst 2008 und das danach herrschende gegenseitige Misstrauen unter den Banken über den jeweiligen Zustand des Gegenübers, war der Interbankenhandel nahezu zum Erliegen gekommen. Mit einer Reihe von Massnahmen versuchten die Zentralbanken deshalb, den Geschäftsbanken künstlich Liquidität zur Verfügung zu stellen. Sie führten beispielsweise zusätzliche Finanzierungsoperationen ein, erweiterten die akzeptierten Sicherheiten, die die Geschäftsbanken für die Aufnahme von Krediten bei den Notenbanken hinterlegen müssen, und vergrösserten den Teilnehmerkreis für den Zugang zu den Geldern der Zentralbank. Wegen all dieser Operationen wuchsen die Bilanzen der Zentralbanken – wie vorher beschrieben – in einem noch nie da gewesenen Ausmass. In Bezug auf die Bank of England handelte es sich bei der Ausweitung der Bilanz in den Wochen und Monaten nach der Pleite von Lehman Brothers um die grösste ihrer Geschichte. Sie war noch grösser als während der Grossen Depression im vergangenen Jahrhundert.

Sowohl die US-Notenbank und die Bank of England als auch die Europäische Zentralbank kauften im Rahmen der Krisenoperationen Wertpapiere auf. Meist handelte es sich dabei um Staatsanleihen der heimischen Länder. Doch im Gegensatz zu den beiden angelsächsischen Instituten führte die Europäische Zentralbank – behaupteten deren Vertreter jedenfalls – die Massnahmen nicht unter dem Aspekt der erweiterten Geldpolitik durch, sondern um – angeblich – gestörte Märkte zu heilen, damit die Übertragung ihrer Geldpolitik gewährleistet blieb. Man mag dieser Argumentation folgen oder nicht. Die Kontinentaleuropäer kauften jedenfalls immerhin für rund 60 Milliarden Euro Pfandbriefe und für gut 210 Milliarden Euro Staatsanleihen. Durch die zum Teil divergierenden Aktivitäten der Notenbanken unterscheiden sich inzwischen auch ihre Bilanzen deutlich. So befinden sich beispielsweise auf der Aktivseite der Bilanz der US-Notenbank und der Bank of England als grosse Positionen die erworbenen Staatsanleihen mit langen Laufzeiten, wobei die britischen Währungshüter die Papiere nicht direkt kaufen, sondern über einen Fonds, der jedoch zu 100 Prozent von ihnen finanziert wird. Bei der Europäischen Zentralbank änderte sich die Bilanz vor allem dadurch, dass sich Geschäftsbanken bei ihr unlimitiert Notenbankgeld leihen durften, ohne dafür wie früher bieten zu müssen sowie durch die beiden erwähnten Drei-Jahre-Tender. Auf der Passivseite veränderte sich bei allen drei

Notenbanken primär die Höhe der Bankreserven sowie der zirkulierenden Banknoten.

Grundsätzlich ist die Aufblähung einer Notenbankbilanz wie bei Geschäftsbanken immer mit Risiken verbunden. Diese sind nach einer Analyse der *Neuen Zürcher Zeitung* ab dem Frühjahr 2012 jedoch grösser, wenn die Bilanzen durch den Erwerb von Wertschriften ausgedehnt werden, als wenn dies durch reine Refinanzierungsoperationen geschieht, wie überwiegend bei der Europäischen Zentralbank. Im ersten Szenario hält eine Notenbank wie die der USA oder Englands nämlich physische Anlagen wie Staatsanleihen, mit Wertschriften oder mit Hypotheken besicherte Papiere sowie Fremdwährungsanlagen. Deren mögliche Wertminderungen können zu Abschreibungen und Verlusten für die Notenbank führen. Im zweiten Szenario verteilt eine Zentralbank dagegen lediglich Liquidität gegen Sicherheiten, die im Fall der Europäischen Zentralbank nicht in der Bilanz geführt werden, sondern in einem separaten Pfandpool. Allerdings sollten die Sicherheiten dann auch über jeden Zweifel erhaben sein, was bei der Europäischen Zentralbank inzwischen sicherlich nicht mehr der Fall ist. Das Risiko der Ausleihungen besteht nämlich nicht in den Wertschwankungen der Anlagen, sondern eben darin, ob die Kredite zurückgezahlt werden können oder nicht. Immerhin muss im Rahmen des Eurosystems für jeden Kredit ein Pfand hinterlegt werden, dessen Wert jenen des Kredits übersteigt. Zudem wird das Pfand regelmässig bewertet, und bei einem eintretenden Wertverlust müsste es entsprechend aufgestockt werden.

Die unterschiedliche Bilanzstruktur der verschiedenen Notenbanken macht es ihnen auch unterschiedlich schwer, aus der ultraexpansiven Geldpolitik auszusteigen. Die langfristigen Anlagen der US-Notenbank und der Bank of England sind für steigende Zinsen sehr anfällig. Geht das Zinsniveau nach oben, sinkt der Marktwert der Anleihen mit langen Laufzeiten, was bei den Notenbanken zu Wertberichtigungen und Verlusten führen kann. Damit geraten die Währungshüter dieser Zentralbanken in Interessenkonflikte, wenn sie die Zinsen erhöhen wollen. Durch eine beginnende Zinswende, die ja in den Händen der Notenbanker liegt und für eine Rückkehr zur Normalität dringend notwendig ist, schädigen sie ihre eigenen Anlagen und verursachen Verluste für die Notenbank. Und wenn sie die Wertschriften vorher verkaufen würden, hätten sie zudem grossen Einfluss auf die Preisbildung am Markt und würden, wie schon beim

Erwerb, die Preise der Papiere verzerren – diesmal aber in eine nicht gewünschte Richtung.

Aufgrund der beschriebenen Umstände besteht die Gefahr, dass die beiden angelsächsischen Notenbanken einmal mehr zu spät aus der exzessiv expansiven Geldpolitik aussteigen, weil sie fürchten, eine zu frühe Rückkehr zur Normalität würde die Wirtschaft und vor allem auch den Immobilienmarkt zu stark belasten. Einfacher hat es aus dieser Sichtweise die Europäische Zentralbank, die bis zum Sommer 2012 «nur» Staatsanleihen über rund 210 Milliarden Euro gekauft hatte. Sollte sich der Bankensektor in Europa ausreichend stabilisiert haben und sollten auch die Geschäfte zwischen den Banken wieder gut funktionieren, müssten die Währungshüter in Frankfurt lediglich zu den normalen Zinstendern zurückkehren. Das heisst, die Geschäftsbanken müssten sich wie früher im Auktionsverfahren für Notenbankgeld bewerben und die bestehenden Drei-Jahre-Tender ohne Erneuerung auslaufen lassen. Zudem muss die Europäische Zentralbank bei einer etwaigen Zinswende nicht auf ihr eigenes Portfolio an Wertschriften Rücksicht nehmen, da sie sich selbst keine Verluste zufügen kann. Insofern erscheint die Europäische Zentralbank in ihren Handlungsoptionen etwas freier zu sein als ihre angelsächsischen Pendants. Bei der Europäischen Zentralbank ist jedoch das Problem, dass in der Bilanz immer mehr kurzfristige Forderungen durch langfristige ersetzt worden sind. Das dürfte es auch der Europäischen Zentralbank erschweren, die lockere Geldpolitik zurückzunehmen. Kritisch ist zudem die Ausfallwahrscheinlichkeit der Sicherheiten. Kritiker monieren, in der Bilanz des Eurosystems seien zu viele Sicherheiten enthalten, die nur wenig wert wären, wenn die dafür bürgenden Staaten zahlungsunfähig werden sollten. Derzeit sind ein Auslaufen der ultraexpansiven Massnahmen sowie eine Zinswende und die Rückkehr zur geldpolitischen Normalität allerdings ohnehin noch in sehr weiter Ferne. Vielleicht dauert es – wie in Japan – Jahrzehnte.

Explosion der Geldbasis

Mit der Aufblähung der Bilanzen ging auch eine Ausweitung der Geldmenge M0, der sogenannten Geldbasis, einher. Die Geldbasis, die auch als monetäre Basis oder als Zentralbankgeld bezeichnet wird, umfasst je nach exakter Definition den Bestand des Zentralbankgeldes der Geschäftsbanken, d. h. die Mindest- und die Überschussreserven, sowie den Bargeldumlauf, d. h. die Banknoten und Münzen ausserhalb des Bankensystems. Im weitesten Sinn spiegelt die Geldbasis laut Experten die Passivseite einer Zentralbankbilanz. Auch bei der Ausweitung der Geldmenge M0 liegt die Schweiz im internationalen Vergleich der Notenbanken weit vorne. Seit 2008 hat sich die Geldbasis in der Eidgenossenschaft verfünffacht (vgl. hierzu Abbildung 17). Auf eine annähernde Steigerung kommt nur Grossbritannien, wo sich die Geldbasis im gleichen Zeitraum mehr als vervierfacht hat. In den USA wiederum gab es eine Verdreifachung der Geldmenge M0. Sie ist aber immerhin seit etwa einem Jahr konstant. Vergleichsweise besser sieht aus dieser Sicht der Euroraum aus, in dem sich die Geldbasis «nur» in etwa verzweieinhalbfachte.

Derzeit schlägt sich die immense Ausweitung der Geldmenge M0 noch nicht in den Geldmengen M2 und M3 nieder, die für die Analyse der Inflationsrisiken relevant sind. Die Banken geben das Geld noch nicht allzu stark in den Wirtschaftskreislauf, sondern reichen es vor allem in Europa wieder an die Notenbank quasi zur Zwischenlagerung zurück. Die Deutsche Bank wies Anfang 2012 in einer Studie darauf hin, dass durch die Krise kurzfristig erhebliche Verzerrungen der Geldmenge und der Nachfrage nach Geld auftreten würden. Die Gründe seien vor allem eine Nachfrage aus

Entwicklung der Geldmenge M0
Indexiert, 1.1.2000 = 100

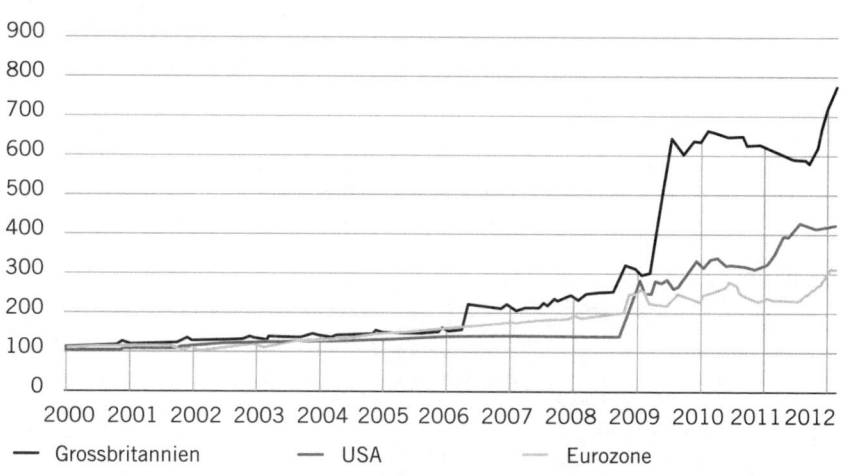

Abbildung 17   Quelle: Flossbach von Storch

Vorsichtsgründen und Portfolioumschichtungen. Diese Volatilität der Geldnachfrage mindere den Nutzen der Geldmengenaggregate als Indikator für die mittel- bis langfristigen Inflationsraten. Sowohl in den USA als auch in Europa ist die Geldmenge M2 in den vergangenen 25 Jahren stets gestiegen, wobei es verschiedene Beschleunigungsphasen gab (vgl. hierzu Abbildung 18). Die Geldmenge M3 wird seit 2006 in den USA zwar weiterhin von der US-Notenbank berechnet, aber nicht mehr veröffentlicht. In den USA nahm die Geschwindigkeit der Geldmengenausweitung gemessen an M2 beispielsweise Ende der 1990er-Jahre und dann sprunghaft in den Jahren 2008/09 und 2011 im Rahmen der Krisenbekämpfung zu. In Europa gab es von 2006 bis 2008 eine deutliche Beschleunigung. Ab 2009 hat sich das Wachstum der Geldmenge M2 jedoch durch die Bankenkrise in Europa verlangsamt. Die Explosion der Geldbasis spiegelt sich, wie erwähnt, also noch nicht in der Geldmenge M2 in den USA und in den Geldmengen M2 und M3 in der Eurozone. Dies kann aber noch geschehen.

Von den rund 1000 Milliarden Euro aus dem Drei-Jahre-Tender der Europäischen Zentralbank, so schätzen Marktteilnehmer, sind rund 500 Milliarden gleich wieder an die Europäische Zentralbank zurückgeflossen. Dennoch zeigt die Explosion der Geldmenge M0 das bestehende Kredit-

Entwicklung der Geldmenge M2
In Milliarden Dollar bzw. Euro

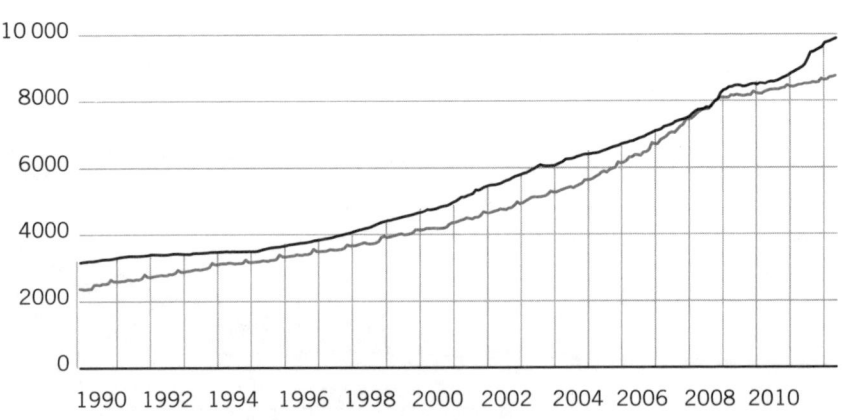

— Geldmenge M2 in den USA (in Milliarden Dollar)
— Geldmenge M2 in Europa (in Milliarden Euro)

Abbildung 18   Quelle: Bloomberg

schöpfungspotenzial. Angesichts der immensen Liquidität und der niedrigen Zinsen könnten die Geschäftsbanken beinahe jeden Kreditwunsch erfüllen, so er denn halbwegs sinnvoll ist. Durch die Kreditvergabe würden die Geschäftsbanken schliesslich die sogenannten Sichtguthaben von Privatpersonen und Unternehmen erhöhen, womit die Liquidität den Weg in die Realwirtschaft gefunden hätte. Richtig ernst wird es also erst, wenn sich die derzeit niedrige Umlaufgeschwindigkeit des Geldes erhöht und dann die Kreditnachfrage steigt. Doch auch die anderen 500 Milliarden Euro des Drei-Jahre-Tenders sind bereits eine Gefahr. Laut den Experten der Kölner Vermögensverwaltung Flossbach von Storch haben manche Institute, etwa die Wiesbadener Aareal Bank, erst einmal zu den lukrativen Konditionen der Europäischen Zentralbank 1 Milliarde Euro aufgenommen und schauen nun entspannt, was sie damit anstellen können. Auch die Banken der Autokonzerne Volkswagen und Daimler hätten sich ein paar Milliarden geliehen, um das Leasinggeschäft anzukurbeln. Bert Flossbach weist darauf hin, dass viele Banken mit dem nun vorhandenen Geld eigene Bonds, vor allem hoch rentierende Hybridanleihen, zurückgekauft haben. Darüber hinaus, meint er, dürften viele der in den kommenden Monaten fällig werdenden Anleihen von Banken nicht durch neue ersetzt werden. Anstatt den Anlegern hohe Renditen zahlen zu müssen, würden die Banken lieber die Kredite zu 1 Prozent von der Europäischen Zentralbank nehmen. Für institutionelle Anleger wie Versicherungen und Pensionskassen stünden dadurch weniger Anleihen der Banken für Investitionen zur Verfügung. Dieses Geld müsse woanders angelegt werden. Auf der Suche nach neuen Anlagemöglichkeiten würden sich grosse institutionelle Anleger vermehrt dem Kreditgeschäft, etwa der Immobilienfinanzierung, zuwenden oder würden es direkt in Immobilien, Energie- und Infrastrukturanlagen investieren. Wie man also sieht, findet die Geldschwemme durchaus jetzt schon langsam und schleichend den Weg in die Realwirtschaft.

Die grosse Manipulation – die unerträglichen Preissignale der freien Märkte

«Es liegt in der Natur des Kapitalismus, dass es periodisch
zu Ausbrüchen des Wahnsinns kommt.»

John Kenneth Galbraith, Wirtschaftswissenschaftler

Die Auswirkungen auf die Aktien- und Rohstoffmärkte

Die Welt ist aus den Fugen geraten, wie wir gesehen haben. Je länger die Finanzkrise dauert, desto mehr greift sie einen Kern des Kapitalismus an: die freie Preisbildung an freien Märkten. Dass Politiker jeder Couleur von jeher versuchen, das freie Spiel der Marktkräfte nach ihren Interessen zu beeinflussen, statt die richtigen Lösungen durch den Markt entdecken zu lassen, ist nicht aussergewöhnlich. Neu ist hingegen die Vehemenz, mit der die – zumindest formell – von den Regierungen einigermassen unabhängigen Notenbanken die freie Preisbildung an den Märkten manipulieren und zum Teil sogar Preissignale fast völlig ausschalten. Für die Anleger sind das keine guten Aussichten, denn althergebrachte und erprobte Konzepte werden wegen unberechenbarer politischer Eingriffe infrage gestellt. Man kann den Eindruck bekommen, die Industriestaaten einschliesslich der USA, wo einst das Herz des Kapitalismus schlug, befinden sich auf dem Weg in eine neue Art der sozialen Planwirtschaft.

Die scheinbar endlose Geschichte der jüngsten Manipulationen begann am 18. März 2009. Kurz nachdem der Dow Jones seinen Tiefstpunkt erreichte, startete die US-Notenbank den Kauf von Staatsanleihen mit längerer Laufzeit für insgesamt mehr als 1 Billion Dollar. Zuvor war an den Märkten bereits eine gewisse Zeit lang über diese Art der ausserordentlichen geldpolitischen Lockerung spekuliert worden. Normalerweise senken Notenbanken die Leitzinsen, um das geldpolitische Umfeld zu lockern und so die Wirtschaft durch niedrige Zinsen und daraus resultierend billige Kredite wieder in Schwung zu bringen. Die sogenannte quantitative Lockerung wurde jedoch nötig, weil die Leitzinsen in den USA bereits seit Dezember

2008 bei quasi null lagen und somit nicht mehr weiter gesenkt werden konnten.

Die ohnehin im März 2009 an den Aktienmärkten angelaufene Erholung wurde dadurch erheblich verstärkt und bis zum Frühjahr 2010 verlängert. Im März lief die erste Runde der ausserordentlichen geldpolitischen Lockerungen aus. Insgesamt legte der Dow Jones dabei in der Spitze um gut 50 Prozent zu (vgl. hierzu Abbildung 19). Als die Aktienbörsen im Sommer 2010 aufgrund von Konjunktursorgen und der sich akzentuierenden Schuldenkrise in Europa wieder schwächelten und ein neuerlicher Kursrutsch zu befürchten war, griffen die Währungshüter um den Präsidenten der US-Notenbank erneut in die Trickkiste. Beim jährlich stattfindenden globalen Branchentreffen der Notenbanker im idyllischen Jackson Hole im US-Bundesstaat Wyoming kündigte Bernanke am 27. August 2010 eine zweite Runde geldpolitischer Lockerungen an: Quantitative Easing 2 (QE 2). Zwar wurde das Programm erst ab dem Herbst umgesetzt, doch die Märkte starteten aufgrund der guten Erfahrungen mit der ersten Runde der ausserordentlichen geldpolitischen Lockerungen (QE 1) sofort durch. Bis zum Sommer 2011 kletterten die Kurse schliesslich ohne grosse Unterbrechung um knapp 30 Prozent. Das Programm endete im Juni 2011. Die Begriffe ausserordentliche geldpolitische Lockerung und Quantitative Easing sind ein

Dow Jones und Eingriffe von Fed und EZB
In Punkten

18.3.2009: Fed startet QE I an   21.9.2011: Fed startet Operation Twist
27.8.2010: Fed kündigt QE II an   8.12.2011: EZB gibt Banken unlimitiert Kredite

Abbildung 19   Quelle: Bloomberg

Euphemismus, denn sie beschönigen das wahre Geschehen. Stattdessen könnte man klar und deutlich vom Anwerfen der Gelddruckmaschinen sprechen, um Banknoten herzustellen. Die US-Notenbank begann nämlich damit, Geld zu drucken – wobei heutzutage die Geldscheine nicht mehr tatsächlich gedruckt werden, sondern die Notenbanken das Geld buchhalterisch in Umlauf bringen.

Die im Rahmen dieser Massnahmen aus dem Nichts geschaffenen Gelder flossen nicht einmal direkt in die Aktienmärkte oder in andere Finanzmarktsegmente – ausser eben in Staatsanleihen oder andere festverzinsliche Papiere. Ein Grossteil der Wirkung war psychologischer Natur. Der Beistand der US-Notenbank in kritischen Zeiten signalisierte den Marktteilnehmern, dass sie einen etwaigen weiteren Kurszerfall nicht zulässt. Das stärkte das Vertrauen der Börsianer und erhöhte ihre Risikobereitschaft. Aus sicheren Häfen wie amerikanischen, deutschen oder Schweizer Staatsanleihen wurden in der Folge entsprechend Gelder abgezogen und in Aktien investiert. Das Dilemma der amerikanischen Notenbank ist jedoch, dass sie die Liquidität zwar schaffen, ihren Fluss aber nicht kontrollieren kann. Entsprechend dem Gesetz, wonach die Flut alle Boote hebt, setzten nicht nur die Aktienmärkte der westlichen Welt, getrieben von Quantitative Easing 1 und Quantitative Easing 2, zu einem Höhenflug an, sondern auch die Aktienmärkte vieler Schwellenländer – und es entstand zudem eine neue Hausse an den Rohstoffmärkten.

Die Folgen für die Devisenmärkte und den Goldpreis

Die Teilnehmer an den Devisenmärkten reagierten auf die geöffneten geldpolitischen Schleusen weniger gnädig. Direkt nach dem Beginn von Quantitative Easing 1 und der Ankündigung von Quantitative Easing 2 stürzte der Dollar förmlich ab und setzte in der Folge den Wertzerfall jeweils weiter fort (vgl. hierzu Abbildung 20). Entsprechend verlor der Dollar-Index im Anschluss an Quantitative Easing 1 und Quantitative Easing 2 massiv an Wert. Der Dollar-Index spiegelt den Wert der amerikanischen Währung, die oft auch «greenback» genannt wird, gegenüber einem Korb von sechs Währungen. Den mit Abstand grössten Anteil darin hat der Euro. Weitere Währungen sind unter anderem der Yen, das britische Pfund und der Franken.

Devisenmärkte und Eingriffe von Fed und EZB

Abbildung 20

Quelle: Bloomberg

Zugleich flüchteten die Anleger angesichts der drohenden «Zerstörung» der Papierwährung Dollar in die beiden ultimativen Hartwährungen Gold und Silber. Deren bereits seit Jahren andauernde Hausse intensivierte sich nochmals (vgl. hierzu Abbildung 21). Zum Höhenflug der Edelmetalle trugen allerdings auch die weltweit überbordende Verschuldung sowie die negativen Realzinsen bei. Am 21. September 2011 kündigte die US-Notenbank dann die nächste Manipulation an, und am 8. Dezember zog die Europäische Zentralbank nach. Unter dem Schlagwort Operation Twist teilte die US-Notenbank mit, rund 400 Milliarden Dollar in Staatsanleihen mit kurzer Laufzeit von unter drei Jahren in lang laufende Government Bonds umzuschichten. Die Operation Twist war nicht völlig neu, denn sie wurde 1961 schon einmal angewendet. Damit wollten die Währungshüter nach den kurzfristigen Zinsen nun endgültig auch die politisch unerwünscht hohen, langfristigen Zinsen unter ihre Kontrolle bringen. Langfristige Kredite sollten sich dadurch vergünstigen. Ihr Zinsniveau wirkt sich jeweils auch wieder auf das Niveau der Hypothekarzinsen aus. Von sich verbilligenden Hypotheken erhoffte sich die US-Notenbank eine Wiederbelebung des nach dem Platzen der Immobilienblase völlig darniederliegenden Häusermarktes in den USA.

Zu den Manipulatoren unter den Notenbanken gehört auch die Schweizerische Nationalbank und die Bank of Japan. Nach der drastischen Erstarkung des Frankens gegenüber dem Euro setzte die Schweizerische

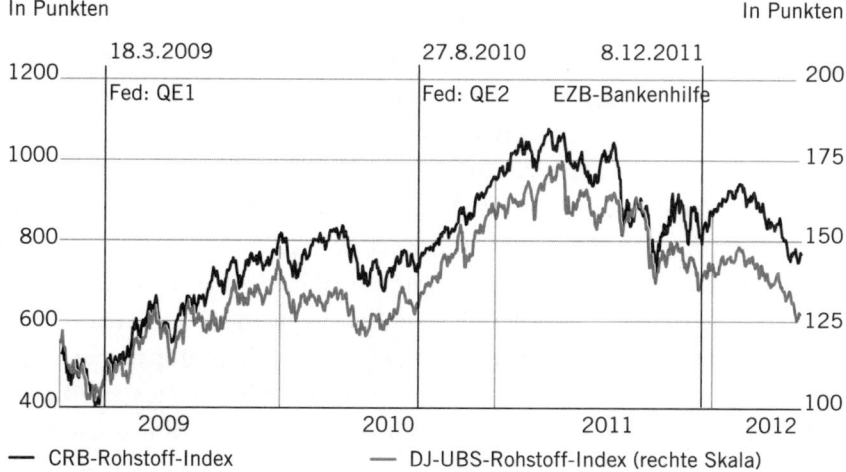

Rohstoffmärkte und Eingriffe von Fed und EZB
In Punkten   In Punkten

| 18.3.2009 | 27.8.2010 | 8.12.2011 |
| Fed: QE1 | Fed: QE2 | EZB-Bankenhilfe |

— CRB-Rohstoff-Index   — DJ-UBS-Rohstoff-Index (rechte Skala)

Abbildung 21   Quelle: Bloomberg

Nationalbank Anfang September 2011 offiziell eine Grenze von 1,20 Franken pro Euro fest, die sie «auf Teufel komm raus» zu verteidigen gedenkt. Auch vorher hatte die Schweizerische Nationalbank schon mehrfach am Devisenmarkt eingegriffen. Die Bank of Japan legte zwar keine offizielle Wechselkursgrenze fest, jedoch wird aus dem Kursverlauf seit August deutlich, dass sie keinen Kursanstieg des Yen zulässt, der weit über die Marke von 76 Yen pro Dollar liegt (vgl. hierzu die Abbildungen in den Unterkapiteln «Grossbritannien – im Angesicht der Stagflation» und «Die Schweiz – im Bann des starken Frankens» in dem Kapitel «Die Geister, die sie riefen – das Geschehen in der Finanzkrise»).

Zwar lassen sich die Eingriffe der Schweizer und zum Teil auch der japanischen Währungshüter ordnungspolitisch noch am besten rechtfertigen, da die Erstarkung der Währungen primär durch externe Effekte, nämlich die Finanzkrise, ausgelöst worden ist. Dabei wird die Schweiz sogar für ihre Solidität bestraft, weil die Fluchtgelder in die Eidgenossenschaft den Franken in sehr kurzer Zeit auf ungeahnte Höhen trieben. Dennoch stellen die Interventionen einen massiven Eingriff in die freie Kursbildung dar, der in vergleichbaren Fällen bei Schwellenländern stark kritisiert worden wäre. Die heimischen Anleger erhalten damit einen Freischein, da sie auf Auslandsanlagen keine Währungsverluste erleiden – sofern es den Notenbanken gelingt, die Kursgrenzen zu verteidigen.

Die Effekte für die Anleihenmärkte

Die Europäische Zentralbank kündigte am 8. Dezember 2011 ihre Variante der quantitativen Lockerung an, die ab dem 21. Dezember umgesetzt wurde: Sie lieh den Banken der Eurozone an zwei verschiedenen Terminen für drei Jahre unlimitiert Geld zu niedrigen Zinsen. Die Kreditinstitute nutzten das Angebot und nahmen jeweils rund 500 Milliarden Euro auf, also insgesamt 1000 Milliarden Euro. Diese Gelder wurden zum Teil wieder in die Staatsanleihen der Krisenstaaten investiert, um die fehlende privatwirtschaftliche Nachfrage zu kompensieren und die politisch als zu hoch erachteten Zinsen der Krisenländer zu senken. Dies war wohl auch von der Europäischen Zentralbank gewünscht. Manche Politiker, wie der damalige französische Präsident Nicolas Sarkozy, legten den Banken explizit den Kauf von Staatsanleihen mit dem Geld nahe, weshalb an den Finanzmärkten später vom sogenannten Sarkozy-Trade gesprochen wurde.

Der eigentliche Sündenfall war aber bereits im Mai 2010 passiert. Damals hatte die Europäische Zentralbank begonnen, Staatsanleihen zu kaufen, um so die hohen Refinanzierungskosten der Krisenstaaten zu senken. Ebenso wie die US-Notenbank wollte die Europäische Zentralbank nicht mehr zulassen, dass die Entwicklung der Rendite und der Kurse von Staatsanleihen sich im freien Handel an freien Märkten bilden. Sie begann damit, die Renditen und die Kurse zu manipulieren, sprich auf ein politisch gewünschtes oder zumindest noch zu ertragendes Niveau zu senken. Es war ein doppelter Sündenfall der Europäischen Zentralbank – zum einen, weil die Marktzinsen manipuliert wurden und zum anderen, weil damit gegen den Geist des vertraglichen Verbots der Währungsunion verstossen wurde, wonach die Europäische Zentralbank nicht die Schulden der Mitglieder der Währungsunion finanzieren darf. Im Fachjargon wird von einer Monetarisierung der Schulden gesprochen. Wenn eine Notenbank die Anleihen des eigenen Staates kauft, finanziert sich der Staat quasi selber, da diese ja – trotz einer gewissen formellen Unabhängigkeit – ein Teil des Staatsapparates ist. Es wird quasi von einer Tasche in die andere umgeschichtet. Dies ist wohl die reinste Form des Gelddruckens.

Die Manipulationen gehen aber nicht nur von der US-Notenbank und der Europäischen Zentralbank aus. Auch die Bank of England ist gross ins Geschäft der quantitativen Lockerung eingestiegen, und die Bank of Japan kaufte ebenfalls Anleihen des eigenen Staates. Letztere war quasi ein Vorreiter, da sie in der Neuzeit als erste, nämlich im Jahr 2001, mit einer derartigen Politik begann. Durch die künstliche Nachfrage nach Staatsanleihen sinken die Renditen dieser Wertpapiere. Das ist angenehm für die Staaten, denn sie müssen für ihre Schulden weniger Geld an die Gläubiger bezahlen. Für die Gläubiger, also die Käufer dieser Staatsanleihen, ist es jedoch schlecht und gleicht einer Art Betrug. Sie erhalten für die von ihnen eingegangenen Risiken nämlich eine zu niedrige Rendite. Die Renditen von Staatsanleihen sollen schliesslich im Idealfall die Bonität des Schuldners spiegeln. Dadurch erkennen die Investoren ihr Risiko. Je niedriger die Kreditwürdigkeit eines Schuldners ist, desto höher ist die Rendite, die die Investoren für den Kauf der Staatsanleihen fordern. Genauso verhält es sich übrigens mit Unternehmensanleihen. In beiden Fällen spiegelt sich die Bonität der Schuldner, vor allem in den Ratings der drei grossen Agenturen Standard & Poor's, Moody's Investors Service und Fitch Ratings. Durch die Interventionen der Notenbanken wird nun das Zusammenspiel von Risiko und Rendite gestört – normalerweise gehen beide Hand in Hand. Die Käufer von Staatsanleihen können so nicht mehr gut erkennen, welche Risiken sie eingehen und werden für die Risiken schliesslich zu gering entschädigt. Zwar kann man die Risiken auch an anderen Kriterien ablesen, beispielsweise am Markt für Kreditausfallversicherungen. Dort sichern sich die Käufer von Staatsanleihen gegen die Pleite eines Schuldners ab. Doch es bleibt das Faktum, dass die Renditen der Staatsanleihen in Anbetracht der bestehenden Risiken zu niedrig ausfallen. Auch so werden die Marktkräfte an den internationalen Finanzmärkten derzeit ausgehebelt. Den Schaden haben die Anleger und die Marktwirtschaft insgesamt.

Die Probleme für die Anleger

Für die Investoren haben die Interventionen und Manipulationen der Notenbanken zwei Seiten. Einerseits verhalfen sie ihnen zu einer sagenhaften Liquiditätshausse an den Aktien- und Rohstoffmärkten. Dies lässt sich jeweils auch gut an den in diesem Kapitel gezeigten Abbildungen erkennen. Derlei Aufschwünge bei Aktien und Rohstoffen waren explizit von der US-Notenbank gewünscht, denn dadurch steigt der Wohlstand jener Amerikaner, die in Aktien und Rohstoffen investiert haben. Dies sollte den Wohlstandsverlust durch die stark gesunkenen Immobilienpreise ausgleichen und so den für die amerikanische Wirtschaft sehr wichtigen Konsum der

Bürger aufrechterhalten. In den USA ist der private Konsum nämlich für rund zwei Drittel des Bruttoinlandsprodukts, also der amerikanischen Wirtschaftsleistung, verantwortlich.

Andererseits werden altbewährte Konzepte der Geldanlage – die etwa auf der Beobachtung der Konjunktur, der Entwicklung von Unternehmensgewinnen oder der Analyse von Kennzahlen wie Kurs-Gewinn-Verhältnis (KGV) und Kurs-Buchwert-Verhältnis (KBV) fussen – ad absurdum geführt, wenn die Märkte primär von politischen Aktionen und einer ausufernden Liquidität getrieben werden. Zudem bringt die jahrelange Nullzinspolitik institutionelle Anleger wie Versicherungsgesellschaften und Pensionskassen in erhebliche Schwierigkeiten. Den Kunden versprochene Renditen, wie beispielsweise bei Lebensversicherungen, oder vom Staat festgelegte Renditen, wie etwa der BVG-Satz in der Schweiz, sind kaum mehr zu erreichen. Letztlich werden dadurch Schuldner subventioniert und Sparer bestraft. Dabei profitieren aus Branchensicht die Banken, die sich billiger verschulden und so ihre Bilanzen sanieren können – und es leiden die Versicherungen und die Pensionskassen.

Ferner stellen die Massnahmen Portfoliokonzepte wie die Diversifikation infrage. Unter Diversifikation versteht man die Aufteilung seiner Gelder auf verschiedene Anlageklassen. Investoren sollten sich stets ein gemischtes Portfolio aus unterschiedlichen Wertpapieren zusammenstellen. Dies ist laut der modernen Portfoliotheorie der beste Weg, langfristig die Rendite zu steigern und die Anlagerisiken zu senken. So müssten beispielsweise in der Theorie bei steigenden Aktienkursen die Kurse von Anleihen sinken und ihre Renditen steigen. Doch wenn sich durch die Mischung unterschiedlicher Wertpapiere die Risiken in den Portefeuilles reduzieren sollen, dann muss diese Beziehung auch funktionieren. Durch die ultraexpansive Geldpolitik der Notenbanken wurden die Märkte jedoch mit Liquidität geflutet – die Flut hebt alle Boote, heisst es zu Recht. Wo Preissignale aufgrund künstlicher Liquidität zustande kommen, geschieht jedoch Kurioses. Dann steigen beispielsweise die Aktienkurse, und die Renditen der Anleihen bleiben trotzdem tief. Oder Rohstoffpreise legen zu, obwohl sich die Wirtschaft in vielen Regionen der Welt abkühlt. Die Kehrseite dieses Geschehens ist später, dass die Ebbe auch alle Boote wieder sinken lässt. Dann kommt es vermutlich zu einem noch grösseren Debakel, als es geschehen wäre, wenn man dem Markt und den Marktpreisen von Anfang an ihren freien Lauf gelassen hätte, ohne sie zu manipulieren.

Die Auswirkungen auf die Zinsstrukturkurve

Die Anleger an den Finanzmärkten schauen primär in die Zukunft. Sie wollen sich für das positionieren, was da kommen mag. Dabei sind die zwei wichtigsten Fragen, ob sie sich auf ein tendenziell inflationäres oder deflationäres Umfeld einstellen müssen und ob ein wirtschaftlicher Aufschwung oder Abschwung vor der Tür steht. Zur Beantwortung der zweiten Frage lieferte seit Jahrzehnten die sogenannte Zinsstrukturkurve wichtige und oft richtige Hinweise. Als Faustregel galt: Je steiler die Kurve, desto besser die wirtschaftliche Lage – je flacher, desto eher wird es konjunkturell schwierig. Eine inverse Zinsstrukturkurve deutete indessen auf eine drohende Rezession innerhalb von sechs bis zwölf Monaten hin. Diesen Indikator haben die Notenbanken in den USA, im Euroraum, in Grossbritannien und in der Schweiz jedoch mit ihrer ultraexpansiven Geldpolitik ausgeschaltet. Für die Anleger wird das Handeln an den Finanzmärkten dadurch noch mehr zum Blindflug.

Die Zinsstrukturkurve setzt sich aus den Renditen der (Rest-) Laufzeiten von unterschiedlichen staatlichen Geld- und Kapitalmarktpapieren eines Landes zusammen. Das Laufzeitenspektrum bewegt sich dabei in der Regel zwischen ein beziehungsweise drei Monaten und 20 beziehungsweise 30 Jahren. Manche Länder haben allerdings auch schon ultralang laufende Staatsanleihen von 50 und sogar 100 Jahren herausgegeben. Für die USA, den liquidesten Markt, existierten im Frühjahr 2012 Papiere mit einer Laufzeit von einem, drei und sechs Monaten sowie von einem, zwei, drei, fünf, sieben, zehn und 30 Jahren. Grundsätzlich wird zwischen normalen, flachen, inversen und buckligen Zinsstrukturkurven unterschieden (vgl. hierzu Abbildung 22). Bei der normalen Zinsstrukturkurve steigen die Renditen mit der Restlaufzeit an. In Deutschland war dies beispielsweise laut einer Untersuchung in den Jahren 1972 bis 2009 in rund 70 Prozent aller Monate der Fall. Eine flache Zinsstrukturkurve spiegelt dagegen ein nach Laufzeiten fast ausgeglichenes Zinsniveau. Dies ist in gut 20 Prozent aller Monate der Fall gewesen. Bei der inversen Kurve, die in weniger als 10 Prozent der Monate vorkam und damit sehr selten ist, sinken die Zinssätze mit zunehmender Laufzeit. In der Praxis beziehungsweise bei den Übergängen gibt es jedoch auch immer wieder Mischformen. Dann kommt es zu einer buckligen Zinsstrukturkurve.

Für die Anleger ist vor allem wichtig, ob die Kurve steil, flach oder invers ist. Als Faustregel kann man sagen: Je steiler die Kurve ist, desto bes-

Stilisierte Zinsstrukturkurven

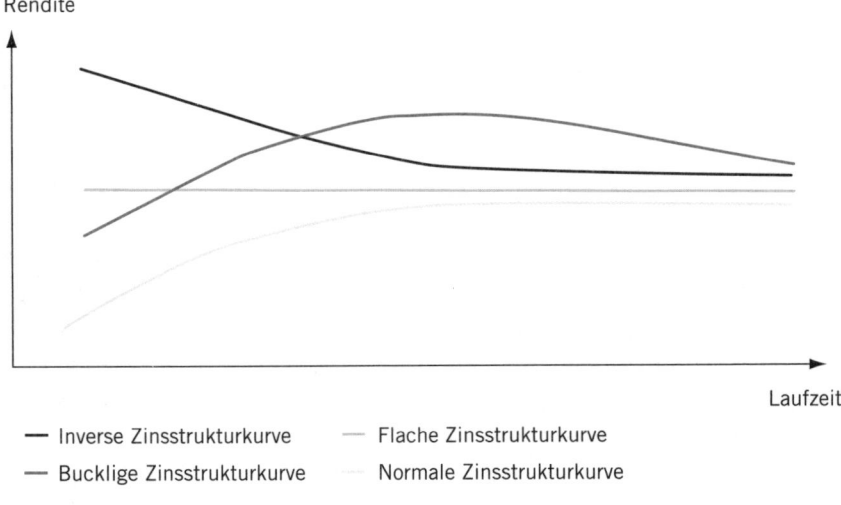

Rendite

Laufzeit

— Inverse Zinsstrukturkurve   — Flache Zinsstrukturkurve

— Bucklige Zinsstrukturkurve   Normale Zinsstrukturkurve

Abbildung 22   Quelle: eigene Darstellung

ser läuft die Wirtschaft. Gefährlich wird es, wenn die Zinsstrukturkurve invertiert. Die inverse Struktur entsteht, wenn Anleger sinkende Inflationsraten und Zinsen erwarten, weil sie dann vermehrt in Bonds mit langen Laufzeiten investieren. Die inverse Zinskurve gilt als Vorbote einer Rezession – abgesehen von immer wieder auftretenden ausserordentlichen Ereignissen, wie etwa der deutschen Wiedervereinigung. Der Signalcharakter der Kurve für drohende Rezessionen ist kein Mythos, sondern empirisch gut belegt. Allein seit 1989 gibt es zahlreiche Studien, die nachweisen, dass das Gefälle der Zinsstrukturkurve, also die Differenz zwischen kurz- und langfristigen Zinssätzen, hilfreich für die Prognose von Rezessionen und die Entwicklung des realen Bruttoinlandsprodukts ist. Die US-Notenbank kommt in einer Untersuchung vom Juli 2008 sogar zu dem Ergebnis, dass professionelle Prognostiker bei der Vorhersage von Rezessionen in den folgenden Quartalen durchschnittlich klar schlechter abschneiden als ein simples Prognosemodell in Echtzeit, das auf der Zinsstrukturkurve beruht. Die Ökonomen der US-Notenbank bezeichneten dies als Rätsel, da die Profis ja die Aussagekraft der Zinskurve kennen würden. Oft meinten die Ökonomen dann aber, das Können der Zinskurve gelte aus irgendwelchen Gründen für die derzeitige Situation nicht. Das erinnert an eine häufig gehörte

Aussage an den Märkten, wenn man eine unerwünschte Prognose nicht wahrhaben will: «Diesmal ist alles anders.»

Im März 2012 war die Zinsstrukturkurve für die USA ziemlich steil. Am kurzen Ende des Laufzeitenspektrums lagen die Zinssätze bei 0 Prozent bis 0,4 Prozent und am langen Ende bei rund 2 Prozent bis 3 Prozent. Das war Anfang 2007 noch ganz anders. Einerseits war das damalige Zinsniveau aufgrund des Wirtschaftsbooms deutlich höher. Andererseits zeigte sich die Zinsstrukturkurve sehr flach – und dabei sogar schon invers. Die kurzen Zinssätze lagen nämlich mit 5,1 Prozent bereits über den langen Sätzen von 4,8 Prozent beziehungsweise 4,9 Prozent. Die Inversion war schon deutlich vor dem Ausbruch der Subprime- und Bankenkrise ein Signal dafür, dass sich ein Wirtschaftsabschwung oder gar eine Rezession anbahnen. So kam es dann auch.

Ein Rezessionssignal kann durch die Zinsstrukturkurve derzeit jedoch gar nicht mehr gesandt werden. Die Ursache dafür ist der seit Dezember 2008 bei 0,25 Prozent und damit quasi bei null liegende Leitzins. Mitglieder der US-Notenbank deuteten 2011/12 zudem immer wieder an, dass der Leitzins, aus aktueller Warte betrachtet, bis Ende 2014 auf diesem Niveau bleiben werde. Durch die extreme Nullzinspolitik der Zentralban-

Aktuelle Zinsstrukturkurven im Juni 2012
In Prozent

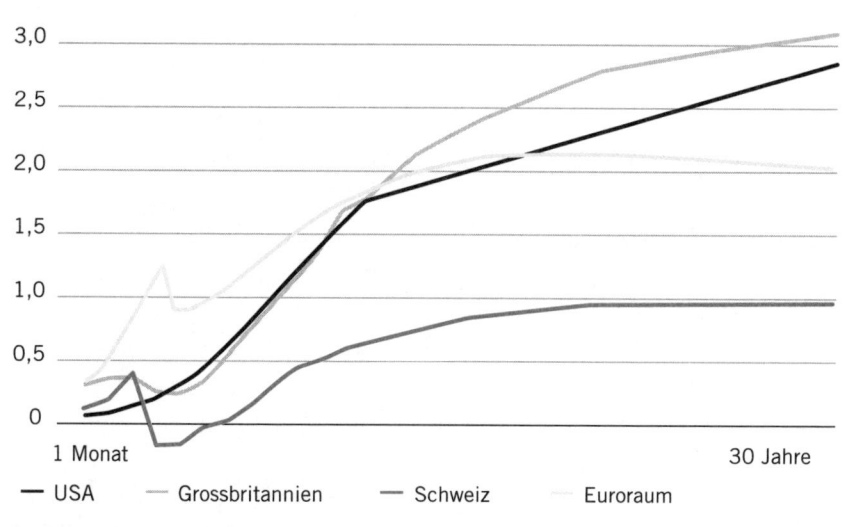

| — USA | — Grossbritannien | — Schweiz | — Euroraum |

Abbildung 23   Quelle: Bloomberg, NZZ

ken in den Industrieländern ist es seit geraumer Zeit also unmöglich, dass die Zinskurve invers wird, da das kurze Ende immer nahe null liegt. Entsprechend sind die Kurven derzeit alle mehr oder weniger steil (vgl. hierzu Abbildung 23). Das gilt sogar für ein Land wie Grossbritannien, das im Frühjahr 2012 wieder in die Rezession zurückgefallen ist. Auch für die USA erwarteten zu dieser Zeit einige Ökonomen, darunter jene des renommierten New Yorker Economic Cycle Research Institute (ECRI), für die nähere Zukunft einen Rückfall in die Rezession. Dieser mag früher oder später kommen oder vielleicht auch nicht – die Zinsstrukturkurve kann nach herkömmlicher Lesart jedoch wenig zur Erhellung beitragen, solange die Notenbanken die Zinsen bei null fesseln.

Die stille Enteignung – die Folgen der «ganz normalen» Geldentwertung

«Sie müssen sich entscheiden, worauf Sie vertrauen: auf die natürliche Stabilität des Goldes oder auf die Ehrlichkeit und die Intelligenz der Regierung. Bei allem Respekt für diese Gentlemen rate ich Ihnen, solange das kapitalistische System existiert, votieren Sie für Gold.»

George Bernard Shaw, Literaturnobelpreisträger

Politiker können nicht sparen oder: Der Fluch der Fiatwährungen

«Diesmal ist alles anders.» – Dieser Glaube hat schon oft ins Unglück geführt, auch an den Finanzmärkten. Schaut man sich die Währungsgeschichte an, so zeigt sich, dass sogenannte Fiatwährungen fast immer irgendwann kollabieren. Die beiden Gold- beziehungsweise Währungsexperten James Turk und John Rubino nannten in ihrem 2004 erschienenen Buch *Der kommende Kollaps des Dollar und wie man davon profitiert* die Geschichte ungedeckter Währungen eine «endlose Litanei des Scheiterns». Als Fiatwährungen werden Währungen bezeichnet, die nicht gegen Gold eingelöst werden können. Wenn eine Währung also nicht wie früher zu Zeiten des Goldstandards in Goldeinheiten definiert ist, sondern lediglich von einer Regierung geschaffen und kontrolliert wird, dann ist sie eine Fiatwährung, weil sie nur durch Anordnung (auf Lateinisch: fiat = es werde) der Regierung existiert. Somit sind derzeit alle bedeutenden Währungen wie der Dollar, der Euro, das Pfund, der Franken, der Yen sowie auch sämtliche anderen gegenwärtig existierenden Währungen ebenfalls Fiatwährungen. Nach der endgültigen Beerdigung des Goldstandards 1931 trat 1944 das Bretton-Woods-System fester Wechselkurse in Kraft, bei dem nur noch der Dollar auf einer Golddeckung beruhte. Dieses System wich im Jahr 1973 schliesslich einem System frei schwankender und untereinander im Wettbewerb stehender Papierwährungen.

Doch sind Fiatwährungen wirklich zum Scheitern verurteilt? Ja, sagen die Befürworter eines Goldstandards, weil Regierungen zu jeder Zeit grundsätzlich unfähig seien, den Wert der Währung langfristig zu bewahren. Die Argumente sind einfach, aber unglaublich plausibel. Jede demokratische Regierung und sogar jeder König oder Diktator ist zwei Gruppen im Volk verpflichtet: den Steuerzahlern und den Empfängern staatlicher Leistungen. Die Steuerzahler ärgern sich über die hohen Abgaben und schreien auf, wenn sie noch mehr zahlen sollen. Überschiesst eine Regierung bei der Besteuerung, wenden sich schliesslich immer mehr Steuerzahler von ihr ab. Die Leistungsempfänger wollen dagegen auf allen möglichen Gebieten – von der Sozialhilfe über Schulen, Schwimmbäder, Theater und Strassen bis hin zur Altersvorsorge – immer mehr Geld ausgeben. Befriedigt die Regierung ihre Wünsche nicht, wenden sich immer mehr Leistungsempfänger von ihr ab. Um es sich mit keiner der Gruppen zu sehr zu verscherzen, erklären Politiker nicht etwa die bitteren Tatsachen, nämlich dass man in einer Welt begrenzter finanzieller Ressourcen nicht mehr ausgeben kann, als man einnimmt und somit nicht alle Wünsche erfüllbar sind. Sie entscheiden sich angesichts einer Opposition, die den Wählern meist das Blaue vom Himmel verspricht, vielmehr für die Aufnahme von Schulden, um neue Ausgaben zu finanzieren, ohne die Steuern erhöhen zu müssen. Dann wird genug neues Geld in Umlauf gebracht, um das resultierende Defizit zu decken. Die Regierung verschafft also den gegenwärtig stimmberechtigten Bürgern einen übermässigen, weil nicht erarbeiteten Konsum, der zulasten künftiger Generationen geht, denn diese werden irgendwann die Schulden bezahlen müssen.

Die Entscheidung für die Schuldenwirtschaft führt letztlich zu einem schleichenden Wertverlust der Währung, also zu einer Inflation. Der Dollar hat seit dem Ende des Bretton-Woods-Systems fester Wechselkurse anno 1971, bis zu dem der Dollar an das Gold gekoppelt war, gegenüber dem Gold mehr als 90 Prozent seines Werts eingebüsst. Die Kaufkraft ist also in gleichem Ausmass gesunken. Beispiele für ausufernde Schulden, eine überschiessende Inflation und die Zerstörung der Währung gibt es in der Menschheitsgeschichte unzählige. Schon die alten Römer verstanden die Kunst der Geldentwertung meisterhaft. Kaiser verkleinerten entweder die Münzen, schnitten sie in Stücke oder bohrten Löcher hinein, um dadurch noch mehr Münzen prägen zu können. Oder sie verwendeten statt Gold und Silber immer weniger wertvolle Metalle wie beispielsweise Zinn als Basis für die Münzen. Frankreich war im 18. Jahrhundert wirtschaftlich ähnlich bankrott wie heute Griechenland. Deshalb glaubte man dort, inspiriert durch die abstrusen Ideen des damals in Frankreich aufgetauchten Schotten John Law, der der enterbte Sohn eines reichen Goldschmieds war, eine Zeit lang Folgendes: Je mehr Geld die Regierung druckt, desto stärker steigt ihr Wohlstand – und durch die Steuerung der Geldmenge ist ein Wachstum ohne Inflation möglich. Das Ergebnis dieses gigantischen geldpolitischen Experiments war, dass im Jahr 1720 die Preise in Frankreich monatlich um 23 Prozent emporschossen. Die anschliessenden sozialen und politischen Verwerfungen legten einen der Grundsteine für die Französische Revolution. Die Extremversion der Währungsunion lieferte die Weimarer Republik. Verkürzt gesagt, überwies Deutschland bis 1921 rund ein Drittel der aus dem Ersten Weltkrieg resultierenden Reparationszahlungen, geriet dadurch an die Grenze seiner Belastbarkeit und weigerte sich schliesslich im Dauerstreit mit den Kriegsgewinnern über die Höhe der Reparationsleistungen, den Rest zu zahlen. Dies beantworteten Frankreich und Belgien schliesslich mit der Besetzung des Ruhrgebiets, des Herzstücks der deutschen Industrie, was die Wirtschaft noch mehr schwächte. Deutschland warf in seiner Not schliesslich die Gelddruckmaschinen an – und im Jahr 1923 kostete ein Laib Brot 1,5 Millionen Mark.

Ist diesmal wirklich alles anders? Die Menschen haben schliesslich aus der Geschichte gelernt und sind schlauer geworden. Zudem fehlt Regierungen der direkte Durchgriff auf die Währung, weil viele Notenbanken heutzutage zumindest eine gewisse Unabhängigkeit geniessen. Werden daher die gegenwärtigen führenden Währungen niemals den Weg der Mark in der Weimarer Republik oder anderer zerstörter Währungen wie etwa des argentinischen Peso gehen? Die Antwort auf diese Frage ist derzeit noch eine Glaubenssache. Auch der Goldstandard war nicht frei von Krisen und Kritik. So konnten die USA Anfang der 1970er-Jahre, als die Leitwährung Dollar auf einer Golddeckung beruhte, ihre Verpflichtungen unter anderem infolge des teuren Vietnamkrieges nicht mehr einhalten. Zudem orten etliche Ökonomen den Goldstandard als Auslöser von Deflation, wobei aus wirtschaftlicher Sicht eine gewisse Deflation im Prinzip genauso gut oder schlecht ist wie eine gewisse Inflation.

Fest steht jedenfalls, dass der langfristige, also meist über Jahrzehnte stattfindende Niedergang einer Fiatwährung stets dem gleichen Szenario folgt. Der Staat erhöht die Ausgaben, um die zu hohen Bedürfnisse der Bevölkerung zu erfüllen, die Schulden steigen dadurch stark an, und dann entzieht sich eine Nation den Verpflichtungen, indem sie die Währung schwächt oder gar zerstört. Griechenland ist für diesen Prozess ein Parade-beispiel. Allerdings hat das Land keine eigene Währung mehr und reisst dadurch nun die gesamte Eurozone mit in den Strudel. In vielen Ländern bestehen die gleichen Probleme, wenngleich noch nicht so ausgeprägt wie in Griechenland. Doch weder Griechenland noch die Eurozone sind Einzel-fälle. Im Gegenteil: Die Verschuldung ist in vielen Ländern der Welt enorm hoch. Vergleicht man die Eurozone mit anderen Gebieten, relativieren sich die gegenwärtigen Geschehnisse. Im Euroraum sank die Verschuldung ge-messen am Bruttoinlandsprodukt von Ende 1998 bis zu Beginn der Finanz-krise im Jahr 2007 tatsächlich um rund sieben Prozentpunkte von 73 Pro-zent auf 66 Prozent. Andernorts sah die Entwicklung dagegen weniger positiv aus. So gab es in Grossbritannien nur einen Rückgang um 3 Punkte von 47 Prozent auf 44 Prozent und in den USA sogar einen Anstieg um etwa einen Prozentpunkt von 63 Prozent des Bruttoinlandsprodukts auf 64 Prozent. Auch wenn man sich die Entwicklung seit Beginn der Finanz-krise ansieht, steht die viel gescholtene Eurozone vergleichsweise nicht so schlecht da. Zwar ist die Schuldenquote insgesamt wieder um rund 19 Pro-zentpunkte gestiegen, doch im einstigen Vorzeigeland USA betrug der Anstieg von 2007 bis 2011 etwa 30 Punkte und in Grossbritannien sogar 36 Prozentpunkte. Sicherlich ist die Entwicklung in manchen Ländern der Währungsunion völlig aus dem Ruder gelaufen, und es gibt genug Anlass zu berechtigter Kritik. Insgesamt steht die Eurozone jedoch dank einigen stabilitätsorientierten Staaten, die das Schicksal des Euroraums auch künf-tig entscheidend mitprägen werden, im Vergleich zu Ländern wie den USA, Grossbritannien und vor allem auch Japan besser da.

Das ändert in den sogenannten Triaderegionen USA, Europa und Japan aber nichts am Grundproblem. Viele Politiker denken heutzutage aus-schliesslich an ihre Wiederwahl und ermöglichen so einen übermässigen Konsum zulasten künftiger Generationen, der die Schulden scheinbar unaufhaltsam ansteigen lässt. Schon in der ersten Hälfte des vergangenen Jahrhunderts soll der Literaturnobelpreisträger George Bernard Shaw daher gesagt haben: «Sie müssen sich entscheiden, worauf Sie vertrauen: auf die natürliche Stabilität des Goldes oder die Ehrlichkeit und Intelligenz der Regierung. Bei allem Respekt für diese Gentlemen rate ich Ihnen, solange das kapitalistische System existiert, votieren Sie für Gold.»

Flucht in Gold aus Angst vor den Regierungen

Den Satz von George Bernard Shaw haben sich in den vergangenen Jahren immer mehr Menschen dies- und jenseits des Atlantiks zu Herzen genommen. Dies beweist der rasante Anstieg des Goldpreises. «In God we trust» steht prominent auf vielen Münzen und Geldscheinen der USA. Und tatsächlich mögen viele Amerikaner auf Gott vertrauen. Doch nur noch wenige Bürger trauen ihrer Regierung. Laut einer Umfrage des Gallup-Instituts im Jahr 2011 befand sich der Anteil an Menschen, die noch auf den US-Kongress vertrauen, mit rund 10 Prozent auf dem niedrigsten Stand seit über 30 Jahren. Sogar die Zahl der Bürger, die Vertrauen in Banken haben, war mit 23 Prozent noch deutlich höher, was angesichts der jüngsten Bankenkrise doch erstaunlich ist. Gross ist hingegen das Vertrauen in Gold, wie die Zahlen beweisen. Der Preis für eine Unze des Edelmetalls stieg am 6. September 2011 in der Spitze nominal auf 1921 Dollar pro Feinunze. Real gesehen, also unter Einbezug der Inflation und auf der Basis von 1982, notierte Gold dagegen bei rund 700 Dollar. Der reale Rekord von rund 865 Dollar pro Unze stammt aus dem Jahr 1980 und kommt langsam in Reichweite, wenngleich sich der Goldpreis im Jahr 2012 erst einmal konsolidierte, sich also etwas abschwächte.

Das Goldrallye wurde und wird vor allem von drei Faktoren getrieben. Erstens ist Gold eine Versicherung gegen Regierungen und Notenbanken, die ausser Kontrolle geraten. Da sich Gold gegenüber fast allen bedeutenden Währungen – eine Ausnahme ist die Fluchtwährung Franken – im Jahr 2011 auf einem Rekordniveau bewegte, scheinen fiskalisch ausser Kontrolle geratene Regierungen nicht nur in den USA, sondern in vielen anderen Regionen der Welt eine Plage zu sein. Das gilt sicher für den Euroraum, für Grossbritannien und Japan. Die USA waren 2011 mit über 15 Billionen Dollar verschuldet, was laut dem Internationalen Währungsfonds (IWF) einem Anteil am Bruttoinlandsprodukt von knapp über 100 Prozent entspricht – Tendenz steigend. Das war der höchste Stand seit 60 Jahren. In einigen Ländern der Eurozone, in Grossbritannien und vor allem in Japan sieht es noch düsterer aus. Da in Amerika trotz allem die Staatsausgaben steigen, die Einnahmen jedoch sinken, ist mit einer weiteren Verschlimmerung und nicht etwa mit einer Verbesserung der Lage zu rechnen.

Zweitens wird Gold von der Ausweitung der Geldmenge beflügelt. In den USA, im Euroraum, in Grossbritannien, in der Schweiz und in Japan betreiben die Notenbanken, wie wir in den vorangegangenen Kapiteln gesehen haben, seit Jahren faktisch eine Nullzinspolitik. Und da die Zinsen bereits bei null sind, greifen die Währungshüter, die von scharfen Kritikern inzwischen als Währungszerstörer angesehen werden, in ihrer Not zu unkonventionellen Massnahmen, nämlich zum Anwerfen der Gelddruckmaschinen. Seit 2007 haben die US-Notenbank, die Europäische Zentralbank und die Bank of England die Geldmenge um sagenhafte 6 Billionen Dollar ausgeweitet. Drittens spricht auch das Umfeld niedriger oder gar negativer Realzinsen – das ist der Zinssatz nach Abzug der Inflation – für Gold. Die Höhe der Realzinsen stellt die Alternativkosten des Kaufs von Gold dar, da Gold im Gegensatz zu Anleihen keine Verzinsung oder im Gegensatz zu Aktien keine Dividenden abwirft, sondern nur im Wert an sich steigen kann. Die letzten Jahrzehnte haben gezeigt, dass der Goldpreis bei niedriger beziehungsweise negativer Realrendite – so wie auch in den letzten Jahren – rasant zulegt.

Aufgrund der Finanzkrise und aufgrund von Politikern, die getreu dem Bonmot von Friedrich August Hayek «Brot für heute, Hunger für morgen» weit mehr ausgeben, als sie einnehmen, erlangt Gold immer mehr seine Funktion als marktgängigstes Gut überhaupt und als ultimative Währung zurück. Und wenn Gold tatsächlich ein Mass für das Vertrauen in die Regierungen ist, dann bedeutete das nominale Rekordhoch von Gold im Jahr 2011, dass das Vertrauen in die Regierungen zu diesem Zeitpunkt ein Rekordtief erreicht hatte.

Das Leiden der kleinen Leute am üblichen Kaufkraftverlust

Die Fans von Gold, die im Branchenjargon auch «gold bugs» (Goldkäfer) genannt werden, schauen mit einer gewissen Verachtung auf die Fiatwährungen: «Von allen Erfindungen, die ersonnen wurden, um die arbeitenden Menschen zu betrügen, war keine wirkungsvoller als die Illusion des Papiergeldes», sagen viele Vertreter des Goldstandards. Währungen, die nicht durch Gold oder zumindest einen anderen nachhaltigen Wert gedeckt sind, würden letztlich immer schleichend an Kaufkraft verlieren und seien irgendwann vollständig dem Untergang geweiht. Schon der französische Philosoph Voltaire soll im 18. Jahrhundert verächtlich gesagt haben: «Am Ende kehrt Papiergeld zu seinem inneren Wert zurück – null.» Wie im vorangegangenen Kapitel erläutert wurde, ist die Ursache dafür, dass Politiker grundsätzlich unfähig sind, mit den verfügbaren Mitteln zu haushalten, weil sie unbedingt wiedergewählt werden wollen. Die zunehmende Überschuldung sorgt dann – stark vereinfacht gesagt – dafür, dass eine Währung durch Inflation nach und nach immer mehr an Kaufkraft verliert.

Stimmt die These auch heute noch? Schliesslich waren die Notenbanken in den vergangenen 25 Jahren sehr erfolgreich darin, die Inflation unter Kontrolle zu halten. Eine Zeit lang dachte man sogar, die Inflation sei besiegt. Zudem hat sich der Wettbewerb der Währungen im System freier Wechselkurse anscheinend bewährt. Wenn sich die Geschichte wiederholen sollte, dann müsste es laut den Währungsexperten James Turk und John Rubino in den betroffenen Staaten der Eurozone, aber auch in Ländern wie in den USA oder in Grossbritannien zu folgenden Phänomenen kommen: Erstens würden die Regierungen ihren Verwaltungsapparat und ihre Machtfülle aufblähen. Zweitens würden der Konsum und damit die Schulden der Länder immer stärker wachsen, und drittens würden die neuen Schulden durch das Drucken von Papiergeld – beziehungsweise heutzutage durch die elektronische Geldschöpfung per Mausklick auf den Konten der Notenbanken – finanziert werden. Trifft dies alles zu? Ja, ja und nochmals ja – und zwar in einem ungeheuerlichen Ausmass.

Die Deutsche Bundesbank hatte bereits 2010 für die *Neue Zürcher Zeitung* die Veränderung der Kaufkraft von Währungen wie dem Dollar, dem Franken, dem Yen und dem Euro seit 1971 berechnet. Die Inflation existierte natürlich auch vorher schon, doch im Mai 1971 gab die deutsche Bundesregierung den Wechselkurs der D-Mark frei. Das damalige Bretton-Woods-System fester Wechselkurse wurde schliesslich im Jahr 1973 ausser Kraft gesetzt. Aus den Ergebnissen lässt sich der Kaufkraftverlust der Währung seit dem Jahr 1971 ablesen (vgl. hierzu Abbildung 24).

Je nach Berechnungsmethode gelangte die Deutsche Bundesbank – die damals nur die Daten zur Verfügung stellte, diese aber nicht werten oder interpretieren wollte – zu folgendem Resultat: Der Dollar hatte nach der Berechnungsmethode A seit 1971 sagenhafte 86,6 Prozent beziehungsweise nach der Berechnungsmethode B 81,8 Prozent an Kaufkraft verloren. Die Bundesbank hatte den heutigen Eurogegenwert eines Betrages in ausländischer Währung nach zwei verschiedenen Methoden berechnet. Bei der Methode A erfolgte die Umrechnung in eine deutsche Währung, wobei die durchschnittlichen Monatswechselkurse zugrunde gelegt wurden. Danach wurde das heutige Kaufkraftäquivalent in Euro des umgerechneten DM/

Kaufkraftentwicklung von D-Mark bzw. später Euro

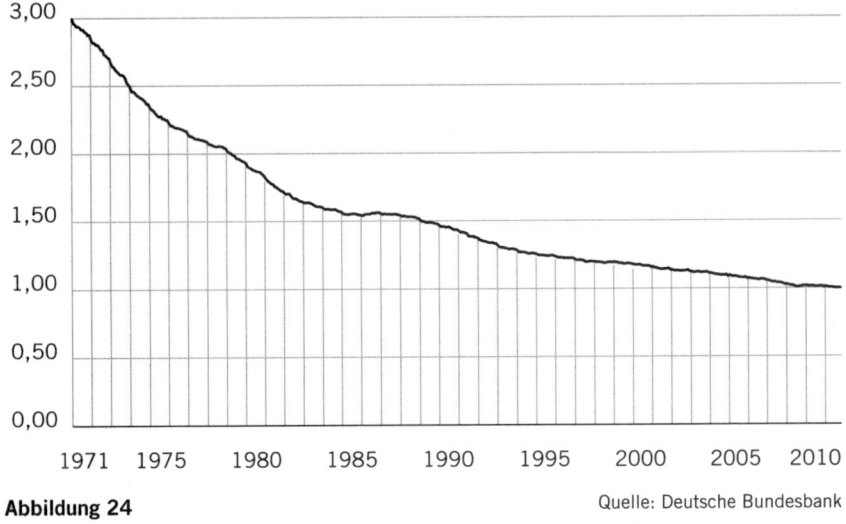

Abbildung 24

Quelle: Deutsche Bundesbank

Euro-Betrages anhand der Preisentwicklung in Deutschland ermittelt. Bei der Methode B wurde eine Fortschreibung des Betrages in der ausländischen Währung mit dem entsprechenden ausländischen Preisindex vorgenommen. Danach erfolgte die Umrechnung in Euro mithilfe des aktuellen Wechselkurses zwischen der jeweiligen Währung und dem Euro. Die Ergebnisse für den Franken und den Yen sind ebenfalls schockierend, wenngleich nicht ganz so dramatisch. Der Franken büsste 41,3 Prozent beziehungsweise 65,5 Prozent an Wert ein, beim Yen sind es 42,3 Prozent beziehungsweise 66,2 Prozent (vgl. hierzu Abbildung 25). Für die D-Mark beziehungsweise den Euro beträgt der Wertverlust 67,0 Prozent. Zum Vergleich dazu: Eine Feinunze Gold hatte laut Bundesbank im Jahr 2010 eine 4,9 Mal grössere Kaufkraft als im Januar 1971 – und inzwischen ist der Goldpreis sogar noch weiter in die Höhe geschossen. Dies zeigt, dass viele Menschen Gold immer noch als die einzige und ultimative Hartwährung ansehen – weniger in normalen Zeiten als in Krisen.

Allerdings muss man berücksichtigen, dass die Messung der allgemeinen Kaufkraft schon über deutlich kürzere Zeiträume mit grossen Schwierigkeiten verbunden und daher mit Vorsicht zu geniessen ist. Die allgemeine Kaufkraft bezieht sich auf ein Güterbündel und wird immer dann herangezogen, wenn man daran interessiert ist, wie sich die Kaufkraft des Geldes allgemein entwickelt. Üblicherweise wird die allgemeine Kaufkraft

Veränderung der Kaufkraft in Euro eines Geldbetrages in:

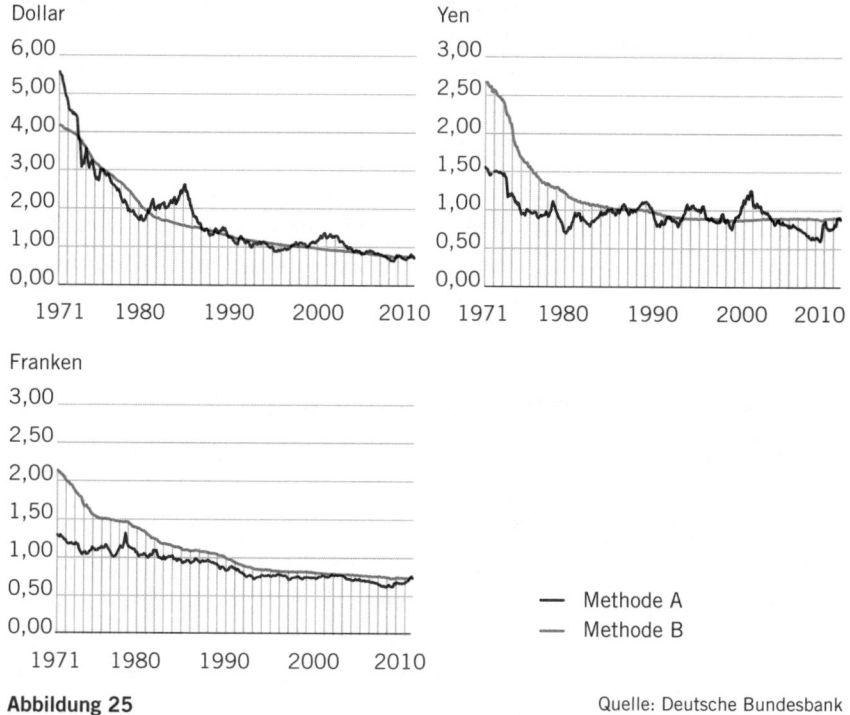

Abbildung 25

Quelle: Deutsche Bundesbank

anhand eines Konsumentenpreisindexes gemessen. Dies ist aber über lange Zeiträume schwierig, da sich die zugrunde liegenden Warenkörbe, die die Konsumgewohnheiten der jeweiligen Zeit spiegeln, mit den Jahren deutlich verändern. Ein Warenkorb des Jahres 1971 hat mit dem heutigen nur noch wenig gemein. Man denke allein an die gesamte Hightechelektronik mit Geräten wie Computern und Smartphones, die es früher nicht gab. Zudem hatten Nahrungsmittel damals noch einen grösseren Anteil am Warenkorb und der Freizeitsektor einen geringeren.

Die Ergebnisse zeigen deutlich, wie stark Papiergeld auf lange Sicht an Kaufkraft verliert, selbst wenn die Inflation relativ niedrig ist. Dies ist so über weite Strecken seit 1971 beziehungsweise vor allem seit 1985. So betrug die Inflation laut Bundesbank in der Schweiz seit 1971 durchschnittlich 2,7 Prozent und in Deutschland 2,8 Prozent. In den USA betrug sie stattliche 4,4 Prozent. Damit lag in der Schweiz und in Deutschland die Teuerung in diesem Zeitraum nur geringfügig über dem Niveau, unter dem die

Europäische Zentralbank in Frankfurt Preisstabilität versteht. Die Europäische Zentralbank strebt eine Inflation von unter, aber nahe bei 2 Prozent an. Dieses Ziel erreichte sie seit ihrer Gründung auch meist. Doch das heisst eben nicht, dass die Kaufkraft des Geldes stabil bleibt. Wer sein Geld also einfach unter das Kopfkissen legte oder es nur auf dem Sparbuch hatte und dort nur sehr geringe Zinsen erhielt, wurde langfristig von der Teuerung enteignet. Dies trifft vor allem die sogenannten kleinen Leute, die häufig vor Anlagen in Aktien oder auch Anleihen zurückschrecken. Es ist aber sinnvoll, nach Anlagen zu suchen, die so gut rentieren, dass die Inflation zumindest kompensiert oder gar übertroffen wird.

Die Privatisierung von Währungen zum Schutz vor Schuldenkrisen

Wer das Unmögliche will und wer das Undenkbare denkt, der muss das Unleidliche leiden, schrieb – verkürzt zitiert – bereits Franz Grillparzer im 19. Jahrhundert. An den österreichischen Schriftsteller muss unwillkürlich denken, wer mit libertären Ökonomen wie etwa Thorsten Polleit über Währungen diskutiert. Der frühere Chefökonom von Barclays Capital Deutschland und seine Gesinnungsgenossen sehen die Geschehnisse in Europa und an anderen Orten der Welt nämlich nicht nur als Schulden-, sondern vor allem auch als Währungssystemkrise. Das Grundübel liege in der herrschenden monetären Architektur, die vom Papiergeld geprägt sei. Fiatwährungen sind, wie wir gesehen haben, Währungen, die nicht gegen einen Sachwert wie Gold einlösbar sind, sondern von Regierungen geschaffen und kontrolliert werden. Das Problem bei derlei Systemen ist, dass die Inverkehrsetzung von Geld durch die Ausweitung der Bankkreditvergabe erfolgt. Damit wird quasi aus dem Nichts Geld geschaffen. Das Fiatgeldsystem, das währungshistorisch einmalig ist, sorgt nicht nur für Wirtschaftsstörungen, sondern lässt die Schulden in einer Volkswirtschaft relativ zum Realeinkommen kontinuierlich steigen, führt zu Boom-and-Bust-Zyklen und hat entscheidend zur Schuldenkrise beigetragen, meinen die Vertreter der Antipapierwährungsgilde. Insofern sehen sie die derzeitigen Massnahmen von Regierungen und Zentralbanken nur als Bekämpfung der Symptome, nicht aber der Ursachen.

Selbst wenn eine elegante Lösung der grassierenden Krise und dann ein Neustart im herrschenden Fiatgeldsystem gelänge, würde die Welt jedoch ceteris paribus, also bei sonst gleichbleibenden Bedingungen, langfristig wieder in die gleiche Falle tappen. Die zu sehr niedrigen Zinsen neigenden und von den Regierungen beeinflussten Notenbanken würden aller Voraussicht nach erneut eine Schuldenspirale in Gang setzen. Dafür spricht auch die gegenwärtig weltweite Gleichschaltung der Geldpolitik. Einen Wettbewerb um die bessere Geldpolitik gibt es derzeit nicht. Polleit sieht die Europäische Zentralbank zudem längst nicht mehr in der Tradition der Deutschen Bundesbank. Dies gilt wohl nicht erst seit Beginn des Kaufs von Staatsanleihen durch die Europäische Zentralbank im Mai 2010, der für sie vorher undenkbar gewesen wäre. Die Abkehr von der Politik der Bundesbank, die ja gerade durch die Euroeinheitswährung ermöglicht wurde – manche Verschwörungstheoretiker meinen sogar ermöglicht werden sollte –, ist schon 2003 eingeleitet worden. Damals wurde die monetäre Säule innerhalb der Zwei-Säulen-Strategie der Europäischen Zentralbank, die die übermässige Ausweitung der Geldmenge begrenzte, de facto abgeschafft oder zumindest geschwächt.

Ökonomen wie Polleit favorisieren eine Privatisierung von Währungen, wie sie schon die österreichischen Nationalökonomen Friedrich August von Hayek und von Ludwig von Mises empfohlen haben. Derlei Empfehlungen sind für die überwältigende Mehrheit der Menschen erklärungsbedürftig, da sie mit der Idee des Währungswettbewerbs wenig vertraut sind. Doch das spricht nicht gegen das Konzept. Die Bevölkerung hat sich an die Privatisierung von Post, Telekom, Bahn und gewissen Versicherungen gewöhnt und die wohlstandsmehrenden Vorteile des Wettbewerbs erkannt. Ein funktionierender Wettbewerb unter privaten Währungen dürfte zu werthaltigeren Währungen sowie einer Abkehr von der Schuldenwirtschaft und von grossen Krisen führen. Bis sich diese denkbare Idee durchsetzt, dürfte es aber noch eine Weile dauern, und die Menschen werden noch unter den Folgen der Fiatwährungen leiden.

Die Vorteile privater Währungen und der Weg dorthin

«Freiheit ist Sklaverei», hiess eine Maxime des Wahrheitsministeriums in George Orwells Überwachungsroman *1984*. Das war natürlich schon damals Fiktion, doch kann es in der Realität tatsächlich anstrengend sein, die Freiheit zu haben, zwischen verschiedenen Möglichkeiten wählen zu dürfen. Die Menschen in Demokratien haben diese Anstrengung in den letzten Jahrzehnten jedoch zu schätzen gelernt. Das gilt besonders für die Freiheit, zwischen den Gütern und Dienstleistungen verschiedener Anbieter wählen zu können. In einem Bereich gilt das jedoch nicht. In fast allen freien, demokratischen Ländern gibt es noch «Zwangsgeld», d. h. nur eine einzige, als gesetzliches Zahlungsmittel anerkannte Währung.

Die segensreichen Wirkungen des Wettbewerbs haben sich letztlich in immer mehr Branchen durchgesetzt. Die freie Wahl zwischen verschiedenen privaten Angeboten führt in aller Regel zu besseren Produkten mit einem höheren Nutzen für die Kunden, als staatlich orchestrierte Planung. So wurden staatliche Monopolfirmen wie die Bahn, die Post, die Telekommunikation oder Fluggesellschaften in vielen Ländern mit Erfolg privatisiert und dem Wettbewerb ausgesetzt. Beim Geld verteidigt der Staat sein Monopol jedoch bis aufs Messer, und für viele Menschen ist die Privatisierung kaum vorstellbar, ja geradezu eine absurde Idee. Der Staat hat weiterhin das Währungsmonopol. Doch das Verlangen nach der Privatisierung von Währungen nimmt in einem Umfeld nahezu grenzenloser Staatsschulden und auf Hochtouren laufender Gelddruckmaschinen der Zentralbanken zu.

Was ist Geld? Es ist das allseits akzeptierte Tauschmittel, weil es das Gut ist, das sich am besten und einfachsten gegen andere Güter tauschen lässt, da es gut transportierbar, lagerfähig und homogen ist. Dabei erfüllt Geld verschiedene Funktionen. Die Tauschfunktion gilt als die wichtigste Funktion, die Wertaufbewahrungs- und Recheneinheitsfunktion sind zudem wesentliche Unterfunktionen der Tauschfunktion. Sonst ist Geld aber ein Gut, wie jedes andere Gut auch. Beispielsweise gilt auch hier das Gesetz des abnehmenden Grenznutzens – je mehr man davon hat, desto geringer ist der zusätzliche Nutzen. Steigt zudem die Menge des vorhandenen Geldes in einer Volkswirtschaft, sinkt bei sonst gleichbleibenden Bedingungen der Tauschwert. Auch beim Geld gelten also die Gesetze von Angebot und Nachfrage.

Der Zukunftsforscher John Naisbitt prognostiziert, dass Währungen früher oder später privatisiert werden. Der Durchbruch werde erfolgen, sobald die Menschen verstünden, dass Geld, ebenso wie beispielsweise Autos, Kühlschränke oder Fernseher, eine Ware sei. Zentralbanken würden in der Zukunft nicht mehr gebraucht, meint Naisbitt. Viele Befürworter der Privatisierung von Währungen unterscheiden zwischen «gutem» und «schlechtem» Geld. Laut Thorsten Polleit bildet sich gutes Geld im freien Wettbewerb, also durch Angebot und Nachfrage. Es stehe daher im Einklang mit den ökonomischen und ethischen Prinzipien einer Marktwirtschaft, da es die Eigentumsrechte aller Marktteilnehmer schütze. Schlechtes Geld sei hingegen Geld, das unter Verletzung der ökonomisch-ethischen Prinzipien einer Marktwirtschaft in Umlauf gebracht werde. Das staatliche Papiergeld sei also schlechtes Monopolgeld, so Polleit, weil es mit Privilegien ausgestattet sei und per Kreditvergabe durch Geschäftsbanken aus dem Nichts geschaffen werde, was ökonomisch gesehen einer legalisierten Geldfälschung gleichkomme. Die Privilegien des Staatsgeldes sind beispielsweise, dass es das einzige gesetzliche Zahlungsmittel ist, mit dem schliesslich auch die Steuern und Abgaben entrichtet werden müssen. Laut Michael von Prollius, Gründer des Forums Ordnungspolitik und Koautor des Buchs *Geldreform*, beeinträchtigt schlechtes Geld zudem den Austausch von Gütern und Dienstleistungen und untergräbt die soziale Ordnung. Das Preissystem, das Herzstück der Marktwirtschaft, werde durch die Inflationspolitik gestört, und die Zinsen könnten ihre Koordinationsfunktion nicht mehr ausreichend wahrnehmen.

Der Staat kann jedoch noch nicht alle Gegenbewegungen unterbinden, denn im Prinzip läuft die Schaffung eines alternativen Geldsystems schon seit einigen Jahren. Anleger ersetzen Geld nämlich immer mehr durch Gold. Im wirtschaftlichen Boom der 1980er- und 1990er-Jahre wurde Gold vor allem als Edelmetall angesehen, und es geriet ein wenig in Vergessenheit, dass Gold nicht nur ein Rohstoff ist, sondern vor allem auch die ultimative Währung. Im Zuge der immer stärker steigenden Staatsverschuldung in vielen Ländern sowie vor allem durch die Finanzkrise und die laufenden Notenpressen der Zentralbanken kletterte der Goldpreis jedoch von 300 Dollar pro Unze im Jahr 2002 auf in der Spitze fast 2000 Dollar im Jahr 2011. Das Edelmetall entwickelte sich zu einer Versicherung gegen ausser Kontrolle geratene Regierungen und Zentralbanken. Allerdings erfüllt Gold derzeit vor allem eine Funktion von Geld, nämlich jene der Wertaufbewahrung, weniger hingegen die des Tauschmittels.

Seit Jahrzehnten neigen Zentralbanken zu einer chronischen Niedrigzinspolitik und weiten kontinuierlich die Geldmenge aus. Komme es zu einer Krise, versuchten die Notenbanker mit noch mehr Geld und noch niedrigeren Zinsen der Lage Herr zu werden, obwohl sie mit genau dieser Politik die Krise erst verursacht hätten, sagt Polleit. Allein seit US-Präsident Richard Nixon im Jahr 1971 die verbliebene Golddeckung der Weltleitwährung Dollar aufgab, hätten sich mehr als 100 Finanzkrisen ereignet. Die wesentliche

Ursache der Krisen sei die massenhafte Liquidität, sagt Michael von Prollius. Die Liquidität habe ihren Ursprung im staatlichen Zentralbanksystem. Erst die Zentralbanken hätten eine unbegrenzte Vermehrung der Geldmenge ermöglicht, wobei die privaten Geschäftsbanken als Transmissionsakteur dienten. Zugleich bestehe aufgrund ähnlich gelagerter Interessen eine sehr enge Verbindung zwischen Big Government und Big Business.

Friedrich August von Hayek, Wirtschaftsnobelpreisträger und Schüler von Ludwig von Mises, – beide sind führende Vertreter der Österreichischen Schule der Nationalökonomie – forderte in seinem 1976 erschienenen Buch *Denationalisation of Money* ein Ende des staatlichen Geldangebotsmonopols und die Privatisierung des Geldsystems. Der Wettbewerb zwischen den privaten Geldern würde wie bei anderen Gütern für ein gutes Produkt, in dem Fall also für gutes Geld sorgen. Hayek wies ferner darauf hin, dass keine Behörde von vorneherein feststellen könnte, welches die optimale Geldmenge sei. Dies könne nur der Markt entdecken. Werde immer mehr Geld neu geschaffen, gebe es Gewinner und Verlierer. Diejenigen, die das neu geschaffene Geld als Erste erhielten, gehörten zu den Gewinnern, weil sie zu unveränderten Preisen kaufen könnten – und würden reicher. Diejenigen, die dagegen das neue Geld erst später oder überhaupt nicht bekämen, gehörten zu den Verlierern – und würden ärmer. Die Ausweitung der Geldmenge geht daher laut den Ökonomen der Österreichischen Schule stets mit einem Geldwertschwund und einer Umverteilung in der Bevölkerung einher.

Ludwig von Mises zeigte ferner, dass eine Ausweitung der Geldmenge durch die Vergabe von Bankkrediten, die nicht durch echte Ersparnisse gedeckt sind, – so wie es im heutigen Kredit- und Papiergeldsystem der Fall ist – notwendigerweise zu Fehlentwicklungen und Krisen führt. Die Erhöhung der Geldmenge per Kredit sei nämlich nicht nur inflationär, weil die damit finanzierbare Nachfrage das Angebot an Ressourcen übersteige. Die Ausweitung der Geldmenge senke die Marktzinsen künstlich und setze damit Investitionen in Gang, die sonst nicht realisiert worden wären und deren Erfolg davon abhänge, dass die Zinsen künstlich tief bleiben. Die Folgen davon seien Fehlinvestitionen, Spekulationswellen, Boom-and-Bust-Zyklen und Überschuldung, die zu einem Kollaps des Papiergeldsystems führen müssen – so jedenfalls die Theorie von Ludwig von Mises.

Erkennt man da Parallelen zur gegenwärtigen Entwicklung? Ja, denn genau die angeprangerte Ausweitung der Geldmenge passiert seit Jahren. In den USA hat sich die Geldmenge, gemessen an der Geldmengendefinition

M2, allein seit dem Jahr 2000 mehr als verdoppelt. Das gleiche gilt für die Eurozone und auch für die Schweiz. Aufgrund des seit Jahrzehnten teilweise zweistelligen jährlichen Geldmengenwachstums bezeichnen Kritiker die Zentralbanken oft als Inflationsbehörden. Auch laut dem Austrian Economics Center ist eine wichtige Ursache der jüngsten Krise die Flut des billigen Geldes. Sie führe zu schlechten Investitionen, die dann in Zeiten der Krise korrigiert werden müssten. Erst beim Platzen einer Blase würden nämlich Investitionsfehler offenkundig, schreibt etwa Barbara Kolm in ihrer Präsentation *Was die Konzepte der Austrians in der aktuellen Krise bringen*. Die österreichische Lösung sei die Privatisierung des Geldes und die Einführung eines fixen Währungssystems, zum Beispiel mit einem Goldstandard, einer hundertprozentigen Deckung der Einlagen und einer Abschaffung der Zentralbanken. Letztere sind nicht unbedingt eine Erfindung von Kapitalisten, sondern ihre Installation wurde auch im kommunistischen Manifest gefordert, das Karl Marx und Friedrich Engels um die Jahreswende 1847/48 verfassten.

Für Norbert F. Tofall liegen die tieferen Ursachen der Finanzkrise daher ebenfalls im herrschenden Geldsystem und dem staatlichen Papiergeldmonopol, in dem Geld und Kredite aus dem Nichts geschöpft werden. Das staatliche Geldsystem sei ein Schneeballsystem aus ungedeckten, künftigen Zahlungsversprechungen, schreibt Tofall in einem Beitrag für das Liberale Institut Zürich, und werde wie jedes Schneeballsystem früher oder später zusammenbrechen. Für den wissenschaftlichen Mitarbeiter des Bundestagsabgeordneten und «FDP-Rebellen» Frank Schäffler soll durch den Einstieg in die monetäre Planwirtschaft dieser Zusammenbruch möglichst weit in die Zukunft verschoben werden, damit man nicht über die möglichen Alternativen nachdenken muss. Die Alternative wäre für die Regierungen und die staatlichen Zentralbanken auch unerfreulich. Sie bestünde nämlich in einer marktwirtschaftlichen Geldordnung und in der Zulassung eines allumfassenden Währungswettbewerbs.

Um Geld tatsächlich dem Wettbewerb auszusetzen und zu privatisieren, müsste der Staat als Erstes sein Monopol aufgeben, also jene Gesetzesklauseln abschaffen, die die jeweilige Währung eines Landes zum einzigen zugelassenen Zahlungsmittel bestimmt. In der Europäischen Union ist dies beispielsweise im Vertrag über die Arbeitsweise der Europäischen Union (AEUV) geregelt. Gemäss Artikel 128 sind die von der Europäischen Zentralbank ausgegebenen Banknoten die einzigen Banknoten, die in der Währungsunion als gesetzliches Zahlungsmittel gelten. Sollte der Staat sein

Geldmonopol dereinst tatsächlich aufgeben, läge es dann an den Marktteilnehmern, etwas daraus zu machen, sagt Thorsten Polleit. Eine Alternativwährung bräuchte als Erstes wohl eine gewisse Popularisierung, also eine steigende Anerkennung und Wahrnehmung innerhalb der Bevölkerung. Befürworter einer Privatisierung des Geldes erhoffen sich dabei bereits vom Auftreten ernst zu nehmender Wettbewerber für den Euro bzw. von der Zulassung privater Geldproduktion eine disziplinierende Wirkung auf den Rat der Europäischen Zentralbank. Wettbewerb ist schliesslich der beste Regulator. Das Gleiche würde im Prinzip auch für andere Währungsräume und ihre Notenbanken gelten, wie beispielsweise die USA und die Schweiz. Erst Ende Juli 2012 hat die Europäische Zentralbank unter ihrem italienischen Präsidenten Mario Draghi mehr oder weniger unverhohlen angekündigt, erneut Staatsanleihen von Krisenländern kaufen zu wollen. Diesem Anliegen stehen Vertreter der Deutschen Bundesbank äusserst skeptisch gegenüber, liegt doch der Verdacht nahe, dass es sich um eine strikt verbotene Staatsfinanzierung durch die Hintertür handelt.

Nach der Aufgabe des Geldangebotsmonopols, sagen die Befürworter des Währungswettbewerbs, müssten die Verbindlichkeiten der Banken in einem festen Umtauschverhältnis an das Gold gebunden werden, das noch im Besitz der Zentralbanken ist. Dann würde den Geldbesitzern das Recht eingeräumt, ihre Bankguthaben jederzeit in Gold tauschen zu dürfen. Das hätte den Vorteil, sagt Polleit, dass Bankenpleiten nicht mehr die volkswirtschaftliche Geldmenge vermindern würden und Steuerzahler nicht mehr für die Verluste der Banken haften und somit bezahlen müssten. Danach könnte man das Geldsystem privatisieren und ein «free banking» schaffen, sodass die Menschen ihr Zahlungsmittel frei wählen und vertraglich vereinbaren könnten. Dann herrschte eine Freiheit der Geldwahl, wie bei allen anderen Gütern.

Welches Geld sich dann durchsetzen würde, ist offen. Vermutlich würde jedoch einmal mehr Geld mit einer Gold- oder Silberdeckung der neue Marktstandard, so wie es in der Geschichte über viele Jahrhunderte der Fall war. Das würde auch in die Theorie von Carl Menger passen. Laut dem Gründer der Österreichischen Schule entsteht Geld in einem freien Marktprozess notwendigerweise aus einem Sachgut, das aufgrund seiner Eigenschaften schon geschätzt wurde, bevor es sich in Geld verwandelte. Die gilt beispielsweise für Gold, Silber und andere Metalle. Zentralbanken würden dabei die Hoheit über das Geld verlieren und vermutlich durch privat organisierte Einlagensicherungsfonds ersetzt.

Der Verrat an den Sparern – die Folgen der staatlich orchestrierten Umverteilung

«Von allen Erfindungen, die ersonnen wurden, um die arbeitenden Menschen zu betrügen, war keine wirkungsvoller als die Illusion des Papiergeldes.»

Daniel Webster, ehemaliger amerikanischer Aussenminister

Umverteilung von Sparern zu Schuldnern

«Und bist du nicht willig, so brauch ich Gewalt», heisst es in Goethes tragischer Ballade vom Erlkönig. Seit dem Ausbruch der Finanzkrise sind die Konjunktur im Allgemeinen und der Arbeitsmarkt im Speziellen weder in den USA noch andernorts willig. Sie sind nicht bereit, sich im politisch gewünschten Mass zu erholen. Trotz der Ankurbelungsprogramme der Regierung und trotz der Senkung der Leitzinsen auf praktisch null wollen Wirtschaft und Arbeitsmarkt nicht so reagieren wie staatlich verordnet. Also wird Gewalt angewendet und die Brechstange ausgepackt. Mit dem Kauf sowie später dann mit der Umschichtung von Staatsanleihen manipuliert die US-Notenbank die Zinsen bei Anleihen mit mittleren und langen Laufzeiten, um die Zinsen tief zu halten und letztlich auch das Zinsniveau am Hypothekenmarkt zu senken, damit so die Wirtschaft wieder wächst. Die Beeinflussung des Zinsniveaus ist zwar gelungen – es ist in den USA so niedrig wie seit der Grossen Depression nicht mehr –, doch die Wirtschaft und der Arbeitsmarkt entwickeln sich trotzdem nur schleppend. Man kann das Pferd zwar zur Tränke führen, saufen muss es aber selber, könnte man dazu flapsig sagen. Keynesianische Ökonomen würden von einer Liquiditätsfalle sprechen, da die immer stärkere Erhöhung der Liquidität bei der Ankurbelung der Wirtschaft nichts mehr nützt, denn die Nachfrage ist schlicht zu gering. Wie wir gesehen haben, beeinflusst die US-Notenbank mit ihrer Geldpolitik auch die Notenbanken in Europa und auf der ganzen Welt. Statt einfach die Spitzen der Hochkonjunktur und der Rezession zu mildern, herrscht die Illusion, durch eine Art Steuerung mithilfe von Leitzins und Geldmenge ein quasi dauerhaft rezessionsfreies Wachstum erzielen zu können. Der in unserer Zeit weitverbreitete Machbarkeitswahn scheint inzwischen auch bei einigen Währungshütern um sich zu greifen. Dabei gehört die Rezession genauso zum Konjunkturverlauf wie der Boom.

Die ultraexpansive Geldpolitik der vergangenen vier Jahre sowie die bereits in den letzten beiden Jahrzehnten oft zu niedrigen Leitzinsen sind aber weder kosten- noch folgenlos. Zum einen wird mit dem Kauf von Staatsanleihen durch die Notenbanken nicht nur die Verschuldung eines Staates finanziert, sondern auch die Verzinsung der Bonds künstlich tief gehalten. Das ist sehr problematisch, weil die Renditen dann nicht mehr wirklich das Risiko der Anlage spiegeln. Die uralte Regel, dass Rendite und Risiko stets miteinander einhergehen, wird so verletzt, und Anleger werden für eingegangene Risiken nicht mehr marktgerecht entschädigt. Das benachteiligt letztlich alle Investoren. Zum anderen führen die niedrigen Zinsen und die Anleihenkäufe letztlich zu verzerrten Anreizen, Umverteilungen und Problemen bei vielen institutionellen Anlegern. Die Zinsen haben in einer Volkswirtschaft eine wichtige Steuerungsfunktion. Sie signalisieren den Bürgern, Unternehmern und Teilnehmern an den Finanzmärkten, ob es gerade tendenziell attraktiver ist, zu sparen oder sich zu verschulden. Dem Wirtschaftsverlauf objektiv nicht angemessene Leitzinsen – worüber sich zugegebenermassen oft trefflich streiten lässt – verzerren die Strukturen für Anreize. Sind die Leitzinsen zu niedrig, werden Investoren zu Projekten verführt, die sich beim richtigen Zinsniveau nicht rechnen würden und bei denen das unangenehme Ende rasch kommt, wenn die Zinsen schnell steigen. Zwar kann man nicht per se sagen, dass Sparen seliger ist als Konsumieren. Das niedrige Zinsniveau verleitet Menschen und Unternehmen dazu, zu konsumieren statt zu sparen – obwohl es vielleicht gerade vernünftiger wäre, erst zu sparen, um Schulden abzubauen und sich so vermehrten Konsum in der Zukunft zu verdienen. Das umsichtige Verhalten, nämlich in der Gegenwart Mass zu halten – also quasi Vorräte anzulegen – für einen höheren Konsum in der Zukunft, gehört ja gerade zu den grossen Errungenschaften der Menschheitsgeschichte. Überspitzt könnte man daher sagen, die geringen Zinsen bestrafen die Sparer für ihr solides Verhalten, weil sie weniger Rendite bekommen, und sie subventionieren beziehungsweise belohnen die Schuldner dafür, sich ihre Wünsche auf Pump sofort erfüllen zu wollen. Dabei spricht nichts gegen eine Finanzierung gewisser sinnvoller Käufe oder gegen Investitionen mithilfe eines Kredits. Dazu gehören beispielsweise der Immobilienerwerb bei Privatpersonen und Zukunftsinvestitionen bei Unternehmen. Doch je tiefer die Zinsen sind, desto grösser ist die Gefahr, dass mit dem billigen Geld unsinnige Projekte finanziert werden und es so zu einem falschen Einsatz des Kapitals kommt.

Eine Umverteilung findet zurzeit jedoch nicht nur im Privatsektor statt, sondern auch in der Unternehmenswelt – zulasten von Versicherungsgesellschaften und Pensionskassen und zugunsten von Banken. Durch das niedrige Zinsniveau beziehungsweise die relativ steile Zinsstrukturkurve fällt es Banken leichter, ihre teilweise noch immer maroden Bilanzen zu sanieren. Sie können sich, vereinfacht gesagt, am kurzen Ende der Zinskurve billig Geld leihen und es dann langfristig verleihen. Nicht zufällig sind die Einnahmen der Banken aus dem Zinsgeschäft in den vergangenen Jahren sprunghaft gestiegen. Diese Möglichkeit der Bilanzsanierung ist politisch gewollt. Ein typisches Beispiel für das Phänomen ist die Tatsache, dass sich Banken im Euroraum kurzfristig bei der Europäischen Zentralbank quasi umsonst Kredite beschaffen können und dieses Geld dann in Staatsanleihen mit mittleren und längeren Laufzeiten europäischer Staaten anlegen. So warfen die Staatsanleihen krisengeschüttelter Länder wie Spanien oder Italien in den vergangenen Monaten teilweise über 5 Prozent oder sogar 6 Prozent Zinsen ab, was den Banken, die sich umsonst bei der Europäischen Zentralbank Geld leihen können, einen sehr attraktiven Trade bietet. Zugleich hilft dies den krisengeschüttelten Staaten, die mit den Banken Investoren finden, die in einem freien, unverzerrten Markt nicht oder nicht in dem Ausmass zu finden wären.

Die zu tiefen Zinsen gehen aber zulasten der Sparer sowie der institutionellen Anleger wie Pensionskassen, Versicherungen und Vermögensverwalter und stellen sie vor grosse Herausforderungen in der Anlagepolitik. Pensionskassen und Versicherungen müssen nämlich festen Verpflichtungen nachkommen, weil sie bestimmte Renditeversprechen abgegeben haben oder vom Staat zu Mindestverzinsungen gezwungen werden. Muss etwa ein Lebensversicherer Garantieleistungen von durchschnittlich 2,8 Prozent erfüllen, erhält aber für «sehr sichere» Anlagen wie etwa zehnjährige Staatsanleihen nur einen Zins von 1,6 Prozent, so klafft eine Zinslücke von 1,2 Prozentpunkten. Diese muss ein Unternehmen durch das Eingehen höherer Risiken schliessen. Das kann erstens geschehen, indem in Staatsanleihen mit einer niedrigeren Bonität oder in noch längere Laufzeiten investiert wird. Es kann zweitens durch mehr Investitionen in Unternehmensanleihen mit längerer Laufzeit oder von Konzernen mit niedrigerer Bonität umgesetzt werden. Das kann wiederum zur Emission absurd wirkender Bonds führen, wie der 100-jährigen Anleihe der US-Eisenbahngesellschaft Norfolk Southern Corp. im Sommer 2010. Reicht dies immer noch nicht, können drittens mehr Investitionen in teilweise riskantere Anlageklassen wie Immobilien, Hedgefonds, Private Equity, Rohstoffe, strukturierte Kredite und strukturierte Produkte verschoben werden. Nicht von ungefähr wies schon im Jahr 2010 die Ratingagentur Standard & Poor's darauf hin, dass vor allem bei Lebensversicherungen das Hauptrisiko von einem grossen Anteil der Anleihen in den Depots sowie vom tiefen Zinsniveau ausgehe. Und der Schweizerische Versicherungsverband äusserte im Hinblick auf die Vorsorgeeinrichtungen die Warnung, diese würden gezwungen, Spargelder riskanter anzulegen, um die Mindestvorgaben zu erfüllen.

Ein zu niedriges Zinsniveau ist letztlich für private Sparer und institutionelle Anleger eine Belastung – ausser für diejenigen, die nach Hypothekarkrediten nachfragen. Doch die Sparer haben keine grosse Lobby. Zudem sind die von den Notenbanken niedrig gehaltenen Zinsen aus mehreren Gründen politisch gewollt. Sie erleichtern den Staaten die Beibehaltung der Schuldenwirtschaft, sie helfen den Banken bei der Bilanzsanierung, und sie sollen den mancherorts am Boden liegenden Bau- und Immobiliensektor wiederbeleben. Schon seit den 1990er-Jahren reagieren die Notenbanken auf jeden Abschwung und jede Krise mit tiefen Zinsen und der Ausweitung der Geldmenge. Diese Politik erzeugt jedoch nicht nur die beschriebenen adversen Effekte, sondern führt auch fortlaufend zur Entstehung von Blasen in Teilen des Finanzsystems. Diese Geldpolitik mit der Brechstange stösst längst an ihre Grenzen und richtet mehr Schaden an als Nutzen. Sie trägt zudem vor allem zur Bekämpfung der Symptome statt der Ursachen bei. So kommt es zu hohen Verschuldungen bei Staaten und Privatpersonen, zu viel Regulierung und zu wenig Eigenverantwortung.

Finanzielle Repression durch zu niedrige Zinsen

Als das Leiden der kleinen Leute könnte man ein Phänomen bezeichnen, das im Jahr 2012 vermehrt unter dem Begriff «finanzielle Repression» die Runde machte. Immer mehr wurde dadurch das Problem der schleichenden Umverteilung von Sparern zu Schuldnern auch der breiten Öffentlichkeit bewusst. Mit einer finanziellen Repression ist gemeint, dass eine Regierung – oftmals einschliesslich der Notenbank – über verschiedenste Massnahmen Druck ausübt, damit dem Staat Geld von Gläubigern oder Bürgern zufliesst, das er in einem freien Markt nicht oder nicht zu so günstigen Bedingungen bekommen würde. Das geht häufig mit negativen Realzinsen einher. Die Inflation ist also höher als das Zinsniveau, was vor allem die Sparer bedroht. Am meisten leiden darunter die sogenannten kleinen Leute, wie wir in den nachfolgenden Kapiteln sehen werden, da sie ihr Geld meist in niedrig verzinsten Anlageprodukten halten.

Eine jahrzehntelange Phase der finanziellen Repression gab es bereits nach dem Zweiten Weltkrieg, als viele Staaten ihre immensen Schuldenberge abtragen mussten. Derzeit sind die Schulden, gemessen an den 22 grössten Industriestaaten, wieder genauso hoch wie damals. Seit einem Thesenpapier der renommierten Ökonomin Carmen M. Reinhart – sie verfasste zusammen mit Kenneth S. Rogoff das Finanzkrisenbuch *Dieses Mal ist alles anders* (*This Time Is Different*) – gewinnt der Begriff immer mehr an Popularität. Das Phänomen ist allerdings nur in seiner Vehemenz neu. Ein Prozess der heimlichen Umverteilung, nämlich durch vor allem in den USA tendenziell zu niedrige Leitzinsen, läuft schon seit vielen, vielen Jahren. Etliche Experten für Geldpolitik gehen ebenfalls davon aus, dass der Leitzins in den USA bereits seit einem sehr langen Zeitraum tendenziell zu tief ist. Diese Meinung teilt etwa Ernst Baltensperger, emeritierter Professor der Universität Bern und Grandseigneur der schweizerischen Geldpolitik. Nach dem Platzen der New-Economy-Blase sei die Politik der US-Notenbank deutlich zu expansiv gewesen, weil man sich in den USA zu stark vor einer Deflation gefürchtet habe. Baltensperger ist sogar der Meinung, dass die Geldpolitik in den USA vermutlich schon vor 2001 tendenziell zu locker gewesen sei. Damals habe man allerdings Glück gehabt, weil mehrfach ein unerwartet kräftiges Wirtschaftswachstum die Folgen einer an sich zu expansiven Politik entschärft hätte. Die gleiche Meinung vertritt auch Bernhard Herz, Professor für Geld und Internationale Wirtschaft an der Universität Bayreuth. Gemessen an der sogenannten Taylor-Regel sei die Geldpolitik in den USA nach dem Platzen der Internetblase deutlich zu expansiv gewesen, sagt Herz. Und in der Tat kam der amerikanische Ökonom John B. Taylor, der Begründer der Taylor-Regel, in seiner im Januar 2009 erschienenen Untersuchung *The Financial Crisis and the Policy Responses: An Empirical Analysis of What Went Wrong* zu dem Ergebnis, dass die laxe Geldpolitik in den USA den Boom am Immobilienmarkt verursachte und dies wiederum zu Kaufexzessen der Bürger auf Kredit führte, da sich diese durch die steigenden Immobilienpreise immer reicher fühlten – und es auf dem Papier eine Zeit lang tatsächlich auch waren. Eine am Lehrstuhl von Bernhard Herz verfasste Studie kommt zum selben Resultat. In dem Papier *Taylor-Regel und Subprime-Krise* zeigen zwei Wissenschaftler, dass die Leitzinsen in den USA, gemessen an der Taylor-Regel in den Jahren 1993/94 und 1998/99 sowie dann vor allem von 2001 bis 2006, viel zu expansiv waren (vgl. hierzu Abbildung 26). Bei der US-Notenbank hatten also die geldpolitischen Tauben das Sagen. In der Spitze betrug die Abweichung satte drei Prozentpunkte. Das war im vierten Quartal 2001.

Die erwähnte Taylor-Regel eignet sich gut zur Beurteilung des geldpolitischen Umfeldes und gibt in diesem Bereich meist gute Anhaltspunkte, wo der Leitzins hätte liegen sollen, wenn die weitgehend erfolgreiche Geldpolitik zwischen Mitte der 1980er-Jahre und Ende der 1990er-Jahre fortgesetzt worden wäre. Ein Vorteil ist ihre Einfachheit. Allerdings umfasst sie

Zu tiefe Leitzinsen in den USA: Federal Funds Rate und Taylor-Regel
In Prozent

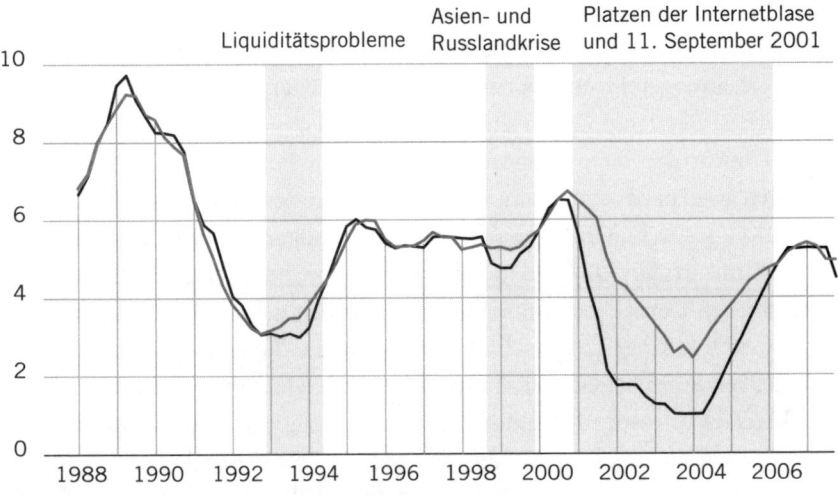

Leitzinsen in den USA (Federal Funds Rate)

Sinnvolle Leitzinsen in den USA nach der Taylor-Regel

Die schattierten Flächen beschreiben Perioden, in denen die Federal Funds Rate signifikant negativ vom Taylor-Zins abwich.

Abbildung 26   Quelle: Universität Bayreuth

zahlreiche Variablen. Das macht sie flexibel, birgt aber die Gefahr, die Variablen nach eigenem Gusto zu wählen. Abweichungen von der Regel können allerdings durchaus sinnvoll sein, was beispielsweise dann der Fall ist, wenn Informationen vorliegen, die nicht in die Regel einfliessen. Und in der Tat gab es in den drei genannten Zeiträumen jeweils exogene Schocks. Zuerst die schwierige Liquiditätslage in den USA nach der Erholung von der schweren Rezession 1990/91, dann durch die dreifache Krise mit Asien, Russland und dem in Schieflage geratenen Hedgefonds LTCM im Fokus sowie schliesslich durch das Platzen der New-Economy-Blase und die Anschläge vom 11. September 2001. Letztlich kommen die Experten aber zu dem Schluss, dass die Geldpolitik zu lange zu expansiv gewesen sei und die Märkte dadurch mit zu viel Liquidität versorgt worden seien. Dieser Meinung sind inzwischen zahlreiche Ökonomen weltweit, so etwa auch die beiden renommierten Forscher Michael David Bordo und Christopher M. Meissner von der University of California in Davis. Sie kommen in ihrer Untersuchung zu dem Schluss, dass Perioden mit geringen Zinssätzen und einer dynamischen Wirtschaftsentwicklung die beiden einzigen Grössen waren, die die Kreditvergabe anheizten und damit den Grundstein für Fehlallokationen und die Bankenkrise legten. Damit stellen auch sie dem langjährigen Präsidenten der US-Notenbank Alan Greenspan und seiner über lange Zeit zu expansiven Geldpolitik im Nachhinein ein schlechtes Zeugnis aus.

Die Aussage einer seit vielen Jahren tendenziell zu grosszügigen Geldpolitik lässt sich laut den beiden Professoren Baltensperger und Herz für die USA gut untermauern, weniger jedoch für die Europäische Zentralbank. In der Eurozone, sagt Bernhard Herz, habe die Inflation im Durchschnitt seit der Gründung meist bei rund 2 Prozent gelegen. Angestrebt wird von der Europäischen Zentralbank ein Wert von unter, aber nahe bei 2 Prozent. Insofern hätten die Europäischen Währungshüter ihr Ziel erreicht. Im Rahmen der Finanzkrise passiere nun aber Ungeheuerliches. Sowohl Baltensperger als auch Herz sind sich einig, dass die Geldpolitik im Euroraum – genauso wie in den USA, in Grossbritannien und in der Schweiz – derzeit zu expansiv ist, wenngleich es dafür – kurzfristig – durchaus Gründe gebe. Insofern besteht die Gefahr, dass auch in Europa, wie früher bereits in den USA, die Geldpolitik über lange Jahre hinweg zu locker bleibt – vor allem dann, wenn die Notenbanken erneut den zeitigen Ausstieg verpassen.

Das Anlageverhalten der Deutschen

Die Welt ist für die Frau und den Mann von der Strasse also ungemütlich geworden. Und das finanzielle Leiden der kleinen Leute wird sich fortsetzen, denn sie sind von den dramatischen Vorgängen an den Finanzmärkten am meisten betroffen. Erst bekommen sie auf ihre Spareinlagen kaum noch Rendite, was das Erreichen von Anlagezielen und die Altersvorsorge sehr schwierig macht. Und dann droht ihnen aufgrund der laufenden Gelddruckmaschinen der Notenbanken in den kommenden Jahren auch noch Inflation. Warum die Kleinanleger am meisten leiden, zeigt eine repräsentative Untersuchung der GfK Marktforschung Nürnberg vom Januar 2012 zum Anlageverhalten der Deutschen. Die Untersuchung wurde im Auftrag der Gothaer Asset Management, der Vermögensverwaltungstochtergesellschaft der Gothaer Versicherung, durchgeführt. Die Studie knüpft thematisch an eine erste Untersuchung vom Dezember 2010 an. Wenig überraschend haben die deutschen Anleger eine hohe Risikoaversion, die sich spiegelbildlich in einem hohen Sicherheitsbedürfnis zeigt. Für gut 60 Prozent der Anleger steht die Sicherheit bei der Geldanlage an erster Stelle. Eine hohe Rendite erachten dagegen nur 8,5 Prozent als wichtigstes Ziel. Damit hat sich das Sicherheitsbedürfnis der Deutschen durch die Finanzkrise nochmals erhöht. Im Jahr 2010 gaben lediglich 45 Prozent der Befragten die Sicherheit als ihr wichtigstes Ziel an, und die Rendite wurde noch von rund doppelt so vielen Personen als bedeutendstes Anlageziel genannt.

Die Studie zeigte, dass die Deutschen primär in liquide, niedrig verzinste Anlagen investieren oder das Geld sogar mehr oder weniger in bar halten. So ist für 47 Prozent der Befragten das Sparbuch die wichtigste Anlage. 29,2 Prozent geben an, überhaupt keine Investitionen zu tätigen. Danach folgen mit 23,5 Prozent das Festgeld und mit 17,8 Prozent das Tagesgeld (vgl. hierzu Abbildung 27; Doppelnennungen waren möglich, weshalb die Summe nicht 100 Prozent ergibt). Anlageformen wie Immobilien, Investmentfonds oder Aktien kommen nicht über die 10-Prozent-Marke hinaus. In Staatsanleihen investieren nur 0,9 Prozent der Befragten. Bei der Kategorie Anlagefonds, die mit 9,2 Prozent genannt wird, ist ferner zu beachten, dass nicht mehr spezifiziert wurde, egal ob in Aktienfonds, Anleihefonds, Geldmarktfonds oder andere Investmentfonds investiert wird. Auch hier dürften die grössten Teile des Geldes in solchen Fondsanteilen liegen, die normalerweise nur sehr niedrige Renditen generieren. Im

Vergleich zum Jahr 2010 hat sich das Bedürfnis nach sicheren Anlagen wie dem Sparbuch, dem Fest- und Tagesgeld deutlich erhöht. Die Langfristigkeit der getroffenen Anlagen offenbart sich in der Frage nach dem Zweck der Geldanlage. Für knapp ein Drittel ist die Altersvorsorge ein wichtiger Anlagezweck. Allerdings äussern 36 Prozent, dass sie keine konkreten Anschaffungswünsche hegen, die sie mit ihren Anlagen erfüllen möchten. Oftmals werden noch mittlere und kleinere Anschaffungen als Anlagezweck genannt. Ferner geben 11 Prozent der Befragten an, die Ausbildung ihrer Kinder sei ein wichtiges Anlageziel. Grosse Anschaffungen sind für 6,1 Prozent ein Anreiz zum Anlegen. Auch bei dieser Frage waren Mehrfachnennungen möglich. Es zeigt sich somit, dass für eine Mehrheit der Befragten langfristige Anlageziele im Vordergrund stehen. Insofern wirken sich für viele Sparer die über einen langen Zeitraum zu niedrigen Zinsen und eine möglicherweise drohende Inflation sehr schädlich auf die Anlageziele und die damit verbundenen Wünsche und Hoffnungen aus.

Eine weitere, allerdings nicht neue Erkenntnis aus der Befragung ist die grosse Angst der Deutschen vor Inflation. Die Sorge vor einer ausufernden Teuerung steht an erster Stelle – noch vor der Angst vor einem sinkenden Lebensstandard oder dem Ende der Währungsunion. Die Autoren der Studie kommen zu folgendem Schluss: Die Tatsache, dass die Inflation auch bei der Befragung im Jahr 2010 ganz oben unter den Befürch-

Wie die Deutschen ihr Geld anlegen
In Prozent

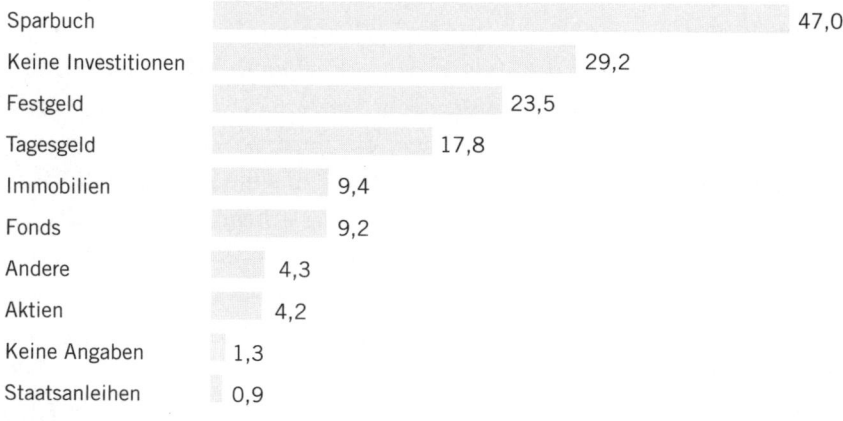

Sparbuch	47,0
Keine Investitionen	29,2
Festgeld	23,5
Tagesgeld	17,8
Immobilien	9,4
Fonds	9,2
Andere	4,3
Aktien	4,2
Keine Angaben	1,3
Staatsanleihen	0,9

Abbildung 27   Quelle: Gothaer Asset Management

tungen stand, zeigt die hohe Sensibilisierung der Deutschen für die Gefahr einer schleichenden Geldentwertung. Die Liquiditätsmassnahmen seitens der Politik und der Notenbanken würden daher skeptisch betrachtet. Diese Urängste beruhen vermutlich auf den historischen Erfahrungen der Deutschen mit der Inflation und der Hyperinflation, vor allem zur Zeit der Weimarer Republik. Schliesslich haben die Deutschen schon mehrfach ihr gesamtes erspartes Vermögen verloren. Dennoch schrecken diese Ängste und die extrem niedrigen Zinsen die Anleger nicht vor dem Sparbuch ab. Es ist, wie schon in früheren Jahren, der Klassiker der Geldanlage. Dort parken 47 Prozent der Befragten ihr Geld. Danach folgen die Fest- und Tagesgeldkonten.

Aktien sind die Anlageform, die noch einen gewissen Schutz vor der Inflation verspricht und die den Anlegern in der Vergangenheit oft ordentliche Renditen bescherte – wenngleich auch nicht in den vergangenen zwölf Jahren. Doch mit der Aktie stehen die Deutschen auf Kriegsfuss. Gemäss der jüngsten Untersuchung des Deutschen Aktieninstituts aus dem ersten Halbjahr 2010 waren in Deutschland nur noch 8,6 Millionen Anleger direkt oder indirekt in Aktien investiert. Das entspricht einem Anteil von 13,3 Prozent der Bevölkerung. Im Jahr 2001 waren noch 12,8 Millionen Deutsche in Aktien oder Aktienfonds investiert. Zwar ist der Anteil der Aktionäre in den vergangenen vier Jahren zwischen der Nordsee und den Alpen einigermassen konstant geblieben, doch beunruhigend ist die soziodemografische Entwicklung. Vor allem die Mittelschicht hat sich in den vergangenen Jahren von Aktienanlagen verabschiedet. Laut den Experten des Aktieninstituts ist ein klares Muster erkennbar: Je geringer die Ausbildung, je niedriger die berufliche Position und je niedriger das Einkommen, desto stärker sinkt die Zahl der Aktionäre und der Besitzer von Aktienfonds. Als Ursache dafür wird nicht nur die Finanzkrise ausgemacht, sondern es werden auch Gründe wie die Doppelbesteuerung der Aktien, die unzureichenden Ansätze zur kapitalgedeckten Altersvorsorge in Deutschland und die Defizite in der ökonomischen Bildung der Bürger vermutet. Überraschend an den Zahlen ist jedoch, dass der Rückgang der Aktionäre vor allem durch den Ausstieg aus der reinen Fondsanlage verursacht wurde. Dies lässt laut Deutschem Aktieninstitut auf ein vermehrtes Nutzen der Chancen von Einzelinvestments durch sogenannte Selbstentscheider unter den Anlegern schliessen. Die Anleger scheinen sich also vermehrt von den Banken abzuwenden und ihr Schicksal selbst in die Hand zu nehmen. Für diesen Trend spricht auch der

Boom bei den Anlagebüchern und den Tradingratgebern. Im Jahr 2010 hielten insgesamt 3,9 Millionen Anleger, das sind rund 6 Prozent der Bevölkerung, direkte Aktienanlagen. Dies bedeutete eine Zunahme von knapp 270 000 Anlegern beziehungsweise 7,4 Prozent gegenüber dem zweiten Halbjahr 2009. Die Zahl der Aktienfondsanleger sank hingegen um 484 000 beziehungsweise 7,3 Prozent auf 6,1 Millionen. Im längerfristigen Vergleich liegt damit die Zahl der Aktienfondsanleger um 3,8 Millionen über dem Wert des Jahres 1997, was einem Plus von 165 Prozent entspricht. Aber sie befindet sich ungefähr 3,7 Millionen unter dem Rekordstand des Jahres 2001, was einem Verlust von 37,5 Prozent entspricht.

Insgesamt lässt sich aus dem zahlenmässigen Rückgang der Besitzer von Aktienfonds und gemischten Investmentfonds die kritische Einstellung gegenüber der Anlageform Aktie in breiten Bevölkerungskreisen erkennen. Bedenklich finden Experten vor allem die Entwicklung der soziodemografischen Struktur der Aktionäre und der Besitzer von Aktienfonds. Zwar stieg in den Jahren 2005 bis 2010 die Zahl der leitenden Angestellten und Beamten, die direkt Aktien besassen, um 20 Prozent. Die Zahl der Aktionäre mit einem Haushaltseinkommen von insgesamt über 4000 Euro kletterte um fast 6 Prozent, und die Zahl der Aktionäre mit Hochschul- oder Fachhochschulreife nahm um 6 Prozent und 2 Prozent zu. Jedoch sank bei allen anderen Gruppen die Zahl der Aktionäre, und zwar teilweise sehr deutlich. Hier sehen Experten die Gefahr einer sich immer stärker öffnenden Schere zwischen Arm und Reich. Dies bereitet auch deshalb Sorgen, weil vor allem die breite Mittelschicht, bestehend aus Angestellten und Arbeitern, künftig zur Ergänzung ihrer Altersvorsorge auf eine private Säule angewiesen sein wird, um im Alter den Lebensstandard wenigstens halbwegs halten zu können.

Zu ähnlichen Ergebnissen wie das private Deutsche Aktieninstitut kommt auch die Deutsche Bundesbank. So heisst es in ihrem Monatsbericht vom Januar 2011, dass in Deutschland die beliebtesten Anlageformen klassische Produkte wie etwa Sparbücher, Lebensversicherungen und Bausparverträge sind. Dagegen spielen Aktien und festverzinsliche Wertpapiere bei der Vermögensbildung oft keine oder nur eine untergeordnete Rolle. Über 70 Prozent der Bürger beziehungsweise 85 Prozent der Haushalte besitzen nach der Lesart der Bundesbank keine Aktien oder Anleihen. Zu ähnlichen Ergebnissen kommt auch eine Studie des Deutschen Instituts für Wirtschaftsforschung (DIW) aus dem Jahr 2008. Erschwerend kommt aus wissenschaftlicher Sicht hinzu, dass die Portfolios der Anleger schlecht diversifiziert sind. Häufig wird das Geld nur auf wenige Vermögensklassen und darin wiederum nur in wenige Wertpapiere diversifiziert. So hält fast die Hälfte der Haushalte in Deutschland lediglich zwei bis drei verschiedene Anlageprodukte, und jeder fünfte Haushalt besitzt sogar nur ein Anlageprodukt.

Sparen ist nicht grundsätzlich seliger als konsumieren. Schaut man sich aber an, wer im geldpolitischen Umfeld in den vergangenen Jahren und bei einer in Zukunft drohenden, höheren Inflation zu den Gewinnern und wer zu den Verlierern zählt, kommt man immer wieder zum gleichen Schluss. Tendenziell gehören die Sparer zu den Verlierern und die Schuldner tendenziell zu den Gewinnern. In einem Umfeld niedriger Zinsen bekommen die Sparer zu wenig Rendite auf ihre Einlagen, wohingegen die Schuldner ihre Kredite sehr günstig erhalten. Ähnlich sieht es in einem inflationären Umfeld aus. Das Vermögen der Sparer verliert dann sehr schnell an Kaufkraft, wohingegen sich die Verbindlichkeiten der Schuldner schneller als normal reduzieren. Die Deutsche Bundesbank kam im Januar 2012 in ihrer Studie *Private Haushalte und ihre Finanzen* zu dem Ergebnis, dass in Deutschland nur 42 Prozent der Haushalte verschuldet sind. Diese tragen eine durchschnittliche Verschuldung von 83 100 Euro. Von der Politik der Notenbanken profitieren also nur 42 Prozent der Deutschen, wohingegen 58 Prozent tendenziell darunter leiden. Bei den Verlierern dürfte es sich eher um die Unter- und Mittelschicht handeln und bei den Gewinnern um die Mittel- und Oberschicht, da die Schulden der Deutschen primär auf Immobilienvermögen zurückzuführen sind und dieses wohl eher bei der mittleren und oberen Bevölkerungsschicht zu finden ist.

Bei der repräsentativen Untersuchung der Deutschen Bundesbank wurden zwischen September 2010 und Juli 2011 über 3500 Haushalte befragt. Die nächste Befragung soll 2014 erfolgen. Einen besonders hohen Anteil beim Immobilieneigentum haben vor allem Selbstständige mit knapp 68 Prozent sowie Beamte mit 65 Prozent. Bei Angestellten mit 46 Prozent und Arbeitern mit 37 Prozent ist das Immobilieneigentum dagegen deutlich geringer verteilt. Immerhin noch auf fast 10 Prozent Immobilieneigentum kommen die Arbeitslosen. Geht man vom monatlichen Haushaltsnettoeinkommen aus, so ist der Immobilienbesitz mit jeweils über 75 Prozent bis teilweise über 90 Prozent vor allem auf Einkommen oberhalb von 3200 Euro pro Monat verteilt. Bei Einkommen zwischen 2000 Euro und 3200 Euro gibt es noch 56 Prozent Immobilienbesitzer. Darunter nimmt die Quote sehr schnell ab. Bei den Beamten ist der Durchschnittswert an eigenen Häusern und Grundstücken deutlich geringer als bei den Selbstständigen und den Unternehmern. Der mit 9,4 Prozent erstaunlich hohe Anteil an Immobilienbesitz bei den Arbeitslosen kommt daher, dass zu den nicht erwerbstätigen Personen auch Rentner und Pensionäre zählen. Mehr als die Hälfte der Ruheständler nennen die vier Wände, in denen sie leben, ihr Eigentum.

Die Deutsche Bundesbank führte die Untersuchung primär deshalb durch, weil die Immobilienkrise in den USA gezeigt hat, wie wichtig es ist zu wissen, wie stark die Bevölkerung von einem schnellen Anstieg der Zinsen betroffen sein kann. Als in den USA die Immobilienblase platzte, erwiesen sich viele Haushalte sehr schnell als überschuldet. Dies droht in Deutschland nach den Untersuchungsergebnissen aus den Jahren 2010/11 noch nicht. Insgesamt haben die deutschen privaten Haushalte ein Immobilienvermögen von gut 5 Billionen Euro, also von mehr als 5000 Milliarden Euro. Dabei sind die Werte der Geschäftsimmobilien selbstständiger Kaufleute eingeschlossen. Auch die Bundesbank kommt zu dem Ergebnis, dass die meisten Haushalte in Deutschland Aktien weder direkt noch indirekt halten, sondern ihr Vermögen primär in niedrig verzinsten Spar- und Girokonten sowie in Schuldverschreibungen und ähnlichen Anlagen halten.

Das Anlageverhalten der Schweizer

Für die Schweiz liegen weniger konkrete Studien vor als für Deutschland. Allerdings untersuchte die Schweizerische Nationalbank im Jahr 2011 das Vermögen der privaten Haushalte. Darin kommen die Notenbanker zu dem Ergebnis, dass Immobilien mit durchschnittlich 41,9 Prozent der mit Abstand wichtigste Wert in der Vermögensstruktur der privaten Haushalte sind. Danach folgen mit 24,6 Prozent die Ansprüche gegenüber Pensionskassen und Versicherungen. Eine untergeordnete Rolle spielen demnach mit 17,4 Prozent Bargeld und Einlagen, mit 6,4 Prozent Aktien, mit 5,4 Prozent Anteile an kollektiven Kapitalanlagen wie beispielsweise Fonds und mit 3,5 Prozent Schuldtitel (vgl. hierzu Abbildung 28). Zu Letzteren zählen beispielsweise Anleihen, Kassenobligationen und Geldmarktpapiere.

Allerdings verzerrt diese Sichtweise die Anlage des reinen Geldvermögens, da Immobilien mit einbezogen werden. Ein anderes Bild, das sich besser mit dem Anlageverhalten in Deutschland vergleichen lässt, ergibt

Struktur der Aktiven der privaten Schweizer Haushalte
Ende 2010, in Prozent

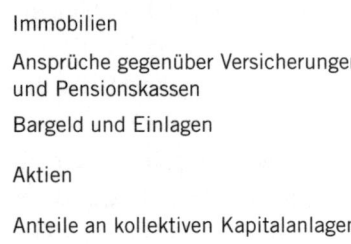
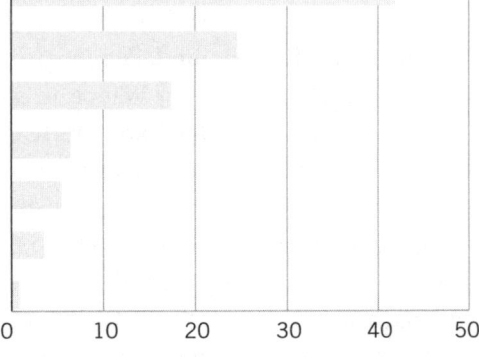

Immobilien

Ansprüche gegenüber Versicherungen
und Pensionskassen

Bargeld und Einlagen

Aktien

Anteile an kollektiven Kapitalanlagen

Schuldtitel

Strukturierte Produkte

| 0 | 10 | 20 | 30 | 40 | 50 |

Abbildung 28   Quelle: Schweizerische Nationalbank

sich, wenn man die Immobilien sowie die Ansprüche gegenüber Versicherungen und Pensionskassen ausblendet und sich auf das reine Anlageverhalten konzentriert. In dieser engeren Betrachtung entfallen rund 52 Prozent der Geldanlagen auf Bargeld und Einlagen, 19 Prozent auf Aktien, 16 Prozent auf Anteile an kollektiven Kapitalanlagen wie beispielsweise Investmentfonds, 10,5 Prozent auf Schuldtitel und 2,5 Prozent auf strukturierte Produkte (vgl. hierzu Abbildung 29). Auch die Schweizer haben also den Grossteil ihres Nichtimmobilienvermögens in sehr niedrig verzinsten Anlageformen investiert. Sie leiden somit ebenso unter einem sehr niedrigen Zinsniveau wie die Deutschen und wären von einer stark anziehenden Inflation erheblich betroffen.

Zudem dürften in der anfangs erwähnten Kategorie «Ansprüche gegenüber Versicherungen und Pensionskassen», die rund 25 Prozent des Gesamtvermögens ausmachen, die Gelder zu grossen Teilen ebenfalls in niedrig verzinsten Anlageformen investiert sein, beispielsweise in Schweizer Staatsanleihen. Das Gleiche gilt für die private Altersvorsorge, die sogenannte Säule 3a. Auch hier sind Staatsanleihen ein wesentlicher Bestandteil des Portfolios. Allerdings investieren die Schweizer stärker in Aktien als die Deutschen und die Österreicher, was ihnen einen etwas besseren Schutz gegenüber der Inflation bietet.

Dass sich das Anlageverhalten der kleinen Leute in der Schweiz nicht allzu stark von jenem in Deutschland unterscheidet, zeigen auch die Ergeb-

Geldanlage der privaten Schweizer Haushalte
Ohne Immobilien und Ansprüche gegenüber Versicherungen und Pensionskassen,
Ende 2010, in Prozent

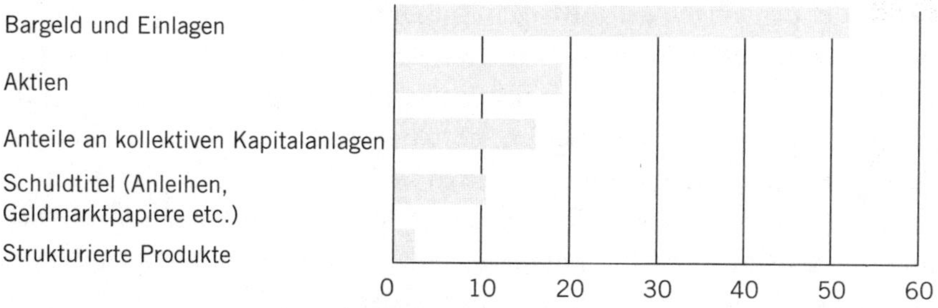

Bargeld und Einlagen

Aktien

Anteile an kollektiven Kapitalanlagen

Schuldtitel (Anleihen,
Geldmarktpapiere etc.)

Strukturierte Produkte

```
0    10   20   30   40   50   60
```

Abbildung 29   Quelle: Schweizerische Nationalbank, eigene Berechnungen

nisse der Untersuchung *Aktienbesitz in der Schweiz 2010* vom Institut für Banking and Finance an der Universität Zürich. Bei der Frage nach der prozentualen Aufteilung des Vermögens stellte sich heraus, dass 50 Prozent der Befragten ihre Gelder auf Bankkonten halten, 25 Prozent in Anlagefonds, 20 Prozent in Obligationen oder Geldmarktpapieren, ebenfalls 20 Prozent in Aktien und 10 Prozent in Derivaten wie strukturierten Produkten. Es handelt sich bei dieser Untersuchung um Medianwerte in Prozent des Vermögens aller Befragten, und Mehrfachnennungen waren möglich. Die Interpretation dieser Zahlen ist etwas kompliziert. Der Median teilt die Stichprobe laut der Universität Zürich so auf, dass genau 50 Prozent der Befragten einen auf oder unter dem Median liegenden Wert aufweisen und ebenfalls genau 50 Prozent einen solchen, der auf oder über dem Median liegt. Im Vergleich zum arithmetischen Mittel, dem Durchschnitt, hat der Median den Vorteil, gegenüber extrem abweichenden Werten robuster zu sein. Konkret bedeutet dies beispielsweise, dass höchstens die Hälfte aller Anleger, die Derivate halten, weniger als 10 Prozent ihres Vermögens in Derivaten angelegt haben. Zugleich haben nicht mehr als die Hälfte der Derivatebesitzer mehr als 10 Prozent ihres Vermögens in diese Anlageklasse investiert.

Die Untersuchung ergab auch, dass Menschen mit einem niedrigen Vermögen von unter 100 000 Franken deutlich stärker ihr Geld auf Bankkonten haben als Personen mit einem Vermögen von über 500 000 Franken oder sogar von über 1 Million Franken. Zudem investieren die reichen Bürger mit einem Geldvermögen von mehr als 1 Million Franken deutlich stärker in Aktien als die weniger betuchten Personen. Je ärmer jemand ist, desto stärker legt er sein Geld in niedrig verzinste Anlagen an. Das macht ihn gegenüber den Folgen der niedrigen Zinsen und einer potenziell anziehenden Inflation verwundbarer. Ferner fanden die Forscher heraus, dass das Alter bei der Aktienanlage eine wichtige Rolle spielt. Je jünger die Befragten waren, desto weniger investierten sie tendenziell in Aktien. Je älter die Befragten waren, desto mehr investierten sie tendenziell in die Dividendenpapiere. Das Ergebnis ist wohl keine Frage von Rationalität oder Irrationalität, sondern eher eine des Einkommens. Insofern wären junge Menschen von einer hohen Inflation stärker betroffen als ältere.

Auch in der Schweiz ist die Aktie auf dem Rückzug. Der Anteil der Befragten, die direkt oder indirekt Aktien besassen, betrug im Jahr 2010 nur noch 17 Prozent, verglichen mit fast 30 Prozent im Jahr 2000, dem Jahr der New-Economy-Euphorie. Der wertmässige Anteil der Aktien am Haushaltsvermögen beträgt nur noch 6 Prozent, wie die erwähnte Studie *Vermögen der privaten Haushalte* der Schweizerischen Nationalbank von November 2010 zeigte.

Das Anlageverhalten der Vermögenden

Deutlich besser diversifiziert als die Kleinkunden sind die vermögenden Investoren, wie eine Studie der Johannes Kepler Universität Linz im Auftrag von LGT Wealth & Asset Management aus dem Jahr 2010 zeigt. Dabei wurde das Anlageverhalten vermögender Privatpersonen in Deutschland, Österreich und der Schweiz untersucht. Es zeigte sich, dass Aktien mit einem Anteil von 32 Prozent am durchschnittlichen Vermögensportfolio die bedeutendste Anlageklasse sind. Rund 16 Prozent wurden als mögliche Absicherung gegen eine Inflation oder gegen überraschend grosse Unwägbarkeiten, sogenannte Worst-Case-Szenarien, in Rohstoffe sowie in Gold und in andere Edelmetalle angelegt. Obwohl auch rund 30 Prozent des durchschnittlichen Vermögens in Bargeld gehalten wurden, profitiert diese Klientel damit relativ gesehen von den Massnahmen der Notenbanken oder leidet zumindest weniger unter ihnen. Durch die ausserordentlichen geldpolitischen Lockerungen wurden ja, wie wir gesehen haben, die Preise von Aktien und Rohstoffen sowie auch der Goldpreis sehr stark in die Höhe getrieben, was wiederum zur Erhöhung des Vermögens in dieser Gruppe beigetragen hat.

Da Aktien auch ein etwas besserer Inflationsschutz sind als niedrig verzinste Anlageprodukte, dürfte diese Klientel auch besser vor einer drohenden höheren Inflation geschützt sein. Zudem können sich wohlhabende Privatkunden wohl generell besser auf die Tücken der Weltwirtschaft und der Finanzmärkte einstellen. Viele von ihnen nehmen nämlich die professionelle Beratung von Vermögensverwaltern oder Vermögensverwaltungsbanken in Anspruch. Ab einer Anlagesumme von rund 500 000 Euro aufwärts erhalten Privatanleger in derlei Banken in der Regel eine sehr viel bessere Beratung als ein durchschnittlicher Retailkunde, der mit einem deutlich kleineren Sparvertrag in die Filiale einer Grossbank oder Bankengruppe geht. Allerdings zeigt auch diese Anlegergruppe einen Hang zu Anlagen in der Heimat, der sogenannten «home bias», denn rund zwei Drittel der Anlagen sind im jeweiligen Heimmarkt investiert, was einem erheblichen Klumpenrisiko gleichkommt.

Nach Ländern ergeben sich nochmals Unterschiede. So ist der Aktienbesitz mit einem Anteil von 90 Prozent bei den Wohlhabenden in der Schweiz besonders hoch. In Deutschland beträgt er noch 75 Prozent und in Österreich 58 Prozent. Dagegen sind Lebensversicherungen in Deutschland und Österreich, vor allem aus steuerlichen Gründen, mit 69 Prozent und 70 Prozent deutlich häufiger bei betuchten Kunden zu finden als in der Schweiz mit 42 Prozent. Immobilien sind wiederum in der Schweiz mit 86 Prozent gegenüber 77 Prozent in Deutschland und 61 Prozent in Österreich stärker verbreitet. Insgesamt investieren laut dieser Erhebung wohlhabende Privatkunden deutlich weniger in niedrig verzinste Anlageprodukte als die durchschnittlichen Kleinkunden. Jedoch hat auch diese Gruppe Risiken im Portfolio. So halten 55 Prozent der in der Schweiz befragten Wohlhabenden Anleihen im Depot. Das Gleiche trifft auf 42 Prozent der Österreicher und 31 Prozent der Deutschen zu. Sollte es zu Marktphasen mit einer höheren Inflation kommen, ist diese Anlageklasse besonders stark betroffen. Die reichen Privatkunden kommen in allen Ländern auf einen Anteil von 36 Prozent bis 43 Prozent reiner Sachanlagen. Dazu gehören neben Edelmetallen und anderen Rohstoffen beispielsweise auch Kunstobjekte und Schmuck.

Das Wunder des Zinseszinseffektes

Die derzeitige Geldpolitik hat für die Anleger und Sparer Folgen. Langfristig baut sich in der Eurozone ein grosses Inflationspotenzial auf, das sich später einmal realisieren kann. Kurzfristig leiden die Anleger und Sparer unter dem tendenziell zu niedrigen Zinsniveau. Das ist keine Marginalie. Durch den Zinseszinseffekt kann langfristigen Anlegern und vor allem auch Personen, die am Kapitalmarkt für ihren Ruhestand vorsorgen wollen, ein immenser Schaden entstehen. Das Wunder des Zinseszinseffektes wird durch die entgangenen Gewinne für die Anleger zum Albtraum. Durch den Zinseszinseffekt steigen nämlich die Vermögen exponentiell an, da der Zuwachs mit jeder neuen Zinsperiode stets grösser wird. Der gleiche exponentielle Effekt gilt aber auch für Schulden. In vielen Ländern herrscht daher für gewisse Bereiche ein Zinseszinsverbot. In Deutschland beispielsweise gibt es laut dem Bürgerlichen Gesetzbuch ein generelles Zinseszinsverbot. Ausgenommen davon sind allerdings Guthabenzinsen auf Spareinlagen bei Banken sowie Darlehenszinsen auf Hypotheken von Pfandbriefbanken. Eine weitere Ausnahme ist der sogenannte Kontokorrentkredit. In der Schweiz lässt das Obligationenrecht Zinseszinsen nur unter Vorbehalt zu, und für Verzugszinsen herrscht ebenfalls ein Zinseszinsverbot. Grundsätzlich beruht der Zinseszinseffekt darauf, dass die Zinsen nach jeder Zinsperiode dem Sparkapital zugeschlagen und fortan mit verzinst werden. Daraus ergibt sich, dass der Zinsfaktor bei der Berechnung des Kapitals mit der Laufzeit potenziert wird. Durch die Potenzierung werden Zinserträge der vorangegangenen Jahre mit in die Berechnung einbezogen, sodass es zum Zinseszins kommt. Dies führt dazu, dass sich der gesparte Ertrag nach und nach potenziert. Daher spricht man von der Kraft des Zinseszinses. Er gilt als einer der wichtigsten und am wenigsten verstandenen Wirkungen in der Wirtschaftswelt.

Das bekannteste Beispiel ist vermutlich der sogenannte Jesuspfennig, das hier anhand eines Euro erklärt werden soll. Das Beispiel zeigt, was mit dem Betrag von 1 Euro passiert wäre, wenn er bei der Geburt von Jesus im Jahre Null zu einem Zinssatz von 5 Prozent angelegt worden wäre. Bis zum Jahr 2012 hätte sich daraus ein beinahe unermessliches Kapital ergeben. Die Summe würde 41 Stellen vor dem Komma aufweisen und im Bereich der Sextilliarden liegen. Hier zeigt sich, dass der Zinseszinseffekt vor allem langfristig eine enorme Wirkung entfaltet. Nach 100 Jahren wären aus dem

1 Cent zwar nur 1,32 Euro geworden und nach 200 Jahren immerhin 173 Euro. Doch nach 300 Jahren hätte sich bereits ein Betrag von 22 740 Euro ergeben, und nach 400 Jahren wären es satte 2,9 Million Euro gewesen. Und schon nach «lediglich» 500 Jahren hätte sich der 1 Cent auf sensationelle 393 Million Euro vermehrt.

Der Jesuspfennig ist sicher ein Extrembeispiel. Doch auch nach kürzeren Laufzeiten und bei einem höheren Anfangskapital spielt der Zinseszinseffekt eine enorme Rolle. Legt man beispielsweise 5000 Euro zu 5 Prozent über 50 Jahre an, ergeben sich daraus 57 337 Euro, wenn man die Zinsen dem Kapital zuschlägt und mit verzinst. Wenn man sich die Zinsen hingegen jeweils auszahlen lässt, kommen am Ende der Laufzeit lediglich 17 500 Euro zusammen – das ist ein enormer Unterschied. Überträgt man die Zahlen auf die realen Verhältnisse der vergangenen Jahre, sieht man den potenziellen Schaden, den ein zu niedriges Zinsniveau anrichten kann. Wer beispielsweise eine Summe von 50 000 Euro über 20 Jahre oder gar 30 Jahre anlegte, hat einen nicht zu unterschätzenden Nachteil, sollte das Zinsniveau auch nur um einen Prozentpunkt zu niedrig gewesen sein. Lag das Zinsniveau bei 2 Prozent statt 3 Prozent, beträgt der Unterschied beim Anlageergebnis satte 16 000 Euro (vgl. hierzu Abbildung 30). Legt man als anderes Beispiel etwa 20 000 Euro auf 30 Jahre an, was manche Eltern vielleicht bei der Geburt für ihre Kinder tun, ergibt sich am Ende der Laufzeit bei 2 Prozent Zinsen eine Summe von 36 227 Euro. Bei 4 Prozent sind es dagegen stattliche 64 868 Euro – eine Differenz von fast 30 000 Euro. Die drei Tabellen zeigen, wie sich verschiedene Anlagesummen bei Laufzeiten von fünf bis 30 Jahren sowie bei Zinssätzen zwischen 1 Prozent und 5 Prozent entwickelt hätten.

Dies soll und kann jedoch nur ein Anhaltspunkt sein, wie gross der Schaden eines tendenziell zu tiefen Zinsniveaus für die Anleger ist. Letztlich lässt sich nicht exakt bestimmen, ob und vor allem um wie viel die Leitzinsen effektiv zu niedrig waren. Im Fall der USA gehen Beobachter jedoch von durchaus einem bis zwei Prozentpunkten über mehrere oder gar viele Jahre aus. Zeitweise war die Differenz wohl sogar noch höher. Da Notenbanken, ausgelöst durch den politischen Druck, quasi in jeder Marktphase zu niedrigeren Zinsen neigen, weil sich Politiker davon ein höheres Wirtschaftswachstum sowie günstigere Kredite für den Staat versprechen, dürften die Zinsen ohnehin tendenziell immer eher zu niedrig sein, wohingegen sich ein Abweichen nach oben nur sehr selten ergeben dürfte. Aufgrund der exzessiv expansiven Geldpolitik in den USA, im Euroraum, in

Zinseszinsbeispielrechnungen
Mit Zinsansammlung statt Zinsauszahlung, unterjährig linear verzinst.

20 000 Euro Anlagesumme	Zinssatz				
Laufzeit	1 Prozent	2 Prozent	3 Prozent	4 Prozent	5 Prozent
5 Jahre	21 020	22 082	23 185	24 333	25 526
10 Jahre	22 092	24 380	26 878	29 605	32 578
15 Jahre	23 219	26 917	31 159	36 019	41 579
20 Jahre	24 404	29 719	36 122	43 822	53 066
30 Jahre	26 957	36 227	48 545	64 868	86 439

50 000 Euro Anlagesumme	Zinssatz				
Laufzeit	1 Prozent	2 Prozent	3 Prozent	4 Prozent	5 Prozent
5 Jahre	52 551	55 204	57 964	60 833	63 814
10 Jahre	55 231	60 950	67 196	74 012	81 445
15 Jahre	58 048	67 293	77 898	90 047	103 946
20 Jahre	61 010	74 297	90 306	109 556	132 665
30 Jahre	67 392	90 568	121 363	162 170	216 097

100 000 Euro Anlagesumme	Zinssatz				
Laufzeit	1 Prozent	2 Prozent	3 Prozent	4 Prozent	5 Prozent
5 Jahre	105 110	110 408	115 927	121 665	127 628
10 Jahre	110 462	121 899	134 392	148 024	162 889
15 Jahre	116 097	134 587	155 797	180 094	207 893
20 Jahre	122 019	148 595	180 611	219 112	265 330
30 Jahre	134 785	181 136	242 726	324 340	432 194

Abbildung 30   Quelle: eigene Berechnungen auf www.zinsen-berechnen.de

Grossbritannien und in der Schweiz entgehen auch den Bürgern dieser Länder aufgrund der niedrigen Leitzinsen und des daraus resultierenden allgemein niedrigen Zinsniveaus hohe Zinseinnahmen. Was private Anleger und institutionelle Investoren wie beispielsweise Versicherungen und Pensionskassen schädigt und ärgert, wie wir in den beiden vorangegangenen Kapiteln gesehen haben, freut und begünstigt zugleich Schuldner wie etwa Häuslebauer, aber auch Banken, weil sich diese billig refinanzieren dürfen. Auch sie können sich nämlich billiger verschulden und müssen einen geringeren Zinsdienst leisten.

So sieht eine Art der Umverteilung von Sparern zu Schuldnern in der Praxis aus. Sie ist schleichend und unscheinbar – und kann doch langfristig für die Betroffenen extrem grosse Auswirkungen haben. Realisiert sich in der Zukunft dann vielleicht auch noch das von den Notenbanken aufgebaute hohe Inflationspotenzial, wird es für die Anleger doppelt schmerzlich, da das Vermögen noch «weginflationiert» wird. Analytiker der französischen Grossbank Société Générale kommentierten Anfang 2012 in einer Studie die Folgen einer drohenden hohen Inflation mit den Worten: «Niemand hört Sie schreien, wenn die Gelddruckmaschinen laufen.»

Exkurs

Zinsen und Staatsschulden

Die Zinsen spielen übrigens auch bei der Entwicklung der Staatsschulden eine erhebliche Rolle. So schrieb die Deutsche Bundesbank bereits im März des Jahres 1997 in ihrem Monatsbericht, es müsse als Warnzeichen gelten, dass der Anstieg der Schuldenquote in den vergangenen Jahren wesentlich mit der hohen Zinsbelastung zusammenhänge. Damit nähre sich, meinten die Experten der Deutschen Bundesbank schon damals, die Verschuldung aus sich selbst. Die Neuverschuldung diene wegen der hohen Verschuldung des Staates faktisch nur noch der Finanzierung der bestehenden Zinslast.

Kein einfacher Ausweg – mögliche Lösungen für die Schuldenkrise

«Wenn du der Bank 100 Dollar schuldest, dann hast du ein Problem. Wenn du der Bank 100 Millionen Dollar schuldest, dann hat die Bank ein Problem.»

Jean Paul Getty, Erdöltycoon und Kunstmäzen

Hoffen auf Wachstum oder: Der Glaube an den Weihnachtsmann

«No easy way out» heisst ein Lied von Robert Tepper für den vierten Teil der fiktiven Boxersaga über Rocky Balboa. Auch für viele Länder ist der Ausweg aus ihrer hausgemachten Schuldenkrise nicht einfach. Wie angeschlagene Boxer taumeln die Politiker von einer Notlösung zur anderen. Im Prinzip gibt es vier Möglichkeiten, um aus einem solchen Schlamassel herauszukommen. Erstens kann man die Hoffnung haben, der Schuldenspirale durch ein stärkeres Wirtschaftswachstum zu entkommen. Zweitens können Politiker einen harten Sparkurs umsetzen und die Steuern erhöhen. Drittens kann man irgendwann – wie auch im Fall von Griechenland – einen Schuldenschnitt erwägen oder in extremis sogar den völligen Konkurs ausrufen. Und viertens könnten die Notenbanken noch mehr Geld drucken, um offene Rechnungen zu begleichen, was aber zu einer hohen Inflation führen dürfte. Die Wahl zwischen den Szenarien ist letztlich ein politischer Entscheid. Oft kommt es in der Praxis zu einer Mischung mehrerer Massnahmen.

Die Hoffnung auf übermässig gutes Wachstum muss man für viele überschuldete Länder jedoch vermutlich begraben, da das Minus bereits zu hoch ist, um der rollenden Schuldenlawine noch durch Wachstum entrinnen zu können. Allein der Zinsdienst für die bestehenden Kredite ist sehr hoch. In einer Untersuchung aus dem Jahr 2010 kommen die beiden amerikanischen Ökonomen Carmen M. Reinhart und Kenneth S. Rogoff zu dem Ergebnis, dass zwischen der Staatsverschuldung und dem Wirtschaftswachstum praktisch kein Zusammenhang besteht, solange die Staatsverschuldung unter 90 Prozent des Bruttoinlandsprodukts liegt. Wenn die Verschuldung

eines Landes diese kritische Schwelle jedoch überschreitet, wird es gefährlich. Dann wirke sich die hohe Staatsschuld dämpfend auf das Wachstum
aus. Länder mit einer hohen Staatsverschuldung wachsen gemäss der Studie,
in der die Entwicklungen in 44 Staaten bis zurück ins 19. Jahrhundert untersucht worden sind, im Durchschnitt um zwei Prozentpunkte langsamer als
Länder, deren Verschuldung bei weniger als 30 Prozent des Bruttoinlandsprodukts liegt. Zu ähnlichen Ergebnissen kam 2012 die Europäische Zentralbank sowie 2011 die Bank für Internationalen Zahlungsausgleich. Sie ist die
in Basel domizilierte Zentralbank der Zentralbanken. Die Europäische Zentralbank untersuchte das Wachstum von zwölf Ländern der Eurozone in den
vergangenen 40 Jahren und stellte fest, dass bereits eine Schuldenquote von
70 Prozent bis 80 Prozent gemessen am Bruttoinlandsprodukt leicht negative Folgen für das Wachstum eines Landes hat. Der Wendepunkt, ab dem
das Wirtschaftswachstum klar negativ beeinflusst wird, liegt laut den Ökonomen der Zentralbank bei 90 Prozent bis 100 Prozent Verschuldung. Die
Bank für Internationalen Zahlungsausgleich stellte ferner fest, dass die
geringe Verschuldung eines Staates einen positiven Effekt für den Wohlstand
und das Wachstum hat. Sobald jedoch die Verschuldung die kritische Grenze
von 85 Prozent übersteige, bremse ein weiterer Schuldenanstieg um zehn
Prozentpunkte das Trendwachstum jeweils klar.

Als Grund für den Zusammenhang führen die Forscher an, dass die
Schuldzinsen für die öffentliche Hand rasant steigen, sobald die Schulden
aus dem Ruder laufen. Zudem gebe es einen negativen Zusammenhang zwischen einer hohen Staatsverschuldung und einem künftigen Kreditwachstum. So würden sich steigende Risikoprämien für Staatsanleihen in einem
höheren Zinsniveau niederschlagen und die Kredite für Unternehmen und
Privatpersonen verteuern. Dies wiederum bremse eine wachstumsför-
dernde Investitionstätigkeit. Wirtschaftswachstum war für viele Länder im
Sommer 2012 allerdings ohnehin eine schwer zu erreichende Wunschvorstellung, da sich acht der 17 Mitglieder in der Eurozone in einer Rezession
befanden. Und historisch gesehen neigen viele Industriestaaten ohnehin zu
abnehmenden Wachstumsraten – und nicht etwa zu steigenden. So betrug
das Wirtschaftswachstum in Deutschland in den 1950er-Jahren im Durchschnitt 8,2 Prozent pro Jahr, in den 1960er-Jahren 4,4 Prozent, in den
1970er-Jahren 2,9 Prozent und in den 1980er-Jahren schliesslich 2,6 Prozent. In den 1990er-Jahren lag das Wirtschaftswachstum dann gerade noch
bei durchschnittlich 1,7 Prozent. Laut Schätzungen von Ökonomen beträgt

das sogenannte Potenzialwachstum für Deutschland, gemessen am durchschnittlichen Produktionspotenzial, seit Jahren weniger als 2 Prozent. Bei vielen anderen Ländern sieht der Trend ähnlich aus.

Die kritische Verschuldungsgrenze von rund 90 Prozent gemessen am Bruttoinlandsprodukt einer Volkswirtschaft haben viele Länder im Sommer 2012 längst hinter sich gelassen (vgl. hierzu Abbildung 31). Das gilt etwa für die USA, Grossbritannien, Frankreich und auch den Durchschnitt der Eurostaaten sowie den Durchschnitt der in der Organisation für wirtschaftliche Zusammenarbeit und Entwicklung (OECD) vertretenen Länder. Auch Deutschland ist nur noch hauchdünn von dieser Schwelle entfernt. Besser sieht es hingegen für Länder wie die Schweiz oder Australien aus, die mit deutlich weniger als 50 Prozent des Bruttoinlandsprodukts verschuldet sind. Weit über diese Schwelle hinaus sind bereits Portugal, Italien, Griechenland und Japan. Bei diesen Staaten stellt sich die Frage, ob der «point of no return» nicht schon längst überschritten ist.

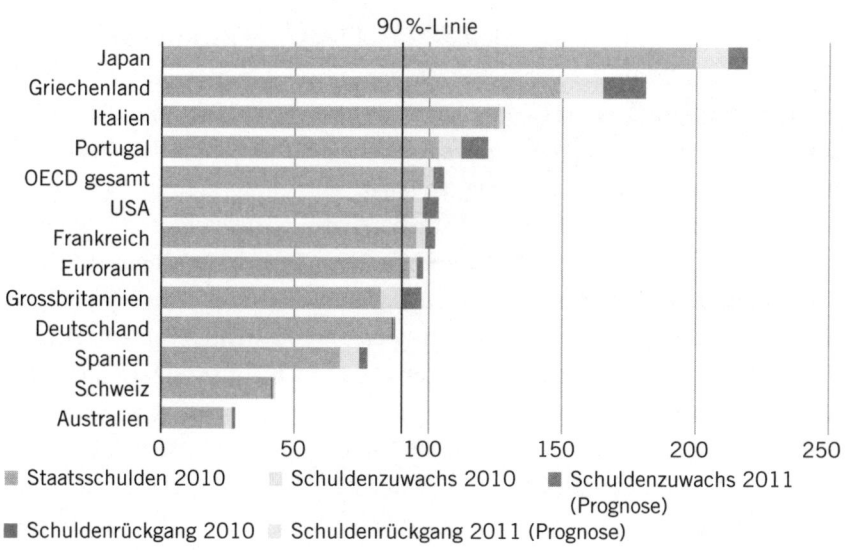

Staatsschulden verschiedener Länder im Vergleich
In Prozent des nominalen Bruttoinlandsprodukts, Stand Anfang 2011

Abbildung 31

Quelle: NZZ, OECD

Höhere Steuern und drakonisches Sparen –
die Party muss bezahlt werden

Wenn das Wachstum schon keine Lösung ist, helfen dann Sparmassnahmen, Steuererhöhungen und Strukturreformen, um zumindest langfristig wieder auf einen Wachstumskurs einzuschwenken? Ein grosses Problem ist, dass diese sogenannte Austeritätspolitik verschiedener Länder, also das an sich richtige und sinnvolle Sparen, anfangs erst einmal die Konjunktur schwächt und der Wirtschaft grosse Nachfrage durch die darbenden Konsumenten entzieht. Das führt zu Beginn immer erst in eine Abwärtsspirale aus Rezession, sinkenden Staatseinnahmen und noch stärker steigenden Schulden. Doch irgendwann erholt sich die Wirtschaft wieder, und es geht langsam bergauf. Ob jedoch eine derart verschuldete Nation wie Griechenland wieder von allein aus diesem Teufelskreis herauskommt, muss bezweifelt werden. Deshalb sind die im Dezember 2011 geplanten Massnahmen der Länder in der Eurozone von 0,5 Prozent strukturellem Defizit und einer gesetzlich verankerten Schuldenbremse vermutlich das Rezept für eine länger anhaltende Depression in den Ländern der europäischen Peripherie.

Als Griechenland am 4. Juli 2004 im Lissaboner Estádio da Luz gegen den Gastgeber Portugal mit einem 1 : 0-Sieg zum ersten Mal Fussballeuropameister wurde und einen Monat später in Athen die Olympischen Spiele ausgetragen wurden, war das Land sportlich wie finanziell vielleicht auf seinem absoluten Höhepunkt der vergangenen Jahrzehnte. Getragen durch die mit der Einführung des Euro einhergehenden niedrigen Zinsen, war es in Griechenland zu einem Boom gekommen. Dem Land hätte scheinbar nichts Besseres passieren können als die Gemeinschaftswährung. Doch der Schein trog schon damals, denn wie sich Jahre später herausstellte, wurde das durch die niedrigen Zinsen reichlich vorhandene Geld nicht produktiv oder zumindest nicht produktiv genug eingesetzt. Dies wurde spätestens im Herbst 2009 sichtbar, als nach den Parlamentswahlen die siegreiche sozialdemokratische Pasokpartei eingestehen musste, dass die Vorgängerregierung die Welt über das Ausmass der griechischen Staatsverschuldung getäuscht hatte. Quasi über Nacht wurde das Athener Haushaltsdefizit, das mit anfangs knapp 4 Prozent und dann 6 Prozent sowieso schon über den Kriterien des Maastrichtvertrages lag, auf über 13 Prozent und später rund 15 Prozent korrigiert. Spätestens zu diesem Zeitpunkt wurde klar, dass die Griechen lange Zeit über ihre Verhältnisse gelebt haben. Sie hatten bei Weitem mehr ausgegeben, beispielsweise für Löhne und Renten, als sie sich selber erarbeitet hatten. In anderen Ländern im Süden der Eurozone waren die Vorgänge ähnlich, wenngleich nicht ganz so gravierend. Doch irgendwann muss auch die schönste und längste Party einmal bezahlt werden. Dies war der Beginn der Schuldenkrise im Euroraum und der zum Teil drakonischen Sparbemühungen der überschuldeten Länder.

Strukturreformen auf den Arbeitsmärkten, beim Wettbewerb innerhalb verschiedener Branchen und bei der Überarbeitung des Rentensystems sowie der Kampf gegen Schwarzarbeit, Steuerhinterziehung und Korruption sind für viele Länder der einzige Weg aus dem Schuldensumpf. Dabei spielt die Wiedergewinnung der Wettbewerbsfähigkeit durch die Senkung der Lohnstückkosten eine entscheidende Rolle, wenngleich dies die Arbeiter schmerzt, weil der Prozess von sinkenden Löhnen begleitet wird. Doch nur so können Länder wie Spanien und Italien wieder in die Erfolgsspur kommen, das Vertrauen der Marktteilnehmer zurückgewinnen und sich von Almosen aus den nördlichen Ländern unabhängig machen. Ob es angesichts des Chaos in Griechenland für das Land auch noch möglich ist, bezweifeln inzwischen selbst wohlwollende Ökonomen. Die Lage in Griechenland scheint hoffnungslos zu sein.

Für Politiker sind derlei Reformen jedoch eine grosse Herausforderung – egal ob sie in Athen, Madrid und Rom oder in Berlin, Wien und Helsinki politisieren. Bei einem grossen Teil der Bevölkerung sind die Reformen, die meist mit dem Verlust von Privilegien einhergehen, sehr unbeliebt, was sich dann jeweils in den nächsten Wahlen zeigt. So kosteten in Deutschland die Agenda 2010 und die sogenannten Hartz-IV-Reformen dem damaligen Bundeskanzler Gerhard Schröder die Wiederwahl. Doch inzwischen profitiert das Land von den endlich eingeleiteten Reformen. Aus dem einst kranken Mann Europas ist wieder ein Musterknabe mit boomender Wirtschaft und erträglicher Arbeitslosigkeit geworden, wenngleich auch in Deutschland angesichts einer Verschuldung von rund 80 Prozent des Bruttoinlandsprodukts noch viel zu tun wäre. Das ist auch der Weg für die sogenannten GIIPS-Staaten Griechenland, Irland, Italien, Portugal und Spanien.

Die Gefahr, dass der Widerstand von den Politikern nicht überwunden wird, ist in vielen Ländern gross. Zudem dürfte womöglich bereits die Umsetzung der Beschlüsse beim EU-Gipfel vom Dezember 2011, wo unter anderem die Einführung nationaler Schuldenbremsen festgeschrieben wurde, sehr schwierig werden. Sollte die Ratifizierung in manchen Ländern scheitern, könnte dies an den Finanzmärkten als Beginn des Austritts aus dem Euroraum gewertet werden – einschliesslich einer Neubewertung der entsprechenden Vermögenswerte. Es käme an den Börsen vermutlich zu grossen Turbulenzen für Aktien, Staatsanleihen und Währungen sowie zu starken Senkungen dieser Vermögenswerte.

Drastischer Schuldenschnitt – ein Staat entzieht sich seinen Verpflichtungen

Geschichte wiederholt sich, wenngleich nicht eins zu eins. Das gilt besonders für die Geschichte der Verschuldung. «Ein Staat erhöht die Ausgaben, um die zu hohen Bedürfnisse der Bevölkerung zu erfüllen. Die Schulden steigen dadurch stark an, und dann entzieht sich eine Nation ihren Verpflichtungen, indem sie die Währung schwächt oder gar zerstört», hiess es bereits an einer anderen Stelle in diesem Buch. Eine Nation kann sich aber ihren Verpflichtungen nicht nur durch die Zerstörung der Währung, durch einen sogenannten Inflationsbankrott entziehen, sondern auch durch einen Schuldenschnitt, der im Englischen als «haircut» (Haarschnitt) bezeichnet wird. Dann lässt ein Land seine Gläubiger, die ihm zuvor vertrauensvoll Geld geliehen haben, im Regen stehen und zahlt grosse Teile des Geldes nicht zurück.

Das ist für die Gläubiger bitter, weil sie auf hohe Summen verzichten müssen. Es ist jedoch ein ordnungspolitisch und marktwirtschaftlich sauberer Weg. Die Gläubiger sollen im kapitalistischen System ihre Schuldner sorgfältig aussuchen. Sehr gute Schuldner wie die Schweiz, Deutschland oder die USA müssen dafür nur niedrige Zinsen zahlen. Als unzuverlässig angesehene Schuldner müssen deutlich höhere Zinsen zahlen. Das ist ökonomisch sinnvoll. Haben Gläubiger jedoch die Lage falsch eingeschätzt oder waren sie bei der Auswahl der Schuldner, denen sie Geld geliehen haben, nicht sorgfältig genug, müssen sie in einem marktwirtschaftlichen System auch die Konsequenzen ihres Handelns tragen. Dazu kann im Extremfall gehören, dass es zu Umschuldungen kommt und die Gläubiger auf einen Teil ihres Geldes verzichten müssen. Auch für den Schuldner ist dies kein leichter Weg, denn das Vertrauen der Anleger kann für lange Zeit zerstört sein. Dies macht es dem Land, das einmal seine Verpflichtungen nicht erfüllt hat, in Zukunft schwerer, erneut Gläubiger zu finden, die ihm Kredite geben.

In der Praxis haben Gläubiger allerdings oft ein kurzes Gedächtnis. Zudem ist die Welt voll mit Beispielen von Ländern, die sich ihren Verpflichtungen durch einen Schuldenschnitt entzogen haben. In vielen Jahrhunderten gab es Dutzende solcher Beispiele. Die beiden Ökonomen Carmen M. Reinhart und Kenneth S. Rogoff listen in ihrem Buch *Dieses Mal ist alles anders – Acht Jahrhunderte Finanzkrisen* allein von 1970 bis 2008 rund 30 Staaten auf, die eine Umschuldung vorgenommen haben. Darunter sind so prominente Beispiele wie Argentinien, Brasilien, Mexiko, Uruguay, Polen, Russland und Südafrika. In einigen dieser Länder kam es im genannten Zeitraum sogar mehrfach zu Umschuldungen. Besonders der teilweise Zahlungsausfall von Argentinien im Jahr 2001 betraf auch viele Privatinvestoren, vor allem in der Schweiz, aber auch in Deutschland und in anderen europäischen Ländern. Inzwischen ist in Europa Griechenland hinzugekommen, wenngleich es sich um eine als freiwillig deklarierte, doch gleichwohl erzwungene Umschuldung handelt.

Ein grosses Problem von Umschuldungen ist in der Regel, dass davon jeweils vor allem der heimische Finanzsektor stark betroffen ist. In den meisten Ländern sind die heimischen Banken und Versicherungen nämlich eine bedeutende Gläubigergruppe, da sie im grossen Stil in Staatsanleihen des Heimatlandes investieren. Das ist in Deutschland, der Schweiz und in Österreich übrigens genauso. Auch in Deutschland gehören Banken und Versicherungen zu den grössten Investoren in deutsche Staatsanleihen. Das Gleiche gilt für die Schweiz und für Österreich. Kommt es nun in einem Land zu einem Schuldenschnitt, bedroht dies enorm die Existenzfähigkeit des heimischen Finanzsektors. Je nach der Grösse eines Schuldenschnitts können sofort eine grosse Anzahl heimischer Banken und Versicherungen pleite sein, da die Abschreibungen das Eigenkapital dieser Firmen deutlich übertreffen. Dann herrscht für eine gewisse Zeit erst einmal Chaos in einem Staat, bis sich nach ein paar Monaten oder vielleicht auch erst nach ein bis zwei Jahren die Lage wieder stabilisiert hat. Dieser Weg ist mit enormen Unwägbarkeiten verbunden, kann aber zu einem guten Neustart beitragen. Der Vorgang gleicht dem Sprichwort: «Lieber ein Ende mit Schrecken als ein Schrecken ohne Ende.» Es wird also ein Chaos mit möglicherweise grossen Tumulten in der Öffentlichkeit in Kauf genommen. Dafür gibt es dann jedoch einen Neustart, anstatt die Probleme jahrelang mitzuschleppen.

In der Eurozone ist das Problem, dass in Griechenland nicht nur griechische Banken, sondern auch ausländische Banken und Versicherungen involviert sind. Das Gleiche gilt für Länder wie Irland, Portugal, Spanien und Italien. Daher war die Befürchtung gross, dass ein richtiger – und auch als solcher deklarierter – Schuldenschild in Griechenland eine hohe Ansteckungsgefahr für die anderen überschuldeten Länder birgt. Sollte es zu dieser Ansteckung kommen, müssten Banken und Versicherungen nicht nur Investitionen in griechische Staatsanleihen, sondern vielleicht auch in irische, portugiesische, spanische und italienische Staatsanleihen abschreiben. Dies hätte zur Folge, dass grosse Teile des europäischen Finanzsektors, also Banken und Versicherungen, in die Pleite schlittern würden. Über den gigantischen Derivatemarkt und die Verzahnungen der Institute untereinander könnte diese existenzielle Krise auch auf den amerikanischen Bankensektor übergreifen.

Wie man allein an den Folgen beim Konkurs der amerikanischen Investmentbank Lehman Brothers zu Beginn der Finanzkrise gesehen hatte, ist dies für viele Politiker und Branchenvertreter ein Albtraumszenario. Niemand möchte ausprobieren, welche Folgen ein Crash des Finanzsystems in Europa und in den USA hätte, der sich sicher auch auf den Finanzsektor in Asien und Südamerika auswirken würde. Daher wird in der Politik die Strategie «durchwursteln» und Zeit kaufen mit immer neuen Massnahmen favorisiert – anstatt den Gläubigern ihre Verluste zuzumuten. Dies wäre allerdings ökonomisch und ordnungspolitisch richtig und sinnvoll, weil sie in der Vergangenheit zu leichtsinnig Kredite an Staaten gegeben haben, die sich in der Krise als nicht ausreichend solide erwiesen. Manche Ökonomen, wie etwa der renommierte Schweizer Finanzexperte Felix Zulauf, schlagen vor, man solle alle systemrelevanten europäischen Banken verstaatlichen. Dann könne man auf Dividenden für die Aktionäre verzichten, Boni streichen und Löhne einfrieren, was zu einem schnelleren Kapitalaufbau bei den Instituten führen würde. Nach der Gesundung der Staatsfinanzen und des Bankensektors, was vielleicht fünf bis zehn Jahre dauern würde, könnte man die Banken dann wieder an die Börse bringen und somit in die Privatwirtschaft entlassen.

Hohe Inflation – niemand hört Sie rufen,
wenn die Gelddruckmaschinen laufen

Der Geist ist aus der Flasche. Und wie man ihn wieder hineinbekommt, weiss niemand so genau. Die Gelddruckmaschinen der führenden Zentralbanken laufen längst auf Hochtouren. Zwar sprechen die Währungshüter nicht vom Gelddrucken, sondern euphemistisch von einer «monetären Lockerung zur Stabilisierung des Finanzsystems und der Wirtschaft», doch der Effekt ist der gleiche. Die Ultraniedrigzinspolitik macht es den siechenden Staaten leichter, sich zu refinanzieren, da so die Zinslast für die bestehenden Schulden gesenkt wird. Die Grenze zur Staatsfinanzierung ist in vielen Ländern, so zum Beispiel in den USA und in Grossbritannien, längst überschritten. Die US-Notenbank ist inzwischen vor China der grösste Besitzer amerikanischer Staatsanleihen, und die Bank of England hat Government Bonds im Wert von rund einem Drittel der englischen Staatsschulden im Portfolio. Auch im Euroraum ist man seit Beginn des direkten Ankaufs von Staatsanleihen auf dem besten Weg dorthin. Das gilt besonders, seit die Europäische Zentralbank unter ihrem italienischen Präsidenten Mario Draghi mit den beiden langfristigen Refinanzierungsoperationen Ende 2011 beziehungsweise Anfang 2012 die Katze aus dem Sack gelassen hat. Im Rahmen dieser Operation, an der rund 800 Banken teilnahmen, flossen etwa 1000 Milliarden Euro an das Bankensystem. Das Geld wurde von den Geschäftsbanken dann zum Teil wieder in Staatsanleihen investiert. Hierbei handelt es sich quasi um eine Staatsfinanzierung durch die Hintertür, bei der die Banken schön mithelfen.

Die laufenden Gelddruckmaschinen und die im dritten Kapitel beschriebene Explosion der Geldbasis M0 bergen irgendwann in den kommenden Jahren die Gefahr einer hohen Inflation. Inflation ist immer ein monetäres Phänomen, wie Milton Friedman, der berühmte Nobelpreisträger für Wirtschaftswissenschaften, erkannte. Nicht etwa Unternehmen und Gewerkschaften verursachen durch hohe Lohnabschlüsse die Teuerung, sondern stets die Herren über die Geldproduktion – und das sind die Regierungen und Notenbanken. Immer geht der Inflation eine Ausweitung der Geldmenge im Verhältnis zur Menge der dafür erhältlichen Güter und Dienstleistungen voraus. Und die Geldmenge hat sich, wie wir gezeigt haben, gemessen an der Geldbasis, im Vergleich zu dem Zustand vor der Finanzkrise bereits vervielfacht. Zur Inflation kommt es erst, wenn das Geld auch seinen Weg in den Wirtschaftskreislauf findet. Bisher hatten die Banken grosse Teile dieser Liquidität wiederum bei der Notenbank geparkt, wenngleich nach und nach immer mehr Geld auch in die Wirtschaft fliesst, wie in den vorangegangenen Kapiteln beschrieben.

Das Gesetz von Angebot und Nachfrage gilt letztlich auch beim Geld, denn auch Geld ist ein Produkt wie viele andere. Werden immer mehr Einheiten von diesem Produkt geschaffen und bleibt zugleich die Zahl der Dinge, die man mit diesen Produkten kaufen kann, gleich, nimmt der Wert der Einheiten ab, und man muss immer mehr dieser Einheiten zum Tausch gegen Güter und Dienstleistungen aufbringen. Derzeit sind jedoch die Zins- und Kreditkanäle im Euroraum durch die Bankenkrise noch weitgehend ausgetrocknet. In vielen südlichen Ländern des Euroraums sind höhere Lohnabschlüsse der Gewerkschaften eine Wunschvorstellung. Allerdings ist es in Deutschland im Jahr 2012 schon zu recht hohen Lohnabschlüssen gekommen. So steigen die Löhne der Mitarbeiter von Bund und Kommunen bis 2014 in mehreren Schritten um insgesamt 6,3 Prozent, und auch die Gewerkschaft IG Metall holte für ihre Branche ein Lohnplus von 4,5 Prozent heraus. Das ist der grösste Sprung seit mehr als 20 Jahren. Dies könnte der Anfang einer Lohn-Preis-Spirale sein: Auf höhere Löhne folgen steigende Preise für Güter und Dienstleistungen usw., wodurch das viele Geld seinen Weg in den Wirtschaftskreislauf findet. Doch auch wenn die geldpolitische Transmission nicht in Schwung kommt, bleibt die Gefahr, dass die hohe Liquidität zu Preisblasen an den Finanzmärkten führt. Dies war schon in den vergangenen Jahren der Fall. So entstehen dann nicht mehr nachvollziehbare Steigerungen an den Aktien- und Rohstoffmärkten, oder es kommt zu gewaltigen Immobilienblasen.

Höhere Inflation wäre aus der Sicht vieler Beteiligter wohl die beste Lösung für die Schuldenkrise. Je höher die Teuerung ist, desto stärker nimmt der Wert der Schulden ab. Das deutsche Ifo-Institut kommt in einer Untersuchung zum Thema *Inflation und Staatsverschuldung* aus dem Jahr 2010 zu dem Ergebnis, dass vor allem Länder mit einer hohen Verschuldung, einer langen Restlaufzeit von ausstehenden Staatsanleihen, hohen Zinsen und einem schwachen Wirtschaftswachstum einen höheren Anreiz zur Inflationierung haben als andere Länder. Stimmen diese Erkenntnisse, dürften vor allem Griechenland, Portugal, Italien und Irland ein stärkeres Interesse an höheren Inflationsraten haben. Dagegen würden Deutschland, Frankreich, Österreich, die Niederlande und Finnland, die niedrigere Inflationsraten haben, besser fahren. Auch die USA würden auf der Basis dieser Erkenntnisse von höheren Inflationsraten nicht besonders stark profitieren, da die ausgegebenen amerikanischen Staatsanleihen im Durchschnitt eine relativ kurze Restlaufzeit aufweisen. Insgesamt können sich also bei einer hohen Inflation viele, wenn auch nicht alle Staaten, aber auch private Schuldner tendenziell schneller entschulden als bei einer geringen Inflationsrate oder gar einer Deflation. Durch steigende Preise erhöht sich nämlich auch das nominale Bruttoinlandsprodukt, und zwar selbst dann, wenn die Wirtschaft real nur wenig wächst. Dies hat zur Folge, dass der Schuldenstand eines Landes im Vergleich zum Bruttoinlandsprodukt weniger hoch aussieht. Ergo sinkt die Schuldenquote. Und damit die Teuerung nicht auch die Zinsausgaben der Staaten in die Höhe treibt, drückt die Zentralbank das Zinsniveau künstlich nach unten. Genau das passiert schon jetzt in aller Herren Länder. Auf diese Weise haben sich auch die USA nach dem Zweiten Weltkrieg entschuldet. Die ganze Sache hat jedoch einen Haken. Auch die Ersparnisse verlieren massiv an Wert. Bei einer Teuerung von jährlich 4 Prozent halbiert sich die Kaufkraft des Geldes in 18 Jahren und bei einer Inflation von 6 Prozent pro Jahr innerhalb von zwölf Jahren. Heutige 50 000 Euro hätten dann in 18 beziehungsweise in 12 Jahren nur noch die Kaufkraft von 25 000 Euro. Diese Lösung der Schuldenkrise ist also ebenfalls sehr schmerzhaft. Manche Ökonomen, wie beispielsweise Thorsten Polleit, der frühere Chefvolkswirt Deutschland bei der britischen Barclays Bank, verweisen darauf, dass eine Inflation mit den höchsten volkswirtschaftlichen Kosten verbunden ist. Dies ist allerdings schwierig messbar. Starke Teuerung sei zudem ein soziales Übel, weil primär ärmere Bevölkerungsschichten und der Mittelstand darunter leiden. Nach den Erfahrungen der Vergangenheit hält er die Lösung der Krise mithilfe einer Inflation jedoch für die wahrscheinlichste Variante.

Für Politiker ist die Lösung elegant. Sie müssen der Bevölkerung, also ihren Wählern, keine unbeliebten Sparmassnahmen oder Steuererhöhungen zumuten und sie auch nicht mit Strukturreformen plagen, sondern setzen auf die stille Wirkung der Inflation. Zwar merken die Menschen irgendwann, dass ihr Geld an Kaufkraft verliert. Doch ist es schwer, jemanden dafür so direkt verantwortlich zu machen, wie dies beispielsweise bei der Erhöhung von Steuern möglich wäre. Die stille und heimliche Schröpfung der Bürger durch eine Inflation ist für Politiker also attraktiv. Es geht jedoch, wie erwähnt, damit eine grosse Umverteilung einher. Wohlhabende Bürger, die in der Regel mehr Erfahrung in Geldanlagedingen haben und dabei auch besser von Bankern beraten werden, können in der Regel ihr Vermögen besser vor Inflation schützen als ärmere Bevölkerungsschichten und der Mittelstand. Gerade die beiden letztgenannten Gruppen legen ihr Geld nämlich zu grossen Teilen in sehr niedrig verzinsten Anlagen an oder halten das Geld sogar mehr oder weniger in bar. Sie trifft dann der Kaufkraftverlust durch die hohe Teuerung mit voller Wucht.

Gerade in Deutschland ist aufgrund der historischen Erfahrungen die Angst der Menschen vor hoher Inflation enorm gross. Dies zeigen auch immer wieder Umfragen unter den Bürgern. Von daher wird es schwierig sein, den Menschen in Deutschland über einen längeren Zeitraum den Sinn einer zu hohen Inflation zu vermitteln. Ein anderer, aus politischer Sicht vermutlich noch eleganterer Weg, die Schulden zu reduzieren, ist eine Mischung aus den in den vorangegangenen Kapiteln beschriebenen Massnahmen sowie der finanziellen Repression.

Die unheilvolle Zukunft –
die dauerhafte finanzielle Repression

«Inflation ist in den meisten Fällen eine subtile Form
der entschädigungslosen Enteignung derjenigen, die Geldvermögen besitzen.»

Helmut Schlesinger, Präsident der Deutschen Bundesbank

Die Welt scheint wieder am Ende des Zweiten Weltkrieges angekommen zu sein – zumindest was die Verschuldung angeht. Damals betrugen die Schulden der 22 grössten Industrienationen knapp 100 Prozent des Bruttoinlandsprodukts. Auf diesem Niveau findet sich die Verschuldung dieser Industrienationen auch im Sommer 2012 wieder. Doch im Gegensatz zur damaligen Kriegswirtschaft ist die Ursache der hohen Schulden diesmal der seit Jahren, ja sogar seit Jahrzehnten übermässige Konsum der Bürger. Sie verschlingen seit langer Zeit mehr, als sie jeweils erarbeiten. Um die immensen Schulden abzubauen, starteten die Staaten nach dem Zweiten Weltkrieg eine Ära der finanziellen Repression, die bis Ende der 1970er-Jahre dauerte. Die USA schafften es dadurch, ihre Verschuldung von 120 Prozent innerhalb von nur zehn Jahren zu halbieren. Auch heutzutage erwartet die Bürger in den USA und in Europa wieder eine Ära der finanziellen Repression. Sie hat bereits begonnen.

Doch im Vergleich zu der Situation nach dem Zweiten Weltkrieg ist die Ausgangslage heute eine andere. Während 1945 vor allem die Staaten stark verschuldet waren und in vielen Ländern eine Phase des Wirtschaftsbooms einsetzte, sind heutzutage auch Banken und Haushalte in etlichen Ländern stark verschuldet. Zudem ist in vielen Staaten die Arbeitslosigkeit hoch, und von einem Wirtschaftsboom kann keine Rede sein. Es gibt nun, wie im vorangegangenen Kapitel dargelegt, verschiedene Wege aus der Schuldenfalle. Durch Wachstum könnten die Staaten aus den Schulden herauswachsen, doch dies hat in der Vergangenheit nur selten funktioniert. Wenn dies nicht allein funktioniert, kann man den Weg der Austerität weitergehen, also sparen oder die Steuerlast noch mehr erhöhen. Beides ist bei den Bürgern sehr unbeliebt, weshalb Politiker diesen Weg verabscheuen.

Eine weitere Möglichkeit sind tief greifende Restrukturierungen innerhalb der Länder oder die Erklärung des Staatsbankrotts – ein Weg, der vor allem bei grossen Staaten kaum ohne massive Turbulenzen zu beschreiten ist. Die dargelegten Wege sind also entweder nur schwer realisierbar oder für die Politiker im Hinblick auf ihre Wiederwahl sehr unattraktiv. Weitere – wahrscheinlichere – Wege wären die Inflation und die finanzielle Repression. Dabei lenken die Probleme in den Peripherieländern der Eurozone ohnehin von den drohenden Turbulenzen durch die immense Verschuldung von Ländern wie den USA, Grossbritannien oder Japan ab. Für die Eurozone ergeben sich noch andere spezifische Probleme, da hier Länder in einer Währung vereinigt sind, die aufgrund ihrer Struktur und ihrer Grundvoraussetzungen eigentlich nicht zusammenpassen. Zur Lösung der Probleme innerhalb des Euroraums wären daher auch die Rückabwicklung der Eurozone und damit die Schaffung der alten nationalen Währungen oder die Aufspaltung in einen Nordeuro mit Deutschland und assoziierten Ländern wie den Niederlanden, Österreich oder Finnland und einen Südeuro mit Frankreich an der Spitze als einer Art «Club Med», also den Mittelmeeranrainern, denkbar. Sehr heikel wäre allerdings dabei der Umgang mit Frankreich. Zwar würde das Land nach Meinung vieler Ökonomen eher zum Südeuro gehören. Dies gilt erst recht nach der Wahl des Sozialisten François Hollande an die Spitze der französischen Republik, doch aus historischen Gründen könnte man – so war zumindest bisher die herrschende Meinung – Deutschland und Frankreich wohl kaum voneinander trennen, sodass Frankreich vermutlich auch zum Nordeuro hinzugenommen würde. Sollte sich Frankreich unter Hollande jedoch aus eigenem Antrieb von Deutschland entfernen und die Achse Berlin – Paris durch das Dreieck Paris – Madrid – Rom ersetzen, könnte sich dies vielleicht ändern.

Was versteht man unter einer finanziellen Repression? Generell ist damit die Behinderung des Finanzsektors durch staatliche Interventionen und Regulierungen gemeint. Dabei übt die Regierung über verschiedene Massnahmen Druck aus, damit dem Staat von Gläubigern und Bürgern Geld zufliesst, das er in einem freien Markt nicht oder nicht zu diesen Konditionen bekommen hätte. Zudem kommt es meist zu einer unheiligen Allianz zwischen der Regierung, der Zentralbank und den Geschäftsbanken, häufig unter dem Deckmantel der sogenannten makroprudentiellen Regulierung. Unter makroprudentiell versteht man die Regulierungstätigkeit einer Aufsichtsbehörde, bei der der Fokus auf den Finanzmarkt als Ganzes gerichtet ist. Die Behörden versuchen sozusagen, mit ihren Massnahmen die Stabilität des Finanzsystems und einen reibungslosen Ablauf des Zahlungsverkehrs zu gewährleisten. Das Gegenteil wäre eine mikroprudentielle Aufsicht, also die Beobachtung einzelner Institute. Oftmals herrschen in Phasen finanzieller Repression negative Realzinsen, das heisst die Teuerung ist höher als die nominalen Zinssätze. Die Regierung übt Druck aus, damit private oder institutionelle Investoren dennoch in Anlagen mit negativen Realzinsen investieren. Kennzeichen der finanziellen Repression sind zudem unter anderem festgelegte Höchstgrenzen für Zinssätze, Zwangsanleihen, steuerliche Anreize zur Umverteilung von Geldern zum Staat, Monetarisierung von Staatsschulden, also das Gelddrucken durch die Notenbank, Kapitalverkehrskontrollen, Verfügungsbeschränkungen für Konten, die direkte Kreditvergabe von Pensionskassen und Versicherungen an den Staat oder das Verbot von Goldbesitz. So drängte die Regierung der USA die Banken und Versicherungen nach dem Zweiten Weltkrieg dazu, Staatsanleihen zu kaufen, und führte zugleich Höchstgrenzen für Zinssätze von lange laufenden Staatsanleihen und Bankeinlagen von 2,5 Prozent ein. Der Besitz von Gold war bis 1974 verboten. Auch in Deutschland gab es von 1937 bis in die 1960er-Jahre Vorgaben für Soll- und Habenzinsen.

Durch den Ausbruch der Finanzkrise hat nun erneut eine Ära der finanziellen Repression begonnen. Dabei spielen die Notenbanken eine zentrale Rolle – allerdings gezwungenermassen aufgrund der Unfähigkeit der Politiker, die bestehenden Probleme zu lösen. Durch die Manipulation der Zinssätze nach unten werden die nominalen Zinsen tief gehalten, sodass es in den USA, in Grossbritannien und in der Eurozone seit dem Ausbruch der Finanzkrise bereits weitestgehend negative Realzinsen gibt. Zudem droht durch die Geldflut später noch Inflation. Es ist eine Illusion, die Notenbanken könnten zugleich die Weltwirtschaft stützen sowie das Bankensystem retten und die Inflation unter Kontrolle halten. Die Staaten erhalten oder schaffen zudem Anreize für Banken und Versicherungen, in Staatsanleihen zu investieren, weil sie diese nicht oder mit nur sehr wenig Eigenkapital unterlegen müssen, etwa durch die Regulierungen namens Basel II und Basel III oder Solvency II. In den Peripherieländern der Eurozone üben Regierungen längst Druck auf Banken aus, mit den von der Europäischen Zentralbank bereitgestellten Mitteln direkt in Staatsanleihen zu investieren. Die Banken hatten sich zum Jahreswechsel 2011/12 rund 1000 Milliarden Euro zu Sonderkonditionen von der Europäischen Zentralbank geliehen.

Verschiedene Politiker, darunter der frühere französische Präsident Nicolas Sarkozy, empfahlen den Banken dann, mit dem Geld in Staatsanleihen zu investieren. In Ländern wie Frankreich kommen solche Hinweise des Präsidenten aufgrund der engen Verstrickung von Politik und Wirtschaft noch immer beinahe einem Befehl gleich. In der Presse erhielt der Vorgang den Namen Sarkozy-Trade. Entsprechend haben sich die Portfolios vieler Banken bereits verschoben. In Frankreich, Irland und Portugal wurden ausgewählte Pensionsfonds bereits an die nationalen Regierungen übertragen. Grossbritannien erhöhte die Liquiditätsanforderung für Banken. Die liquiden Mittel werden natürlich in Staatsanleihen gehalten. Und Österreich schränkte die Kapitalflüsse nach Mittel- und Osteuropa ein. Ähnliche Entwicklungen gibt es auch in Spanien und Japan. In ihrem im April 2012 veröffentlichten Researchpapier *The Return of Financial Repression* listet die Ökonomin Carmen M. Reinhart für den Zeitraum von 2008 bis 2011 bereits acht Massnahmen der finanziellen Repression durch die Regierungen, die Aktionen der Notenbanken sind dabei ausgeschlossen, in sechs verschiedenen Industrieländern auf. Für die Schwellenländer fand sie zugleich 26 Massnahmen in zwölf Ländern. Die Marktkräfte werden somit bei der Ermittlung der Zinsen immer mehr zurückgedrängt. Dies alles dürfte erst der Anfang sein.

Die finanzielle Repression der Bürger, einhergehend mit leicht erhöhter oder sogar höherer Inflation, scheint auf den ersten Blick ein verträglicher Weg zu sein, um sich der hohen Schulden zu entledigen. Dieser Eindruck täuscht aber. Für Politiker ist die Methode zwar elegant, weil die durch negative Realrenditen stattfindende Sanierung, die einer Steuer auf Anleihen und Spareinlagen gleicht, subtil und schleichend ist. Die Intransparenz führt zu weniger öffentlichen Diskussionen als Steuererhöhungen oder Budgetkürzungen. Die Knebelung der Bürger geht allerdings mit hohen Kosten einher. Durch die von den Notenbanken nach unten manipulierten Zinssätze wird der Eindruck erweckt, Kapital sei im Überfluss vorhanden. Dieses Zerrbild führt zu verfälschten Anreizen und der Fehlallokation von Kapital. Es kann beispielsweise zu einem Immobilienboom kommen. Es werden von Unternehmen Projekte angegangen, die bei einem normalen Zinsniveau unrentabel wären, oder es werden Banken und Staaten am Leben gehalten, die unter herkömmlichen Bedingungen nicht überlebensfähig wären. Ferner kommt es zu einer finanziellen Deglobalisierung und zu einem Knirschen im Währungsgebälk. Zudem besteht die Gefahr, dass Gelder aus den Industrieländern in die Schwellenländer fliessen. Dies führt bei den Schwellenländern zu einem Aufwertungsdruck der Währungen und möglicherweise zum Entstehen von Finanzblasen. Um dies zu verhindern, könnten die Schwellenländer wiederum dazu neigen, entweder Kapitalverkehrskontrollen einzuführen oder am Devisenmarkt zu intervenieren und Reserven in Währungen der Industrieländer – vor allem in Dollar und Euro – aufzubauen. Diese investieren sie dann wiederum in die Staatsanleihen der entsprechenden Industrieländer, um so zu einer Senkung von deren Zinsen beizutragen. Dadurch entsteht quasi ein globaler Kreislauf, in dem politische Entscheidungsträger die Kurse von Staatsanleihen sowie von Währungen der Industrie- und Schwellenländer sowie die Höhe der Zinssätze beeinflussen. Schlimmer noch für den einzelnen Bürger ist hingegen die Umverteilung von den Sparern zu den Schuldnern. In Deutschland, Österreich, der Schweiz und in vielen anderen Ländern halten grosse Teile der Bevölkerung ihr Geld in liquiden Mitteln oder in niedrig verzinsten Wertpapieren. Hier kommt es bei negativen Realzinsen zu einer faktischen Enteignung, die vor allem die Mittel- und Unterschicht betrifft.

Zwar könnte man argumentieren, die Bürger würden nun für den übermässigen Konsum in früheren Jahren bestraft. Doch die Profiteure der einstigen Schuldenpolitik sind nicht unbedingt auch die Gewinner der finanziellen Repression. Es wird also Gewinner und Verlierer geben. Besser und gerechter wäre es hingegen, die Haushalte zu sanieren und die Schulden abzutragen, am Markt nicht mehr überlebensfähige Banken in den Konkurs zu schicken und auch Staaten, die sich finanziell übernommen haben, in ein geordnetes Insolvenzverfahren zu schicken. Die Notenbanken sollten sich zudem wieder allein auf ihre Kernaufgabe konzentrieren, nämlich auf die Stabilisierung des Papiergeldwertes. Sonst droht am Ende des Prozesses eine Währungskrise, die schlimmstenfalls mit der völligen Neuordnung des Währungsgefüges einhergeht. Die Welt stünde erneut vor einer Währungsreform.

Epilog – die Schuldenkrise in der Eurozone

«‹Fluctuat nec mergitur.› – ‹Sie schwimmt, geht aber nicht unter.›»
Dieses Motto auf dem Wappen der Stadt Paris sollte auch der Leitspruch für die Börse sein.»

André Kostolany, Börsenkolumnist

Dem Euro droht der Exitus

In den vorangegangenen Kapiteln haben wir gezeigt, wie die Schuldenpolitik der Regierungen und die Geldpolitik der Zentralbanken ins geld- und währungspolitische Chaos und zu einer grossen Umverteilung zwischen den Bevölkerungsschichten führen können. Dabei werden Sparer bestraft und Schuldner bevorteilt. Die Schuldenkrise im Euroraum ist zwar nicht Kern dieses Buches, doch es geht um Schulden, sehr viel Schulden. Und es geht um den übermässigen Konsum von Staaten und Bürgern sowie um die Rolle der Notenbanken beim Anheizen der Schuldenspirale und beim Aufräumen der Versäumnisse von Politikern. Dies hängt alles auch mit der Eurokrise zusammen und entfaltet Wechselwirkungen. Das Wort «Eurokrise» ist inzwischen zwar etabliert, aber falsch. Es handelt sich bei den gegenwärtigen Turbulenzen vielmehr um eine Schuldenkrise von südlichen Ländern in der Europäischen Währungsunion. Ausgelöst wurden die dramatischen Geschehnisse vor allem durch eine Fehlkonstruktion der europäischen Finanzverfassung. Diese wirkt sich mehr und mehr auf den Euro und dessen Wert gegenüber anderen Währungen aus. Zudem belastet die Krise mehr und mehr auch die Handlungsfähigkeit und die Reputation der Europäischen Zentralbank.

Die Länder der Europäischen Währungsunion haben zwar seit über einem Jahrzehnt eine mit viel Tamtam und grossen Versprechungen eingeführte gemeinsame Währung, doch die Europäische Union ist weiterhin nur ein Staatenverbund, der noch weit von einem Bundesstaat wie den USA entfernt ist. Dies wird voraussichtlich auch noch viele Jahre, wenn nicht gar Jahrzehnte dauern oder nie eintreten. Für Länder, die sich in ökonomisch völlig unterschiedlichen Ausgangslagen befanden und bis heute grosse

Unterschiede in der wirtschaftlichen Verfassung aufweisen – wie beispielsweise Deutschland und Portugal oder die Niederlande und Griechenland –, gibt es durch die Währungsunion nur noch eine Währung, eine Geldpolitik und nur noch einen gemeinsamen Leitzins. Dieser Leitzins ist ein Mittelwert für die gesamte Eurozone. Das bedeutet, dass er für die einen Länder viel zu niedrig und für die anderen Länder viel zu hoch ist. Dadurch wird die Wirtschaft in der einen Region zu stark angeheizt und in der anderen zu stark gedämpft. Zudem haben nationale Notenbanken und Politiker nicht mehr die Möglichkeit, eine Nation durch eine Abwertung der Währung wieder wettbewerbsfähiger zu machen. Die Erhöhung der Wettbewerbsfähigkeit eines Landes gegenüber anderen Staaten in Europa und auf der gesamten Welt kann nun nur noch über eine interne Restrukturierung, also beispielsweise durch das Senken der Lohnstückkosten, erfolgen, was meist nur in Verbindung mit sinkenden Löhnen zu erreichen ist.

Der Euro bedeutete von Anfang an einen Regimewechsel für jedes Land, der tief greifende Anpassungen in den jeweiligen Strukturen verlangte. Nicht alle Politiker verstanden bei der Beitrittserklärung offenkundig, was sie unterschrieben. Viele Volksvertreter dachten wohl, man gebe nur die nationale Geldpolitik auf. Der Euro und die daraus resultierende einheitliche Geldpolitik, für die plötzlich nicht mehr die nationalen Notenbanken zuständig waren, sondern die Europäische Zentralbank in Frankfurt, brachten jedoch dramatische Konsequenzen für die Lohnpolitik der einzelnen Länder. Die gemeinsame Währung verlangt von den Mitgliedstaaten eine Wirtschaftspolitik, die mit der Stabilität der Währung konsistent ist.

Der Euro ist zwar einerseits der – vermeintlich krönende? – Abschluss der wirtschaftlichen Integration in Europa, seine Einführung kann andererseits jedoch auch als Teil eines gemeinsamen Integrations- und Friedensobjekts der europäischen Länder betrachtet werden. In den beiden vergangenen Jahren entwickelte er sich, so muss man zumindest unweigerlich den Eindruck haben, mehr und mehr zum Spaltpilz. Dies ist er eigentlich nicht, doch er zwingt die Politiker der Mitgliedsländer dazu, eine solide Wirtschaftspolitik zu betreiben. Viele Ökonomen, darunter auch Otmar Issing, einer der Väter des Euro und langjähriger Chefökonom der Europäischen Zentralbank, haben davor gewarnt, den Euro zu früh einzuführen, weil eine gemeinsame Währung tief greifende Konsequenzen für die Strukturen der Volkswirtschaften haben würde. Der Euro war daher eine Frühgeburt. Im

Jahr 1999 traten elf Länder der Währungsunion bei, die sehr heterogen waren und sehr unterschiedliche Startbedingungen hatten. Die Rahmenbedingungen hätten sich dann laut dem Plan angleichen sollen. Doch was in der Theorie leicht klang, erwies sich in der politischen Praxis als schwierig. Politiker hätten nämlich Entscheidungen treffen müssen, die die Wähler in aller Herren Länder meist nicht goutieren. Statt zu einer Angleichung der Wettbewerbsfähigkeit, kam es zu einer Auseinanderentwicklung. In Portugal zum Beispiel stiegen die Lohnstückkosten in den ersten zehn Eurojahren gegenüber Deutschland um rund 30 Prozent. Das ist nicht in der Dunkelheit der Nacht geschehen, sondern im hellen Licht der Öffentlichkeit. Die Europäische Zentralbank hat immer wieder – wenn auch meist zu wenig eindringlich – darauf hingewiesen, aber die nationale Politik reagierte nicht. Deswegen entwickelte die Krise eine derartige Tiefe. Je weniger man auf den Beitritt vorbereitet war, desto mehr war nachzuliefern. Inzwischen bereitet das Frühchen Euro seinen Eltern grosse Sorgen.

Insofern beinhaltete die Bildung einer Währungsunion ohne volle fiskalische Union grosse Risiken. Sie war aber immerhin theoretisch denkbar. Nun versuchen manche Politiker, eine fiskalische und politische Union unter dem Druck der Krise mit der Brechstange zu erreichen, weil dies angeblich für die Rettung des Euro unabdingbar ist. Solche sehr schnell durchgeführten und sehr emotionalen Bemühungen dürften jedoch aller Voraussicht nach in vielen Ländern am politischen Widerstand scheitern – was wiederum unabsehbare Folgen für die Europäische Union und vor allem die Europäische Währungsunion bringen wird. Manche Ökonomen behaupten sogar, dass kein Weg daran vorbeiführt, den Geburtsfehler des Euro, also die fehlende Fiskal- und Transferunion, nun zu korrigieren. Dies ist aber ein riskanter Weg, denn es ist sehr wahrscheinlich, dass dabei die Unterstützung der Bürger auf der Strecke bleibt. In vielen Ländern der Europäischen Währungsunion dürfte es nämlich keine Mehrheit für einen in Richtung USA gehenden Bundesstaat geben. Versuche, derart gravierende Änderungen ohne die Rückendeckung der Bürger vorzunehmen, sind gefährlich. Es ist auch weiterhin eine Alternative, wieder zur ursprünglichen Konzeption zurückzukehren. Das Problem der unterschiedlichen Wettbewerbsfähigkeit verschiedener Länder ist nämlich lösbar. So hatte Deutschland beispielsweise beim Eintritt in den Euro eine überbewertete Währung und litt zunächst unter den relativ hohen Realzinsen, also den Zinsen nach dem Abzug der Inflation. Doch das Land verbesserte seine mangelnde Wettbewerbsfähigkeit, indem die Lohnstückkosten durch Lohn-zurückhaltung kontrolliert wurden. Das hat den Arbeitnehmern zwar nicht gefallen und viele Menschen geschmerzt. Ein Land muss in einer solchen Situation jedoch genau das machen. Deutschland hat dies geholfen – und inzwischen werden die Früchte in Form hoher Exporte und einer niedrige-ren Arbeitslosigkeit geerntet. Dabei galt die Bundesrepublik in den ersten Jahren der Währungsunion noch als der kranke Mann Europas. Wie sich herausstellte, liess sich diese Krankheit jedoch kurieren.

Staaten und Politiker wollten anfangs zwar eine gemeinsame Wäh-rung, doch die Finanzpolitik sollte ausdrücklich bei den einzelnen Mit-gliedstaaten bleiben. Um sicherzustellen, dass kein Land über seine Verhält-nisse auf Kosten der Bonität anderer Länder lebt, vor allem auf Kosten der Kreditwürdigkeit Deutschlands, gab es in den Verträgen der Europäischen Union das sogenannte No-Bailout-Prinzip. Kein Staat sollte also von den anderen Staaten gerettet werden dürfen. Dieses Prinzip wurde während der Finanzkrise immer mehr ausgehöhlt. Ein wichtiger und richtiger Weg zur Stabilisierung der Eurozone könnte auch sein, dieses Prinzip wieder zu stär-ken. Vorschläge für Sanktionsautomatismen und Selbstbindungen gibt es einige. Diese sollten angegangen werden, und die immer stärker werdende unheilige Allianz zwischen Politikern, Zentralbanken und Geschäftsbanken muss beendet werden. Letztere war entstanden, weil die Europäische Zent-ralbank aufgrund der Unfähigkeit ihrer Politiker dazu gezwungen wurde, als Retter in höchster Not in die Bresche zu springen. Ausserdem mussten sie dann auch noch das Bankensystem stützen, weil viele Institute viel zu wenig Eigenkapital hatten. Vermutlich wird es dazu aber nicht kommen, denn derzeit bewegen sich die Politiker in eine andere Richtung. Spätestens wenn der Widerstand der Regierung Merkel bröckelt oder in Deutschland eine andere Regierung mit der Beteiligung linker Parteien gewählt werden sollte, besteht die grosse Gefahr, dass sich die Europäische Währungsunion endgültig in eine Transferunion verwandelt. Dies scheint zwar ein Ausweg zu sein, um die grosse Unterschiedlichkeit zwischen den Mitgliedstaaten im Hinblick auf die Wirtschaft, die Gesellschaft und die haushaltspolitische Disziplin zu übertünchen, doch geht dies auf Kosten der sparsamen Länder. Dann werden die ausgabefreudigen Staaten noch weniger Anreize haben, sich zu disziplinieren – und irgendwann werden auch die Sparerländer undiszipliniert, weil sie keinen Sinn mehr darin sehen, für die anderen das Geld zusammenzuhalten. Vermutlich wird sich die Schuldenspirale in

Europa dann noch stärker drehen. Die Anreize zu einer übermässigen Verschuldung und zum Trittbrettfahren unsolide wirtschaftender Länder waren von Anfang an schwer unter Kontrolle zu halten. Das war auch ein wichtiger Grund dafür, dass viele Ökonomen gegenüber dem Projekt Euro sehr skeptisch waren.

Dennoch dürfte die Eurozone nicht direkt vor dem Kollaps oder dem Auseinanderbrechen stehen. Der Euro war ja nicht nur ein ökonomisches, sondern auch ein politisches Projekt. Dieses wollen die Politiker – vermutlich um fast jeden Preis – zum Erfolg bringen. Der Preis dafür dürfte künftig wohl die Sozialisierung von Risiken und die Vergemeinschaftung von Schulden sein. Die Kosten werden die stabilitätsorientierten Länder wie Deutschland, Finnland, die Niederlande, Österreich und andere tragen. Irgendwann werden die Bürger dieser Länder jedoch nicht mehr bereit sein, für das Gemeinschaftsprojekt Euro einen derart hohen Preis zu zahlen. Finnen und Griechen oder Deutsche und Portugiesen solidarisieren sich eben nicht so schnell miteinander wie Ostfriesen und Bayern oder Nord- und Südfinnen. Daher besteht die grosse Gefahr, dass sich die Gemeinschaftswährung politisch langfristig nicht durchsetzen kann und es nicht nur zu grossen ökonomischen, sondern auch sozialen und gesellschaftlichen Turbulenzen in den Ländern der Eurozone kommt. Die Zukunft dürfte ungemütlich werden.

Die Ratinggiganten – Ausgeburten staatlicher Regulierungswut

«Wer bewertet eigentlich die Ratingagenturen?» Diese Frage tauchte angesichts der prominenten Rolle der Bonitätsprüfer in der europäischen Schuldenkrise sowie der Folgen ihrer Herabstufungen von Ländern der Eurozone oft auf. «Die Finanzaufsicht», mögen nicht nur staatsgläubige Zeitgenossen antworten. Doch gerade der Staat und seine Aufsichtsbehörden haben sehr zum Aufstieg und zur Macht der Ratinggiganten Standard & Poor's (S&P), Moody's Investors Service und Fitch Ratings beigetragen. Als die ersten Herabstufungen von Euroländern erfolgten, überboten sich manche Regierungsvertreter, Politiker und Ökonomen mit teilweise absurden Vorwürfen und Forderungen an die Agenturen. Sie warfen ihnen etwa vor, gewinnsüchtige private Firmen zu sein. Doch was sollten sie in einer Marktwirtschaft sonst anstreben? Oder es wurde gefordert, die Agenturen müssten ihre Berechnungsformeln offenlegen. Doch müssen dann auch andere Firmen um Betriebsgeheimnisse bangen? Soll Coca-Cola sein wie ein Augapfel gehütetes Rezept ebenfalls aufdecken? Auch die Feststellung vom Marktversagen in der Ratingbranche ist irreführend. Es handelt sich vielmehr um ein Staatsversagen, wie ein Blick in die Historie zeigt. Richtig wäre daher eine Deregulierung, statt einer Drangsalierung des Sektors.

Grundsätzlich sind Ratingagenturen lediglich potenzielle Informationsquellen für die Anleger sowie inzwischen allerdings auch für die Notenbanken. Diese Gruppen können sich bei den Agenturen Einschätzungen über die Kreditwürdigkeit von Schuldnern beschaffen. Die Prüfer geben Expertisen – sie selber sprechen aus Haftungsgründen lieber von Meinungen – zur Bonität von Staaten sowie von Unternehmen ab und bewerten längst auch Finanzprodukte wie verbriefte Hypotheken. Sie verwenden dazu Noten in Buchstabenform. Die bekanntesten sind jene von Standard & Poor's, bei denen «AAA» für die allerbeste Schuldnerqualität steht.

Die erste Ratingagentur in den USA gründete John Moody anno 1909. Damals mussten noch die Investoren für die Ratings bezahlen. Heutzutage zahlen die Bewerteten selber. Dies birgt aber Interessenkonflikte und könnte tendenziell zu etwas zu guten Ratings verleiten. Zwischen 1916 und 1924 wurden dann Poor's Publishing, Standard Statistics und Fitch Publishing ins Leben gerufen. Ein erster unheilvoller Staatseingriff in den freien Markt für Ratings erfolgte in den USA im Jahr 1936. Eine damalige Regierungsbehörde verbot Banken, in spekulative Wertschriften zu investieren. Als Basis für die Einschätzung, was spekulativ ist, wurden die Ratings der genannten Agenturen auserkoren. Alles, was bei ihnen nicht mehr zur Investitionsklasse gehörte, galt fortan als spekulativ. Dies war der erste Schritt dazu, die Ratings der Agenturen in Urteile zu verwandeln, die quasi als sakrosankt gelten. Aufsichtsbehörden für den Versicherungs- und Pensionskassensektor folgten später den Zwangsmassnahmen der Bankenaufsicht, und auch die Regulierer in vielen anderen Ländern beschritten den Weg der staatlichen Bevorzugung gewisser Agenturen, womit zugleich eine Bevormundung der Anleger einherging, da diese sich nicht selber aussuchen durften, auf welche Informationen sie bauen wollen – und auf welche nicht.

In den 1970er-Jahren zementierte die amerikanische Börsenaufsichtsbehörde Securities and Exchange Commission (SEC) die Bedeutung der Agenturen, indem sie den Investmentbanken vorschrieb, Ratings als Anhaltspunkt für Risiken im Anleihenportfolio zu verwenden. Auch die Eigenkapitalunterlegung von Krediten wurde an die Höhe des Ratings der

Kreditnehmer geknüpft. Um zu verhindern, dass Banken sich wohlwollende Bewertungen unbekannter oder gar unseriöser Ratingfirmen besorgen, legte die SEC fest, welche Agenturen als «weithin anerkannt, glaubwürdig und zuverlässig» zu gelten haben. Sie machte nur Standard & Poor's, Moody's und Fitch zu anerkannten Ratingorganisationen. Die Anerkennung entwickelte sich zu einer hohen Eintrittshürde für Wettbewerber und schützte etablierte Anbieter vor Konkurrenz. Dies galt umso mehr, als es keine klaren, festen Regeln gab, wann eine Firma als anerkannte Ratingorganisation akzeptiert wird. So sieht staatliche Willkür aus.

In rund 25 Jahren schafften nur noch vier Firmen die Anerkennung. Durch Fusionen und Übernahmen schrumpfte die Zahl dann wieder auf drei. Erst im April 2010, infolge des Desasters mit der Bewertung verbriefter Hypotheken auf dem amerikanischen Immobilienmarkt, wurden neue Agenturen anerkannt. Wieder einmal führten also gut gemeinte Staatseingriffe zu unerwünschten Ergebnissen, weil sie den Wettbewerb einschränkten, gewissen Firmen zur Marktführerschaft verhalfen und ihnen einen grossen Vorsprung vor der Konkurrenz verschafften. Tragischerweise favorisieren Politiker nun noch schärfere Regulierungen, die auf Interessenkonflikte und Intransparenz abzielen. Doch je umfassender die Regulierung ist, desto höher wird die Eintrittsbarriere für neue, kleinere Konkurrenten. Diese können sich die vielen Mitarbeiter, die zur Einhaltung von regulatorischen Vorgaben nötig sind, oft nicht leisten. Gerade mehr Transparenz klingt zwar per se nützlich und harmlos, doch je grösser die Transparenz ist, desto mehr sieht das Geschäft der Agenturen nach Beratung aus, da die Ratingnehmer dann genau wissen, was sie zu tun haben, um das gewünschte Rating zu bekommen.

Besser wäre es, die Markteintrittsbarrieren zu senken und Anlegern mehr Entscheidungsfreiheit einzuräumen, in welche Papiere sie investieren und welche Kriterien sie zur Auswahl der Papiere verwenden wollen. Durch einen leichteren Marktzugang hätten auch kleinere Wettbewerber bessere Chancen. Es würden wohl neue Ideen, Ratingmethodologien und auch Geschäftsmodelle entstehen. Und bei mehr Entscheidungsfreiheit könnten Investoren zur Beurteilung der Kreditwürdigkeit von Schuldnern auf den Derivatemarkt für Kreditausfallabsicherungen, Analysen von Kreditversicherern wie Atradius, Coface und Euler Hermes, andere potenzielle Berater wie Investmentbanken oder kleine, spezialisierte Firmen sowie auf eigene Recherchen zurückgreifen.

Sicherlich haben die Ratingagenturen schon etliche Fehler gemacht, sowohl bei bekannten Konzernen wie Enron, Worldcom und Lehman Brothers als auch bei kleinen, unbekannten Firmen. Und sie haben im Segment der privaten amerikanischen Hypotheken aufgrund falscher Modelle versagt. Laut dem Ökonomen Paul Krugman wurden 93 Prozent der im Jahr 2006 mit «AAA» bewerteten und verbrieften Hypothekenpapiere aus der Subprimekategorie später als Ramsch eingestuft. Fehler gehören jedoch zur Marktwirtschaft, und sie werden auch künftig vorkommen. Die Vergabe von Ratings ist – wie vieles an den Finanzmärkten – keine exakte Wissenschaft. Insgesamt ist der Leistungsausweis der Agenturen jedoch zumindest so gut, dass sie trotz Verfehlungen bei den Anlegern noch immer sehr gefragt sind.

Gerade bei den Ratings für Staaten ist die Trefferquote sehr gut. Die Agenturen begannen bereits vor Jahren mit der Herabstufung Griechenlands, als das Land noch nicht ins Gerede gekommen war. 2010/11 waren die Bewertungen zum Teil dann sogar weniger streng als am Derivatemarkt für Kreditausfallabsicherungen. Entsprechend hat die aufgekommene Diskussion auch wenig mit der Qualität der Agenturen zu tun. Es handelt sich vielmehr um eine staatliche Hexenjagd, weil die Bewertungen nicht im Sinn der politisch Handelnden sind. Politiker suchen bei der Aufstellung des Staatshaushalts gerne einen Sündenbock für ihr eigenes Versagen. Statt den Wählern klarzumachen, dass sich ein Staat in einer Welt der begrenzten Ressourcen oft nicht jede wünschenswerte Ausgabe leisten kann, hauen sie wortgewaltig und populistisch auf den Überbringer der schlechten Botschaft ein. Besser wäre es, mehr Wettbewerb in der Ratingbranche zu generieren und Anlegern mehr Handlungsfreiheit zu geben. Dann würden richtigerweise irgendwann die Anleger selbst die Ratingagenturen bewerten und sich bei groben Fehlern von ihnen abwenden.

Angela Merkel – Gefangene der Märkte und des «Club Med»

Alle gegen Merkel. Im Sommer 2012 war die deutsche Bundeskanzlerin einem Trommelfeuer an vermeintlichen Lösungsvorschlägen für die Schuldenkrise im Euroraum ausgesetzt. Ob Eurobonds, Eurobills, Schuldentilgungsfonds oder Bankenunion – der Kreativität waren keine Grenzen gesetzt. Alle Vorschläge liefen stets darauf hinaus, dass Schulden und

Risiken innerhalb der Eurozone gemeinsam getragen werden müssen und dass Deutschland und assoziierte Länder wie Finnland, Österreich oder die Niederlande die Garantie und die Haftung übernehmen – ohne eine rechtliche Handhabe zur Durchsetzung nachhaltiger Reformen in den Krisenländern oder eigener Interessen zu haben. Seit dem Zweiten Weltkrieg war Deutschland kaum je so isoliert und hatte kaum je unter so immensem Druck gestanden, sich in eine bestimmte Richtung zu bewegen. Früher wurden Kriege schon wegen geringerer Ursachen angefangen. Und in der Tat erinnern erste Denkfabriken in den USA daran, dass es stets unvermeidbar zu bewaffneten Konflikten gekommen ist, wenn Deutschland seit der Gründung des Deutschen Reichs 1871 vereint und isoliert war. Die Zeiten haben sich zum Glück geändert. Doch die Art und Weise, wie der sonst emotionslosen Merkel im Sommer 2012 der Kragen platzte, als sie sagte: «Keine Eurobonds, solange ich lebe», zeigte den Druck, unter dem die deutsche Regierung steht. Immerhin hat sie die Ordnungspolitik auf ihrer Seite.

Die Vertreter halbwegs vernünftiger Lösungen haben nicht nur in der Eurozone den «Club Med» mit Frankreich an der Spitze gegen sich, sondern werden auch von den USA und aus Asien bedrängt, die Schuldenkrise in Europa mit einem «big bang» – sprich: Deutschland haftet für alles – zu lösen. Die Einpeitscher für diese vermeintlich ultimative Lösung, für die symbolisch die Einführung von Eurobonds steht, sitzen zudem an der Wall Street in New York und in der City of London, den beiden wichtigsten Finanzzentren der Welt. Alle finden Eurobonds gut – bis auf die, die dafür bluten müssten. Die Motivation dahinter ist leicht durchschaubar. Für die Politiker der GIIPS-Staaten – also für Griechenland, Irland, Italien, Portugal und Spanien – ist es leichter, von einem Eurofamilienmitglied eine Kreditkarte ohne Limit zu verlangen, als daheim die Bevölkerung mit marktwirtschaftlichen Reformen und Privatisierungen sowie dem Kampf gegen Schwarzarbeit, Steuerhinterziehung und Korruption gegen sich aufzubringen. Eine der Kernursachen der Krise in der Währungsunion ist ja gerade die unterschiedliche Wettbewerbsfähigkeit zwischen den nördlichen und südlichen Mitgliedsländern. Die Lohnstückkosten liegen teilweise rund 30 Prozent auseinander. Das führt letztlich zu einem Auseinanderklaffen der Zahlungsbilanzen. Im Norden entstehen grosse Zahlungsbilanzüberschüsse und im Süden grosse Zahlungsbilanzdefizite. Dieses Problem ist auch mit den Liquiditätshilfen der Europäischen Zentralbank nicht lösbar.

Dazu benötigt es die Erhöhung der Wettbewerbsfähigkeit im Süden, wovor sich Politiker jedoch scheuen, weil dies mit sinkenden Löhnen für viele Bürger einhergeht. Die USA, China und andere asiatische Investoren fürchten um ihre Investitionen in Anleihen der südeuropäischen Länder. Zudem bangt US-Präsident Barack Obama – der anderen gerne Ratschläge erteilt, daheim aber höhere Schulden hat als der Euroraum im Durchschnitt im Ganzen – um seine Wiederwahl im November 2012, falls die Weltwirtschaft nicht bald in Schwung kommt.

Doch warum drängen auch die Teilnehmer an den Finanzmärkten so sehr auf einen «big bang», obwohl bei ihnen doch ökonomische Vernunft herrschen sollte? Vorab gesagt, sind die Finanzakteure eine sehr heterogene Gruppe. Die lautesten Stimmen müssen nicht eine Mehrheit vertreten. Aus der Sicht der Märkte existieren nur zwei Lösungen: die Fiskal- und Transferunion oder das Ende der Eurozone. Zwar gehen zahlreiche Ökonomen durchaus davon aus, dass auch eine mittelfristige, solide Lösung die Märkte beruhigen könnte. Sie müsste jedoch absolut glaubwürdig sein, da in den vergangenen Jahren sehr viel Vertrauen in Europas Politiker verloren gegangen ist.

Dennoch scheint es eine Präferenz für eine schnelle Lösung zu geben. Die Finanzmärkte neigen ja generell dazu, ein Problem lieber schnell als langsam, aber dafür solide zu lösen. Die jüngsten Rufe nach einem neuerlichen Anwerfen der Gelddruckmaschinen in den USA gegen die ökonomische Vernunft sind dafür ebenfalls ein Beispiel. Banker und Börsianer profitieren zudem von Eurobonds, etwa in der Form geringerer Unsicherheit, ohne dass es sie etwas kostet. Ferner arbeiten viele Ökonomen für Finanzdienstleister. Diese Institute haben Milliarden und Abermilliarden in südeuropäischen Staatsanleihen oder am Markt für Kreditausfallversicherungen im Feuer. Sie wollen den Bail-out durch Deutschland in Form von Eurobonds, um ihre Portfolios vor Verlusten auf toxischen Immobilien- und Staatskrediten zu schützen oder gar um die eigene Bank am Leben zu halten. Zudem dominieren in der Finanzwelt die Wall Street und die Londoner City. Dort sind die Vertreter der solideren Länder eine Minderheit. Die Banker wollen Geschäfte machen, und dabei stören die Turbulenzen, weil sie die Anleger verunsichern. Laufen die Geschäfte schlecht, fliessen auch die Boni spärlicher. Darüber hinaus wäre ein Vorteil von Eurobonds, dass alle Investoren gleich behandelt würden. Sollte es stattdessen eine Finanzierung der Krisenländer über Bonds der Rettungsschirme EFSF und ESM geben, dürften diese Institutionen bei einer etwaigen späteren Umschuldung wie in Griechenland gegenüber den Banken bevorzugt behandelt werden. Das passt den Banken nicht. Ausserdem stecken viele Marktteilnehmer in Transaktionen oder lauern auf diese. Sollte Berlin irgendwann etwa in Eurobonds einwilligen, wäre ein Schlüssel-Trade der danach folgenden Monate, auf steigende Renditen für deutsche und sinkende für italienische und spanische Staatsanleihen zu setzen.

Unterfüttert wird das Machtspiel gegen Merkel nicht nur mit geschichtlichen Rückgriffen und alten Klischees vom hässlichen Deutschen, sondern auch mit dem Märchen von Deutschland als Hauptprofiteur des Euro und einer eingebildeten Opferrolle der Südeuropäer. Zwar brachte der Euro tatsächlich Exporterleichterungen für die Bundesrepublik, doch nicht deshalb sind deutsche Produkte in Europa sowie überall auf der Welt gefragt, sondern wegen ihrer Qualität. Mit hochwertigen Autos und Maschinen für die Industrie hat Deutschland den perfekten Produktemix für viele Schwellenländer vor allem in Asien und Südamerika. Die Schweiz beispielsweise exportiert hochstehende Waren ebenfalls erfolgreich, und zwar ohne Schützenhilfe durch den Euro. Im Gegenteil: Deutschland litt in den ersten Jahren der Währungsunion unter den höchsten Realzinsen im Euroraum, die die Binnenwirtschaft und den Immobilienmarkt belasteten und viele Investitionen aus dem Land in den Süden trieben. Nicht vergessen sollte man auch, dass Deutschland in der Europäischen Union der grösste Nettozahler ist und den Süden ohnehin mit subventioniert. Wie sehr das Land eigene Interessen sogar vernachlässigt, zeigt auch die Tatsache, dass es zwar mit 27 Prozent für die geldpolitischen Eskapaden der Europäischen Zentralbank haftet, im Rat der Europäischen Zentralbank aber nur eine Stimme hat – genauso wie Zypern.

Doch Deutschland ist längst erpressbar geworden, wie nicht mehr nur der renommierte Ökonom Hans-Werner Sinn vom Ifo-Institut immer wieder feststellt. Der Zug in Richtung Transferunion ist längst abgefahren. Das Land haftete im Sommer 2012 bereits für rund 700 Milliarden Euro, beim Auseinanderbrechen der Währungsunion würde der Betrag unter anderem aufgrund der Verbindlichkeiten anderer Notenbanken bei der Deutschen Bundesbank – Stichwort: Targetsalden – schlimmstenfalls auf weit über 1000 Milliarden Euro steigen. Angela Merkel kann nur noch versuchen, die permanenten Transfers – die es in einer Fiskalunion immer gibt, so auch in Deutschland und der Schweiz – möglichst niedrig zu halten und an Auflagen zu knüpfen. Die schlimmsten Sünden – Eurobonds oder Ähnliches ohne Fiskalunion – verhinderte Berlin zwar bis Mitte 2012, doch immer wieder muss Merkel weiteres Terrain preisgeben. Sie weiss längst: Deutschland sitzt in der Falle.

TEIL 2

Wie Anleger auf die verschiedenen Szenarien reagieren sollten

«Inflation herrscht, wenn Sie 15 Dollar für einen 10-Dollar-Haarschnitt bezahlen, den Sie früher für 5 Dollar erhielten, als Sie noch mehr Haare auf dem Kopf hatten.»

Sam Ewing, amerikanischer Humorist

Inflation oder Deflation? Oder tritt doch keines der beiden Szenarien ein? Mit ihrer expansiven Geldpolitik haben die Zentralbanken in den vergangenen Jahren Neuland betreten, und die Folgen für die Anleger sind ungewiss. In jedem Fall droht in den kommenden Jahren zumindest eine partielle Enteignung der Sparer und Investoren. Schlimmer noch: Diese ist bereits Realität. Wir befinden uns in einer Zeit, in der es sehr schwierig ist, mit Geldanlagen inflationsbereinigt Gewinne zu machen. Diese Periode wird wohl länger dauern.

So hat eine «neue Normalität» mit niedrigeren Wachstumsraten und Renditen, Marktmanipulationen durch die Zentralbanken und zunehmender finanzieller Repression Einzug gehalten. Die Frage lautet nun, ob diese Entwicklung anhält oder ob sie in eine Deflation, eine höhere Inflation, eine Stagflation oder gar eine Hyperinflation mündet. Eine Rückkehr zur «alten Normalität» mit höheren Wachstumsraten und einer geringen Inflation ist zumindest für die Industrieländer mittelfristig nicht abzusehen. Dafür waren die Exzesse der vergangenen Jahrzehnte – Schuldenwirtschaft der Staaten und «Politik des leichten Geldes» der Zentralbanken – zu gross.

Gewisse Folgen dieser verantwortungslosen Politik sind bereits zu spüren: Börsencrashs folgten in den vergangenen Jahren in immer kürzeren Abständen aufeinander. Sparer erhalten auf sogenannte sichere Anlagen kaum noch Zinsen, und das «billige Geld» sorgt schon an vielen Immobilienmärkten für erhebliche Vermögenspreisblasen.

Die Frage für die Anleger ist, welches der Szenarien in den kommenden Jahren am wahrscheinlichsten erscheint und welche Anlagen sie folglich stärker oder weniger stark gewichten sollten. Keineswegs ausgeschlossen ist auch, dass mehrere Szenarien nacheinander auf die Anleger zukommen.

Deflation – das grosse Schrumpfen

Definition und Geschichte

«Gute» und «böse» Deflation

Seit einigen Jahren taucht das Schlagwort «Deflation» immer wieder wie eine Art Schreckgespenst in den Medien auf. Notenbanker und Politiker weisen auf diese Gefahr hin und rechtfertigen damit das Drucken von Geld und neue Schulden. Allerdings sind gerade sie schuld daran, dass die Gefahr einer Deflation für die Weltwirtschaft nicht von der Hand gewiesen werden kann.

Im gängigen Sprachgebrauch wird eine Deflation mit einem sinkenden Preisniveau gleichgesetzt. Dies ist allerdings zu einfach, schliesslich handelt es sich bei fallenden Preisen lediglich um eine Folge der Deflation. Wie Roland Baader in seinem Werk *Geldsozialismus* ausführt, wird hier ein Verwirrspiel gespielt. Er definiert Deflation als das Schrumpfen der Geldmenge beziehungsweise das Sinken des Angebots an Geld. Sinkende Preise haben schliesslich auch andere Gründe, wie beispielsweise eine geringere Nachfrage oder ein grösseres Angebot an bestimmten Waren und Dienstleistungen. Ausserdem können niedrigere Preise auch eine Wohltat für die Bürger sein, da sie dann imstande sind, sich mehr zu leisten. Eine solche Entwicklung kann also mehr Wohlstand bedeuten. Wenn ein Kaufkraftgewinn des Geldes durch eine höhere Produktivität zustande kommt, handelt es sich also um eine «gute» Deflation.

Eine schrumpfende Geldmenge ist hingegen keine gesellschaftliche Wohltat, da sie zu Krisen führt. Während «echtes», durch Gold oder Silber gedecktes Geld die gute Form der Preisdeflation schafft, birgt ungedecktes Papiergeld gemäss Baader die Gefahr einer «bösen» Deflation. Diese kann die Folge eines mit Papiergeld angeheizten Booms sein, der anschliessend bereinigt werden muss. Exzessives Gelddrucken der Zentralbanken führt zunächst zu einem künstlichen Boom mit Übertreibungen und Blasen an den Märkten. Wenn die Party später vorbei ist, hat man einen ziemlichen

Kater. Im schlimmsten Fall wird die Deflation dann zu einer Art Teufelskreis, aus dem sich Volkswirtschaften nur schwer befreien.

Elemente einer Deflation

Zu einer «bösen» Deflation gehören verschiedene Elemente. Angelehnt an den Ausführungen von John Mauldin und Jonathan Tepper in dem Buch *Endgame* sind diese folgende:

1. Überkapazitäten und steigende Arbeitslosigkeit

Eine Deflation kann entstehen, wenn in einer Volkswirtschaft eine anhaltende, starke Flaute herrscht. In solchen Fällen haben die Unternehmen Überkapazitäten und versuchen, diese mittels Preissenkungen abzubauen. Dies reicht allerdings nicht aus, und in der Folge senken die Firmen verstärkt ihre Kosten. Dies wiederum führt zu höheren Arbeitslosenraten.

2. Eine massive Vernichtung von Wohlstand

In einer Deflation geht der Wert des Vermögens zurück, Aktienkurse und Immobilienpreise fallen. So hat die deflationäre Entwicklung in Japan dafür gesorgt, dass die dortigen Häuserpreise seit dem Platzen der Blase 1989 laut der Bank Sarasin um rund 80 Prozent gesunken sind. Der japanische Aktienleitindex Nikkei 225 erreichte Ende 1989, vor dem Ausbruch der dortigen Krise und der anschliessenden deflationären Entwicklung, ein Niveau von 38 916 Punkten. Ende Juni 2012 stand er immer noch beziehungsweise wieder auf einem Stand von 9100 Zählern. Er hatte also knapp 23 Jahre später nicht einmal mehr ein Viertel seines damaligen Höchstwerts.

3. Schuldenabbau von Unternehmen und Konsumenten

In einer Deflation bauen Unternehmen und Konsumenten Schulden ab – oder versuchen das zumindest. Die Tatsache, dass alle gleichzeitig zu sparen versuchen, schafft ein schwieriges Umfeld für Unternehmen. Während einer Deflation kommt es im Allgemeinen zu vielen Insolvenzen und Restrukturierungen. Ausserdem sind oft Notverkäufe von Vermögenswerten zu beobachten. Dies wird von einem erheblichen Vertrauensverlust begleitet. In der Folge beginnen Wirtschaftsakteure damit, Geld zu horten.

4. Verstärktes Sparen der öffentlichen Hand

In einer Deflation sind Staaten zumeist stark verschuldet. Wird die Lage bedrohlich, sind Regierungen gezwungen, einen Teil ihrer Ausgaben zurückzufahren. Die an einen ausgabefreudigen Staat gewöhnte Wirtschaft spürt dies ebenfalls.

5. Reduzierte Kreditvergabe der Banken

Aufgrund der schwierigen Lage der Unternehmen und der schwachen Konjunktur werden auch die Banken vorsichtig und vergeben weniger Kredite. Die Finanzhäuser sind selbst immens unter Druck, beispielsweise weil sie zuvor die Bildung von Blasen mit der Vergabe billigen Geldes begünstigt haben.

6. Geringe Umlaufgeschwindigkeit des Geldes

Während Geld bei einer starken Inflation sehr schnell herumgereicht wird, ist bei einer Deflation genau das Gegenteil der Fall. Die Umlaufgeschwindigkeit des Geldes ist sehr niedrig. Während eine Zentralbank die Inflation mit der Heraufsetzung des Leitzinses bekämpfen kann, ist der Fall bei einer Deflation komplizierter. Geldpolitische Massnahmen können hier lange Zeit wirkungslos bleiben.

Beispiele für Deflationen – die Weltwirtschaftskrise und Japan

In der neueren Geschichte gab es einige Perioden, in denen eine Vielzahl an Ländern gleichzeitig eine deflationäre Entwicklung durchmachte. Als Mutter aller Deflationen gilt die Weltwirtschaftskrise, die auch als Grosse Depression bekannt ist. Diese begann im Jahr 1929 in den USA und weitete sich innerhalb kürzester Zeit auf die gesamte westliche, ja praktisch die ganze Welt aus. In den meisten Ländern begann ab 1932/33 eine wirtschaftliche Erholung. Als endgültig überwunden gilt die Krise aber erst mit dem Jahr 1939.

Die Weltwirtschaftskrise war die bisher mit Abstand schlimmste Depression in der westlichen Welt, was sich an gewissen Daten zeigt. Gemäss der Encyclopaedia Britannica sank die Industrieproduktion in den USA von ihrem Höchst- bis auf den Tiefpunkt um 47 Prozent. Das Bruttoinlandsprodukt ging um 30 Prozent zurück. Die Arbeitslosenquote stieg in den USA auf mehr als 20 Prozent, der Lebensstandard der Bürger sank rapide. Die Aktienmärkte brachen weltweit ein, die weitverbreitete Unsicherheit sorgte für Stürme auf die Banken, und das Finanzsystem geriet ins Wanken. In den USA war bis zum Jahr 1933 rund ein Fünftel der Anfang 1930 operativen Banken insolvent. Als wichtiger Faktor für die Übertragung der Krise von den USA auf andere Länder galt unterdessen der Goldstandard. Die Währungen waren damals zu festen Kursen an Gold gebunden.

Die europäischen Länder und ihre Finanzsysteme wurden von der Krise letztlich ähnlich hart getroffen wie die USA – mit desaströsen Konsequenzen. So gilt die Weltwirtschaftskrise als wichtiger Faktor für die Machtübernahme von Adolf Hitler und seiner Partei, der NSDAP, in Deutschland.

Als aktuelles Beispiel für eine Volkswirtschaft, die sich in einer Deflation befindet, gilt Japan. Nach dem Platzen der Immobilienblase zu Beginn der 1990er-Jahre geriet das Land in eine Deflation, von der es sich bis heute nicht erholt hat. Weder extrem niedrige Zinsen noch das Drucken von Geld und Interventionen am Devisenmarkt, um die Exportwirtschaft zu stärken, haben geholfen. Die Staatsverschuldung Japans ist bis zum zweiten Quartal 2011 auf 226 Prozent des Bruttoinlandsprodukts gestiegen. Es sieht so aus, als ob die Zentralbank in Japan trotz des Dopings in der Form von immer neuen expansiven Massnahmen den Kampf gegen die Deflation verloren hat. Dafür spricht auch die bereits erwähnte schlechte Verfassung der dortigen Aktien- und Immobilienmärkte. Als Beispiel für eine Deflation in jüngerer Zeit gilt auch die wirtschaftliche Situation von Hongkong nach der Asienkrise ab Ende 1997. Auch in Lettland gab es 2008 eine Deflation.

Seit sich in den vergangenen Jahrzehnten das Papiergeldsystem immer stärker durchsetzte, gab es allerdings viel weniger Deflationen als früher. Oftmals wurden diese durch expansive geldpolitische Massnahmen der Zentralbanken verhindert. Dies zeigt das Beispiel der USA in der Abbildung 32. Nachdem es zu den Zeiten, in denen der Dollar an das Gold gebunden war, häufiger zu Deflationen kam, wurden diese im Anschluss an die Weltwirtschaftskrise verhindert. Dies heisst allerdings nicht, dass Deflationen nun für immer besiegt sind.

Inflationen und Deflationen in den USA
Prozent im Jahresvergleich

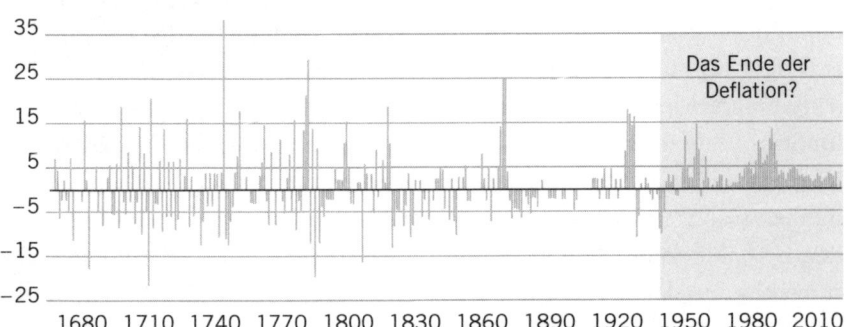

Abbildung 32 Quelle: UBS Wealth Management Research

Deflation als Endspiel im aktuellen Schuldenzyklus?

Könnten auch die USA und Europa in eine Deflation geraten? Ist eine wirtschaftliche Negativspirale wie in Japan auch in anderen Industrieländern denkbar? In den USA und in Europa waren in den vergangenen Jahren erhebliche deflationäre Kräfte am Werk. Dies dürfte letztlich auch der Grund sein, weshalb die Milliarden und Abermilliarden, die die Zentralbanken zur Krisenbewältigung gedruckt haben, nicht unmittelbar zu einem deutlich höheren Preisniveau geführt haben. Die Geschäftsbanken horten das von den Zentralbanken zusätzlich ausgegebene Geld zu grossen Teilen bisher lieber, als es weiterzugeben. Die Zins- und Kreditkanäle sind verstopft.

Die deflationären Kräfte rühren daher, dass Unternehmen und Privatpersonen mit dem Sparen und dem Abbau ihrer Schulden begonnen haben. Sie nehmen weniger Kredite auf, und die Banken vergeben solche auch nicht mehr so schnell. So geht der Anteil an Fremdkapital und an Krediten im Finanzsystem zurück. Ausserdem hat die Umlaufgeschwindigkeit des Geldes abgenommen. Damit bezeichnen Wirtschaftswissenschaftler die Häufigkeit, mit der Geldeinheiten innerhalb einer bestimmten Zeit genutzt werden, um Zahlungen zu tätigen. Dass sie zurückgegangen ist, liegt unter anderem auch daran, dass derivative Finanzinstrumente, die die Umlaufgeschwindigkeit des Geldes zuvor erhöht hatten, mit dem Ausbruch der Finanzkrise in Verruf geraten sind. Sie werden nun seltener verwendet als zuvor, was die Umlaufgeschwindigkeit bremst. Hinzu kommt, dass die immensen Schulden der Industriestaaten das Wirtschaftswachstum einschränken. Die Autoren John Mauldin und Jonathan Tepper bezeichnen diese Entwicklung als das «Endspiel» («endgame») im Schuldensuperzyklus.

Die Grossbank UBS hält das Entstehen einer Deflation für eher unwahrscheinlich, schliesst ein solches Szenario aber nicht völlig aus. Aus der Sicht der Bankanalytiker könnte eine Deflation entstehen, wenn der Zins- und der Kreditkanal weiterhin verstopft bleiben und dadurch spekulative Finanzblasen an bestimmten Rohstoff- oder Immobilienmärkten entstehen. Platzten diese dann erneut, bevor die amerikanische Wirtschaft wieder stärker wachse, würde diese erneut zurückgeworfen, und die Geldmenge schrumpfe abermals. Es gäbe also eine Art Negativspirale an platzenden Blasen. Eine solche Entwicklung könnte auf die Weltwirtschaft übergreifen, wie Vertreter der Grossbank in einer Studie im Juni 2011 schrieben.

Mit der Gelddruckmaschine gegen das Horrorszenario

Unterdessen kämpfen die internationalen Zentralbanken mit einer regelrechten Geldschwemme gegen die deflationäre Entwicklung an. Da die Leitzinsen bereits nahe null waren, haben die Notenbanken zu unkonventionellen Massnahmen gegriffen, um eine Deflation zu verhindern. Während die US-Notenbank und die Bank of England unter anderem Programme zum Kauf von Staatsanleihen auflegten, vergab die Europäische Zentralbank Ende 2011 und Anfang 2012 Liquidität über drei Jahre und über mehr als 1000 Milliarden Euro an die europäischen Geschäftsbanken. Diese Aktion wurde als Long Term Refinancing Operation (LTRO) bezeichnet.

Beendet wurde die Euroschuldenkrise dadurch allerdings nicht. Sie kehrte vielmehr sogar jedes Mal rasch zurück. Was die Europäische Zentralbank betrifft, hat diese klar signalisiert, dass sie keine der grossen europäischen Banken fallen lässt. Der europäische Bankensektor ist zwar nicht gesund, aber so vollgepumpt mit «Geldinfusionen», dass er gar nicht kollabieren kann. Auch die Schweizerische Nationalbank hat wegen der massiven Zunahme der Deflationsgefahr ihre Liquiditätsvergabe stark ausgeweitet.

Kritisch zu sehen ist allerdings, dass die Zentralbanken in der Krisenbekämpfung nach dem Motto «Weiter so!» verfahren. Schliesslich hat die laxe, expansive Geldpolitik der vergangenen Jahrzehnte einen grossen Anteil daran, dass die Finanz- und Schuldenkrise überhaupt entstanden ist. Vor diesem Hintergrund ist der eingeschlagene Weg der Notenbanken fragwürdig.

Die Ökonomen sind sich uneinig darüber, ob nun eine Deflation oder deutlich höhere Inflationsraten drohen. Viele erwarten, dass es der US-Notenbank gelingt, eine Deflation um jeden Preis zu verhindern. Dafür spricht, dass eine Zentralbank schliesslich ein «Geldangebotsmonopolist» ist und dass sie Geld auf verschiedenen Kanälen in die Volkswirtschaft einspeisen kann, wenn die Bankenkanäle verstopft sind. Dazu genüge letztlich der politische Wille, lautet die Argumentation. Auch die Analytiker der UBS skizzieren, wie dies geschehen könnte: «Sollte der Aufkauf von Staatsanleihen nicht die gewünschte Wirkung zeigen, so könnten die Notenbanken auch private Vermögenswerte wie etwa Anleihen, Aktien und Immobilien aufkaufen und so deren Preise stützen oder im Extremfall sogar Geld unter Umgehung des Bankensystems direkt an die Haushalte oder die Unternehmen verteilen», schreiben sie in der Studie *Inflation – Rückkehr einer unbequemen Bekannten*. Der Preis hierfür könnte allerdings letztlich die Zerstörung der eigenen Währung sein.

«Deflation? Nicht mit uns!» – der Kampf der US-Notenbank

Ben Bernanke, der Chef der US-Notenbank, hat seinen Willen, eine mögliche Deflation mit aller Kraft zu bekämpfen, unmissverständlich kundgetan. In der berühmten Rede «Deflation: Making Sure ‹It› Doesn't Happen Here», die er am 21. November 2002 in Washington hielt, wird dieser Wille sehr deutlich. Diese Rede war eine Art Warnsignal für seine Kollegen bei der US-Notenbank, und es gelang ihm, diese von den Gefahren einer drohenden Deflation zu überzeugen. Als Folge verfolgte die US-Notenbank eine noch laxere Geldpolitik.

Überhaupt hat die US-Notenbank in den vergangenen Jahrzehnten bei Krisen stets panisch reagiert und die Zinsen zu stark gesenkt. Als eine Folge davon entstanden Blasen an den Finanzmärkten, die dann wieder platzten und für eine Destabilisierung des Systems sorgten. Als Beispiele gelten die expansive Reaktion der US-Notenbank auf den Aktiencrash im Oktober 1987 oder auf die Asienfinanzkrise, die Russlandkrise und den Kollaps des Hedgefonds LTCM in den Jahren 1997/98. Jedes Mal reagierte die US-Notenbank mit einer Geldschwemme, die dann für das Entstehen der im Jahr 2000 geplatzten New-Economy-Blase verantwortlich war. Auch die Blase im US-Immobilienmarkt, die ab 2007 platzte, hat die US-Notenbank mit ihrem billigen Geld mit verursacht.

Nun, da die Leitzinsen bei null sind, setzt die Zentralbank ihre expansive Geldpolitik mit neuen Methoden fort. Bernankes Rede aus dem Jahr 2002 wirkt dabei wie eine Art Drehbuch für die US-Notenbank in den Jahren der Finanz- und Schuldenkrise. Bernanke weist darin darauf hin, dass eine Zentralbank nicht «ihr Pulver verschossen» habe, wenn die Leitzinsen bei null angekommen seien: «(A) principal message of my talk today is that a central bank whose accustomed policy rate has been forced down to zero has most definitely not run out of ammunition. (…) (A) central bank, either alone or in cooperation with other parts of the government, retains considerable power to expand aggregate demand and economic activity even when its accustomed policy rate is at zero.» Zu Deutsch: «Eine wesentliche Botschaft meiner heutigen Rede ist, dass einer Zentralbank, deren gewöhnlicher Leitzinssatz bis auf null gedrückt wurde, absolut nicht die Munition ausgegangen ist. (…) Auch wenn ihr Leitzins bei null steht, behält eine Zentralbank entweder alleine oder in Kooperation mit anderen Teilen der Regierung weiterhin eine bedeutende Macht, um die Gesamtnachfrage und die wirtschaftliche Aktivität auszuweiten.»

In einem Papiergeldsystem könne eine Zentralbank beziehungsweise die Regierung immer eine Deflation verhindern und Inflation schaffen, fügte Bernanke damals an: «Indeed, under a fiat (that is, paper) money system, a government (...) should always be able to generate increased nominal spending and inflation, even when the short-term nominal interest rate is zero. The conclusion that deflation is always reversible under a fiat money system follows from basic economic reasoning.» Zu Deutsch: «In der Tat sollte eine Regierung in einem Papiergeldsystem immer höhere Ausgaben und eine höhere Inflation erzeugen können, selbst wenn der kurzfristige Leitzins null ist. Der Rückschluss, dass eine Deflation in einem Papiergeldsystem immer umkehrbar ist, ergibt sich aus einfachen ökonomischen Schlussfolgerungen.»

Dies liege daran, dass die Zentralbank praktisch kostenlos so viele Dollar herstellen könne wie gewünscht. Bernanke schrieb sogar von «the government» (der Regierung), was angesichts der Unabhängigkeit der Zentralbank seltsam anmutet: «(T)he US government has a technology, called a printing press (or today, its electronic equivalent), that allows it to produce as many US dollars as it wishes at essentially no cost. By increasing the number of US dollars in circulation, or even by credibly threatening to do so, the US government can also reduce the value of the US dollar in terms of goods and services, which is equivalent to raising the prices in US dollars of these goods and services. We conclude that, under a paper-money system, a determined government can always generate higher spending and hence positive inflation.» Zu Deutsch: «Die US-Regierung besitzt eine Technik namens Druckerpresse (oder heute ihr elektronisches Pendant), die es ihr erlaubt, so viele Dollars wie gewünscht zu produzieren, und das praktisch kostenlos. Indem die Anzahl an Dollars im Umlauf erhöht wird, oder nur schon indem sie glaubwürdig droht, dies zu tun, kann die US-Regierung den Wert des Dollar bezüglich Gütern und Dienstleistungen reduzieren. Dies entspricht einer Erhöhung der Dollar-Preise für diese Güter und Dienstleistungen. Wir folgern, dass eine entschlossene Regierung in einem Papiergeldsystem immer höhere Ausgaben und folglich eine Inflation schaffen kann.»

Bernanke gibt auch einige Hinweise darauf, welche Instrumente der Geldpolitik er anwenden würde, wenn er eine Deflation bekämpfen müsste. Schon im Jahr 2002 beschrieb er die Vorgehensweise bei quantitativen Lockerungen und der sogenannten Operation Twist, die damals noch reine

Theorie waren. Bei einer quantitativen Lockerung erwirbt eine Zentralbank Wertpapiere, beispielsweise Staatsanleihen. Sie druckt dafür zusätzli-
ches Geld. Dies ist insofern problematisch, als die Zentralbank dabei vom
Finanzministerium herausgegebene Schuldpapiere aufkauft und so praktisch als dessen verlängerter Arm agiert. Bei der Operation Twist schich-
tete die US-Notenbank um. Sie verkaufte kurz laufende Obligationen und
kaufte dafür lang laufende. Dies sollte die langfristigen Zinsen senken.
Bernanke hat diese unkonventionellen Methoden der Geldpolitik bereits in
seiner Rede aus dem Jahr 2002 angekündigt: «To stimulate aggregate spending when short-term interest rates have reached zero, the Fed must expand
the scale of its asset purchases or, possibly, expand the menu of assets that it
buys. Alternatively, the Fed could find other ways of injecting money into
the system – for example, by making low-interest loans to banks or coope-
rating with the fiscal authorities.» Zu Deutsch: «Um die Gesamtausgaben
zu stimulieren, wenn die kurzfristigen Leitzinsen null erreicht haben, muss
die US-Notenbank den Umfang ihrer Vermögenswertkäufe vergrössern
oder, möglicherweise, das ‹Menu› der Vermögenswerte, die sie kauft, aus-
weiten. Andernfalls könnte die US-Notenbank andere Wege finden, um
Geld in das System einzuspeisen – beispielsweise, indem sie niedrig verzinste Kredite an Banken vergäbe oder mit den Finanzbehörden kooperie-
ren würde.»

In einer Art Vorschau auf die spätere Operation Twist sagte er in
seiner Rede Folgendes: «One relatively straightforward extension of cur-
rent procedures would be to try to stimulate spending by lowering rates
further out along the Treasury term structure – that is, rates on government
bonds of longer maturities.» Zu Deutsch: «Eine relativ einfache Erweite-
rung der derzeitigen Vorgehensweisen wäre der Versuch, Ausgaben durch
das Herabsetzen von Zinssätzen entlang der Zinsstrukturkurve von US-
Staatsanleihen («treasuries») zu stimulieren – also der Zinssätze länger laufender Staatsanleihen.»

Bei dem Vorgehen der US-Notenbank und – in deren Kielwasser –
anderer Zentralbanken handelt es sich um ein grosses geldpolitisches Experiment, dessen Ausgang völlig unklar ist. Allerdings wird es den Notenbankern nicht gelingen, die Schulden einfach verschwinden zu lassen. Letzten
Endes muss irgendjemand die Rechnung bezahlen.

Im Laufe der vergangenen Jahre ist zu beobachten, dass sich die Wirkung der expansiven Massnahmen mit jedem Mal abschwächt und dass die

Zyklen bis zur nächsten Verschärfung der Krise kürzer werden. Die schwierige Situation im Finanzsystem schlägt sich indessen konjunkturell nieder und verunsichert die Investoren. Dies hat dazu geführt, dass diese ihr Geld horten. Zumindest für einige Zeit droht eine deflationäre Entwicklung, die dann allerdings in eine deutlich höhere Inflation umschlagen könnte.

Geldanlage in Zeiten einer Deflation

Gesetzt den Fall, die Wirtschaft in den USA und Europa würde tatsächlich in eine länger dauernde Deflation fallen, so hätte dies enorme Auswirkungen für die Anleger. Eine Deflation ist – wie auch eine hohe Inflation – ein solch mächtiges Phänomen, dass sie aus Bürgern Gewinner und Verlierer macht. Zunächst einmal hat eine geringe Deflation negative Auswirkungen auf die Schuldner und ist für die Gläubiger von Vorteil. Die meisten Anlageklassen erleiden in einer Deflation Verluste.

Vermögensklassen im Überblick

Spar-, Tages- und Festgeldkonten
Da die Konjunkturaussichten und die Euroschuldenkrise weiterhin für Unsicherheit sorgen, haben viele Anleger erhebliche Geldsummen auf Spar- sowie auf Tages- und Festgeldkonten geparkt. Da sie gemäss dem Motto «Nur Bares ist Wahres» agieren, sind die Zinsen oftmals sehr niedrig. Trotzdem sind solche Anlagen zum Sparen gut geeignet. Wie bereits ausgeführt, sinkt in einer Deflation das Angebot an Geld, und dieses steigt folglich im Wert. Herrscht also in einem Jahr beispielsweise eine Deflation von 1,5 Prozent, verdient ein Sparer mit einem Tagesgeldkonto, das in diesem Jahr eine Rendite von 1 Prozent abwirft, eine reale Gesamtrendite von 2,5 Prozent.

Einige Banken bieten bei Tagesgeldkonten sogenannte Lockvogelangebote und bezahlen Zinsen, die über dem Marktniveau liegen, um Kunden zu gewinnen. Informationen zu den aktuell höchsten Zinsen von Spar-, Tages- und Festgeldkonten erhalten die Anleger im Internet beispielsweise unter www.fmh.de für Konten in Deutschland sowie unter www.comparis.ch für Konten in der Schweiz.

Die Anleger sollten genau darauf achten, bei welcher Bank sie die Konten führen. Nehmen deflationäre Tendenzen zu, drohen Finanzhäuser schliesslich zu kollabieren. In der Finanzkrise 2008 war dies beispielsweise bei der isländischen Kaupthing Bank der Fall, die in der Schweiz Tagesgeld-konten mit hohen Zinsen anbot. Die Anleger kamen nach dem Kollaps allerdings mit dem Schrecken davon, denn sie erhielten ihr Geld zurück.

Anleihen

In Deflationszeiten haben sich in der Vergangenheit Anleihen im Vergleich zu anderen Anlageklassen gut entwickelt. Die Wissenschaftler Elroy Dim-son, Paul Marsh und Mike Staunton von der London Business School haben die Renditen von Anlagen für 19 Länder über den Zeitraum von 1900 bis 2011 analysiert. Dies entspricht 2128 einzelnen Jahresanlagerenditen. Das Research Institute der Grossbank Credit Suisse hat die Ergebnisse in einem *Yearbook 2012* und in einem *Sourcebook 2012* veröffentlicht. Die Daten der Wissenschaftler gelten in der Finanzbranche und in der Wissenschaft als wichtige Grundlage, um die langfristige Entwicklung von Aktien, Obligati-onen und Bargeldanlagen sowie den Einfluss von Inflationen, Deflationen und Wechselkursveränderungen zu erforschen.

Gemäss den Professoren gab es über den Zeitraum von 1900 bis 2011 in 5 Prozent der Fälle Deflationsjahre mit sinkenden Preisen von 3,5 Pro-zent oder mehr. In diesen Jahren lagen die realen Renditen von Obligatio-nen bei 20,2 Prozent.

Zeiten mit sinkenden Zinsen sind für Anleihen oftmals von Vorteil. Dies zeigt sich in den Jahren von 1982 bis 2011, die als die «drei goldenen Jahrzehnte» für Obligationen gelten. Diese für Anleihen ertragreiche Zeit begann mit dem Kampf von Regierungen und Zentralbanken gegen die Infla-tion. Laut der oben erwähnten Statistik verdienten die Anleger im Zeitraum von 1982 bis 2011 mit der Anlageklasse «Anleihen weltweit» reale Renditen von 7,5 Prozent pro Jahr. In der Schweiz waren es allerdings nur 3,7 Prozent.

Trotz dieser Zahlen sollten sich die Anleger vor Augen halten, dass dieser Anleihenboom nicht ewig anhalten wird. Das Ende dieser Entwick-lung könnte allmählich gekommen sein. Dass hier der Wind in kurzer Zeit stark dreht, ist eine der Gefahren bei Bondanlagen. Angesichts des Zinsni-veaus von nahezu null sind hohe Anleiherenditen für die kommenden Jahre eher unwahrscheinlich bis fast unmöglich.

In einem deflationären Umfeld eignen sich nicht alle Arten von Anleihen. Die Anleger sollten in erster Linie auf Papiere von geringer ver-schuldeten Staaten mit guten Haushaltsdaten setzen. Höher verschuldete Länder könnten in den Strudel der Schuldenkrise geraten. Wie das jüngste

Beispiel Griechenland zeigt, können die Anleger auch mit Staatsanleihen viel Geld verlieren.

Überhaupt sollten die Anleger in einem solchen Umfeld darauf achten, dass sie ihr Geld bei Schuldnern mit hoher Qualität investieren. Dies gilt sowohl für Staaten als auch Unternehmen. Schliesslich drohen in einer Deflation Staats- und Unternehmensbankrotte. In der Weltwirtschaftskrise nach 1929 wurden viele Obligationen wertlos, weil der jeweilige Emittent kollabierte. Folglich sollten die Anleger in einem solchen Umfeld auch mit Unternehmensanleihen vorsichtig sein und bestenfalls auf erstklassige Emittenten mit einem geringen Verschuldungsgrad setzen. Hochverzinsliche Anleihen von hoch verschuldeten Firmen sind besonders gefährdet, da in einem deflationären Umfeld die Zahl der Unternehmensinsolvenzen oft stark steigt.

Bei Investitionen in Fremdwährungsanleihen gilt es, das Währungsrisiko abzusichern. Sonst sind die Risiken proportional gesehen zum möglichen Ertrag zu gross.

Aktien

Aktien sind in einem deflationären Umfeld klare Verlierer. In einer solchen tief gehenden Krise geht der Konsum zurück, obwohl Waren günstiger werden. Ausserdem tätigen Unternehmen weniger Investitionen. In der Folge leiden die Gewinne der Firmen und damit auch deren Aktienkurse.

Besonders drastisch zeigte sich dies in der Weltwirtschaftskrise, als die Aktienmärkte einbrachen. Zum Start der Krise am sogenannten Schwarzen Donnerstag, dem 24. Oktober 1929, gab es bereits panische Verkäufe. Gemäss der Encyclopaedia Britannica verloren die Kurse zwischen September 1929 und November 1929 rund 33 Prozent an Wert. Mittelfristig gesehen kam es noch viel schlimmer. Der amerikanische Leitindex Dow Jones Industrial fiel vom 3. September 1929, als er einen Rekord von 381 Punkten erreichte, bis zum 8. Juli 1932 auf ein Tief von 41 Zählern. Dies entsprach einem Verlust von 89 Prozent. Es dauerte sage und schreibe bis zum 23. November 1954, bis der Dow Jones Industrial den Rekordstand aus dem Jahr 1929 übersprang und bei 382 Punkten schloss.

Auch das Beispiel Japan zeigt überdeutlich, wie stark Aktien in einer Deflation an Wert verlieren können. Als der japanische Immobilienboom 1989 seine Spitze erreichte, kletterte der Leitindex Nikkei 225 bis auf einen Stand von 38 916 Punkten. Nach dem Ausbruch der Deflation verbuchte das

Barometer sehr starke Verluste und dümpelte Ende Juni 2012 immer noch bei 9100 Zählern, also bei weniger als einem Viertel des damaligen Stands.

Aktien sind als Geldanlage für ein deflationäres Umfeld nicht geeignet. Bestenfalls können die Anleger einen sehr langen Horizont definieren und auf defensive Titel von Unternehmen mit einem sehr guten Geschäftsmodell und hohen Dividendenrenditen setzen.

Immobilien

In einer Deflation leiden auch die Immobilienpreise. Wie die Bank Sarasin in einer Studie schreibt, sind die Häuserpreise in Japan seit dem Platzen der Blase 1989/1990 um rund 80 Prozent gesunken. Davor gab es allerdings eine gigantische Blase am japanischen Markt für Liegenschaften.

Für private Wohneigentümer ist in einer Deflation zu beachten, dass Schulden in einem solchen Umfeld besonders schwer wiegen und real sogar an Wert gewinnen – während Preise und Löhne fallen. Dies ist für Wohneigentümer, die sich bei der Bank mit Hypothekarkrediten zur Finanzierung einer Immobilie verschuldet haben, doppelt negativ. Während der Wert ihrer Häuser und Wohnungen sinkt, steigt gleichzeitig der Wert ihrer Schulden. Es ist nicht einmal ausgeschlossen, dass bei einem hohen Grad der Fremdfinanzierung am Schluss die bei der Bank aufgenommenen Schulden mehr wert sind als die Immobilie.

Gold und andere Edelmetalle

In Zeiten einer Deflation kann Gold eine sinnvolle Anlage zur Vermögenserhaltung sein. Gemäss Dimson, Marsh und Staunton erzielte Gold in Jahren mit einem Rückgang des Preisniveaus von 3,5 Prozent oder mehr im Durchschnitt eine reale Rendite von 12,2 Prozent (vgl. hierzu Abbildung 33). Gerade in Zeiten mit negativen Realzinsen an den Kapitalmärkten hat Gold in der vergangenen Zeit oftmals gut rentiert. In einer Ära der finanziellen Repression, wie sie sich derzeit abzeichnet, ist dies meist der Fall.

In dem «Horrorszenario» einer Deflation drohen viele Anlagen so viel an Wert zu verlieren, dass Gold an Attraktivität gewinnt. Schliesslich hat es einen innewohnenden, realen Wert. Der World Gold Council hat in einer Studie vom Februar 2010 berechnet, dass der Goldpreis im Durchschnitt geschichtlich gesehen um 0,9 Prozent gestiegen ist, wenn die Geldmenge weltweit um 1 Prozent ausgeweitet wurde. In einer Deflation sind weitere Geldspritzen der Zentralbanken zu erwarten.

Reale Gold- und Cashrenditen, 1900 bis 2011
In Prozent

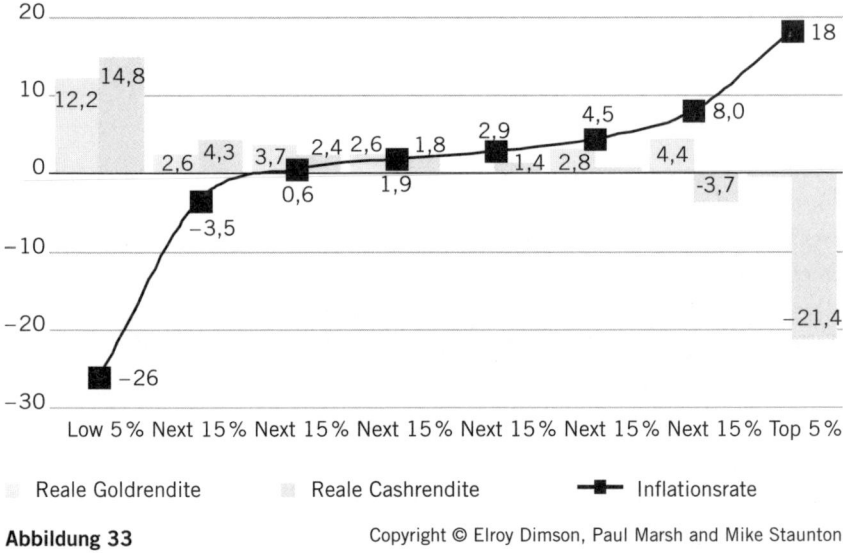

Low 5 % Next 15 % Next 15 % Next 15 % Next 15 % Next 15 % Next 15 % Top 5 %

Reale Goldrendite   Reale Cashrendite   Inflationsrate

Abbildung 33

Bei Investitionen in Gold ist stets zu beachten, dass sich der Preis für das Edelmetall sehr volatil entwickeln kann. Seit 2001 hat es ausserdem – nicht zuletzt wegen der wachsenden Inflationsängste der Investoren – bereits sehr starke Preissteigerungen gegeben. Folglich sind Preiskorrekturen auch nicht auszuschliessen. Des Weiteren sollten die Anleger berücksichtigen, dass sie bei Investitionen in das Edelmetall keine Zins- oder Dividendenzahlungen erhalten und dass gegebenenfalls Lagerkosten anfallen. Allerdings verliert dieses Argument in einem Umfeld sehr tiefer beziehungsweise sogar negativer Realzinsen an Bedeutung. Historisch gesehen haben solche Perioden den Goldpreis oft begünstigt. Auch ist zu beachten, dass das Edelmetall über die gesamten von den Professoren untersuchten 112 Jahre hinweg auf der Basis einer Berechnung mit dem Pfund nur eine durchschnittliche Jahresrendite von 1,07 Prozent erzielte.

Dadurch, dass die Anleger an den Papiergeldwährungen mehr und mehr zweifeln, hat das Gold einen festen Platz in den Anlegerdepots eingenommen. Dabei ist allerdings nicht unerheblich, in welchem Land der Goldvorrat gehalten wird. Schliesslich besteht die Gefahr, dass Regierungen in verschiedenen Staaten in einer Deflation den Besitz von Gold verbieten. Solche Aktionen unter dem Stichwort der finanziellen Repression gab es geschichtlich gesehen sogar schon in eigentlich als liberal geltenden Ländern wie in den USA. Dort erliess Präsident Franklin D. Roosevelt 1933 ein Verbot für den privaten Besitz von Gold, das erst 1974 wieder aufgehoben wurde.

Die Preisentwicklung für Edelmetalle wie Silber, Platin und Palladium ist von der Konjunktur stärker abhängig als der Goldpreis, da sie auch in der Industrie eingesetzt werden. In einer Wirtschaftsdepression werden sie folglich weniger stark nachgefragt. Dies dürfte ihre Preise in einer Deflation unter Druck setzen.

Andere Rohstoffe
Käme es zu einer Wirtschaftsdepression, dürften auch die Rohstoffpreise einbrechen. Schliesslich werden Rohstoffe in solchen Phasen deutlich weniger nachgefragt. In der Weltwirtschaftskrise fielen die Preise für Kaffee, Baumwolle, Seide und Kautschuk im Zeitraum von September 1929 bis Dezember 1930 um rund die Hälfte, wie die Encyclopaedia Britannica schreibt.

Unter den gängigen Rohstoffanlagen dürften beim Ausbruch einer Deflation vor allem die Preise von Industriemetallen leiden. Rohstoffe bieten – eine Ausnahme könnte Gold sein – keine gute Absicherung gegen eine Deflation.

Geldanlageprodukte und Altersvorsorge
Neben den verschiedenen Vermögensklassen sollten die Anleger auch immer darauf achten, in welche Geldanlageprodukte sie ihr Vermögen placieren. Diese haben unterschiedliche Eigenschaften, die gerade in einer tief gehenden Krise entscheidend sein können.

Fonds
Investmentfonds sind für Privatanleger wichtige Geldanlageprodukte. Die Fonds poolen das Vermögen ihrer Kunden und legen es in den oben geschilderten Vermögensklassen an. Es gibt alle möglichen Arten der Produkte, beispielsweise Aktien-, Obligationen- oder Immobilienfonds.

Wie sich die Fonds in einer Deflation entwickeln, hängt von ihrem jeweiligen Anlageschwerpunkt ab. Aktienfonds beispielsweise dürften in einer Deflation grosse Probleme bekommen, während sich Obligationenfonds unter Umständen passabel halten könnten. Angesichts des niedrigen Zinsniveaus verdienen viele Anlagefonds in einem deflationären Umfeld kaum ihre Gebühren. Es besteht also die erhebliche Gefahr, dass Anleger mit den Produkten im Minus landen.

In einem solchen Negativszenario der Deflation haben Anlagefonds aber immerhin den Vorteil, dass es sich bei ihnen um Sondervermögen handelt. Kollabiert also eine Bank oder eine Fondsgesellschaft, so ist das im Fonds angelegte Vermögen von der Konkursmasse getrennt. Das Geld ist also geschützt, falls es zu einer Insolvenz der ausgebenden Gesellschaft kommt.

Exchange Traded Funds (ETF) und Indexfonds

Exchange Traded Funds sind Anlagefonds, die an der Börse gehandelt werden. Zumeist bilden sie einen Börsenindex wie den Swiss-Market-Index, den Deutschen Aktienindex oder auch Anleihenbarometer ab. Grundsätzlich sind Exchange Traded Funds, sorgsam ausgewählt, für Privatanleger interessante Produkte. Sie sind im Allgemeinen deutlich günstiger als traditionelle Anlagefonds. Da der Anleger mit ihnen mehrere Wertschriften auf einmal kauft, bieten die meisten Produkte zudem eine gute Risikostreuung.

Da sich in einer Deflation nur wenige Anlageklassen passabel entwickeln, drohen den Investoren in einem solchen Szenario auch mit Exchange Traded Funds auf Aktienindizes Verluste. Es gibt aber auch welche, mit denen man auf fallende Aktienkurse setzen kann. Diese sind die sogenannten Short Exchange Traded Funds. Da diese für den täglichen Handel sowie für institutionelle Grossinvestoren ausgestaltet sind, eignen sie sich aber nicht für die längerfristige Absicherung von Portfolios. Auch haben bereits verschiedene Behörden wie die US-Börsenaufsicht Securities and Exchange Commission vor solchen Short Exchange Traded Funds gewarnt. Die Produkte eignen sich also nicht für Privatanleger.

Dasselbe gilt für die als besonders innovativ vermarkteten Exchange Traded Funds, die höhere Gebühren verlangen und stark Derivate einsetzen. Im Falle einer tief gehenden Krise drohen hier gewisse Ausfallrisiken.

Strukturierte Produkte und Zertifikate

Strukturierte Produkte beziehungsweise Zertifikate haben den Vorteil, dass es hier ein Angebot an Produkten gibt, mit denen sich das Deflationsrisiko überspielen lässt. So gibt es beispielsweise Produkte, mit denen die Anleger auf fallende Aktienkurse setzen können. Die Möglichkeit, alle möglichen

Entwicklungen an den Finanzmärkten abbilden zu können, ist der grosse Vorteil von Zertifikaten. Mit den meisten anderen Geldanlageprodukten kann man nur auf steigende Kurse setzen. Zertifikate sind flexibler.

Die Anleger sollten dabei beachten, dass strukturierte Produkte von Banken ausgegeben werden und dass bei ihnen ein Emittenten- beziehungsweise Ausfallrisiko besteht. Dieses könnte in einer Wirtschaftsdepression zum Tragen kommen, da der Kollaps von Banken droht. Dass dies kein theoretisches Risiko ist, hat sich 2008 beim Konkurs der US-Investmentbank Lehman Brothers gezeigt. Viele Anleger standen schliesslich mit Garantiezertifikaten da, die trotz ihres Sicherheit versprechenden Namens wertlos geworden waren.

In den vergangenen Jahren haben Banken strukturierte Produkte auf den Markt gebracht, die das Emittentenrisiko ausschalten sollen. Solche Zertifikate haben beispielsweise eine Pfandbesicherung, die das Konkursrisiko einschränkt. Allerdings sind die Gebühren dafür höher.

Gemäss der alten Anlageregel «Kaufe nie, was du nicht verstehst!» sollten die Anleger bei strukturierten Produkten stets darauf achten, dass sie deren Funktionsweise durchschauen. Bei manchen Produkten ist dies fast eine Wissenschaft für sich. Je intransparenter ein Geldanlageprodukt ist, desto teurer ist es meist auch. Die weiterhin mangelhafte Transparenz und die oftmals hohen Gebühren sind unterdessen Minuspunkte strukturierter Produkte.

Lebensversicherungen
Eine Deflation würde Versicherungen hart treffen, da Staatsbankrotte in einem solchen Szenario nicht unwahrscheinlich sind. Die Assekuranzen legen stark in Staatsanleihen an. So könnte es bei Lebensversicherungen zu Verlusten auf diese als besonders sicher geltenden Obligationen kommen.

Auch Lebensversicherungen haben hohe Gebühren. Zunächst fällt eine hohe Provision für den Versicherungsverkäufer ab, und die anschliessenden Gebühren sind ebenfalls erheblich. Ausserdem macht das niedrige Zinsniveau die Produkte unattraktiv. Diese sind intransparent, und ein Ausstieg aus dem Vertrag kommt die Sparer sehr teuer zu stehen. Privatanleger sollten sich also überlegen, ob Lebensversicherungen eine gute Anlage für sie sind.

Wenn Risiken wie ein Todesfall oder Invalidität abgesichert werden sollen, können Lebensversicherungen einen gewissen Sinn ergeben. Auch die Steuerersparnis kann ein Argument sein. Bei Lebensversicherungen werden allerdings zwei Dinge vermischt, die eigentlich nicht zusammengehören: das Sparen und das Versichern.

Pensionskassen und Pensionsfonds

Auch für die Pensionskassen und Pensionsfonds wäre eine Deflation ein Albtraum. Da die Zinsen in diesem Fall dauerhaft tief blieben, würden es die Vorsorgeeinrichtungen nicht schaffen, die benötigten Renditen zu erwirtschaften. Die Folge wären erhebliche Unterdeckungen, und Sanierungen der Pensionskassen würden nötig.

Bei solchen Sanierungen müssten wohl auch die Arbeitnehmer einen Beitrag leisten. Ausserdem sollten sich erwerbstätige Versicherte für den Fall einer deflationären Entwicklung auf eine – wenn überhaupt – sehr geringe Verzinsung ihrer Altersguthaben einstellen. Ferner dürfte in einer Deflation an einer weiteren Reduzierung der Leistungen kein Weg vorbeiführen.

Realität wurden solche Sanierungen bereits in Japan, das ja seit einiger Zeit in einer Deflation steckt. Bekannt geworden ist hier das Beispiel der Fluglinie Japan Airlines. Das Unternehmen war gezwungen, Kürzungen im zweistelligen Prozentbereich sowohl bei den Rentnern als auch bei den aktiv Versicherten vorzunehmen.

Szenario 2

Höhere Inflation – drohende Verluste für Sparer

Definition und Geschichte

Was ist eigentlich eine Inflation? Der Begriff wird im allgemeinen Sprachgebrauch mit einem Anstieg der Konsumentenpreise gleichgesetzt. Diese Definition ist allerdings fragwürdig. «Inflation ist immer ein monetäres Phänomen», sagte der amerikanische Ökonom und Nobelpreisträger Milton Friedman einst. Ihm zufolge ist eine Inflation immer ein Anstieg der Geldmenge, und die Ursache für die Veränderungen des Preisniveaus ist in den Veränderungen der Geldmenge zu suchen. Bei einer Inflation handelt es sich um einen Kaufkraftschwund des Geldes, der dadurch hervorgerufen wird, dass mehr davon in Umlauf ist. Eine Inflation wird letztlich also von politischen Entscheidungsträgern geschaffen. Nimmt man den Begriff genauer unter die Lupe, so erscheint dies überaus plausibel. Dieser leitet sich vom lateinischen Verb «inflare» ab, was so viel wie «aufblähen» bedeutet.

Ein Aufblähen der Geldmenge hat es mit dem exzessiven Gelddrucken der Notenbanken in den vergangenen Jahren in der Tat gegeben. Mit dem Ausbruch der Finanz- und Schuldenkrise im Jahr 2007 haben die Zentralbanken die Geldmenge immens ausgeweitet. Die offiziellen Daten, die den Anstieg des Preisniveaus errechnen, weisen bisher in den meisten Ländern der Eurozone sowie in den USA kaum Inflation aus (Stand: Juli 2012). Die Geschäftsbanken horten das Geld überwiegend, das sie von den Zentralbanken erhalten haben.

Ein Problem der modernen Messmethoden von Inflation ist, dass hier Konsumentenpreisindizes verwendet werden. Diese haben allerdings ihre Tücken, denn Vermögenswerte, Rohstoffe, Aktien oder Immobilien sind darin nicht enthalten. Wäre dies der Fall, so lägen die Inflationsraten in einigen Ländern wohl deutlich höher. So sind bei vielen Vermögenspreisen starke Steigerungen zu beobachten, beispielsweise bei den Immobilienpreisen in Deutschland oder in der Schweiz. Diese spiegeln sich aber nicht in den offiziellen Inflationszahlen. Man spricht diesbezüglich von einer Vermögenspreisinflation («asset price inflation»). Kritische Beobachter sehen diesen Effekt auch bereits an den Aktienmärkten. Das viele, von den Zentralbanken in die Märkte gepumpte Geld halte die Kurse künstlich hoch, argumentieren sie, und führen dazu Kennzahlen wie das Kurs-Gewinn-Verhältnis (KGV) oder das Kurs-Buchwert-Verhältnis (KBV) an. Blasen an den Finanzmärkten zu erkennen, ist nicht leicht. Folglich ist es auch schwierig, eine Vermögenspreisinflation nachzuweisen.

Dennoch gibt es immer wieder Zweifel an den ausgewiesenen Inflationsraten. In den USA herrscht eine lebhafte Diskussion darüber, ob diese nicht zu niedrig sind. In diesem Zusammenhang haben die Betreiber der Website www.shadowstats.com eine Vorreiterrolle übernommen. Auch in Europa gibt es Zweifel an der Repräsentativität der Warenkörbe, die von staatlichen Behörden vorgegeben werden, um Inflation zu messen. Roland

Die Preisentwicklung in den USA, 1900 bis 2012

Kaufkraftentwicklung eines Investments von 1 Dollar im Jahr 1900
Preisentwicklung in den USA

Abbildung 34

Leuschel und Claus Vogt merken diesbezüglich in ihrem Buch *Das Greenspan-Dossier* an, der Staat habe durchaus das Interesse, die Inflationsrate im Zweifel niedriger auszuweisen, als sie tatsächlich ist. Schliesslich steigt die Belastung des Steuerzahlers bei höherer Inflation, da dieser dann in eine höhere Progressionsstufe rutscht. Für den Staat fällt indessen die reale Belastung, weil Transferzahlungen im Allgemeinen nicht automatisch an die Inflationsrate angepasst sind.

Wer fixe Einkommen bezieht, gehört deshalb bei steigender Inflation zu den Verlierern. Zu ihnen gehören beispielsweise Rentner oder Bürger, die staatliche Unterstützungszahlungen erhalten. Da eine Inflation die Schuldenmacher belohnt und die Sparer bestraft, wirkt sie sich auf die Wirtschaft schädlich aus.

Die oftmals politisch gewollte mässige Inflation wird zumeist verharmlost. Bereits sie hat auf längere Sicht erhebliche Auswirkungen auf die Kaufkraft der Bürger. Dies zeigt eine Studie der Deutschen Bundesbank, die am 18. Januar 2011 in der *Neuen Zürcher Zeitung* publiziert wurde. Sie enthielt zwei Berechnungsmethoden für den Kaufkraftverlust von Währun-

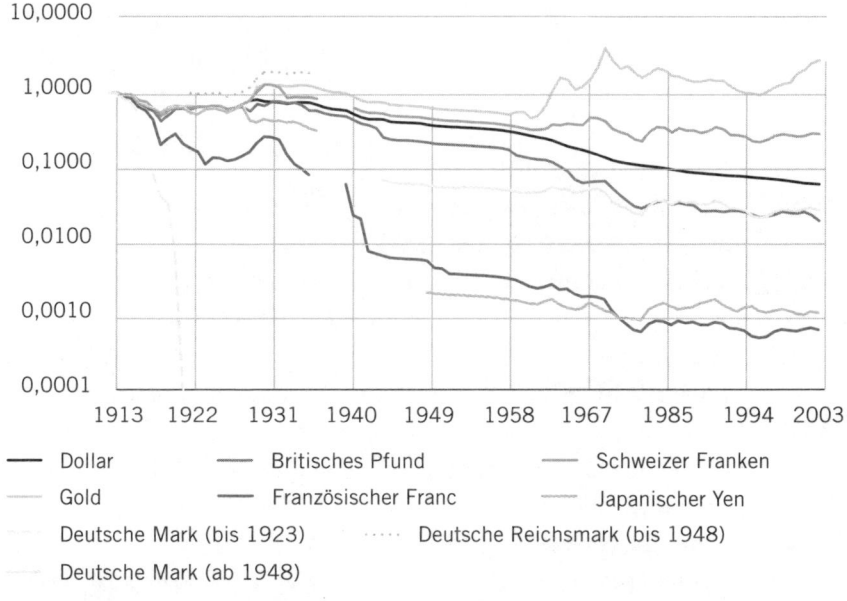

Kaufkraftschwund in wichtigen Volkswirtschaften

—— Dollar	—— Britisches Pfund
—— Gold	—— Französischer Franc
Deutsche Mark (bis 1923)	····· Deutsche Reichsmark (bis 1948)
Deutsche Mark (ab 1948)	

—— Schweizer Franken
······ Japanischer Yen

Abbildung 35

Quelle: UBS Wealth Management Research

gen im Zeitraum von 1971 bis 2011. Ihr zufolge verlor der Franken in dieser Periode 41,3 Prozent beziehungsweise 65,5 Prozent seiner Kaufkraft, der Dollar sogar 81,8 Prozent beziehungsweise 86,6 Prozent. Vor allem die Jahre nach dem Ende des Bretton-Woods-Systems fester Wechselkurse und der Abschaffung des Goldstandards waren eine Zeit hoher Inflation.

Die Gefahren des Papiergeldsystems

«Nicht einlösbares Papiergeld hat sich fast immer als Fluch erwiesen für die Länder, die es angewendet haben.»

Irving Fisher, amerikanischer Ökonom

Längerfristiges Refinanzierungsgeschäft, quantitative Lockerung, Operation Twist – mit diesen Begriffen haben die internationalen Zentralbanken in den vergangenen Jahren das Vokabular der Finanzinteressierten vergrössert. Dahinter verstecken sich Entscheide, mit denen vor allem die amerikanische Notenbank und die Europäische Zentralbank Geld drucken und marode Banken stützen. Dies soll die Krise in den Industriestaaten bekämpfen und hat die Zuspitzung der Euroschuldenkrise schon mehrmals gemildert. Das Pumpen von Milliarden und Abermilliarden an Euro und an Dollars in den Geldkreislauf dürfte die Krise aber nicht lösen.

Ist die Geldschwemme Medizin oder Gift?

Dabei wird versucht, den Patienten mit der Medizin zu heilen, die ihn erst krank gemacht hat, nämlich mit immer mehr billigem Geld. Doch was passiert, wenn der Markt das Vertrauen in diese Heilungsmethode verliert? In der Geschichte gibt es dafür Beispiele mit schrecklichem Ausgang. Schon jetzt gehen manche Marktteilnehmer für die Zukunft von deutlich höheren Inflationsraten aus.

Laut Thorsten Polleit, früherer Chefökonom von Barclays Capital Deutschland, hat die Verwendung von Papiergeld in der Geschichte oft in Tränen geendet. Er befürchtet, dass derzeit erst der Beginn einer politisch gewollten Monetarisierung von Staatsschulden zu beobachten ist. Dabei würden die Schulden von Zentralbanken aufgekauft und so überschuldete

Staaten vor dem Kollaps gerettet. Ihr eigentlicher Bankrott werde dadurch aber nur verdeckt. Vor allem in den USA hat die dortige Notenbank in den vergangenen Jahren bereits mehr Geld denn je gedruckt. Gelingt es bei einer wirtschaftlichen Erholung nicht, das viele Geld rasch genug wieder abzuschöpfen, könnte die Inflation als Folge beträchtlich steigen.

Christof Reichmuth, Chef der Luzerner Bank Reichmuth, glaubt nicht, dass jedes Papiergeldsystem automatisch in Tränen endet. Dies zeige beispielsweise die Geschichte des Frankens. Allerdings unterliegt auch diese Währung aufgrund der Anreizstruktur von Politikern dem Hang der Papiergeldsysteme zu inflationären Entwicklungen. Die extrem expansive Geldpolitik der US-Notenbank nach dem Kollaps von Lehman Brothers im September 2008 hält Reichmuth für gerechtfertigt. Schliesslich sei es darum gegangen, eine Deflation beziehungsweise eine Depression in den USA zu verhindern. Die Kehrseite der extrem expansiven Geldpolitik sei aber, dass es deshalb keine Bereinigung in der Wirtschaft gegeben habe. Dies erkläre, weshalb kaum Wachstumsimpulse zu erkennen seien.

Das Risiko von Vermögenspreisblasen

Dass die grossen Mengen an bislang gedrucktem Geld zu keinem nennenswerten Anstieg der Konsumentenpreise geführt haben, liegt wohl daran, dass die Zins- und Kreditkanäle weiterhin verstopft sind. Banken horten das Geld lieber, als es weiterzugeben. Berücksichtigt man andere Daten als die Konsumentenpreise, so zeigen sich bereits erhebliche Auswirkungen der ultraexpansiven Geldpolitik. So hat es in einigen Ländern bereits eine deutliche Erhöhung der Vermögenspreise gegeben. So sind beispielsweise in der Schweiz und in Deutschland die Immobilienpreise in guten Lagen in den vergangenen Jahren stark gestiegen.

Das exzessive Gelddrucken der Zentralbanken dürfte für Sparer, Altersvorsorger und Investoren erhebliche negative Konsequenzen haben. So könnten die in den vergangenen Jahrzehnten entstandenen Kosten und Schulden sozialisiert werden, indem die Kaufkraft des Geldes bei den Bürgern verringert wird. Ökonomen der Schweizer Grossbank UBS schreiben dazu in einer Studie, eine Inflation wirke im Prinzip wie eine Steuer – und noch dazu handle es sich bei ihr um eine, die heimlich erhoben werden könne. Die Inflation enteignet die Bürger, die sich davor nicht schützen können, peu à peu. Dies ist besser systemverträglich als andere Massnahmen, weil die meisten Bürger die Zusammenhänge nicht verstehen.

In jüngster Zeit hat sich die Debatte darüber vor allem in Deutschland zugespitzt. Dort steigen die Inflationsängste, da die Leitzinsen der Europäischen Zentralbank für die derzeit boomende deutsche Wirtschaft zu niedrig sind. Im Mai 2012 startete eine Gruppe von Wirtschaftsprofessoren einen Aufruf gegen eine «Politik der höheren Inflation». Darin hiess es, Bundesbankpräsident Jens Weidmann erhalte mit seiner antiinflationären Haltung von der Bundesregierung keine öffentliche Rückendeckung mehr. Der Versuch, die Probleme der Schuldenkrise durch eine höhere Inflation zu lösen, werde aber misslingen und die Wirtschaft zunehmend belasten. Ist der Inflationsgeist erst einmal aus der Flasche, ist die Währung schnell gefährdet. Für die Reduktion der realen Schuldenlast ist aber nichts gewonnen.

Die Eurozone als Titanic

Dass sich die Schweiz diesen internationalen Entwicklungen nicht entziehen kann, zeigte sich bereits in dem starken Anstieg des Frankens, auf den die Schweizerische Nationalbank im September 2011 mit der Einführung einer Kursuntergrenze gegenüber dem Euro von 1,20 Franken reagierte. Ausserdem druckte die Schweizerische Nationalbank ebenfalls erheblich mehr Geld, um den Franken nicht noch stärker werden zu lassen. Aus der Sicht von Polleit gleicht die Schweiz derzeit einem schönen Segelboot, das an die Titanic gekettet ist – also an die Eurozone mit ihrer tief greifenden Schuldenkrise. Die Bilanz der Schweizerischen Nationalbank stehe, so Polleit, vor grossen Herausforderungen, wenn sich die Krise in Europa noch stärker zuspitze, da sich das Festhalten an der Mindestgrenze als sehr teuer erweisen könne. Ausserdem könnte die Teuerung steigen. Da Inflation global stark korreliert, ist es auch aus der Sicht der Grossbank UBS für einzelne Länder schwierig, sich von der internationalen Entwicklung abzukoppeln. Die Ökonomen der Grossbank gehen davon aus, dass die weitere Entwicklung stark von der Geldpolitik der USA abhängt.

Wie Carmen M. Reinhart und Kenneth S. Rogoff in ihrem Buch *Dieses Mal ist alles anders. Acht Jahrhunderte Finanzkrisen* ausführen, wurde die Inflation mit der Verbreitung des Papiergelds zu Beginn des 20. Jahrhunderts zu einem «weitverbreiteten und chronischen Problem». Bevor das ungedeckte Papiergeld eingeführt wurde, bedienten sich Monarchen und Herrscher allerdings anderer Tricks, um Schuldenrückzahlungen zu vermeiden. Sie verringerten den Edelmetallgehalt der zirkulierenden Münzen

Staatsbankrotte und darauffolgende Inflationen, 1900 bis 2006
Prozent der Länder

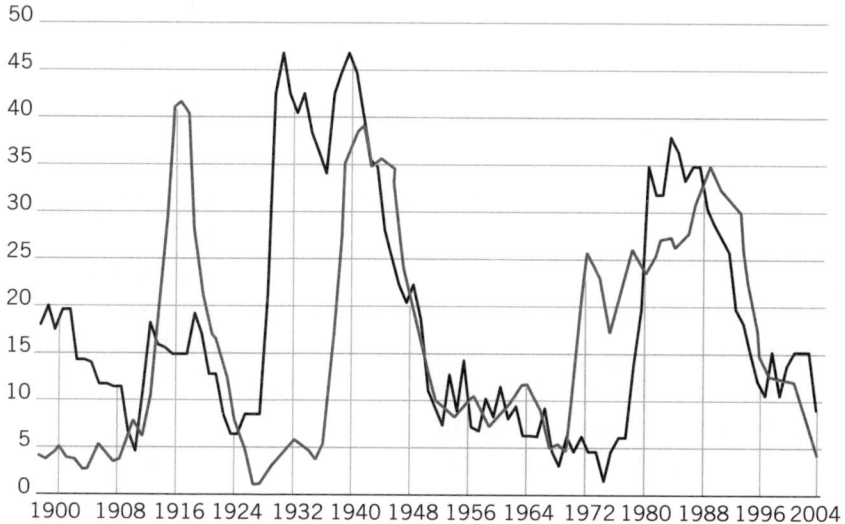

— Anteil von Ländern in Insolvenz
— Anteil von Ländern mit einer Inflationsrate von über 20 %

Abbildung 36   Quelle: Swisscanto / Reinhart / Rogoff

oder liessen kleinere Münzen mit demselben Wert prägen. Wie die Abbildung darlegt, lässt sich dabei ein Zusammenhang zwischen der schwierigen Lage von Staatshaushalten beziehungsweise sogar Staatsbankrotten und einer danach folgenden Inflation aufzeigen.

Vor dem Hintergrund der gegenwärtigen Lage in Griechenland wirkt es ironisch, dass – wie in dem Buch von Reinhart und Rogoff erwähnt –Dionysios von Syrakus bereits im 4. Jahrhundert vor Christus unter Androhung der Todesstrafe das in Umlauf befindliche Geld einziehen und anschliessend auf jede 1-Drachme-Münze den Wert von 2 Drachmen prägen liess. Ein weiteres Beispiel für eine historische Währungsabwertung lieferten Heinrich VIII. und sein Nachfolger Edward VI. in England in den Jahren nach 1542. Während dieser Zeit verlor das Pfund gemäss Reinhart und Rogoff 83 Prozent seines Silbergehalts.

In Schweden wurde den Autoren zufolge die Währung im Jahr 1572 um 41 Prozent abgewertet und der russische Rubel 1798 um 14 Prozent – in letzterem Fall ging es um die Finanzierung eines Krieges. Russland wertete seine Währung 1810 erneut um 41 Prozent ab, Österreich die seinige 1812 um 55 Prozent. Beide Abwertungen standen gemäss Reinhart und Rogoff in Zusammenhang mit den Belastungen, die durch die Napoleonischen Kriege ausgelöst wurden.

Gewalt und Münztricks

Die Bürger wurden also schon in früheren Jahrhunderten mittels Gewalt und Tricks der jeweiligen Herrscher um die Kaufkraft ihres Geldes gebracht. Aus der Sicht von Reinhart und Rogoff sind «die modernen Gelddruckmaschinen lediglich eine technisch fortschrittlichere und effizientere Methode zur Erreichung desselben Ziels», um Schuldenrückzahlungen zu umgehen. Wie ihre Statistiken zeigen, war die Inflation im 20. Jahrhundert tatsächlich sehr hoch. In vielen Industrieländern galt das Phänomen Inflation in den vergangenen Jahrzehnten als besiegt. Angesichts der immensen Verschuldung zahlreicher Staaten könnte sich dies nun allerdings wieder ändern.

Murray Rothbard, amerikanischer Ökonom und Vordenker der Libertarian Party, sah die Wurzel des Papiergeldübels im System der US-Notenbank, das 1913 durch die Unterzeichnung der Federal Reserve Act unter US-Präsident Woodrow Wilson geschaffen wurde. Die amerikanische Wirtschaft leide unter chronischer Inflation, die von der US-Notenbank geschaffen werde, schrieb Rothbard. Es sei die Aufgabe der US-Notenbank, private Geschäftsbanken bei der Inflationierung zu unterstützen, ihnen Reserven zukommen zu lassen und sie, wenn nötig, zu retten. So hat der Dollar seit der Gründung der US-Notenbank im Jahr 1913 ungefähr 95 Prozent seines Werts verloren. Im Jahrhundert davor war die Kaufkraft des Dollar hingegen weitgehend stabil geblieben.

Die Verwendung von durch nichts gedecktem Papiergeld sorgt aus der Sicht mancher Ökonomen nicht nur für eine Inflation, sondern auch für eine Aufblähung des Finanzsektors sowie für rasante Auf- und Abschwünge. Historisch gesehen haben Staaten besonders von einer Inflation Gebrauch gemacht, wenn sie in den Krieg gezogen sind. Dies zeigte sich in den USA etwa im Vietnamkrieg. Im Jahr 1971 erklärte US-Präsident Richard Nixon, dass der Dollar nicht mehr länger in Gold konvertierbar sei, und brachte so das Bretton-Woods-System und den Goldstandard zu Fall. Da Gold als Rettungsanker für Geld fehlte, hätten die Zentralbanker in der Folge stärker darauf achten müssen, eine übermässige Geldmengenausweitung zu verhindern. Wie die derzeitige Entwicklung zeigt, hat dies nicht funktioniert.

Beim Blick auf die heutige Lage lässt sich argumentieren, dass aufgrund des bereits fortgeschrittenen Stadiums des Gelddruckens die Auf- und Abschwünge derzeit in immer kürzeren zeitlichen Abständen aufeinanderfolgen. So gab es mit dem Börsencrash nach dem Platzen der Internetblase zwischen 2000 und 2003 und dem Ausbruch der Finanzkrise 2007 innerhalb weniger Jahre zwei sehr tief greifende Finanzmarktkrisen. Die Rettungsaktionen der Staaten haben die Verschuldung noch stärker nach oben getrieben, und die Zentralbanken haben mit der Schaffung von noch mehr Papiergeld reagiert. Diese Entwicklung macht weitere, fundamentale Krisen wahrscheinlich.

Inflation um jeden Preis

Polleit rechnet mit einem Kollaps des derzeitigen Systems. Das Papiergeldsystem werde nicht mehr zur Normalität zurückkehren. Gegen ein Deflationsszenario spricht aus seiner Sicht unter anderem die Entschlossenheit von Ben Bernanke, dem Chef der US-Notenbank, eine solche Entwicklung unter allen Umständen zu bekämpfen.

Internationale Korrelation von Inflationsraten
Konsumentenpreisindex, Prozent im Jahresvergleich

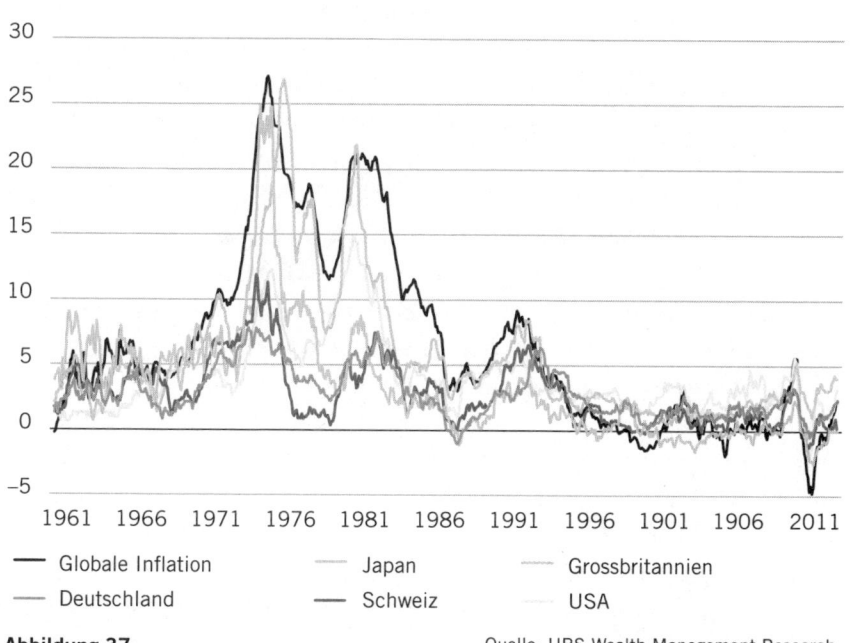

| ▬ Globale Inflation | ⋯ Japan | ⋯ Grossbritannien |
| ── Deutschland | ▬ Schweiz | ── USA |

Abbildung 37   Quelle: UBS Wealth Management Research

Als Ausweg aus der derzeitigen Schuldenkrise ist eine Entwicklung in Richtung eines Bretton-Woods-III-Systems mit einer international koordinierten Inflationspolitik denkbar. Gold und Silber dürften dabei eine Rolle spielen. Auch aus der Sicht von Reichmuth ist eine globale Währungsreform zur Lösung des Schuldenproblems nicht mehr ausgeschlossen. Für wahrscheinlicher hält er aber die Kombination aus einer höheren Inflation, höheren Steuern für Vermögende und Schuldenrestrukturierungen.

Inflation in Deutschland und in der Schweiz

Wie war die Entwicklung der Inflation historisch gesehen in Deutschland und in der Schweiz? Wie bereits erwähnt, korrelieren Inflationsraten weltweit stark. Wie eine Statistik von Dimson, Marsh und Staunton von der London Business School zeigt, hatten die Schweiz und Deutschland seit dem Jahr 1950 die niedrigsten durchschnittlichen Inflationsraten von 19 untersuchten Ländern.

Allerdings ist die viel gepriesene deutsche Stabilitätskultur eine Errungenschaft der letzten Jahrzehnte. Betrachtet man den langen Zeitraum von 1900 bis 2011, dann zählte Deutschland wie Frankreich, Italien und Japan zu den Ländern mit einer eher höheren Inflation – und das selbst dann, wenn man die Hyperinflation der Jahre 1922/23 aussen vor lässt (vgl. hierzu Abbildung 38). So kommt Deutschland über diese lange Zeitperiode hinweg auf einen Wert von 4,8 Prozent pro Jahr (geometrischer Durchschnitt) beziehungsweise von 5,6 Prozent (arithmetischer Durchschnitt).

Die Schweiz zeigte sich hingegen einmal mehr als Musterschüler und kam im Zeitraum von 1900 bis 2011 auf den niedrigsten Wert der untersuchten Länder. Die Inflationsrate betrug in der Eidgenossenschaft durchschnittlich 2,3 Prozent pro Jahr (geometrische Berechnungsmethode) beziehungsweise 2,4 Prozent (arithmetische Methode).

In solch turbulenten Zeiten wie diesen gibt es für Deutschland und die Schweiz eine gewisse Hoffnung. Allerdings hat es auch in der Schweiz schon Perioden mit einer höheren Inflation gegeben. Dies war beispielsweise der Fall, nachdem die Schweizerische Nationalbank letztmals 1978 einen Mindestkurs für den Franken festlegte, damals gegen die D-Mark. Mit einer Verzögerung erhöhte sich damals die Geldmenge M2 stark, und wiederum nach einer gewissen Zeit stieg die Inflation von 0,5 Prozent auf bis über 7 Prozent an. Auch Ende der 1980er-Jahre schnellte die Inflation in der

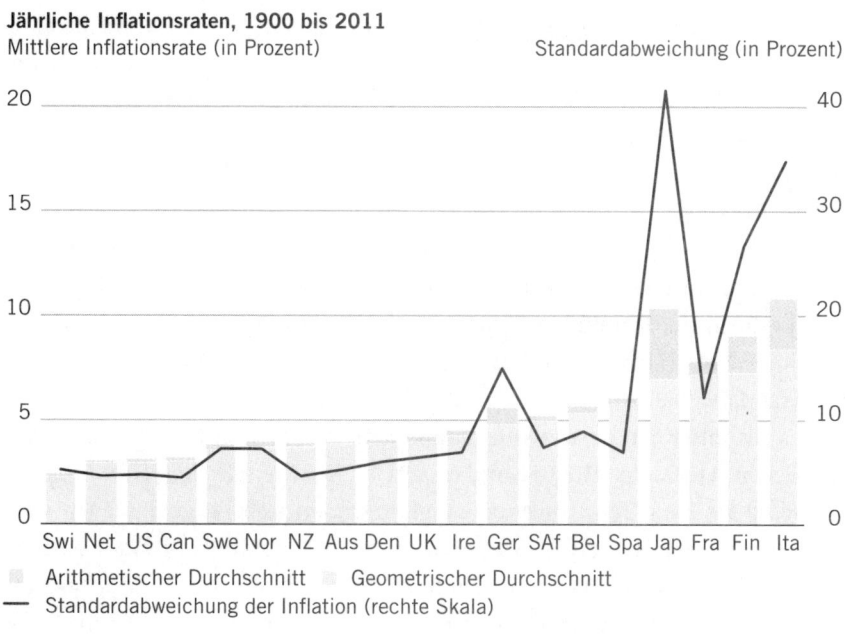

Jährliche Inflationsraten, 1900 bis 2011
Mittlere Inflationsrate (in Prozent)   Standardabweichung (in Prozent)

Arithmetischer Durchschnitt   Geometrischer Durchschnitt
— Standardabweichung der Inflation (rechte Skala)

Abbildung 38   Copyright © Elroy Dimson, Paul Marsh and Mike Staunton

Schweiz auf über 6 Prozent hoch. Angesichts der im September 2011 eingeführten Mindestgrenze des Frankens von 1,20 Franken pro Euro ist die Gefahr erheblich, dass sich die Geschichte nun wiederholt. In der Schweiz hat die Geldmenge in den vergangenen vier Jahren um beinahe 70 Prozent zugenommen. Dies ist die Folge der massiven Kapitalflucht in die Schweiz, birgt aber das Risiko einer deutlich höheren Inflationsrate in der mittleren Zukunft.

Geldanlage bei höherer Inflation

Vermögensklassen im Überblick

Spar-, Tages- und Festgeldkonten
Lassen die Anleger bei steigenden Inflationsraten das Geld auf Spar-, Tagesoder Festgeldkonten liegen, laufen sie Gefahr, Vermögen zu verlieren, wenn die Zentralbank nicht gleichzeitig die Zinsen erhöht.

Es gibt allerdings – vor allem in Deutschland – durchaus Tagesgeldkonten von Banken, die etwas höhere Zinsen bezahlen. Solche Konten sind für Privatanleger oftmals attraktiv. Zusätzlich haben sie den Vorteil, dass die Anleger hier flexibel bleiben und das Geld bei einer höheren Inflation schnell abziehen und in andere Vermögensanlagen investieren können.

Beim Festgeld sieht es etwas anders aus. Hier ist das Geld unter Umständen für längere Zeit gebunden, und die Flexibilität der Anleger, auf einen Anstieg der Inflation zu reagieren, ist geringer. Festgeldanlagen reagieren allerdings rasch auf Inflationsbewegungen, wie eine Studie der Liechtensteinischen Landesbank zeigt. Die Chancen auf reale Erträge sind bei Festgeld im derzeitigen Nullzinsumfeld aber gering. Da die US-Notenbank die Zinsen bis 2014 auf extrem niedrigem Niveau lassen will, dürfte es vorerst dabei bleiben.

In einer Studie des Internationalen Währungsfonds aus dem Jahr 2009 von Alexander P. Attié und Shaun K. Roache, die den Titel *Inflation Hedging for Long-Term Investors* trägt, erwiesen sich Bargeldanlagen über die kurze Frist von zwölf Monaten nicht als effektiver Inflationsschutz. Damit Bargeldanlagen einen Schutz bieten, müssten die Zinsen steigen. Gemäss der Studie zogen die Bargeldrenditen zwar nach einem Inflationsschock langsam an, auf längere Sicht reichte dies aber nicht, um die Teuerung auszugleichen.

Anleihen

> «Staatsanleihen sind nicht durch reale Sachwerte unterlegt, sondern nur durch das Regierungsversprechen, aus künftigen Steuereinnahmen zu bezahlen.»
>
> Alan Greenspan, ehemaliger Vorsitzender der US-Notenbank

Eine höhere Inflation ist für Anleihen Gift. In Zeiten mit einer höheren Teuerung haben sich Anleihen in der Vergangenheit sehr schlecht entwickelt. Steigen die Inflationserwartungen, so sinkt der Wert von bereits emittierten Obligationen. In Zeiten von Hyperinflationen erlitten Investoren mit ihnen Totalausfälle, aber auch schon in Zeiten mit höheren Inflationsraten wie in den 1970er-Jahren verbuchten die Anleger herbe Verluste.

In der Studie von Dimson, Marsh und Staunton lag die Inflation in 5 Prozent der Jahre bei 18,3 Prozent und mehr. In diesen Perioden entwickelten sich Obligationen mit realen Renditen von −23,2 Prozent verheerend und deutlich schlechter als Aktien, die −12 Prozent aufwiesen. Lag die Inflation bei Werten von zwischen 8 Prozent und 18 Prozent, verloren Obligationen ebenfalls real deutlich an Wert, und zwar –4,6 Prozent pro Jahr. Aktien verbuchten in diesen Zeiträumen hingegen sogar ein leichtes Plus von 1,8 Prozent. Betrug die Inflation indessen zwischen 4,5 Prozent und 8 Prozent, verbuchten Obligationen ein leichtes Plus, lagen aber weiterhin deutlich hinter Aktien zurück, die +5,2 Prozent aufwiesen.

Auch die Studie des Internationalen Währungsfonds aus dem Jahr 2009 kam für Obligationen in Inflationszeiten zu einem wenig schmeichelhaften Ergebnis. Stieg die Inflation innerhalb eines Jahres um einen Prozentpunkt, sank der nominale Ertrag von US-Staatsanleihen im selben Zeitraum um rund 1,3 Prozentpunkte. Nach rund drei Jahren stabilisierte sich bei lang laufenden US-Staatsanleihen die Ertragsdynamik wieder etwas.

Bei steigenden Inflationserwartungen leiden Anleihen mit längeren Laufzeiten besonders stark. Sogenannte Kurzläufer sind in solchen Zeiten besser geeignet. Dasselbe gilt auch für Floater, also variabel verzinste Obligationen. Wie inflationsindexierte Anleihen bieten diese einen gewissen Inflationsschutz.

Inflationsindexierte Anleihen

Anleihen, die die Anleger vor der Teuerung schützen sollen, sind in den USA und in Grossbritannien weit verbreitet. In Ländern, in denen die Inflation geschichtlich gesehen geringer ausgefallen ist, ist dies hingegen weniger der Fall. So gibt es beispielsweise keine inflationsgeschützten Frankenanleihen. Auch in Deutschland ist der Markt relativ begrenzt.

In letzter Zeit werden diese Anlageprodukte stärker thematisiert. Dafür sorgt die jüngste Geldschwemme der internationalen Zentralbanken, die nicht nur in Deutschland, sondern auch in der Schweiz eine gewisse Inflationsangst provoziert – zumal auch die Schweizerische Nationalbank viel Geld druckt.

Bei inflationsindexierten Obligationen bleibt die reale Rendite, auch wenn eine steigende Inflation eintritt, unverändert, weil die nominale Rendite an einen Inflationsindex gekoppelt ist. Der Anleger bekommt also einen festen realen Zins.

Anleger haben mehrere Möglichkeiten, in diesem Obligationenbereich Geld anzulegen. Neben dem Direktengagement in solchen Bonds stehen aktiv verwaltete Anlagefonds zur Auswahl, die teilweise auch als Ziel haben, einen Ertrag in Euro beziehungsweise in Franken zu erwirtschaften. Bei solchen Produkten können die Gebühren angesichts des niedrigen Zinsniveaus proportional eher hoch ausfallen. Auch an der Deutschen Börse und an der Schweizer Börse SIX Swiss Exchange sind einige Exchange Traded Funds kotiert, die auf inflationsgeschützte Obligationen setzen. Diese kotierten Indexfonds sind im Allgemeinen deutlich günstiger als aktiv verwaltete Anlagefonds. Bei ihnen muss aber auf die Zusammensetzung geachtet werden. So gibt es Produkte, die erhebliche Anteile des Portfolios in die Anleihen europäischer Peripheriestaaten wie Italien investieren. Für Schweizer Anleger haben die Produkte einen weiteren Haken – ihre Fondswährung ist stets entweder der Euro oder der Dollar. Der Investor geht beim Kauf dieser Produkte also ein Währungsrisiko ein.

Dasselbe gilt für die Direktanlage in inflationsgeschützte Obligationen, wenn diese beispielsweise auf Dollar oder Pfund lauten. Gerade dieses Fremdwährungsrisiko sollten die Anleger aber auf keinen Fall vernachlässigen. Gemessen an den oft geringen Ertragserwartungen von Obligationen ist dieses nämlich ziemlich hoch. Eine Währung schwächt sich im Allgemeinen ab, wenn es in ihrem Gebiet zu einer höheren Inflation kommt. Dies könnte den Anlegern bei solchen Engagements in ausländischen Obligationen Verluste bringen.

Ausserdem ist der Markt für inflationsgeschützte Obligationen immer noch ziemlich klein. Gemäss den Analytikern der Bank Sarasin bieten inflationsindexierte Anleihen bei sehr tiefen Realzinsen ohnehin keinen allzu grossen Inflationsschutz. Die Wertpapiere schützen schliesslich nicht vor steigenden Realzinsen. Im Falle einer inflationären Entwicklung dürften solche Anleihen zwar besser rentieren als traditionelle Obligationen, die Anleger sollten aber trotzdem mit Verlusten rechnen, falls die Realzinsen steigen.

Ausserdem besteht auch die Gefahr, dass der Konsumentenpreisindex, an den die Obligation gekoppelt ist, nicht der Inflationsrate des Anlegers entspricht. Dies kann beispielsweise aufgrund einer anderen Warenkorbzusammensetzung der Fall sein. Ferner muss der Anleger die Anleihen bis zum Ende der Laufzeit im Portfolio halten, um den realen Zins zu bekommen. Schliesslich kann der Kurs einer Anleihe während der Laufzeit erheblich schwanken und deutlich unter pari fallen.

Aktien

Für Inflationsszenarien empfehlen Banken oft Aktien. Dies tun sie nicht uneigennützig, da sie mit Produkten auf Dividendenpapiere gute Margen erzielen. In Zeiten mit einer höheren Inflation entwickeln sich Aktien im Allgemeinen tatsächlich besser als Obligationen. Wissenschaftliche Studien haben aber erwiesen, dass der Inflationsschutz von Aktien bei zweistelliger Teuerung zu wünschen übrig lässt. Dann reichen die Renditen der Dividendenpapiere zumeist nicht, um den Kaufkraftschwund auszugleichen. Bei mittelhohen Inflationsraten sieht die Entwicklung von Aktien noch recht gut aus.

In der Studie des Internationalen Währungsfonds aus dem Jahr 2009 waren Aktien nach einem Inflationsschock indessen die Anlageklasse mit der schlechtesten Entwicklung. Stieg die Inflationsrate um einen Prozentpunkt, fielen in der kurzen Frist von zwölf Monaten die Renditen im US-Aktienmarkt um 2,7 Prozentpunkte. Auf sehr lange Sicht entwickelten sich die Aktien in der Vergangenheit aber deutlich besser als andere Vermögensklassen. Es lässt sich also sagen, dass sie bei einem langen Anlagezeitraum auch einen besseren Inflationsschutz als andere Anlageklassen geboten haben.

Bankanalytiker gehen davon aus, dass sich gewisse Aktiensektoren bei einer Inflation besser entwickeln als andere. Unternehmen mit einer starken Stellung in ihren jeweiligen Märkten können schliesslich eher Preiserhöhungen bei ihren Kunden durchsetzen. Dazu zählen oftmals Konzerne mit einem hohen Börsenwert sowie Firmen aus den Branchen Industrie, Chemie, Grundstoffe, Erdöl und Gas. Einen gewissen Inflationsschutz bieten auch Unternehmen, deren Tarife an einen Inflationsindex gekoppelt sind, so beispielsweise Wasserversorger.

Auch Aktien aus Schwellenländern könnte es gelingen, sich in Inflationsphasen zu behaupten, wenn das starke Wachstum in diesen Ländern anhält. Allerdings sollten die Anleger dabei beachten, dass die Entwicklung der Kurse an den Börsen in den Emerging Markets oftmals mit starken Schwankungen verläuft und die Risiken noch höher sind als an den Börsen in Industrieländern. Die Aktien aus Schwellenländern eignen sich vor allem als Beimischung im Depot.

Immobilien
Immobilien sind in einer Zeit mit höheren Inflationsraten eine gute Anlage, da sie einen gewissen Inflationsschutz bieten. Schon in Goethes *Faust* traute man dem Papiergeldsystem nicht und setzte stattdessen lieber auf Grundbesitz. Gerade für Privatanleger bieten Immobilien eine gute Möglichkeit, ihr

Kapital zu sichern, wenn es an den Finanzmärkten stürmt und wenn das Vertrauen in die Papiergeldwährungen sinkt.

Dimson, Marsh und Staunton haben dazu die Preisentwicklung von Wohnimmobilien ab dem Jahr 1900 in sechs Ländern untersucht. Den Immobilienpreisindex mit der besten Wertentwicklung hatte dabei Australien mit einer Wertentwicklung von 2,03 Prozent pro Jahr vor Grossbritannien mit 1,33 Prozent pro Jahr. Norwegen mit 0,93 Prozent, die Niederlande mit 0,95 Prozent und Frankreich mit 1,18 Prozent kamen auf wenig beeindruckende Werte, waren allerdings deutlich besser als die USA mit 0,09 Prozent pro Jahr. In den Vereinigten Staaten zeigen sich dabei die Folgen der jüngsten Immobilienkrise. Über die Jahre hinweg dürften die Immobilienpreise also mit der Inflation Schritt gehalten haben, auch wenn Hauspreisindizes zweifellos schwierig zu interpretieren sind.

Geradezu ideal sind Liegenschaften als Geldanlage, wenn die Eigentümer diese selbst nutzen. Hier kommt schliesslich der Vorteil hinzu, dass sie keine Miete zahlen müssen. Bei einer Teuerung wiegt dies sogar doppelt, da die Mieten bei einer Inflation tendenziell steigen. Trotzdem ist es aufgrund des Investitionsbetrags sehr wichtig, dass die Anleger nicht überteuert kaufen.

Reale Entwicklung von Immobilienpreisen, 1900 bis 2011
Hauspreise

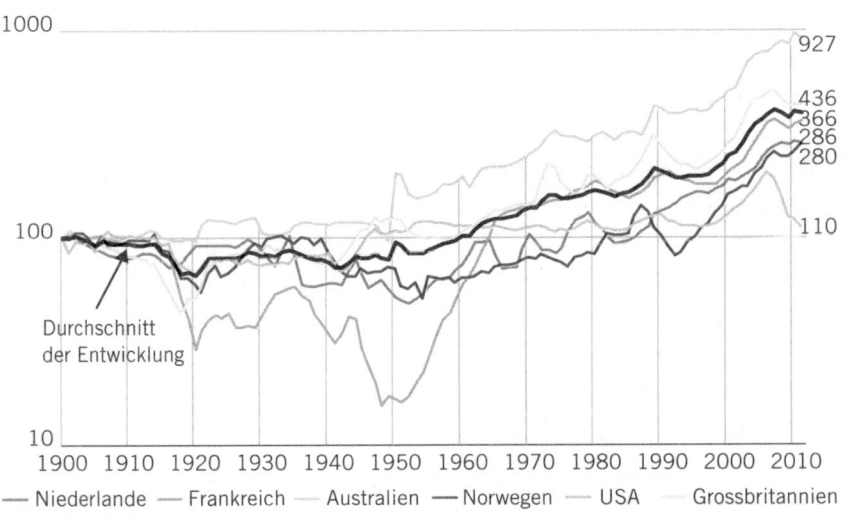

Abbildung 39　　　　　Copyright © Elroy Dimson, Paul Marsh and Mike Staunton

Auch fremdbewohnte Immobilien bieten ihren Eigentümern einen Schutz vor Inflation. Die UBS rät in ihrer Studie *Inflation – Rückkehr einer unbequemen Bekannten* den Vermietern, bei einer höheren Inflation darauf zu achten, dass die Mietverträge an die Teuerung gekoppelt sind. Ausserdem sollten die Immobilien mit Hypotheken fester Zinssätze abbezahlt werden. Auch in Inflationszeiten gilt bei Immobilien: Die drei wichtigsten Kriterien sind die Lage, die Lage und nochmals die Lage. Gemeint ist damit beispielsweise eine gute Verkehrsanbindung, die Wirtschaftskraft der jeweiligen Region usw.

Eine Studie des Instituts der Deutschen Wirtschaft aus dem Jahr 2009 von Markus Demary und Michael Voigtländer kommt zu dem Schluss, dass Wohnimmobilien den besten Schutz vor einer Inflation bieten. Büroimmobilien eignen sich ebenfalls, während Handelsimmobilien weniger gut vor einer höheren Teuerung schützen. Dies dürfte damit zusammenhängen, dass sich Händler schwertun, die Umsätze ähnlich stark zu erhöhen wie die Preise steigen.

Bei der Finanzierung von Immobilien haben die Anleger bei einer Inflation den Vorteil, dass ihre Schulden beziehungsweise Hypotheken dann weniger wert werden. Gerade in einer Phase der höheren Inflation von beispielsweise 5 Prozent bis 7 Prozent jährlich könnte dies gut funktionieren. Immobilienbesitzer, die ihre Liegenschaft mit einem hohen Anteil an Schulden finanziert haben, könnten davon profitieren. Gleichzeitig wäre die Inflation noch nicht so hoch, dass der Gesetzgeber später einschreiten würde, wie dies beispielsweise nach der Hyperinflation in Deutschland der Fall war.

Trotzdem sollten Privatanleger bei der Finanzierung von Liegenschaften darauf achten, dass sie sich nicht zu stark verschulden. Dies mag bei höheren Inflationsraten noch eher möglich sein als bei einer deflationären Entwicklung. Trotzdem machen sich Liegenschaftskäufer mit hohen Schulden in gewisser Weise zum Sklaven der Bank. Eine hohe Schuldenlast schränkt Freiheit und Flexibilität ein.

Der oben beschriebene Sachwertschutz wirkt übrigens bei Investitionen in Aktien von an der Börse notierten Immobilienunternehmen oder in Real Estate Investment Trusts (REIT) kaum, wie eine Studie der Liechtensteinischen Landesbank aus dem Jahr 2011 zeigt. Dieser zufolge entwickeln sich Immobilienaktien und Real Estate Investment Trusts weitgehend ähnlich wie die Aktienmärkte. Der Internationale Währungsfonds kam in seiner Studie im Jahr 2009 zu demselben Ergebnis.

Andere indirekte Immobilienanlagen wie die Schweizer Immobilienfonds oder die deutschen offenen Immobilienfonds eignen sich theoretisch zur Absicherung von Portfolios gegen eine Inflation. Allerdings sind bei den kotierten Schweizer Immobilienfonds die an der Börse bezahlten Aufschläge, die sogenannten Agios, mittlerweile so hoch, dass ein Einstieg höhere Risiken birgt. Schliesslich bezahlen die Anleger schon beim Start einen erheblichen Aufpreis. Noch viel grössere Vorsicht ist bei der Anlage in deutschen offenen Immobilienfonds geboten. Dieses Segment ist enorm unter Druck geraten, und viele der Fonds mussten geschlossen oder sogar liquidiert werden. Anlegern ist unter solchen Bedingungen von einem Engagement abzuraten. Gewisse Möglichkeiten könnte es allenfalls im Segment der geschlossenen Immobilienfonds geben. Aufgrund der Intransparenz dieses Markts ist es hier aber sehr wichtig, den Anbieter genau zu überprüfen. In der Vergangenheit hat es in diesem Bereich schon viele Anlageskandale gegeben. Der durchschnittliche Privatanleger sollte hier vorsichtig sein.

Gold und andere Edelmetalle

In Zeiten mit einer hohen Inflation hat sich das als Krisenwährung geltende Gold im Vergleich zu anderen Vermögensklassen gut entwickelt. Dass das Edelmetall Schutz vor der Inflation bietet, zeigt auch die Anlagenanalyse von Dimson, Marsh und Staunton für den Zeitraum von 1900 bis 2011. In Jahren mit Inflationsraten von zwischen 8 Prozent und 18 Prozent erzielte Gold eine reale Rendite von 4,4 Prozent und lag damit deutlich vor Aktien mit einer Rendite von +1,8 Prozent und Obligationen mit −4,6 Prozent. In Jahren mit einer sehr hohen Inflation von mehr als 18,3 Prozent zeigte Gold seine Schutzqualitäten noch stärker. Während andere Vermögensklassen starke Verluste verbuchten, entwickelte sich die reale Rendite von Gold weitgehend stabil.

Gold ist ein Sachwert. Das kommt dem Edelmetall bei höherer Inflation zugute. Ausserdem ist in solchen Zeiten damit zu rechnen, dass Gold als Zahlungsmittel an Bedeutung gewinnt. Wie die österreichische Erste Bank im Juli 2012 in einer Studie ausführte, wächst der Goldbestand durchschnittlich mit rund 1,5 Prozent pro Jahr. Der gesamte jemals geförderte Bestand an dem Edelmetall liegt laut der Bank derzeit bei 170 000 Tonnen. Die geschätzte Minenproduktion liegt derzeit bei rund 2600 Tonnen pro Jahr. Da wachsen die Geldmengenaggregate weltweit viel schneller.

Bei Investitionen in Gold ist aber zu beachten, dass sich der Preis für das Edelmetall sehr volatil entwickeln kann. Seit 2001 hat es schon sehr starke Preissteigerungen gegeben. Folglich sind Korrekturen nicht auszuschliessen. Anleger sollten auch nicht vergessen, dass sie bei Investitionen in das Edelmetall keine Zins- oder Dividendenzahlungen erhalten. Ausserdem sollten sie mögliche Lagerkosten berücksichtigen.

Angesichts wachsender Zweifel der Anleger an den Papiergeldwährungen hat Gold aber sicherlich einen festen Platz in den Anlegerdepots verdient. Dabei ist es allerdings nicht unerheblich, in welchem Land der Goldvorrat gehalten wird. Sollte sich die Schuldenkrise immer stärker zuspitzen, ist nicht auszuschliessen, dass Staaten Gold konfiszieren beziehungsweise den privaten Besitz von Gold verbieten. Selbst in den USA ist dies unter Präsident Franklin D. Roosevelt im Jahr 1933 vorgekommen.

Was Silber, Platin und Palladium anbelangt, warnen die Analytiker davor, die Funktion dieser Edelmetalle als sicheren Hafen zu überschätzen. Silber wird schliesslich stark industriell verwendet. Sein Preis reagiert im Allgemeinen sensibel auf Konjunkturabschwächungen. Palladium und Platin werden zu den Edelmetallen gerechnet. Wie die VP Bank in einer Studie schreibt, werden aber 41 Prozent der jährlichen Platinproduktion industriell verwendet, bei Palladium sind es sogar 75 Prozent.

Andere Rohstoffe

Nicht nur Gold, sondern auch andere Rohstoffe können in Zeiten mit höheren Inflationsraten eine gute Anlage sein. Schliesslich übersteigen die Preise für Rohstoffe, wie die UBS schreibt, den Anstieg der Konsumentenpreisindizes oftmals um ein Vielfaches.

Laut der Inflationsstudie des Internationalen Währungsfonds aus dem Jahr 2009 haben Rohstoffe in der kurzen Frist von zwölf Monaten einen gewissen Inflationsschutz geboten. Dieser zeigte sich neben Gold auch bei den Rohstoffindizes CRB und GSCI. Gemäss den Autoren führte ein Anstieg der Inflation um einen Prozentpunkt in den USA zu 3,8 bis zehn Prozentpunkte höheren Renditen bei den Rohstoffen. Dieser Effekt liess über den längeren Zeitraum hinweg aber nach.

Allerdings ist zu beachten, dass sich die Rohstoffpreise und die Inflation nicht immer gleichläufig entwickeln. Schliesslich beeinflussen noch andere Faktoren die Preisentwicklung. Anleger sollten also nicht davon ausgehen, dass Rohstoffe automatisch vor Inflation schützen. Auch ist darauf zu achten, dass es in den vergangenen Jahren bei vielen Rohstoffen bereits starke Preissteigerungen gegeben hat.

Geldanlageprodukte und Altersvorsorge

Fonds
Bei höheren Inflationsraten entwickeln sich Fonds entsprechend ihrer Anlageschwerpunkte. Fonds auf Immobilien, Gold und Rohstoffe sind in Zeiten mit einer höheren Teuerung wohl am ehesten geeignet, das Vermögen zu retten. Aktienfonds eignen sich vor allem für eine Zeit mit nicht zu hohen Inflationsraten, denn dann entwickeln sich die Dividendenpapiere im Allgemeinen noch gut. Steigen die Inflationsraten allerdings bis in den zweistelligen Bereich, bieten Aktien und damit auch Aktienfonds keinen ausreichenden Teuerungsschutz.

Abzuraten ist in einem solchen Umfeld von Obligationenfonds. Eine Ausnahme bilden Fonds auf inflationsgeschützte Anleihen. Insgesamt gesehen sollten Anleger bei Fonds stark auf die Gebühren achten.

Exchange Traded Funds und Indexfonds
Für Exchange Traded Funds gilt in einem Umfeld mit einer höheren Inflation dasselbe wie für traditionelle Anlagefonds. Die an der Börse gehandelten Exchange Traded Funds und Indexfonds sind aktiv gemanagten Produkten vorzuziehen, da sie im Allgemeinen deutlich günstiger sind. In der Folge fällt die Nettorendite der Anleger höher aus.

Strukturierte Produkte und Zertifikate
Mit strukturierten Produkten beziehungsweise Zertifikaten lassen sich nicht nur Deflations-, sondern auch Inflationsrisiken vorbeugen. Mit den Produkten können die Anleger auf die entsprechenden Vermögensklassen setzen.

Das Emittentenrisiko, die bei einigen Produkten komplizierte Ausgestaltung sowie die Gebühren sind bei den Produkten allerdings immer im Auge zu behalten.

Lebensversicherungen
Höhere Inflationsraten führen dazu, dass die oftmals geringen Erträge von Anlegern mit Lebensversicherungen zusätzlich an- oder sogar völlig aufgefressen werden. Ausserdem investieren Lebensversicherungen die Gelder

ihrer Kunden vor allem in Anleihen, oft auch in solche mit langen Laufzeiten. Festverzinsliche Wertpapiere verlieren bei höheren Inflationsraten aber stark an Wert.

Pensionskassen und Pensionsfonds
Vertreter von Pensionskassen und Pensionsfonds hoffen für eine Zeit mit höherer Inflation auf deutlich bessere Renditen – zumindest nominal gesehen, also wenn die Teuerung von der Rendite nicht abgezogen wird. Eine solche Entwicklung würde von den Vorsorgeeinrichtungen einen erheblichen Druck nehmen. Diese haben nämlich im derzeitigen Niedrigzinsumfeld grosse Probleme, ausreichende Renditen zu erwirtschaften, um ihre künftigen Pensionsverpflichtungen gegenüber den Rentnern zu erfüllen. Durch die höhere Inflation würden auch die Rentner automatisch einen Beitrag zur Sanierung der Pensionskassen leisten. Schliesslich sind ihre Leistungen aus der Pensionskasse bei einer höheren Inflation weniger wert, wodurch die Pensionskasse entlastet wird.

Die Rentner und die älteren Altersvorsorgenden, die kurz vor der Pensionierung stehen, profitieren allerdings nicht von der Entwicklung. Ihre Pensionen werden von der Inflation entwertet, wodurch ihnen Kaufkraft verloren geht.

Szenario 3

Stagflation – wenig Wachstum, deutliche Geldentwertung

«Inflationen sind wie Diktaturen. Wenn sie erst einmal an der Macht sind,
wird es umso schwieriger, gegen sie anzukämpfen.»

Hermann Josef Abs, deutscher Bankier

Definition und Geschichte

Stagflation ist eine Koppelung der Begriffe Stagnation und Inflation. Sie beschreibt eine Situation, in der ein schwaches Wirtschaftswachstum und höhere Inflation gemeinsam auftreten. Das bekannteste Beispiel für eine solche Zeit sind die Erdölkrisen der 1970er-Jahre. Als das Erdölkartell OPEC 1973 beschloss, das Angebot zu verknappen, stieg der Erdölpreis stark an, was für eine Konjunkturabschwächung sorgte. Die führenden Zentralbanken reagierten darauf mit Leitzinssenkungen, was letztlich das Entstehen einer Stagflation begünstigte. In den Jahren 1979/80 kam es zu einem Erdölpreisschock, ausgelöst durch die Revolution im Iran und durch den Konflikt des Landes mit dem Irak. Wie Abbildung 40 zeigt, gab es zu dieser Zeit in den USA zweistellige Inflationsraten.

Konsumentenpreisentwicklung in den USA
Konsumentenpreisindex in Prozent, Jahresvergleich

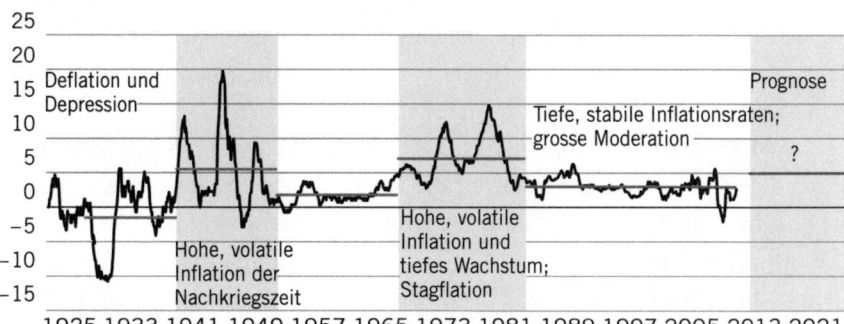

Abbildung 40   Quelle: UBS Wealth Management Research

Wie gross ist die Gefahr einer Stagflation?

Mit den drastischen Leitzinserhöhungen während der 1979 begonnenen Amtszeit von Paul Volcker, dem Chef der US-Notenbank, wurde die Stagflation schliesslich besiegt. Wie Stefan Risse in seinem Buch *Die Inflation kommt* schreibt, hatte der Dollar im Zeitraum von 1971 bis 1985 62 Prozent seiner Kaufkraft verloren. In derselben Zeitperiode war der Goldpreis sehr stark gestiegen und hatte 1980 einen damaligen Rekordwert von rund 865 Dollar pro Unze erreicht.

In den folgenden Jahrzehnten war Stagflation in den Industrieländern kein Thema mehr. Die jüngere wirtschaftliche Entwicklung in Grossbritannien weckte allerdings die Erinnerung an das Phänomen der 1970er-Jahre. Das britische Bruttoinlandsprodukt sank beispielsweise im ersten Quartal des Jahres 2012 überraschend um 0,2 Prozent und verbuchte das zweite Minusquartal in Folge, was eine Rezession anzeigt. Gleichzeitig stieg die Jahresinflationsrate im März auf einen Wert von 3,5 Prozent, wie das nationale Statistikamt Mitte April bekannt gab. In der Spitze lag dieser Wert zuvor sogar bei 5,2 Prozent.

Mit dieser stagflationären Situation stand Grossbritannien im April 2012 in Europa allerdings alleine da. Es ist nicht auszuschliessen, dass sich diese als Vorbote für andere Länder erweist. In einem solchen Szenario würde die Geldpolitik der Zentralbanken mittelfristig auch in anderen Ländern zu einer höheren Inflation führen, während das Wirtschaftswachstum tief bliebe.

Laut Andreas Höfert, Chefökonom der UBS, machten Ökonomen in den 1970er-Jahren die Erdölkrise für die Stagflation verantwortlich. Tatsächlich sei die Entwicklung aber vielmehr die Folge eines Vertrauensverlusts der Anleger gegenüber dem Geld gewesen. Dieser wurde durch die Aufhebung des Goldstandards und den Zusammenbruch des Bretton-Woods-Systems hervorgerufen. Die Geschichte hat gezeigt, dass es mehrere Jahre dauern kann, bis sich extrem expansive Massnahmen von Notenbanken in einer erhöhten Inflation äussern.

Wie bereits erwähnt, wirkt die Dynamik der derzeitigen Entschuldung deflationär. Sie übt Druck auf die Preise aus. In einem solchen Umfeld ist es sehr schwer, Inflation zu generieren. Es besteht aber die Gefahr, dass die Inflation ab einem bestimmten Zeitpunkt sprunghaft steigt. Höfert vergleicht die Situation mit einer Flasche Ketchup, auf die oft geschlagen wird – und nichts passiert. Schliesslich kommt aber der ganze Ketchup auf einen Schlag heraus.

Andere Ökonomen gehen davon aus, dass Stagflation ein zu starker Begriff ist, um die Situation in Grossbritannien im Jahr 2012 zu beschreiben. Schliesslich hängt die dortige Inflation auch mit Faktoren zusammen, die speziell für Grossbritannien gelten. Allerdings ist zuletzt auch in Deutschland die Inflationsgefahr gestiegen, beispielsweise aufgrund höherer Tarifabschlüsse.

Geldanlage in einer Stagflation

Für die Anleger ist Stagflation eine schlechte Nachricht. In einer solchen Zeit ist es sehr schwierig, die Kaufkraft des Vermögens zu erhalten. Die Anlageempfehlungen sind ähnlich wie in Szenario 2 bei einer höheren Inflation.

Bei Spar- und Festgeldkonten besteht die Gefahr, dass Anleger aufgrund der höheren Inflationsraten die Kaufkraft ihrer Vermögen nicht erhalten können. Obligationen sind in einer solchen Zeit eine schlechte Anlage. Die Zinscoupons reichen im Allgemeinen nicht aus, um die höheren Teuerungsraten auszugleichen. Eine Alternative sind möglicherweise inflationsindexierte Anleihen, wie in dem Szenario 2 bereits beschrieben.

Aktien sind zwar kein optimaler Inflationsschutz, eignen sich für solche Zeiten aber besser als Anleihen. Bei den Dividendenpapieren ist in einer Zeit der Stagflation zu beachten, dass das niedrige Wachstum beziehungsweise die drohende Rezession die Kurse stark belasten könnten. Auch die Renditen von Immobilienanlagen sind in einer Zeit der Stagflation eher negativ, wenngleich Liegenschaften einen guten Inflationsschutz darstellen. Rohstoffe entwickelten sich in den 1970er-Jahren vergleichsweise gut.

Szenario 4

Albtraum Hyperinflation – Papiergeld in Schubkarren

«Inflation ist ein periodisch wiederkehrender Beweis für die Tatsache,
dass bedrucktes Papier bedrucktes Papier ist.»

Helmar Nahr, deutscher Wirtschaftswissenschaftler und Mathematiker

Definition und Geschichte

In manchen Haushalten existieren sie noch, und auch auf Flohmärkten lassen sie sich oftmals kaufen: Banknoten über mehrere Milliarden Mark aus der Zeit der Hyperinflation in Deutschland in den Jahren 1922/23. Wie Peter Bernholz, emeritierter Professor an der Universität Basel, in seinem Buch *Monetary Regimes and Inflation* schrieb, stieg die Teuerung in Deutschland zu dieser Zeit auf einen Höchstwert von 29 525 Prozent – wohlgemerkt pro Monat. Die Folge dieser Entwicklung war die Zerstörung der Währung sowie ihr Ersatz durch die Rentenmark im November 1923 und durch die Reichsmark 1924.

Als Definition für eine Hyperinflation gilt ein Anstieg des Preisniveaus von 50 Prozent pro Monat oder mehr. Die Bürger verlieren dabei zunehmend das Vertrauen in die Papierwährung. Sie versuchen panikartig und zu fast jedem Preis, ihr Geld in Sachwerte umzutauschen. Die Umlaufgeschwindigkeit des Geldes steigt rasant an, und dieses verliert rapide an Kaufkraft. Ausserdem wird die Währung zunehmend substituiert, beispielsweise durch Fremdwährungen. «Gutes» Geld ersetzt dabei «schlechtes» Geld.

Eine Hyperinflation ist zweifellos die Bankrotterklärung eines Landes. Der einzige Ausweg aus einer solchen Situation ist im Allgemeinen eine Währungsreform, da das Geld seine Funktion als Mittel der Wertbewahrung und des Tausches komplett verliert.

Eine Bankrotterklärung

Die Hyperinflation hatte desaströse Folgen für das deutsche Volk. Es kam zu einer Enteignung der Bürger auf breiter Front. Letztlich dürfte die Entwicklung auch beim Aufstieg der Nationalsozialisten in der Weimarer Republik eine Rolle gespielt haben. Folgende Zeilen des Literaten Stefan Zweig legen dies jedenfalls nahe: «Nichts hat das deutsche Volk – dies muss immer wieder ins Gedächtnis gerufen werden – so erbittert, so hasswütig, so hitlerreif gemacht wie die Inflation», schrieb er in seinem Werk *Die Welt von Gestern. Erinnerungen eines Europäers.*

Als Ursache für die Hyperinflation in der Weimarer Republik gilt die damals sehr expansive Geldpolitik in Deutschland, um die massiven Kriegsschulden zu bezahlen. Dies weckt bei vielen Ökonomen heute ungute Gefühle. Schliesslich haben in jüngster Zeit auch die führenden Zentralbanken wie die US-Notenbank, die Europäische Zentralbank und die Schweizerische Nationalbank in riesigen Mengen Geld gedruckt. In der Folge steigen in der Bevölkerung die Inflationsängste, obwohl zugleich die Furcht vor einer Depression beziehungsweise Deflation anhält. Dies hat etwas von der Wahl zwischen Pest und Cholera.

Das Eintreten von Hyperinflationen in den Industrieländern mit Raten von 50 Prozent und mehr pro Monat erachten die meisten Ökonomen selbst bei einer weiteren Verschärfung der Schuldenkrise als unwahrscheinlich. Viele Analytiker erwarten beispielsweise, dass sich die derzeitige Verstopfung der Zins- und Kreditkanäle mittelfristig löst und dass die Transmission der Gelder von den Geschäftsbanken in die Realwirtschaft wieder funktioniert. In der Folge dürfte die Preisinflation in den USA und weltweit deutlich steigen. Eine Hyperinflation würde aber verhindert.

Mit neuen Finanzblasen in die Hyperinflation?

Völlig ausschliessen wollen viele die Entstehung von Hyperinflationen aber auch nicht: Blieben die Zins- und Kreditkanäle auf längere Sicht verstopft, so könnten neue Finanzblasen drohen. Platzen diese erneut, könnte es zu deflationären Krisen kommen. Ein solcher sich wiederholender Durchlauf – also ein Kampf der Zentralbanken gegen die deflationäre Entwicklung mit immer neuem Geld – könnte dann in eine Hyperinflation abgleiten. Die Voraussetzung hierfür ist, dass Notenbanken in grossem Stil Staatsschulden mit neu gedrucktem Geld aufkaufen.

Thorsten Polleit, ehemaliger Chefvolkswirt von Barclays Capital Deutschland, sieht eine gewisse Gefahr, dass sich die Entwicklung negativ zuspitzt. Laut dem Ökonomen befinden wir uns derzeit in einem Papiergeldboom, der durch die stark expansive Geldpolitik der Zentralbanken hervorgerufen wurde. Dies liege daran, dass das Papiergeld nicht gedeckt sei und folglich im Überfluss produziert werde. So würden Banken künstlich am Leben erhalten und Staatsschulden monetarisiert. Gleichzeitig führe dieser Prozess zu erheblichen Fehlallokationen.

Allerdings hat eine Vielzahl an Akteuren – Politiker, manche Unternehmen, kurzfristig agierende Finanzmarktteilnehmer – grosses Interesse daran, den Papiergeldboom aufrechtzuerhalten. Angesichts der Alternative einer schmerzhaften Bereinigung sehen sie eine noch laxere Geldpolitik beziehungsweise weiteres Gelddrucken als das kleinere Übel. Irgendwann könnte dieser erkaufte Boom aber kippen. Auch gemäss Ludwig von Mises, dem Vordenker der Österreichischen Schule der Nationalökonomie, endet ein solcher Papiergeldboom immer in einer Depression, auch wenn er möglicherweise über mehrere Jahrzehnte hinweg läuft.

Ein modernes Phänomen

In der Geschichte kamen Hyperinflationen vor allem im Zusammenhang mit Kriegen beziehungsweise nach dem Zusammenbruch des Kommunismus vor. Das Phänomen taucht in der modernen Zeit aber häufiger auf, als man denkt. Peter Bernholz, der eine der umfassendsten Arbeiten zu diesem Thema vorlegte, geht davon aus, dass es in der Geschichte weltweit 29 Hyperinflationen gab. Mit einer Ausnahme traten alle nach dem Jahr 1914 ein, und alle fanden in Systemen mit ungedecktem Papiergeld statt. Dies widerspreche der Hypothese, dass Kriege für Hyperinflationen verantwortlich seien, schreibt er in seinem Buch *Monetary Regimes and Inflation*. Bei einer Deckung des Geldes durch einen Metallstandard wie Gold oder Silber sei die Inflationstendenz sehr viel geringer. Laut Bernholz hat es in der Geschichte ausserdem noch nie eine Hyperinflation gegeben, die ihre Ursache nicht in zuvor sehr hohen Budgetdefiziten der jeweiligen Staaten gehabt habe.

Die erste Hyperinflation in der Geschichte gab es gemäss Bernholz im Frankreich der Revolutionsjahre von 1789 bis 1796. Auch damals wurde ein Papiergeldstandard eingeführt. Die grösste Hyperinflation in der Geschichte erlebte Ungarn nach dem Zweiten Weltkrieg. Weitere extreme Fälle waren Serbien in den Jahren von 1992 bis 1994 sowie Simbabwe. Dort vollzog sich die bisher einzige Hyperinflation im 21. Jahrhundert. Im November 2008 wurde dort ein Monatswert von 80 Milliarden Prozent gemessen. Einen vorderen Rang bei den schlimmsten Hyperinflationen nimmt auch Deutschland ein. Im Gesamtjahr 1923 betrug die Teuerung dort insgesamt 209 Milliarden Prozent.

Hyperinflationen in der Geschichte

Land	Zeitraum	Höchste gemessene Inflation pro Monat (in %)
Frankreich	1789–1796	143
Deutschland	1920–1923	29526
Österreich	1921/22	124
Polen I	1921–1924	188
Sowjetunion	1922–1924	279
Ungarn I	1923/24	82
Griechenland	1942–1945	11288
Ungarn II	1945/46	
Taiwan	1945–1949	399
China	1947–1949	4209
Bolivien	1984–1986	120
Nicaragua	1986–1989	127
Peru	1988–1990	114
Argentinien	1989/90	197
Polen II	1989/90	77
Brasilien	1989–1993	84
Jugoslawien	1990	59
Aserbaidschan	1991–1994	118
Kongo (Zaire)	1991–1994	225
Kirgisien	1992	157
Serbien	1992–1994	309000000
Ukraine	1992–1994	249
Armenien	1993/94	438
Georgien	1993/94	197
Turkmenistan	1993–1996	63
Kasachstan	1994	57
Weissrussland	1994	53
Tadschikistan	1995	78
Bulgarien	1997	243
Simbabwe	2008	Mehr als 1 Trilliarde

Quelle: Peter Bernholz, *Monetary Regimes and Inflation*, Edward Elgar Publishing Ltd.
Abbildung 41

Hyperinflationen lassen sich durch eine deutliche Erhöhung der Leitzinsen, durch ein Ende des Schuldenmachens und durch das Aufkaufen von Staatsschulden seitens der Zentralbanken beenden. Der Preis hierfür ist jedoch im Allgemeinen eine tief gehende Rezession.

Geldanlage in einer Hyperinflation

«Inflation ist, wenn die Brieftaschen immer grösser und die Einkaufstaschen immer kleiner werden.»

Unbekannt

Vermögensklassen im Überblick

Spar-, Tages- und Festgeldkonten
Aufgrund der extrem hohen Teuerungsraten verliert das Vermögen auf Sparkonten beziehungsweise auf Tages- und Festgeldkonten in einer Hyperinflation innerhalb kürzester Zeit komplett seinen Wert. Wenn die Teuerungsraten so stark ansteigen, versuchen die Anleger krampfhaft, nominales Vermögen wie Geld in reales Vermögen wie Sachwerte umzutauschen. Im Verlauf der Krise wird dies immer schwieriger.

Anleihen
Auch Obligationen werden während einer Hyperinflation wertlos. Daher kommt der böse Spitzname «Enteignungszertifikate» für Anleihen, der allerdings stark in den 1970er-Jahren verwendet wurde.

Als Beispiel dient die Hyperinflation in Deutschland, in der Investoren Totalausfälle mit deutschen Obligationen erlitten. Bei allen anderen Hyperinflationen war die Entwicklung ähnlich.

Aktien
Bei einer sehr hohen Inflation hinkt auch die Entwicklung der Aktienkurse dem Preisniveau stark hinterher. Wie Costantino Bresciani Turroni in seinem 1937 erschienenen Buch *The Economics of Inflation* nachweist, gelang es den Aktien bei Weitem nicht, den Preisanstieg in der deutschen Hyperinflation wettzumachen. Als Beispiel dient das Hyperinflationsjahr 1922. In diesem Jahr verzwölffachten sich zwar die Aktienkurse, doch dies reichte noch lange nicht, um die gleichzeitige Teuerung auszugleichen. Wie die

Die Entwicklung von Aktien und Lebenshaltungskosten im Hyperinflationsjahr 1922
Indexiert: Januar 1922 = 100

	Wechselkurs zum Dollar	Aktienkurse	Lebenshaltungskosten
Januar	100	100	100
Februar	108	113	120
März	148	133	142
April	152	138	168
Mai	11	117	186
Juni	165	111	203
Juli	257	121	264
August	591	156	380
September	764	170	652
Oktober	1658	277	1081
November	3744	548	2185
Dezember	3956	1209	3360

Abbildung 42   Quelle: Costantino Bresciani Turroni, *The Economics of Inflation*

Tabelle zeigt, stiegen die Lebenshaltungskosten im Jahr 1922 um den Faktor 33. Inflationsbereinigt verloren die Anleger in dem Zeitraum also auch mit Aktien erheblich an Kaufkraft.

Bernholz kommt zu ähnlichen Ergebnissen. Er zitiert eine Studie aus dem Jahr 1934, der zufolge Investoren während der Inflationszeit nach dem Ersten Weltkrieg am Aktienmarkt deutliche Verluste verbuchten. In Gold gerechnet, hätten die Aktienkurse an der französischen Börse in den Jahren von 1925 bis 1930 um rund 30 Prozent unterhalb ihrer Werte von 1913 gependelt. An der deutschen Börse waren es rund 66 Prozent weniger. In Österreich habe der Wert aller an der Börse kotierten Unternehmen nur 42 Prozent des Werts von 1913 betragen. Die schlechte Performance der Aktien habe unter anderem daran gelegen, dass die Unternehmen bei den Dividenden gespart hätten.

Trotz dieses vordergründig miserablen Ergebnisses muss man sich vor Augen halten, dass Obligationen, Bankeinlagen und Lebensversicherungen in einer Hyperinflation komplett wertlos werden. Mit Aktien retten die Anleger immerhin noch einen Teil ihres Vermögens. Relativ gesehen ist dies angesichts des katastrophalen Ausmasses einer Hyperinflation besser als nichts.

Immobilien

Da sich das Geld in einer Hyperinflation immens schnell entwertet, profitieren von dieser Entwicklung die Schuldner. Man könnte also argumentieren, dass in einem solchen Szenario stark verschuldete Immobilienkäufer die grossen Gewinner sind, weil ihre Schulden sozusagen «weginflationiert» werden.

In der Geschichte hat sich gezeigt, dass man hier die Rechnung nicht ohne den Staat und auch nicht ohne die Gläubiger machen kann. Dies wurde beispielsweise nach der Hyperinflation in Deutschland in den Jahren 1922/23 klar. Wie Johannes Nölke in einem Artikel für die Zeitschrift *Immobilien & Finanzierung* darlegt, gingen die Gläubiger vor Gericht. Bereits 1924 wurden die Hypothekenschulden, die durch die Inflation wie verschwunden waren, wieder aufgewertet – wenn auch nur zu einem Viertel ihres Werts. Im Februar 1924, kurz nach dem Ende der Hyperinflation, wurden die Länder zudem vom deutschen Staat ermächtigt, eine sogenannte Hauszinssteuer einzuführen. In Preussen beispielsweise verringerte die neue Steuer dabei die jährlichen Mieteinnahmen um 40 Prozent, wenn die Liegenschaft unter den Höchststeuersatz fiel, wie Nölke schreibt. Besonders betroffen waren Immobilien, die vor der Hyperinflation mit einer hohen Verschuldung gekauft worden waren. Die Hauszinssteuer wurde in einem langen Zeitraum erhoben, und zwar von 1924 bis 1943. Die Immobilienbesitzer wurden dadurch stark steuerlich belastet.

Es ist also damit zu rechnen, dass der Staat reagieren würde, falls es tatsächlich einmal zu einer Hyperinflation käme und Immobilieneigentümer beim Abbau ihrer Schulden dadurch stark unterstützt würden. Trotzdem lässt sich sagen, dass Anleger mit Immobilienanlagen in einer Hyperinflation immer noch deutlich besser dastehen als Investoren, die stark auf Obligationen gesetzt haben oder die hohe liquide Mittel halten.

Gold und andere Edelmetalle

«Setzt man den Bierpreis in Relation zum Goldpreis, so erhält man 2012 auf der Münchner Wiesn vermutlich 136 Mass Bier je Unze Gold. Historisch gesehen liegt der Mittelwert bei 87 Mass. Die ‹Bierkaufkraft› des Goldes ist derzeit also vergleichsweise hoch. Der Höchststand lag jedoch im Jahr 1980 bei 227 Mass je Unze Gold.»

Erste Bank, Goldreport 2012 – In Gold we trust

Wie bereits in Szenario 2 erwähnt, ist Gold in Inflationszeiten eine gute Anlage. Dies gilt umso mehr für Zeiten mit einer sehr hohen Inflation. Wie wissenschaftliche Studien gezeigt haben, entwickelte sich, im Gegensatz zu den meisten anderen Anlagen, die reale Rendite von Gold selbst dann weitgehend stabil.

Gold hat einen realen Wert. Ausserdem erinnern sich die Menschen in Krisenzeiten an seine jahrtausendealte Tradition als Zahlungsmittel. Das Edelmetall mag auf lange Sicht keine spektakulären Renditen erzielt haben, in einer Hyperinflation ist es aber buchstäblich Gold wert.

Die Anleger sollten sich bei einem solchen Szenario umso mehr überlegen, an welchem Ort sie ihr Gold aufbewahren. Schliesslich ist wie bei Immobilien damit zu rechnen, dass beim Staat Besteuerungsgelüste aufkommen oder dass der Besitz von Gold in manchen Ländern sogar untersagt werden könnte. Als Vorsichtsmassnahme ist es deshalb sinnvoll, den Besitz von Gold geheim zu halten.

In einer Hyperinflation sind auch andere Edelmetalle wie Silber, Platin oder Palladium gefragt, wenngleich diese zu einem gewissen Grad als Industriemetalle fungieren und so weniger ein sicherer Hafen sind wie Gold.

Andere Rohstoffe

Das Edelmetall Gold ist sicherlich die klassische Variante unter den Rohstoffen, um sich vor einer Inflation zu schützen. Dies gilt auch für den Fall einer Hyperinflation. Auch andere Rohstoffe kommen als Teuerungsschutz infrage. Vereinfacht gesagt, können Zentralbanken zwar Geld drucken, aber Kupfer, Erdöl, Weizen oder Schweinebäuche sind nicht unbegrenzt vermehrbar. Diese Tatsache hat in den vergangenen Jahren zu einer wachsenden Popularität von Rohstoffen beigetragen.

Für Privatanleger stellt sich die Frage, wie sie ihr Geld in Rohstoffe investieren sollen und wie viel davon. In den vergangenen Jahren hat sich der Markt für Rohstoffe gewissermassen demokratisiert. So ist der Zugang zu dem ehemaligen Profimarkt deutlich einfacher geworden. Mittlerweile ist eine Vielzahl an Finanzprodukten wie Exchange Traded Commodities, Exchange Traded Funds und strukturierten Produkten auf dem Markt. Was mit solchen Finanzprodukten in einer Katastrophensituation wie einer Hyperinflation passiert, ist indessen schwer zu sagen. Gerade strukturierte Produkte unterliegen dem Emittentenrisiko: Im Falle eines Kollapses des Emittenten ist das Geld zumeist verloren. Besser wäre es für die Anleger, die

Entwicklung der Goldmark in der deutschen Hyperinflation
Vergleich mit der «Papiermark», Jahre 1918 bis 1923

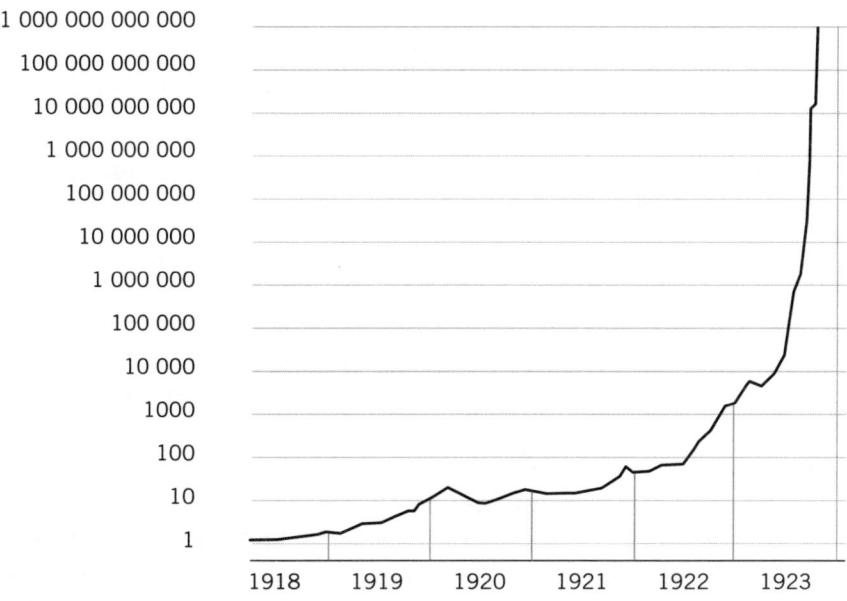

Abbildung 43   Quelle: Bresciani Turroni, S. 39

Attraktivität einzelner Rohstoffsektoren in drei Szenarien
Skala von 1 bis 5, jeweils relativ zu den anderen Rohstoffsektoren, 1 am attraktivsten

Relative Attraktivität der einzelnen Rohstoffe pro Szenario

	Energie	Basismetalle	Edelmetalle	Gold	Agrar-rohstoffe	Absolute Attraktivität von Rohstoffen
Hyperinflation	4	5	2	1	3	Attraktiv
Erhöhte volatile Inflation	3	4	1	2	5	Neutral
Deflationäre Krise	4	5	3	1	2	Unattraktiv

Anmerkung: Dies ist lediglich eine Einschätzung der relativen Attraktivität innerhalb
der Anlageklasse Rohstoffe.
Eine Rohstoffgruppe auf Platz 1 (attraktiv) kann trotzdem absolut gesehen
oder im Vergleich zu anderen Anlageklassen unattraktiv sein.

Abbildung 44   Quelle: UBS Wealth Management Research

Rohstoffe in einer solchen Extremsituation direkt zu halten. Doch wer will schon seinen Keller mit Weizenbüscheln oder Erdölfässern füllen? Dies wäre sicherlich auch nicht sinnvoll.

Wer sich tatsächlich auf das Szenario einer Hyperinflation vorbereiten will, ist unter den Rohstoffen mit Edelmetallen wohl am besten bedient. Dies zeigt auch die Abbildung 44.

Geldanlageprodukte und Altersvorsorge

«Die Erfahrung zeigt: Wenn man einen falschen Weg lange genug geht,
geht man ihn auch zu Ende.»

Golo Mann, Historiker und Schriftsteller

Fonds, Exchange Traded Funds und strukturierte Produkte
Eine Hyperinflation ist ein sehr einschneidendes Phänomen. Es ist deshalb davon auszugehen, dass die Investoren in einem solchen Szenario mit den meisten Geldanlageprodukten einen Grossteil ihres Vermögens verlieren würden. Dies gilt für Anlagefonds, Exchange Traded Funds und strukturierte Produkte.

Lebensversicherungen
Das Gleiche gilt auch für Lebensversicherungen. Bei ihnen legt man grosse Teile des Vermögens in Obligationen an. Diese werden in einer Hyperinflation weitgehend wertlos. Folglich dürften die Anleger in einer Hyperinflation mit Lebensversicherungen ihr Geld verlieren.

Pensionskassen und Pensionsfonds
Auch Pensionskassen und Pensionsfonds sind stark in Obligationen investiert. Sie würden in einer Hyperinflation also ebenfalls sehr hohe Verluste erleiden. Allerdings sind die meisten Vorsorgeeinrichtungen immerhin gut diversifiziert. Grössere Teile ihres Vermögens liegen in Aktien und Immobilien. So ist davon auszugehen, dass eine Hyperinflation zwar grosse Teile des Vermögens von Vorsorgeeinrichtungen vernichten würde, aber eben nicht das gesamte.

Szenario 5

«Durchwursteln» – schwierige Zeiten, aber keine Eskalation

Neue Verhältnisse nach dem Kollaps

Abgesehen von den zuvor dargestellten, teilweise extremen Szenarien besteht auch die Möglichkeit, dass sich die Politiker und Zentralbanker in den kommenden Jahren weiter durch die Krise «wursteln». In diesem Fall träte vorerst keines der zuvor beschriebenen Szenarien ein. Vielmehr würde sich die Gratwanderung zwischen einer Inflation und einer Deflation fortsetzen.

Die zur Allianz gehörende Fondsgesellschaft Pimco hat das derzeitige Anlageumfeld als neue Normalität bezeichnet. Diese ist eine Folge der Finanzkrise, deren bisheriger Höhepunkt die Pleite von Lehman Brothers war. Man kann das Ereignis als eine Art Herzstillstand des Finanzsystems bezeichnen, und die darauffolgenden Rettungsmassnahmen haben mittlerweile ein neues Umfeld geschaffen.

Die neue Normalität ist gemäss den Ausführungen verschiedener Banken (unter ihnen die LBBW und die Credit Suisse) und Marktteilnehmer durch Folgendes gekennzeichnet:

Ein geringeres Potenzialwachstum in den meisten Industrieländern

In Wachstumsschwierigkeiten dürften vor allem Volkswirtschaften kommen, in denen der Finanzsektor eine grosse Rolle spielt, beispielsweise Grossbritannien oder auch die USA. Im Vergleich dazu sind Deutschland und die Schweiz bislang recht gut durch die Krise gekommen.

Anhaltende Interventionen der Regierungen

Diese äussern sich in strengeren Regulierungen, insbesondere für den Finanzsektor. Dadurch sollen die Risiken in den Bilanzen der Banken gesenkt werden. Der Staat spielt in dieser neuen Normalität generell eine wichtigere Rolle im Wirtschaftsgeschehen.

Sparmassnahmen der Regierungen

Das Wirtschaftsszenario ist ausserdem von Kürzungen und Streichungen in den öffentlichen Haushalten gekennzeichnet. Diese sind dringend notwendig, drosseln kurz- bis mittelfristig aber das Wachstum in den Industrieländern. Angesichts des Ausmasses der Verschuldung in den Industriestaaten könnte dieser Austeritätsprozess viele Jahre dauern, zumal Regierungen die Sparmassnahmen immer wieder verschleppen.

Anhaltender Schuldenabbau («deleveraging»)

Sowohl öffentliche als auch private Akteure sind in der neuen Normalität weiter mit dem Schuldenabbau beschäftigt. Auch diese notwendige Bereinigung dürfte sich zumindest kurz- bis mittelfristig bremsend auf die Konjunktur auswirken.

Höhere Arbeitslosigkeit in den meisten Industrieländern

Das geringere Wirtschaftswachstum, der Schuldenabbau und die Sparmassnahmen lassen die Arbeitslosenzahlen in vielen Industrieländern steigen. Diese Entwicklung sorgt wiederum für höhere Staatsausgaben und übt Druck auf die sozialen Sicherungssysteme aus. Ohnehin dürfte der durchschnittliche Lebensstandard in der neuen Normalität sinken.

Drohende Staatsbankrotte

Die immense Schuldenbelastung droht einzelne Staaten in den Bankrott zu treiben. Die Problematik wird am Beispiel Griechenlands deutlich. Solche Entwicklungen belasten die Stimmung an den Börsen. In dem oben skizzierten «Durchwurstelszenario» gelingt es aber immer wieder, solche Staaten kurz vor dem Kollaps zu retten und das System zumindest kurzzeitig zu stabilisieren.

Weitere Marktmanipulationen der Zentralbanken

In der neuen Normalität setzen die internationalen Notenbanken ihre expansive Geldpolitik fort, um den Kollaps des Systems zu verhindern. Ein Beispiel für Marktmanipulationen durch die Notenbanken sind die quantitativen Lockerungen, die am Ende nichts anderes sind als das exzessive Drucken von Geld. Auch die sogenannte Operation Twist der US-Notenbank gehört dazu. Damit hält sie langfristige Zinsen künstlich niedrig. Die Börsen werden jedoch von solchen expansiven Massnahmen der Zentralbanken zunehmend abhängig. Eine solche Geldpolitik schaltet zudem Marktsignale aus. Die Börsen werden so immer politischer und reagieren auf solche Massnahmen stärker als beispielsweise auf die Situation im Unternehmenssektor.

Zunehmende finanzielle Repression
Ein Faktor der finanziellen Repression sind die künstlich niedrig gehaltenen Zinsen an den Kapitalmärkten. Diese sind das Resultat politischer Entscheidungen wie beispielsweise des Ankaufs von Staatsanleihen durch Zentralbanken.

Die Politik hat bereits durch regulatorische Vorgaben die Nachfrage nach Staatsanleihen erhöht, beispielsweise durch die Regelwerke Basel III für Banken und Solvency II für Versicherungen. Diese fördern die Nachfrage der Grossinvestoren nach Staatsanleihen.

Die Bank Rothschild nennt in einer Studie weitere Möglichkeiten der finanziellen Repression, die bisher erst teilweise umgesetzt wurden. Dazu gehören beispielsweise das Verbot, Gold zu besitzen, Bankenverstaatlichungen oder höhere Steuern auf Wertpapierkäufe und -verkäufe. Aus der Sicht der Analytiker funktioniert eine finanzielle Repression am besten mit einer etwas erhöhten Inflation über mehrere Jahre hinweg, sodass die realen Renditen ins Minus fallen. In diesem Fall verringert sich der Wert der Schulden, und das Vermögen von Sparern und Investoren verliert schleichend an Wert.

Anhaltende Verknüpfung und Vernetzung der wichtigen Akteure an den Finanzmärkten
Zwischen den grossen Banken bestehen auch in der neuen Normalität weiterhin starke Verflechtungen. Dies könnte dazu geführt haben, dass systemisch relevante Risikokonzentrationen bestehen. Beim Kollaps von Lehman Brothers war eine solche zu beobachten, als nach der Bekanntgabe der Insolvenz mehrere andere Finanzhäuser an der Wall Street ins Wanken gerieten.

Pimco-Chef Mohamed A. El-Erian erklärte 2009 in einer Rede, er gehe davon aus, dass das Bankensystem in dem Szenario der neuen Normalität ein «Schatten seiner selbst» sein werde. Die schärfere Regulierung werde das Risiko und das Fremdkapital im Bankensektor reduzieren. Wie die Bankensysteme in Ländern wie Spanien gezeigt haben, haben die Finanzinstitute in vielen Staaten weiterhin viel zu wenig Eigenkapital.

Als dieses Buch im Juli 2012 fertiggestellt wurde, liess sich das Umfeld an den Finanzmärkten mit den Stichpunkten der neuen Normalität gut beschreiben. Mittelfristig ist zumindest für die Industrieländer keine Rückkehr zur Zeit der alten Normalität mit einem höheren Wachstum und einer geringeren Inflation abzusehen. Die neue Normalität hat auch für das Verhalten der Anleger erhebliche Folgen.

Geldanlage im «Durchwurstelszenario»

Das Anlageumfeld in der neuen Normalität ist für Investoren eine grosse Herausforderung. Die aus den Manipulationen der Zentralbanken resultierenden niedrigen Zinsen sorgen für einen Anlagenotstand und eine zwanghafte Suche nach Rendite. Ausserdem schaffen die zunehmenden gesetzgeberischen Vorgaben zum Kauf sicherer Anlagen eine verstärkte Nachfrage nach Staatsanleihen.

Dies führt dazu, dass viele Investoren in sogenannte sichere Häfen wie beispielsweise in die Staatsanleihen führender Industrienationen fliehen. Dies wiederum sorgt dafür, dass die Renditen der weniger sicheren Anlagen auf sehr niedrigem Niveau bleiben. Gleichzeitig sollte den Investoren allerdings bewusst sein, dass es keine risikolosen Zinsen gibt – obwohl dies in den vergangenen Jahrzehnten eine gängige Annahme war.

Die Geldanlage wird dadurch erschwert, dass die Schwankungen an den Finanzmärkten oftmals sehr hoch sind. Dies war in den vergangenen Jahren der Fall, wie die deutlich gestiegenen Niveaus von Volatilitätsindizes wie dem VIX oder dem VDAX nachweisen. Solche Barometer zeigen, wie stark die Schwankungen der Kurse an den Börsen sind. Sind sie hoch, deutet dies auf eine erhebliche Verunsicherung und Nervosität der Investoren hin.

In der neuen Normalität gleichen sich auch die Korrelationen von Anlageklassen an. Diese entwickeln sich zunehmend ähnlich. Auf diese Thematik gehen wir in dem Unterkapitel «Eine breite Diversifikation ist weiterhin sinnvoll» des Kapitels «Geldanlage in der Krise und darüber hinaus» näher ein.

Niedrige Zinsen, eine finanzielle Repression, starke Schwankungen und eine schwierigere Risikostreuung sorgen dafür, dass viele Investoren keine langfristige, geduldige Strategie einschlagen und wankelmütig agieren. Sie verfallen in ein Anlageverhalten, bei dem sie in relativ kurzen Zeitabständen zunächst Risiken eingehen und diese dann wieder zurückfahren. Dieses Verhalten nennt man Risk-on- beziehungsweise Risk-off-Modus. Ironisch könnte man anmerken, dies erinnere ein wenig an manisch-

Risk-on- beziehungsweise Risk-off-Indikator der HSBC

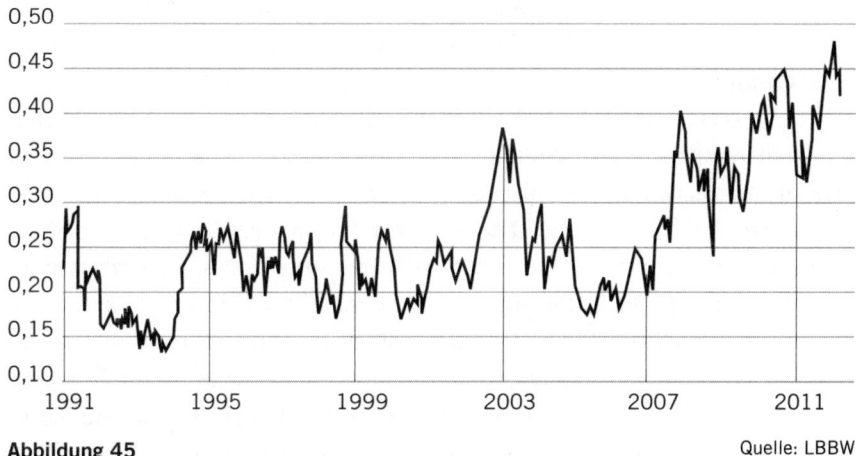

Abbildung 45

Quelle: LBBW

depressive Stimmungsschwankungen. Das Verhalten hat aber vor allem damit zu tun, dass so wenige sichere Anlagen verfügbar sind.

Vermögensklassen im Überblick

Spar-, Tages- und Festgeldkonten

In einer Zeit mit negativen Realzinsen verlieren die Anleger mit Sparkonten und wohl auch mit den meisten Tages- und Festgeldkonten real, also nach Abzug der Inflation, Geld. Auch wenn die realen Zinsen auf null stehen, sind solche Konten in einem Durchwurstelszenario nicht allzu attraktiv.

Allerdings sind sie immer noch besser, als das Geld gar nicht anzulegen. Ausserdem sind die dort bezahlten Zinsen in einer Zeit der neuen Normalität manchmal höher als bei einigermassen sicheren Anleihen, wenn man die Transaktionskosten und Gebühren abrechnet. Anleger sollten die aktuellen Konditionen für solche Konten beispielsweise auf www.fmh.de für Deutschland oder www.comparis.ch für die Schweiz prüfen. Allerdings gilt es vorher, die Verfassung der jeweiligen Bank zu prüfen.

Anleihen

Anleihen von als halbwegs sicher geltenden Emittenten sind in dem Szenario der neuen Normalität wenig attraktiv. Staatsanleihen mit geringeren

Risiken bringen nach dem jahrzehntelangen Rallye am Bondmarkt kaum Renditen. Für Privatanleger kommt hinzu, dass die Gebühren, die beim Kauf von Anleihen oder Anleihefonds anfallen, so hoch sind, dass die mögliche Rendite bereits durch diese Kosten aufgefressen wird.

Dass auch Staatsanleihen risikoreiche Anlagen sein können, hat sich seit dem Ausbruch der Schuldenkrise in der Eurozone gezeigt. So galten griechische Staatsanleihen bis vor wenigen Jahren als praktisch genauso sicher wie die der anderen Länder in der Eurozone. Mit dem faktischen Staatsbankrott Griechenlands wurden die Investoren dann aber rasch eines Besseren belehrt. Die Entwicklung zeigt, dass Länder, die als sicher gelten, dies letztlich nicht sein müssen. Auch sollten die Anleger nicht vergessen, dass die Renditen vieler solcher Staatsanleihen nur deshalb so niedrig sind, weil die Zentralbanken die Zinsen künstlich tief halten. Ein sprunghafter Anstieg zu einem bestimmten Zeitpunkt ist also nicht auszuschliessen, was hohe Verluste für die Anleiheinvestoren bedeuten würde.

Wie die Grafik der Credit Suisse zeigt, sind die Renditen amerikanischer Staatsanleihen in den vergangenen drei Jahrzehnten stetig gefallen. Anfang der 1980er-Jahre rentierten zehnjährige US-Staatsanleihen noch mit 12 Prozent bis 16 Prozent, wenn auch bei deutlich höheren Inflationsra-

Geringere Anlegerprämien bei Obligationen
Entwicklung der Renditen von US-Staatsanleihen, in Prozent

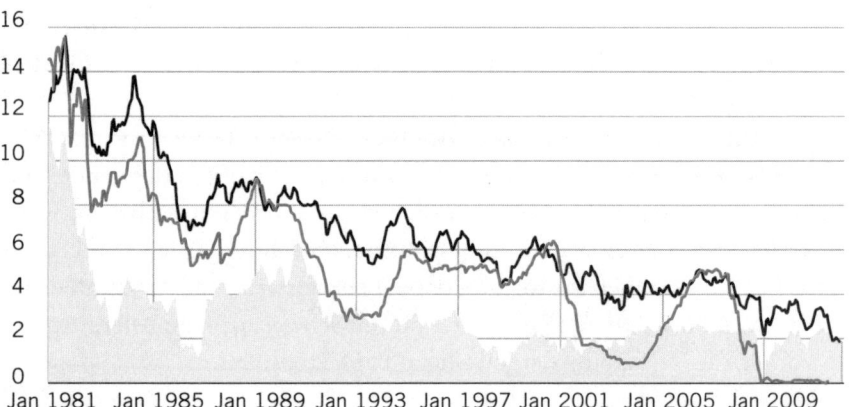

— Rendite zehnjähriger US-Staatsanleihen — Rendite dreimonatiger Staatspapiere
░ Renditedifferenz zwischen inflationsindexierten und herkömmlichen Bonds

Abbildung 46   Quelle: Credit Suisse Asset Management

ten. Im Allgemeinen erzielten die Anleger mit den Papieren eine komfortable Nettorendite.

Im Laufe der vergangenen Jahrzehnte sind die Renditen zehnjähriger amerikanischer Staatsanleihen auf unter 2 Prozent gefallen. Der Stand lag Ende Juni 2012 bei 1,60 Prozent. Dies führte dazu, dass die Anleger mit den Anleihen zeitweilig negative reale Renditen erzielen. Die Flucht der Investoren in Anlagen, die sie als sicher wahrnehmen, zeigt die starke Verunsicherung an den Finanzmärkten. Gleichzeitig sind die niedrigen Renditen das Ergebnis einer Politik der finanziellen Repression und einer extrem expansiven Geldpolitik der US-Notenbank. Letztere hat unterdessen angekündigt, die Leitzinsen bis 2014 auf einem sehr tiefen Niveau zu halten. Wenn sie diese Ankündigung wahr macht, dürften die Renditen von US-Staatsanleihen bis dahin kaum steigen.

Unter diesen Umständen sollten Privatanleger überlegen, wie sinnvoll Investitionen in Anleihen für sie überhaupt sind. Gerade bei Staatsanleihen müssen sie einschätzen, welche Staaten tatsächlich sicher sind und ob die extrem niedrigen Renditen mancher dieser Obligationen gerechtfertigt sind.

So empfiehlt es sich, über den Kauf von Unternehmensanleihen nachzudenken. Allerdings sind auch hier die Renditen stark gesunken. Verschlechtert sich das konjunkturelle Umfeld, könnten die Unternehmen leiden. Erstklassige Firmen mit einem Geschäftsmodell, das auch in einer Krise funktioniert, scheinen auch bei Unternehmensanleihen eine gute Wahl zu sein.

Die Anleihen von Schwellenländern sind ebenfalls einen Blick wert, zumal diese Länder oftmals deutlich weniger verschuldet sind als viele Industrieländer. Allerdings sollten die Anleger hier die Risiken im Blick behalten, zumal viele dieser Obligationen ebenfalls deutliche Kursgewinne erzielt haben. Bei Anleihen in Lokalwährung dürfen die Anleger das Währungsrisiko nicht vernachlässigen. Zumeist stehen die Risiken von Obligationen in fremden Währungen nicht in Proportion zu den möglichen Erträgen.

Aktien

Für Aktien ist die neue Normalität mit ihren vielen Unsicherheiten, dem wachsenden Einfluss von Regierungen und den starken Schwankungen kein gutes Umfeld.

Zweifellos könnte das zu erwartende schwächere Wachstum in den Industrieländern die Entwicklung der Aktien von dort beheimateten Unternehmen negativ beeinflussen. Die Grossbank Credit Suisse ging im April 2012 für die US-Wirtschaft in der neuen Normalität von einem durchschnittlichen Wachstumspotenzial von 1,5 Prozent bis 2,5 Prozent pro Jahr aus. In den Jahren vor der neuen Phase waren es 3 Prozent bis 4 Prozent. In den Jahren mit einem niedrigeren Wachstum fallen die Aktienrisikoprämien niedriger aus. Diese sind die zusätzlichen Erträge, die die Anleger dafür erhalten, dass sie in die risikoreichen Dividendenpapiere investieren. Ist die mögliche Belohnung geringer, so halten sich die Anleger mit ihrem Engagement in Aktien stärker zurück. Auch der Schuldenabbau bei Unternehmen sowie die höhere Arbeitslosigkeit in der neuen Normalität könnten die Aktienpreise drücken.

In Zeiten finanzieller Repression hat sich der Aktienmarkt in den USA allerdings auch schon als geeigneter Fluchtweg erwiesen. Wie Philipp Vorndran in dem Buch *Der private Rettungsschirm* ausführt, legte das US-Aktienbarometer Dow Jones Industrial in der Periode von 1942 bis 1951 – der Zeit der Zinskontrolle – von rund 100 Punkten auf 250 Punkte zu. Mit einem jährlichen Anstieg von 10,6 Prozent ohne Dividenden entwickelten sich amerikanische Aktien deutlich besser als die Inflation von rund 5 Prozent jährlich und als langlaufende Anleihen, die nur 2,5 Prozent erzielten.

Die Aktien von Unternehmen aus wachstumsstarken Schwellenländern gelten vielen Anlegern als Lösung für dieses Problem. Dazu ist allerdings zu sagen, dass sich die Börsen in den Emerging Markets in den vergangenen Jahren oft nicht von der Entwicklung an den Märkten der Industrieländer abkoppeln konnten. In Krisenzeiten gingen die Kurse dort sogar besonders schnell und stark zurück. Dies lag unter anderem daran, dass die Investoren aus den Industrieländern beim Ausbruch der Krise dort besonders rasch ihr Kapital abzogen.

Die Anleger, die trotz des schwierigen Umfelds auf Aktien setzen wollen, sollten vor allem einen langfristigen Anlagehorizont haben und bei starken Schwankungen nicht allzu schnell nervös werden. Aus Kostengründen empfehlen sich hier, wie in guten Zeiten, Indexprodukte wie Exchange Traded Funds oder Indexfonds.

Immobilien

Immobilienanlagen geben einem Portfolio auch in Zeiten der neuen Normalität eine gewisse Stabilität. Vorteilhaft ist auch ihr Sachwertcharakter, zumal die Geldpolitik in diesem Szenario ja sehr expansiv bleibt.

Auch der Wert von Immobilien hängt von der Konjunktur ab. In wirtschaftlich schwierigen Zeiten können die Preise von Liegenschaften ebenfalls erheblich sinken. Nicht von der Hand zu weisen ist in der Zeit finanzieller Repression auch die Gefahr, dass Regierungen neue Steuern oder Abgaben auf Immobilienanlagen einführen.

Gold und andere Edelmetalle

Gold bietet auch in einem Durchwurstelszenario eine gute Möglichkeit, um sich gegen die Gefahr plötzlich anziehender Inflationsraten zu schützen. Die weiterhin sehr expansive Geldpolitik könnte den Goldpreis zusätzlich unterstützen. Die hohe Unsicherheit und die Angst der Investoren sprechen dafür, dass der Goldpreis zumindest auf einem hohen Niveau bleibt.

Ausserdem haben sehr tiefe beziehungsweise sogar negative Realzinsen den Goldpreis historisch gesehen zumeist begünstigt. Das Argument gegen Goldanlagen, wonach das Edelmetall keine Zinsen abwirft, verliert in einem solchen Umfeld an Bedeutung. Die Erste Bank nennt dazu in ihrer Studie vom Juli 2012 Zahlen, die den Goldpreis angesichts der anhaltenden Niedrigzinspolitik für gut abgestützt erscheinen lassen. So hatte der Goldpreis während seiner 20-jährigen Flaute in den 1980er- und 1990er-Jahren gegen ein Realzinsniveau von durchschnittlich 4 Prozent anzukämpfen. In nur knapp 6 Prozent der Monate seien die Realzinsen während dieser Zeit im negativen Bereich gewesen. In den hochinflationären 1970er-Jahren seien es hingegen 54 Prozent der Monate gewesen, was ein sehr gutes Umfeld für steigende Goldpreise darstellte. Ähnlich dürfte es in der neuen Normalität aussehen. Die US-Notenbank hat bereits angekündigt, den Leitzins bis 2014 auf dem extrem niedrigen Niveau zu belassen.

Da die anderen Edelmetalle Silber, Platin oder Palladium auch als Industriemetalle genutzt werden, dürften ihre Preise stärker unter der schwachen Konjunktur leiden.

Andere Rohstoffe

Auch andere Rohstoffe können in einem Szenario der neuen Normalität als Schutz vor einem möglichen Anstieg der Inflation fungieren. Allerdings ist auch hier darauf hinzuweisen, dass die Entwicklung vieler Rohstoffpreise stark konjunkturabhängig ist.

J. Anthony Boeckh bemerkt in seinem Buch *Inflation um jeden Preis* ausserdem, dass die Rohstoffpreise auf lange Sicht stark gefallen sind. Ihm zufolge sind die Preise für Industrierohstoffe in den vergangenen 210 Jahren um rund 70 Prozent zurückgegangen. Diejenigen für Weizen, Baumwolle und Kupfer hätten sogar einen Rückgang von zwischen 75 Prozent und 85 Prozent erlitten. Relativ zu den Aktien seien Industrierohstoffe seit 1900 um 99 Prozent gefallen und hätten sich folglich als miserable Langfristinvestition erwiesen. Kurzfristig könnten Rohstoffe bei einer höheren Inflation vielleicht zwar gegen Verluste absichern, über längere Zeiträume hinweg gelinge ihnen dies jedoch nicht. Dies sollten die Anleger, die ein längerfristiges Engagement in diesem Bereich planen, berücksichtigen. Schliesslich erhalten sie bei Engagements in Rohstoffen auch keine Zinsen oder Dividenden.

Geldanlageprodukte und Altersvorsorge

Fonds

Fonds haben gerade für Privatanleger oft ziemlich hohe Gebühren. In einer Zeit der neuen Normalität, wenn sich die Zinsen in Richtung null bewegen oder die Realzinsen sogar im Minus sind, fällt dies besonders ins Gewicht. Die Kosten für Fondsmanager sind in einem solchen Umfeld besonders schwer zu rechtfertigen.

Exchange Traded Funds und Indexfonds

Exchange Traded Funds und Indexfonds eignen sich besser, um die Bedürfnisse der Anleger in einem solchen Umfeld zu erfüllen. Die Gebührenbelastung der Anleger ist in einem Nullzinsumfeld besonders wichtig. Die günstigeren Exchange Traded Funds und Indexfonds sind hierfür deutlich besser geeignet als aktiv gemanagte, teurere traditionelle Fonds.

Strukturierte Produkte und Zertifikate

Die Welt der Zertifikate ist sehr bunt und vielfältig. So ist es mit den Produkten möglich, auch in einem Seitwärtsmarkt oder bei fallenden Börsen Geld zu verdienen. Diese Flexibilität ist grundsätzlich ein Vorteil.

Allerdings sind viele Produkte sehr komplex, und die meisten Anleger verstehen die Auszahlprofile nicht gut genug. Investoren sollten also die alte Börsenregel «Kaufe nur, was du verstehst» berücksichtigen. Neben der nicht selten mangelhaften Transparenz sind oftmals die hohen, versteckten Gebühren vieler Zertifikate ein weiterer Minuspunkt.

Lebensversicherungen

Die Lobby der Lebensversicherungen ist in der deutschen Politik sehr stark. So haben es die Assekuranzen über Jahrzehnte hinweg geschafft, Steuerbegünstigungen für die Produkte herauszuholen.

Wenn Risiken wie ein Todesfall oder Invalidität abgesichert werden sollen, können Lebensversicherungen sinnvoll sein. Auch die Steuerersparnis kann ein Argument sein. Wie bereits erwähnt, werden bei Lebensversicherungen das Sparen und das Versichern vermischt, was aus Anlegersicht bei Finanzprodukten nicht der Fall sein sollte. Die Produkte sind für die Anleger wenig transparent, und ein Ausstieg aus den Verträgen ist sehr teuer.

Neben der mangelnden Flexibilität sind Lebensversicherungen in einem Umfeld mit solch niedrigen Zinsen noch weniger attraktiv. Hinzu kommt, dass Lebensversicherungen stark in Obligationen anlegen und in einem Umfeld der neuen Normalität kaum Rendite abwerfen. Hinzu kommen noch die gestiegenen Risiken von Staatsanleihen.

Pensionskassen und Pensionsfonds

Für Pensionskassen und Pensionsfonds ist die neue Normalität ein schwieriges Umfeld. Die niedrigen Renditen von Anleihen und die anhaltend schwierige Lage an den Aktienmärkten machen den Vorsorgeeinrichtungen zu schaffen.

Es besteht die grosse Gefahr, dass es den Pensionskassen und -fonds in einem solchen Umfeld nicht gelingt, die nötigen Renditen zu erzielen, um ihre Verpflichtungen zu erfüllen. Dies macht bei vielen Vorsorgeeinrichtungen Sanierungsmassnahmen nötig. Da die Kapitalerträge nicht ausreichen, um die bisherigen Kalkulationen aufrechtzuerhalten, sind höhere Beiträge oder geringere Leistungen die Folge. Auch besteht im Szenario der neuen Normalität die Gefahr, dass die Altersguthaben der aktiv Versicherten kaum bis gar nicht verzinst werden.

Geldanlage in der Krise und darüber hinaus

Achtung, manipulierte Märkte!
Der Kaufkrafterhalt als Herausforderung

«Na denn mal Prost – aber mit Selters, nicht mit Champagner!» Das war das Fazit eines langfristigen Anlageausblicks von Norbert Walter, dem ehemaligen Chefökonom der Deutschen Bank bei einer Veranstaltung im Juni 2012. Ende August verstarb Walter überraschend. Er ging davon aus, dass sich die Anleger in Europa im nächsten Vierteljahrhundert mit deutlich niedrigeren Renditen begnügen müssen. Als Grössennummer nannte Walter Nominalrenditen von 2 Prozent bis 3 Prozent jährlich. Die ungünstigen Renditeperspektiven hätten damit zu tun, dass die Bevölkerung in den kommenden Jahren in vielen Ländern schrumpfen und altern werde, sagte Walter. Besonders ausgeprägt werde dies in Ländern sein, wo diese Entwicklung bald und mit Vehemenz eintrete, also beispielsweise auch in Mittel- und Osteuropa.

Das derzeitige Umfeld ist für die Geldanlage extrem schwierig. Ausserdem könnte 2013/14 eine ausgewachsene Rezession drohen. Im aktuellen deflationären Umfeld ist es für Sparer und Privatanleger sogar unrealistisch, den realen Vermögenswert zu erhalten. Vielmehr sollten diese aus der Sicht von Walter unter solchen Bedingungen einen jährlichen Rückgang des Vermögens von 2 Prozent bis 3 Prozent akzeptieren. In einer Deflation sind schliesslich nur Bargeld und Anleihen von sicheren Schuldnern eine gute Anlage. Aktien und Immobilien verlieren hingegen an Wert.

Staaten und Banken dürften in den kommenden Jahren damit beschäftigt sein, ihre angehäuften Schulden abzubauen. Viele Akteure haben in der Vergangenheit weit über ihre Verhältnisse gelebt. Nun hat eine Korrektur eingesetzt, die in den kommenden zehn Jahren die wirtschaftlichen Perspektiven prägen dürfte. Die Geschichte hat gezeigt, dass wirtschaftspolitische Instrumente ab einer Staatsverschuldung von 90 Prozent des Bruttoinlandsprodukts zunehmend stumpf werden.

Die Bank Rothschild kam im Mai 2012 in einer Studie mit dem Titel *Anlegen in Zeiten finanzieller Repression* zu ähnlichen Schlüssen. Darin schreibt sie Folgendes: «(D)ie meisten traditionellen risikoarmen Portfolios mit einem hohen Anteil an Geldmarktinstrumenten und Anleihen (werden) in den nächsten fünf Jahren nur schwache oder vielfach sogar negative Renditen erzielen. Üblicherweise bilden Staatsanleihen von Ländern wie den USA, Deutschland oder Grossbritannien den Kern eines konservativen Portfolios. Diese Wertpapiere bieten jedoch mittlerweile keine ausreichende Prämie gegenüber den Geldmarktzinsen mehr, die das damit verbundene Risiko kompensiert, selbst wenn mittels der finanziellen Repression die Renditen erfolgreich niedrig gehalten werden.»

Eine breite Diversifikation des Geldes ist weiterhin sinnvoll

Wie bereits an mehreren Stellen in diesem Buch erwähnt, sorgt die extrem expansive Geldpolitik der Zentralbanken, mit der die Zinsen künstlich niedrig gehalten werden, für eine Art Anlagenotstand. Die Investoren suchen dabei immer krampfhafter nach Renditen, die sie immer seltener finden. So treibt die Politik des billigen Geldes die Vermögen in immer riskantere Anlagen. Sie bewirkt, dass die Investoren gezwungen sind, nach den am wenigsten hässlichen Anlageklassen zu suchen, anstatt nach den attraktivsten.

Wenn alle Anlageklassen als hässlich empfunden werden und die Inflationsraten niedrig sind, kann es für Privatanleger sogar sinnvoll sein, grosse Teile des Geldes auf dem Konto liegen zu lassen. Dies ist beispielsweise in den zuvor beschriebenen Szenarien der neuen Normalität sowie in einer Deflation der Fall. Doch was passiert, wenn die Inflation urplötzlich anzieht? Dann verlieren Bargeldanlagen real an Wert, und andere Anlageklassen erhalten den Wert des Vermögens besser. In solchen Situationen ist es gut, in Sachwerte investiert zu haben. Nominalwerte wie Anleihen, Lebensversicherungen, Kontoguthaben oder Sparbücher erachten viele Bürger als besonders sicher. Gerade solche Anlagen verlieren in einer Inflation aber stark an Wert, da sie eben keine Sachwerte sind.

Auch in Krisenzeiten gilt bei der Geldanlage der alte Grundsatz: «Lege nicht alle Eier in einen Korb.» Er ist die Essenz der modernen Portfoliotheorie von Nobelpreisträger Harry Markowitz. Um das Risiko zu verringern, sollten Investoren also ihr Vermögen auf verschiedene Anlageklassen wie Aktien, Anleihen, Immobilien, Rohstoffe, Edelmetalle und Bargeld verteilen. Dies ist der wohl wichtigste Entscheid bei der Geldanlage, denn die Verteilung hat sehr grossen Einfluss auf das Anlageergebnis.

Anleger müssen dabei entscheiden, welches Gewicht sie den einzelnen Anlageklassen in ihrem Portfolio geben. Dafür müssen sie ihre eigene Risikofähigkeit und -bereitschaft bestimmen. Bei der Risikofähigkeit spielen beispielsweise das Alter und die Vermögenssituation eine Rolle. Ausserdem geht es darum, ob der Anleger Selbstständiger, Angestellter oder Beamter ist. Die Risikobereitschaft ergibt sich beispielsweise aus der Renditeerwartung des Anlegers, seinem Sicherheitsbedürfnis und seinem Umgang mit Kursverlusten.

Der erste Schritt bei der Vermögensaufteilung ist die Festlegung der Aktienquote. Aktien sind eine riskante Anlageklasse. Ihre Kurse sind an den Börsen starken Schwankungen ausgesetzt. Folglich sollten die Anleger genau überlegen, wie viel Geld sie in die Dividendenpapiere investieren wollen. Sparer, die mit Kursverlusten schlecht umgehen können, sollten eher zurückhaltend sein. Dasselbe gilt für die, die ihr Geld in nächster Zeit benötigen, beispielsweise für einen Immobilienkauf. Einige Websites bieten mit Fragebögen gute Richtwerte für die passende Vermögensaufteilung. Hier ist beispielsweise die Website www.i-portfolio.ch von dem St. Galler Beratungsunternehmen c-alm zu empfehlen.

Der grosse Vorteil einer guten Diversifikation ist, dass sie die Risiken einzelner Titel verringert, indem sie diese auf viele verschiedene Anlagen streut. Allerdings muss auch gesagt werden, dass eine gute Risikostreuung in einer schlimmen Krise Verluste nicht verhindern kann. Immerhin haben sich Studien zufolge diversifizierte Portfolios in Krisenzeiten deutlich besser entwickelt als solche mit einer stärkeren Konzentration auf einzelne Anlageklassen.

Die UBS hat in einer Studie eine Musteraufteilung des Portfolios für die Anleger mit einem mittleren Risikoprofil vorgeschlagen (vgl. hierzu Abbildung 47). In einem weiteren Schaubild zeigt die Bank auf, welche Anlageklassen sich für Inflations- oder Deflationsszenarien eignen.

Auch eine Diversifikation auf verschiedene Länder und Regionen ist grundsätzlich angebracht. Angesichts der Schuldenkrise sollten sich Privatinvestoren genau überlegen, in welchen geografischen Regionen beziehungsweise in welchen Währungen sie ihr Geld anlegen. Dabei sollten sie auch berücksichtigen, welche Länder als besonders gefährdet für Massnah-

Musteraufteilung eines Portfolios auf verschiedene Anlageklassen
Mittleres Risikoprofil, verschiedene Szenarien

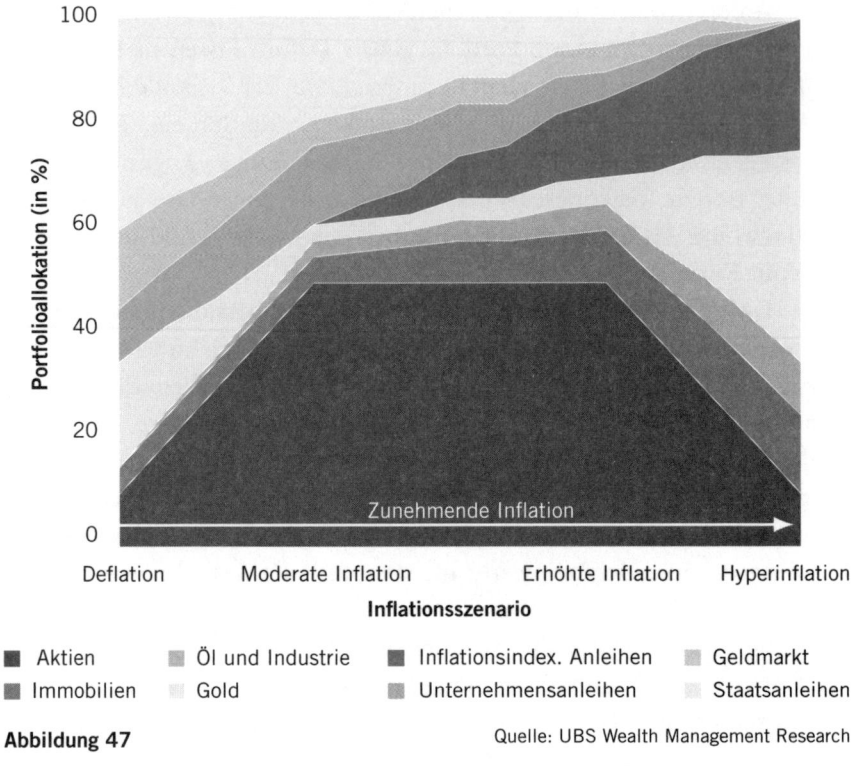

Abbildung 47   Quelle: UBS Wealth Management Research

men der finanziellen Repression oder anderer Zwangsmassnahmen gegenüber den Anlegern gelten.

Dasselbe gilt für Währungen. Grundsätzlich ist eine Streuung auf verschiedene Devisen sinnvoll. Beim Franken gilt dies in Krisenzeiten allerdings eingeschränkt, da die Devise als Fluchtwährung genutzt wird. Es empfiehlt sich auch, zumindest einen Teil des Anlagevermögens in Gold zu investieren. Das Edelmetall ist eben keine Papierwährung, sondern hat einen realen Wert. Aus diesem Grund gilt Gold auch als Krisenwährung. Gemäss einer Studie der Ersten Bank vom Juli 2012 haben der Dollar, das Pfund und der Euro – vor dem Jahr 1999 als gewichteter Durchschnitt der Vorgängerwährungen des Euro berechnet – gegenüber Gold seit 1971 einen Kaufkraftverlust von knapp 98 Prozent verbucht. Der Franken verlor laut der Bank im selben Zeitraum gegenüber dem Edelmetall 90 Prozent an Wert.

Attraktivität der Anlageklassen in verschiedenen Szenarien

	Attraktiv	Neutral	Unattraktiv	
Deflationäre Krise	Staatsanleihen	Unternehmensanleihen Gold Immobilien Geldmarktanlage	Aktien Rohstoffe Inflations- geschützte Anleihen	Risikoszenario 1
Erhöhte und volatile Inflation	Immobilien	Aktien Rohstoffe Gold Inflationsgeschützte Anleihen	Geldmarktanlage Unternehmensanleihen Staatsanleihen	Hauptszenario
Hyperinflation	Gold Immobilien Inflationsgeschützte Anleihen	Rohstoffe Aktien	Staatsanleihen Unternehmensanleihen Geldmarktanlage	Risikoszenario 2

Abbildung 48   Quelle: UBS Wealth Management Research

Auch bei den Bankverbindungen sollten die Anleger die Risiken streuen und Konten bei verschiedenen Finanzhäusern unterhalten. Selbst bei den Lagerungsorten für Edelmetalle gilt es, den geografischen Aspekt zu berücksichtigen. Wie bereits mehrmals erwähnt, ist das Verbot von Goldbesitz durch Regierungen in der Geschichte nicht Theorie geblieben.

Zum Thema Risikostreuung ist zu sagen, dass die Schuldenkrise hier ebenfalls bereits negative Auswirkungen hat. So kann die Diversifikation im derzeitigen Finanzmarktumfeld nicht mehr ihre volle Wirkung entfalten, wie die Landesbank Baden-Württemberg (LBBW) in einer Studie im Juni 2012 geschrieben hat.

Gemäss der Bank haben sich in der Zeit der neuen Normalität die Korrelationen der Anlageklassen bereits stärker angeglichen. Dies bedeutet, dass sich diese zunehmend gleichförmig entwickeln. Gemäss dem Finanzhaus waren im Zeitraum von Oktober 2008 bis März 2012 die Korrelationen zwischen Gold, Erdöl und einigen Währungsindizes untereinander und auch im Verhältnis zu verschiedenen Aktienindizes deutlich höher als zuvor. Seit dem Kollaps der amerikanischen Investmentbank Lehman Brothers im September 2008 entwickelten sich nun also laut LBBW auch Vermögensklassen ähnlich, bei denen früher grössere Unterschiede bestanden hätten. Dies erschwert natürlich die Diversifikation, also die Risikostreuung bei der Geldanlage. Gemäss dem Finanzhaus liegt dies unter anderem am zunehmenden Mangel an sicheren Anlagen.

Direkt nach dem Kollaps von Lehman Brothers hat es 2008 zuletzt einen praktisch kollektiven Absturz der Anlageklassen gegeben. Lediglich

Staatsanleihen und gewisse Hedgefondsstrategien entwickelten sich in dieser Phase gegenläufig. Dabei dürften die Manipulationen der Zentralbanken an den Märkten bereits eine Rolle gespielt haben.

Die derzeitige Geldpolitik der Notenbanken ist darauf ausgelegt, ein Szenario wie das der Grossen Depression Ende der 1920er- und Anfang der 1930er-Jahre zu verhindern und eine Inflation um jeden Preis zu schaffen. Dabei handelt es sich um ein geldpolitisches Experiment, das die Geschichte noch nicht gesehen hat. Trotzdem können die Anleger aus geschichtlichen Entwicklungen etwas lernen. Der Wissenschaftler Tobias Straumann und die Bank Reichmuth haben in Schaubildern zusammengefasst, wie sich die verschiedenen Anlageklassen während und nach historischen Wirtschaftskrisen entwickelt haben. Daraus leitet das Finanzhaus Konsequenzen für eine zukunftsorientierte Anlagestrategie ab.

Anlageklassen während und nach der Krise

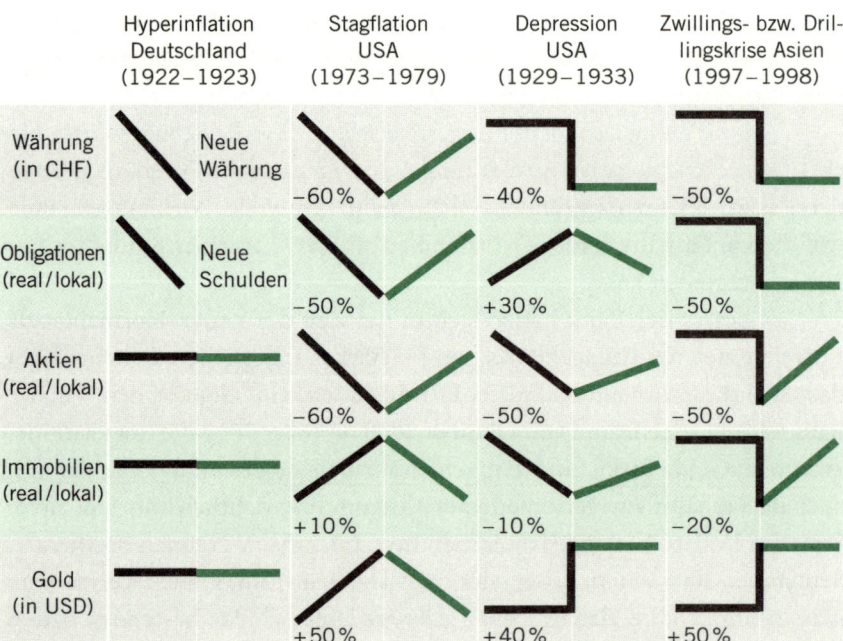

Abbildung 49   Quelle: Dr. Tobias Straumann, Bank Reichmuth

Zukunftsorientierte Anlagestrategien

	Übergewichten	**Durchstehen**	**Meiden**
Hyperinflation	Gold im Ausland Langfristig verschulden	Aktien Immobilien	Bargeld Obligationen
Währungsreform	Gold im Ausland Ausländische Aktien	Aktien, die schwierige Phasen überstehen	Bargeld Obligationen
Deflation/ Depression	Bargeld Kurz laufende Obligationen (nur Topschuldner)		Langfristige Schulden Aktien Immobilien Rohstoffe
Finanzrepression	Gold	Aktien Immobilien	Papiere mit Enteignungsgefahr
Stagflation	Gold Aktien mit attraktiven und nachhaltigen Dividendenzahlungen	Zyklische Aktien	Bargeld Obligationen

Abbildung 50 Quelle: Bank Reichmuth, eigene Ergänzungen

Zinslose Risiken statt risikoloser Zinsen – auf der Suche nach sicheren Anlagen

«Das äusserste Risiko ist, kein Risiko einzugehen.»

Sir James Goldsmith, Grossinvestor

«Heute gibt es bei der Geldanlage keine risikolosen Zinsen mehr, sondern nur noch zinslose Risiken.» Dieser Satz sorgt derzeit auf Finanzkonferenzen immer wieder für Lacher. Trotzdem bringt er eine sehr bittere Wahrheit auf den Punkt. Die Zeiten, in denen die Anleger mit Staatsanleihen risikolose Zinsen einstreichen konnten, sind mit der Finanz- und Schuldenkrise vorüber. Staatsanleihen von als sicher geltenden Ländern wie Deutschland oder der Schweiz brachten Mitte 2012 entweder fast gar keine Renditen mehr oder sogar negative Zinsen. Letztere Entwicklung zeigt, in was für verrückten Zeiten wir leben. Die Investoren zahlen bei als sicher wahrgenommenen Staaten sogar dafür, dass sie ihr Kapital bei ihnen anlegen dürfen.

Bei den Renditen von Staatsanleihen hat sich in den vergangenen Jahren eine Schere aufgetan, die zuletzt immer grösser wurde. Während die Renditen der «sicheren Häfen» immer weiter sanken, stiegen mit der Verschärfung der Krise die Renditen von Anleihen der hoch verschuldeten südeuropäischen Länder. Hier gehen die Anleger aber sehr grosse Risiken ein, wie das Beispiel Griechenland zeigt.

Die Suche nach geeigneten Anleihen ist also sehr schwer. Vor diesem Hintergrund raten Vermögensverwalter bereits seit einiger Zeit dazu, sich bei der Anleihenanlage lieber auf die Unternehmenswelt als auf die Staatenwelt zu konzentrieren. Sie empfehlen anstelle der Staatsanleihen lieber die Bonds solider Unternehmen. Allerdings ist hier zunehmend eine ähnliche Entwicklung zu beobachten. Anleihen von Unternehmen, die auch in einer tiefen Krise als widerstandsfähig gelten, bringen nur wenig Rendite. Mehr Rendite verdienen lässt sich mit sogenannten Hochzinsanleihen («high yield bonds») von Firmen. Die Ausfallgefahr ist hier bei einem Wirtschaftsabschwung grösser. Die Bonds sind also oftmals sehr riskant.

Die Entwicklung hat dazu geführt, dass Anleihen zunehmend als unattraktiv gelten. Viele Akteure an den Finanzmärkten gehen davon aus, dass die hohen Anleiherenditen der vergangenen Jahrzehnte nicht mehr lange wiederholbar sind. Schliesslich liegt ein 30-jähriger Boom an den Anleihemärkten hinter uns. An einer Veranstaltung der Zurich Invest im Juni 2012 hiess es folglich, Renditen auf Schweizer Bundesanleihen von 2 Prozent pro Jahr seien in den kommenden zehn Jahren sehr unwahrscheinlich. Für Deutschland dürfte Ähnliches gelten. Investoren sollten folglich nicht auf das Prinzip Hoffnung vertrauen und ihre Kalkulationen entsprechend anpassen. Höchstens in einer Deflation sind Anleihen weiterhin attraktiv – allerdings auch nur dann, wenn die dazugehörigen Schuldner in diesem tief gehenden Schrumpfprozess nicht insolvent werden. Auch sollten die Anleger bei ihren Investitionen die Liquidität des jeweiligen Anleihemarkts berücksichtigen.

Die wachsende Skepsis gegenüber Anleihen als Anlageklasse zeigte sich Mitte 2012 auch in einer Umfrage der Vermögensverwaltungsgesellschaft Allianz Global Investors. Ihr zufolge stehen europäische Grossinvestoren, beispielsweise Pensionskassen oder Versicherungen, Staatsanleihen zunehmend skeptisch gegenüber. In der Studie nannten 73,8 Prozent der Befragten die Bonität von Staatsanleihen als grosses oder beachtliches Risiko für das Erreichen ihrer Anlageziele in den kommenden zwölf Monaten. Die Risikowahrnehmung für die ehemals als sehr sicher geltenden

Staatspapiere war damit sogar grösser als bei Aktien. Bei diesen erwarteten sieben von zehn Investoren höhere Risiken. Für die Studie wurden 138 institutionelle Investoren mit einem verwalteten beziehungsweise betreuten Vermögen von 880 Milliarden Euro befragt.

Dass selbst unter Grossinvestoren eine gewisse Verwirrung über die neuen Verhältnisse an den Märkten herrscht, zeigte sich bei der Frage, welche Anlagen im derzeitigen Marktumfeld als sicher betrachtet werden könnten. Ein Drittel der Befragten nannte hier Staatsanleihen. Beinahe genauso viele Befragte erwähnten aber auch Realwerte wie Aktien, Immobilien, Edelmetalle und Rohstoffe. Der Preis für die Sicherheit steige, fassten die Autoren der Studie die Ergebnisse zusammen. Die Investoren begännen zunehmend, ein Konzept der relativen Sicherheit zu verfolgen.

Ausserdem stellt sich die Frage, welche Anlagen im neuen Umfeld besonders riskant sind. Sollte die Inflation steigen, rückt die Gefahr, real – also nach Abzug der Teuerung – Geld zu verlieren, in den Vordergrund. Aber auch in einer Zeit der neuen Normalität können Sachwerte wie Aktien, die früher als besonders riskant galten, besser rentieren als manche Nominalwerte wie die Anleihen bestimmter Staaten. In der Zeit finanzieller Repression hat sich der Aktienmarkt in den USA schon einmal als geeigneter Fluchtweg erwiesen. Wie Philipp Vorndran in dem Buch *Der private Rettungsschirm* ausführt, legte das US-Aktienbarometer Dow Jones Industrial in der Periode von 1942 bis 1951 – der Zeit der Zinskontrolle – von rund 100 Punkten auf 250 Punkte zu. Damit entwickelte sich der Aktienmarkt besser als die Inflation, die damals im Durchschnitt 5 Prozent jährlich betrug.

Langfristig dürfte es eine Aktienrisikoprämie geben – aber wie lange ist langfristig?

«Kaufe nie eine Aktie, wenn du nicht damit leben kannst, dass sich der Kurs halbiert.»

Warren Buffett, amerikanischer Grossinvestor

Die Unsicherheit an den Finanzmärkten reicht mittlerweile so weit, dass in manchen Medien – wieder einmal – über den Tod der Aktie spekuliert wird. Diese ruft den amerikanischen Schriftsteller Mark Twain in Erinnerung, der Gerüchte über sein Ableben einmal mit dem Satz konterte, die Nachrichten von seinem Tod seien «stark übertrieben» gewesen. Ähnlich könnte es dieses Mal bei den Aktien sein.

Es ist schliesslich nicht neu, dass diese totgesagt werden. Berühmt geworden ist in diesem Zusammenhang eine Ausgabe des amerikanischen Wirtschaftsmagazins *Business Week* vom 13. August 1979, in der die Journalisten angesichts der damaligen hochinflationären Zeit den Tod der Aktie nahen sahen.

Dieses Ableben trat dann nicht nur nicht ein, sondern die Börse erlebte in den 1980er- und 1990er-Jahren einen der grössten Bullenmärkte aller Zeiten. Die *Business Week* hatte also als klassischer Kontraindikator gedient. Schliesslich trat genau das Gegenteil ihrer Einschätzung ein. Doch Schadenfreude ist hier fehl am Platze. Vielmehr lehrt die Episode Demut, was Prognosen für den Aktienmarkt betrifft. Solche sind nämlich schwierig, und zwar ganz besonders dann, wenn sie die Zukunft betreffen. Wer hat's gesagt? Genau: Mark Twain.

Um in der heutigen Zeit auf einen kommenden Bullenmarkt zu setzen, bedarf es trotzdem einer gehörigen Portion Optimismus. Schliesslich sieht derzeit (Juli 2012) vieles nach einer anhaltenden Wirtschaftsschwäche, ja nach einer deflationären Entwicklung aus. Für Aktien wäre dies ein sehr schwieriges Umfeld.

Renommierte Börsenexperten setzen sich trotzdem für Aktienkäufe ein. «Kaufen Sie günstig, verkaufen Sie nie», soll US-Grossinvestor Warren Buffett einmal in Bezug auf die Anlage in Aktien geraten haben. Berühmt ist auch der Ratschlag des Börsengurus André Kostolany, wonach Anleger Dividendenpapiere kaufen und anschliessend Schlaftabletten nehmen sollten, um dann nach einigen Jahren reich zu erwachen. In diesen Sprüchen äussert sich eine «heilige Grundwahrheit» der Anlegergemeinde. Aktien rentieren für Investoren auf längere Sicht, und sie bringen höhere Renditen als Obligationen.

In den vergangenen Jahren haben die Aktienmärkte ein wildes Auf und Ab hinter sich, und die alte Regel, wonach das «Kaufen und Halten» die beste Strategie bei der Aktienanlage ist, hat sich zumindest im vergangenen Jahrzehnt nicht bewahrheitet. Anleger stellen sich zunehmend die Frage, wie lange der Zeitraum sein muss, damit sie sich lohnt. Wie eine Studie der Bank Pictet für die Schweiz zeigt, haben eidgenössische Staatsobligationen im Zeitraum von 2002 bis 2011 real mit 3,55 Prozent pro Jahr deutlich besser rentiert als Schweizer Aktien mit 1,27 Prozent. Im Zeitraum von 2007 bis 2011 liegt die

Performance eidgenössischer Aktien sogar um rund zehn Prozentpunkte hinter den Anleihen zurück. 2011 alleine waren es sogar knapp 15 Prozentpunkte.

In den USA war die Entwicklung ähnlich, wie eine Studie der Fondsanalysefirma Morningstar zeigt. Während der Leitindex S&P 500 im Zeitraum von 2001 bis 2010 eine jährliche Rendite von 1,41 Prozent erreichte, erzielte der Bondindex BarCap US Aggregate in derselben Periode ein jährliches Plus von 5,84 Prozent. Selbst auf die Sicht von 30 Jahren haben Aktien nur knapp die Nase vorn. Im Zeitraum von 1981 bis 2010 kam der S&P 500 auf ein – zugegebenermassen komfortables – jährliches Plus von 10,71 Prozent, der BarCap-Index indessen auf ein nur leicht schlechteres von 8,92 Prozent. Dies spiegelt die Anleihen-Hausse der letzten Jahrzehnte.

Mit Anleihen haben die Anleger also in den vergangenen 30 Jahren sehr hohe Renditen erzielt, und im letzten Jahrzehnt haben Festverzinsliche sogar deutlich besser rentiert als Aktien. Dabei sollte es auf längere Sicht gerade andersherum sein. Werden die Anleger für die höheren Risiken und Schwankungen von Aktienanlagen nicht entlohnt, werden sie kaum in die Dividendenpapiere investieren. Im Finanzfachjargon ist diesbezüglich von der Aktienrisikoprämie die Rede. Diese errechnet sich aus der Differenz zwischen den Aktienrenditen und dem risikolosen Zins sicherer Obligationen während eines bestimmten Zeitraums. Wie bereits erwähnt, hat die Finanz- und Schuldenkrise das Konzept der risikolosen Zinsen erschüttert. In der Praxis werden bei diesen Rechnungen aber oft kurz laufende US-Staatsanleihen als Vergleichsmassstab für Aktien verwendet.

Auf Sicht mehrerer Jahrzehnte gibt es hingegen stattliche Aktienrisikoprämien. In der Schweiz betrug sie im Zeitraum von 1926 bis 2011 beispielsweise knapp drei Prozentpunkte, wie eine Studie der Bank Pictet zeigt. Schweizer Aktien erbrachten in diesem langen Zeitraum eine jährliche reale Rendite von durchschnittlich 5,25 Prozent, während Anleihen lediglich auf 2,28 Prozent kamen.

Laut den Wissenschaftlern Dimson, Marsh und Staunton von der London Business School betrug die Aktienrisikoprämie für den Zeitraum von 1900 bis 2011 in den USA 4,2 Prozentpunkte pro Jahr. Bei der weltweiten Aktienanlage waren es 3,7 Punkte. In der Schweiz lag die Aktienrisikoprämie in diesem langfristigen Zeitraum mit 1,9 Prozentpunkten pro Jahr etwas niedriger. Allerdings mussten die langfristigen Investoren während dieser Zeit mit sehr hoher Volatilität leben. Die Höhe der Prämien war im Laufe der Jahre stark verteilt (vgl. hierzu die Abbildung 51).

Histogramm von Aktienrisikoprämien

US-Aktien gegenüber kurz laufenden US-Staatsanleihen, 1900–2011

Erklärung: Im Jahr 2011 lag die Aktienrisikoprämie zwischen null und zehn Prozentpunkten

```
Anzahl Jahre                                2010
                                            2006
                                            2004
                                            1999
                                     2011   1998
20 ──────────────────────────────── 2007   1996
                                     2005   1989  2009
                                     1993   1988  1997
                                     1992   1983  1995
                                     1986   1979  1991
15 ───────────────────────────────  1982   1972  1985
                      2001           1978   1971  1980
                      2000           1968   1965  1976
                      1990   1994    1959   1964  1967
                      1981   1987    1956   1963  1961
10 ────────────────  1969   1984    1948   1952  1955
                      1966   1977    1947   1951  1950
                      1962   1970    1939   1949  1944
                      1957   1960    1934   1942  1943  2003
                      1941   1953    1926   1919  1938  1975
5 ──────── 2008       1929   1946    1921   1918  1927  1945
           1974  2002 1914   1940    1916   1909  1925  1936
           1937  1973 1913   1932    1912   1905  1924  1928  1958
           1930  1920 1910   1923    1911   1901  1922  1915  1954
0 ── 1931  1907  1917 1903   1906    1902   1900  1904  1908  1935  1933
    -50   -40   -30  -20    -10      0      10    20    30    40    50    60
                              Aktienrisikoprämien in Prozentpunkten ──────▶
```

Abbildung 51

Gemäss den Wissenschaftlern verdienten die Investoren in den USA im Jahr 1933 mit 57 Prozentpunkten die höchste Aktienrisikoprämie, als die Dividendenpapiere eine Rendite von 57,1 Prozent erzielten und kurz laufende US-Staatsanleihen nur 0,3 Prozent brachten. Am schlechtesten entwickelten sich Aktien gegenüber Bonds hingegen im Jahr 1931, als US-Dividendenpapiere um 43,5 Prozent nachgaben und die kurz laufenden amerikanischen Anleihen eine Rendite von 1,1 Prozent erzielten.

In Perioden mit geplatzten Finanzblasen, tief gehenden Krisen oder gar Kriegen haben Aktien stets besonders gelitten, wie die Abbildung 52 zeigt.

Langfristig gesehen, gab es in dem untersuchten Zeitraum von 1900 bis 2011 deutlich mehr Jahre mit positiven Aktienrisikoprämien. Allerdings ist zu beachten, dass es sich dabei um Daten für den US-Finanzmarkt handelt. Es stellt sich also die Frage der Repräsentativität, denn schliesslich spiegeln sich hierin auch Faktoren wie der Aufstieg der USA zur Weltwirtschaftsmacht.

Die realen Aktienrenditen in wichtigen Märkten
In Prozent

Periode	USA	Gross-britannien	Frank-reich	Deutsch-land	Japan	Welt	Welt ohne USA
Die sechs schlechtesten Perioden							
1914–18: Erster Weltkrieg	−18	−36	−50	−66	66	−21	−23
1929–31: Wall-Street-Crash	−60	−31	−44	−59	11	−53	−46
1939–48: Zweiter Weltkrieg und Zeit danach	24	34	−41	−88	−96	−19	−54
1973–74: Ölkrise	−52	−71	−40	−26	−49	−47	−37
2000–02: Internetcrash	−42	−40	−46	−58	−49	−44	−47
2008: Kredit- und Bankenkrise	−37	−32	−43	−43	−41	−40	−43
Die vier besten Perioden							
1919–28: Nachkriegszeit Erster Weltkrieg	372	234	171		18 30	208	101
1949–59: Nachkriegsphase Zweiter Weltkrieg	426	212	269	4094	1565	562	842
1980–89: 1980er-Jahre	184	319	297	272	431	255	325
1990–99: 1990er-Jahre/ Technologieboom	279	188	218	148	−42	114	41
Perioden mit den höchsten Renditen							
1-Jahres-Rendite	56	97	66	155	121	70	79
Periode	1933	1975	1954	1949	1952	1933	1933
5-Jahres-Rendite	233	176	270	652	576	175	268
Periode	1924–28	1921–25	1982–86	1949–53	1948–52	1951–55	1985–89
Perioden mit den niedrigsten Renditen							
1-Jahres-Rendite	−38	−57	−41	−91	−86	−40	−43
Periode	1931	1974	2008	1948	1946	2008	2008
5-Jahres-Rendite	−45	−63	−78	−93	−98	−51	−63
Periode	1916–20	1970–74	1943–47	1944–48	1943–47	1916–20	1943–47

Abbildung 52

Trotz der Entwicklung im vergangenen Jahrzehnt gehen Wissenschaftler nicht davon aus, dass sich Anleihen beständig besser entwickeln als Aktien. So bleibt zu hoffen, dass sich Geduld und ein langer Anlagehorizont für die Aktienanleger weiterhin auszahlen. Privatanleger sind hier gegenüber professionellen Investoren sogar im Vorteil. Letztere haben oftmals keine andere Wahl, als kurzfristig zu agieren und Aktien im Zweifelsfall zu verkaufen. Schliesslich müssen sie ihre Performance spätestens am Jahresende vor ihren Kunden rechtfertigen. Privatanleger können hingegen geduldiger agieren, sofern sie das in Aktien angelegte Geld nicht unbedingt brauchen. Da Aktien mit grossen Risiken behaftet sind, sollten die Anleger ohnehin dort kein Geld investieren, das sie in naher Zukunft benötigen könnten.

Ein weiterer wichtiger Aspekt für eine erfolgreiche Aktienanlage ist die Zahl der Transaktionen, die ein Investor tätigt. Wie wissenschaftliche Studien gezeigt haben, zahlt sich ein hektisches Handeln bei der Geldanlage nicht aus. Vielmehr kommt dann der alte Börsenspruch «Hin und her macht Taschen leer» zu neuer Geltung. Bei der Vermögensanlage entstehen Gebühren, die bei nervösem Agieren teuer zu Buche schlagen. Besonders spürbar werden diese bei kleineren Beträgen.

Kleinanleger sollten beim Aktienkauf auch berücksichtigen, dass die beliebten Praktiken des Market Timing und des Stock Picking gemäss wissenschaftlichen Untersuchungen für sie zumeist nicht funktionieren. Nachweislich schaffen es in liquiden Märkten die hoch bezahlten Fondsmanager nicht, langfristig eine bessere Performance zu erzielen als der Markt. Dieser wird in der Form eines Börsenindexes wie dem Euro-Stoxx-50, dem Deutschen Aktienindex oder dem Swiss-Market-Index abgebildet. Folglich dürfte auch kaum ein Privatanleger mit Stock Picking, also mit der gezielten Auswahl einzelner Aktien, langfristig einen Mehrwert erzielen.

Auch das Market Timing, das Ein- und Aussteigen in Wertpapiere zu selbst gewählten Zeitpunkten, bringt Privatanlegern in der Regel keine höhere Rendite. Dies zeigt die Studie *Mutual Fund Flows and Investor Returns: An Empirical Examination of Fund Investor Timing Ability* von Geoffrey Friesen und Travis Sapp. Die Wissenschaftler haben dafür im Zeitraum von 1991 bis 2004 untersucht, wie gut in Aktienfonds investierende Privatanleger sich mit dem Market Timing schlugen. Das Ergebnis war sehr ernüchternd. Die Anleger reduzierten durch ihr selbst gewähltes Ein- und Aussteigen in den Markt ihre jährliche Rendite um durchschnittlich 1,56 Prozentpunkte.

Hohe Dividendenrenditen als Lichtblick, aber nicht als Anleihenersatz

«Aktionäre sind dumm und frech. Dumm, weil sie ihr Geld andern Leuten
ohne ausreichende Kenntnisse anvertrauen. Frech, weil sie Dividenden fordern,
also für ihre Dummheit auch noch belohnt werden wollen.»

Carl Fürstenberg, deutscher Bankier

Tief, tiefer, unter null – die Renditen festverzinslicher Wertpapiere sind in den vergangenen Monaten immer weiter gesunken. Händeringend suchen die Investoren nach Alternativen. Aktien mit hohen Dividendenrenditen rücken dabei in ihr Blickfeld. Ein Ersatz für Obligationen sind sie allerdings nicht.

Dividenden sind der Teil des Gewinns, den Aktiengesellschaften an ihre Aktionäre ausschütten. Die Dividendenrendite ist dabei eine Kennzahl, die das Verhältnis des Aktienkurses zur Dividende aufzeigt. Diese erscheinen derzeit bei vielen Aktiengesellschaften besonders attraktiv. Da die manipulative Politik der Zentralbanken die Zinsen künstlich niedrig hält, sind die Dividendenrenditen in wichtigen Märkten derzeit deutlich höher als die Renditen zehnjähriger Staatsanleihen. In der Schweiz beispielsweise brachten zehnjährige Staatsanleihen im Juli 2012 nur 0,5 Prozent an Rendite, während das Aktienbarometer Swiss-Market-Index gemäss der SIX Swiss Exchange im Jahr 2011 auf eine Dividendenrendite von 3,4 Prozent kam. Vor allem Versorger, Telekommunikationsunternehmen, Versicherer, Tabakfirmen sowie Gesundheits- und Konsumgüterkonzerne zahlen oft hohe Dividenden.

Hinzu kommt, dass Dividenden historisch gesehen den wichtigsten Teil der Gesamtrendite von Aktien ausgemacht haben. Dies zeigt beispielsweise der 2003 im *Financial Analysts Journal* erschienene Artikel «Dividends and the three Dwarfs» von Robert Arnott. Der Autor bricht darin die im Zeitraum von 1802 bis 2002 erzielte jährliche Gesamtrendite auf US-Aktien von 7,9 Prozent in ihre Einzelteile auf. Dabei kommt er zu dem Ergebnis, dass fünf Prozentpunkte dieser Rendite durch Dividenden erzielt wurden, 1,4 Punkte durch Inflation, 0,8 Punkte durch reales Dividendenwachstum und 0,6 Punkte durch steigende Bewertungsniveaus.

Aus der Sicht von Analytikern der Bank Rothschild lassen sich aus Dividenden auch wichtige Hinweise über die Verfassung eines Unternehmens herauslesen. Ausserdem gelten Dividendenzahlungen als beständiger als das Gewinnwachstum. Sie schwanken im Allgemeinen auch weniger als die Kurse an den Aktienmärkten. Mitte 2012 sprechen auch die hohen Bargeldbestände der Unternehmen dafür, dass diese in nächster Zeit weiter hohe Dividenden zahlen werden.

Da bei den Investoren eine Art Anlagenotstand herrscht, preisen nicht wenige Produkteanbieter dividendenstarke Aktien mit beständigen Erträgen als Anleihenersatz an. Die Risiken der beiden Anlagen sind aber nicht vergleichbar. Wer in seinem Portfolio Anleihen durch dividendenstarke Aktien ersetzt, hat danach ein völlig anderes Risikoprofil. Auch in Zeiten der Schuldenkrise sind Aktien eben deutlich riskanter und schwankungsanfälliger als die meisten Obligationen. Anleger sollten also prüfen, ob ihre Risikofähigkeit und -bereitschaft für eine Erhöhung des Aktienanteils in ihrem Portfolio gross genug ist.

Historisch gesehen sind die Anleger mit erstklassigen Aktien, die nachhaltige Ausschüttungen getätigt haben, gut gefahren. Auch der Sachwertcharakter spricht für die Dividendenpapiere. Trotzdem sind in Zeiten, in denen die Wirtschaft stagniert, bei Aktien erhebliche Kursverluste nicht auszuschliessen. Solche könnten die durch die Dividendenzahlungen erzielten Erträge schnell schmelzen lassen.

Die extrem expansive Geldpolitik der Zentralbanken führt dazu, dass die Anleger zunehmend gezwungen sind, ihr Geld von Obligationen in risikoreichere Anlageklassen umzuschichten, um überhaupt noch Rendite zu erzielen. Bedenklich ist in diesem Zusammenhang, dass es sich bei der Anlage in dividendenstarken Aktien um eine Art Massenbewegung der Investoren handelt. Diese hat die Kurse vieler Titel bereits deutlich in die Höhe getrieben. Anzumerken ist auch, dass die Kennzahl der Dividendenrendite mit Vorsicht zu geniessen ist. Sie zeigt das Verhältnis des Aktienkurses zur Dividende auf. Folglich ist sie nicht stabil. Eine hohe Dividendenrendite kann schliesslich auch zustande kommen, weil der Aktienkurs eines Unternehmens zuvor stark gesunken ist. Dies würde auf eine schlechte Verfassung des Konzerns hindeuten.

Es gilt also zu prüfen, ob die Unternehmen die Dividenden langfristig zu zahlen bereit sind und ob sie dazu auch in der Lage sind. Viele Fondsgesellschaften und Vermögensverwalter raten Privatanlegern, bestimmte

Dividendenstrategien zu verfolgen beziehungsweise entsprechende Geldanlageprodukte zu kaufen. Dabei wählen Fondsmanager oder Vermögensverwalter die aus ihrer Sicht besten Aktien mit nachhaltigen Dividendenrenditen aus.

André Kistler, geschäftsführender Partner der Vermögensverwaltungsgesellschaft Albin Kistler, rät aufgrund der Schuldenkrise dazu, auf Unternehmen zu setzen, die auch in schwierigen Zeiten höhere Dividenden zahlen. Die Unternehmen sollten folglich in ihrem Bereich Marktführer sein, ja sogar eine überragende Position in ihrer Branche haben. Zusätzlich müsse finanzielle Substanz vorhanden sein. Es gelte hier einzuschätzen, ob die Unternehmen in härteren Zeiten nicht doch Verluste machen. Ein guter Indikator seien auch Datenreihen der vergangenen zehn Jahre, zumal es hier starke Konjunktur- und Börsenschwankungen gegeben hat.

Vertreter der Pensionskassenberatungsgesellschaft PPCmetrics raten Anlegern von Dividendenstrategien ab. Solche gehen oftmals zulasten der Diversifikation. Ausserdem fallen auch wieder Gebühren für die Experten an. Aufgrund der hohen Dividendenrenditen vieler Standardwerteindizes halten die Vertreter von PPCmetrics es für eine bessere Idee, direkt auf Indizes zu setzen. Für Privatanleger bieten sich hier also Indexfonds oder Exchange Traded Funds an.

Indexprodukte bevorzugt – Gebühren wiegen in der Krise doppelt schwer

Anlageexperten und Vermögensverwalter gehen für die kommenden Jahre von deutlich niedrigeren Renditen aus als in früheren Zeiten. Wie bereits erwähnt, erwarten manche Marktteilnehmer für die kommenden Jahre und Jahrzehnte jährliche Nominalrenditen von gerade einmal 2 Prozent bis 3 Prozent im Durchschnitt. Sollten sie recht behalten, sind das für die Investoren, aber auch für die Anbieter von Geldanlageprodukten sehr schlechte Aussichten. In einem Umfeld mit extremen Niedrigzinsen und gleichzeitig schwachen Aktienmärkten fressen die Gebühren vieler Produkte die erzielten Renditen auf, und für den Anleger bleibt netto nichts übrig. Addiert man noch Verwaltungskosten und Bankgebühren, die bei der Vermögensverwaltung fällig werden, droht der Kunde im Minus zu landen (vgl. hierzu Abbildung 53). Bei der Geldanlage ist es folglich sehr wichtig, auf die Gebühren zu achten. Während die Kosten in einem Umfeld mit höheren Renditen den Zinseszinseffekt schmälern, sollten Kunden in Krisenzeiten bestimmte Geldanlageprodukte vermeiden.

Entsprechend sind Investitionen in Anleihenfonds aufgrund der Gebührenstruktur für Privatanleger zurzeit nicht sinnvoll. Manche Vermögensverwaltungen kaufen Anleihen für ihre Kunden direkt und setzen dabei auf Unternehmensbonds. Allerdings fallen mit der Courtage und den Depotgebühren auch hier gewisse Kosten an, und schliesslich kommen noch die Steuern hinzu. So ist bei dieser Variante der oftmals mickrige Zins der Anleihe ebenfalls schnell aufgefressen. Anleger können sich behelfen, indem sie die Papiere bis zur Fälligkeit halten. Dann werden zumindest keine Verkaufsgebühren fällig.

Eine Alternative könnten auch strukturierte Produkte auf festverzinsliche Anlagen sein. Deren Auszahlungsprofile haben allerdings zumeist einen Haken und sind nicht transparent genug. Anleger sollten auch das Emittentenrisiko nicht vernachlässigen. Ein solches besteht allerdings auch bei Anleihen. Leider gab es Mitte 2012 im Bereich der kotierten Indexfonds nur Exchange Traded Funds auf Schweizer Staatsanleihen und keine auf Unternehmensobligationen. Mögliche, aber ebenfalls sehr renditearme Alternativen könnten allenfalls Spar- oder Tagesgeldkonten sein. Auch Wandelanleihen dürften aufgrund ihrer Zwitterposition zwischen Anleihen und Aktien infrage kommen.

Bei den Anlageprodukten für den Aktiensektor ist die Lage angesichts der potenziell möglichen höheren Renditen etwas weniger dramatisch als bei den Anleihen. Allerdings schlagen bei traditionellen Anlagefonds die saftigen Managementgebühren von oftmals 1,5 Prozent und mehr stark durch. Anleger sollten besser auf Indexfonds beziehungsweise Exchange Traded Funds setzen, da sie geringere Gebühren haben. Indexfonds beziehungsweise Exchange Traded Funds sind Anlageprodukte, die einen Börsenindex passiv abbilden. Der Anleger kauft dabei also die Performance des Indexes. Im Gegensatz zu traditionellen Investmentfonds, bei denen ein aktives Fondsmanagement betrieben wird, ist hier kein hoch bezahlter Fondsmanager am Werk. So zahlen die Anleger weniger Gebühren, was sich im Allgemeinen in deutlich höheren Nettorenditen niederschlägt. Vor allem auf lange Sicht ist dies unbedingt zu berücksichtigen, schliesslich spielt bei der Geldanlage der Zinseszinseffekt eine wichtige Rolle.

Noch weniger zu empfehlen als aktiv verwaltete Investmentfonds sind Anlageprodukte mit doppelten Gebührenstrukturen wie Dachfonds oder Dachhedgefonds. Diese sind einfach zu teuer, als dass in einem Umfeld wie diesem noch viel für den Anleger übrig bleibt. Auch Lebensversicherungen sind in einem solchen Niedrigzinsumfeld wenig attraktiv. Sie haben hohe Kosten und schränken die Flexibilität der Sparer stark ein.

Die möglichen Kostenfaktoren in der Vermögensverwaltung

Erste Ebene (Verwaltungskosten)

Kostenblock	Übliche Bandbreite	Verbreitung	Bemerkungen
Verwaltungsgebühr	0 % bis 1,5 % p. a. des verwalteten Vermögens	****	Hängt teilweise davon ab, wie hoch die zusätzlichen Einnahmen durch Retrozessionen und andere Rückvergütungen sind
Gewinnbeteiligung	5 % bis 20 % der erzielten Rendite beziehungsweise Mehrrendite	**	Bei externen Vermögensverwaltern mehr verbreitet als bei Banken
Einstiegsgebühr	0 % bis 5 % des zu investierenden Betrags	*	Muss vom Kunden beim Start der Vermögensverwaltung entrichtet werden. Vielfach verhandelbar

Zweite Ebene (Bankgebühren)

Kostenblock	Übliche Bandbreite	Verbreitung	Bemerkungen
Depotführungsgebühr	0,1 % bis 0,5 % p. a. des Depotvermögens	***	Die Höhe hängt auch davon ab, welche Zusatzdienstleistungen bereits inklusive sind (z. B. die Erstellung der Steuerbescheinigung)
Administrationsgebühr	0 % bis 0,2 % p. a. des Depotvermögens	*	Bei gewissen Banken zusätzlich zur Depotführungsgebühr. Teilweise werden die einzelnen Posten (Coupongutschriften, Portokosten usw.) auch einzeln belastet
Fremdwährungszuschlag	0,05 % bis 0,15 % auf den Titeln in fremder Währung	**	Vielfach erheben Banken einen Zuschlag auf der Depotführung für Titel, die im Ausland verwahrt werden. Teilweise auch bei Titeln in Fremdwährung

Abbildung 53 $\rightarrow$

Kostenblock	Übliche Bandbreite	Verbreitung	Bemerkungen
Konto-führungs-gebühr	0 CHF bis 100 CHF p. a. pro Konto	**	Im Zusammenhang mit einer Vermögensverwaltung oftmals kostenlos
Positions-gebühr	10 CHF bis 40 CHF pro Position im Depot	**	Einige Banken verrechnen zusätzlich zur Depotführungsgebühr eine Gebühr, die pro Position im Depot berechnet wird. Die Höhe variiert meist nach Anlagekategorie
Courtage	0,2 % bis 2 % des Handelsvolumens. Ticketgebühr üblicherweise 20 CHF bis 250 CHF	***	Abhängig von Volumen, Anlageklasse, Börsenplatz und Währung
Spread bei Devisen	0,01 % bis 2,5 % pro Währungswechsel	****	Für den Kunden nicht überprüfbar. Gebühr wird direkt mit dem Devisenkurs verrechnet

Dritte Ebene (Produktkosten)

Kostenblock	Übliche Bandbreite	Verbreitung	Bemerkungen
Spreads bei Wertpapieren	0,05 % bis 3 % des Handelsvolumens	****	Unterschied zwischen Kaufs- und Verkaufskurs. Stark vom Finanzinstrument und der jeweiligen Liquidität am Markt abhängig
Ausgabe-aufschlag	0 % bis 5 % des Kaufbetrages	**	Kommt beim Kauf von Fonds zur Anwendung. Auf eigenen Fonds geben Banken teilweise Rabatte bis 100 %
Verkaufs-kommission	0 % bis 3 % des Kaufbetrages	***	Bei gewissen Finanzprodukten wie z. B. strukturierten Produkten verbreitet. Wird direkt mit dem Einstandspreis beziehungsweise mit der Rendite verrechnet
Produktver-waltungs-gebühr	0,1 % bis 2,5 % des investierten Kapitals	****	Z. B. Verwaltungsgebühren bei Anlagefonds, Zertifikaten oder Hedgefonds. Zur reinen Verwaltungsgebühr kommen weitere Kosten wie beispielsweise Transaktionsgebühren hinzu

«****» bedeutet eine grosse Verbreitung. «*» heisst, dass der jeweilige Kostenblock nur selten vorkommt beziehungsweise separat ausgewiesen wird.

Quelle: Vermögenspartner

Abbildung 53 (Fortsetzung)

Sachwerte geben im Papiergeldboom Sicherheit

Auf der Suche nach Anlagemöglichkeiten waren in letzter Zeit Sachwerte sehr populär. Viele Investoren und Vermögensverwalter rechnen auf mittelfristige Sicht mit einem deutlichen Anziehen der Inflation, auch wenn die Konsumentenpreise derzeit eher sinken. Von den auch Realwerte genannten Anlagen versprechen sie sich einen Schutz vor Teuerung und eine gewisse Resistenz in der Krise. Ausserdem bieten viele von ihnen einen willkommenen Diversifikationseffekt.

Die Klassiker unter den Sachwerten sind Immobilien, Edelmetalle wie Gold und Silber sowie andere Rohstoffe wie Industriemetalle, Erdöl oder Agrarrohstoffe. Dem experimentierfreudigen Anleger eröffnen sich noch andere Möglichkeiten. Agrarland, Investitionen in Wald, Infrastrukturanlagen, Schiff- und Flugzeugbeteiligungen, Schmuck, Edelsteine, Uhren, erneuerbare Energien, Porzellan, edle Schreibgeräte, alte Bücher, Kunstgegenstände, Wein und Oldtimer gelten – ohne Anspruch auf Vollständigkeit – ebenfalls als Sachwerte.

Dies sieht nach einer riesigen Auswahl aus. In der Praxis gestaltet sich die Umsetzung bei Sachwertinvestitionen allerdings oft schwierig. Das grösste Problem bei der Geldanlage in solch ausgefallenen Bereichen ist die oft mangelnde Liquidität. Ausserdem sind die Transaktionskosten sehr hoch. Diese Nachteile gelten für die meisten exotischen Anlagen, beispielsweise für Kunstgegenstände und für Investitionen in Wald oder Agrarland. Schiffs- oder Flugzeugbeteiligungen haben zumeist den Nachteil sehr langer Rückgabefristen, und die Entwicklung erneuerbarer Energien hängt stark von staatlichen Subventionen ab.

Viele Vermögensverwalter sehen bei der Anlage in exotischere Sachwerte Schwierigkeiten. Bei Investitionen in Wald stellt sich beispielsweise die Frage, wie der Anleger diesen bewirtschaften soll. Die Anlagen in Wein lohnen sich allenfalls für Kenner, und es kommen wohl nur wenige Spitzensorten infrage. Bei den Infrastrukturfonds ist davon auszugehen, dass in den für Privatanleger vorgesehenen Publikumsfonds eher die schlechteren Objekte landen.

Die Deutsche Bank weist in einer Studie darauf hin, dass die Anlagen in Sachwerte ausserdem oft erheblichen Schwankungen unterliegen – ausgelöst beispielsweise durch unerwartete Wetterentwicklungen oder geopolitische Schocks. Mit manchen Investitionen gehen die Anleger auch unternehmerische Risiken ein, so beispielsweise bei Schiffs- oder Flugzeugbeteiligungen. Zudem ist bei einem direkten Engagement in Sachwerte oft ein sehr langer Anlagehorizont nötig.

Laut Christof Reichmuth, Chef der Bank Reichmuth, sollten Privatanleger nur direkt in ausgefallene Sachwertebereiche investieren, wenn sie Freude an solchen Anlagen haben. Bei vielen handelt es sich also um Investitionen für Liebhaber. Aus Reichmuths Sicht gilt dies beispielsweise für Kunstgegenstände, Uhren, Schmuck oder Edelsteine. In jedem Fall sollten die Anleger sehr gut über die jeweiligen Märkte informiert sein, wenn sie auf diesem erfolgreich sein wollen. Viele Vermögensverwalter raten Privatinvestoren mit einem Portfolio von weniger als 1 Million Franken von ausgefalleneren Sachwerten ab.

Neben Direktanlagen kann man auch mit Fonds und Derivaten in exotische Sachwerte investieren. Die Anbieter verlangen bei solchen Produkten oft hohe Gebühren, und die Transparenz lässt nicht selten zu wünschen übrig. Wissenschaftler der Steinbeis-Hochschule Berlin kamen 2010 in einer Studie zu dem Schluss, dass sich Derivate nicht eignen, um eine Sachwerteallokation für das Portfolio zu konstruieren. Schliesslich besteht bei solchen Produkten zumeist ein Emittenten- beziehungsweise Ausfallrisiko, da eine Bank hinter dem Produkt steht. Letztlich dürften also die traditionellen Sachwerte wie Immobilien, Edelmetalle und andere Rohstoffe für Privatanleger am besten geeignet sein.

Beim Prüfen einer Anlage in Immobilien gilt es zunächst zu berücksichtigen, ob der Anleger bereits eine Liegenschaft besitzt. Eine solche ist im Portfolio der meisten Privatinvestoren ein sogenanntes Klumpenrisiko, und weitere Investitionen in Liegenschaften sind dann oft nicht sinnvoll. Eine weitere Möglichkeit sind indirekte Immobilienanlagen wie Immobilienfonds. Diese haben in den vergangenen Jahren einen Boom erlebt, und für die Mehrheit der an der Börse kotierten Schweizer Immobilienfonds zahlen die Anleger beim Kauf hohe Aufpreise, sogenannte Agios. In Deutschland leidet das Segment der offenen Immobilienfonds unter grossen Schwierigkeiten.

Bessere Anlagechancen bieten sich aus der Sicht mancher Vermögensverwalter bei Immobilienaktien. Bei diesen ist allerdings zu befürchten, dass sie das Kapital im Falle einer höheren Inflation nicht allzu stark schützen. Gerade bei höheren Inflationsraten reichen die Renditen vieler Aktien nicht aus, die Teuerung auszugleichen. Wie wissenschaftliche Studien gezeigt haben, korrelieren Immobilienaktien stark mit dem Aktien- und weniger stark mit dem Immobilienmarkt.

Im Rohstoffbereich, auch bei Edelmetallen, gibt es mittlerweile eine ziemlich grosse Auswahl an Exchange Traded Funds, die entweder die Preisentwicklung eines bestimmten Rohstoffs oder die eines Rohstoffindexes abbilden. Wie bereits erwähnt, haben diese kotierten Fonds meist deutlich niedrigere Gebühren als traditionelle Anlagefonds. Manche der Produkte sichern auch das Währungsrisiko ab. Dies kann sinnvoll sein. Schliesslich werden die Preise der meisten Rohstoffe in Dollars festgelegt, was für die Anleger aus dem Euro- oder Frankenraum durch die Währungsschwankungen Chancen und Risiken bietet.

Die Investoren sollten sich überdies der Tatsache bewusst sein, dass auch Aktien Sachwerte sind. Schliesslich erhalten die Anleger mit den Dividendenpapieren einen Anteil an einem Unternehmen. Ihnen gehört folglich

Anlageformen und Assetklassen

	Obligationen	Währungen	Aktien	Sachwerte
Direktanlage	Staatsanleihen Unternehmens- anleihen Hochzinsanleihen Pfandbriefe ...	Fremdwährungs- konten ...	Einzelaktien ...	Immobilien Agrar/Forst Infrastruktur Rohstoffe Erneuerbare Energien ...
Fonds- konstruktionen	Offene Obligationen- fonds Obligationen- indexfonds und ETF Spezialfonds ...	Währungsfonds ...	Offene Aktienfonds Aktienspezialfonds Indexfonds und ETF Dachfonds ...	Private-Equity-Fonds Offene Fonds Spezialfonds ...
Derivate	Bund-Future Asset Backed Securities (ABS, MBS, CDO) Zinsoptionen Zinsswaps ...	Währungsswaps Futures Optionen ...	Aktienfutures Aktienoptionen Knock-out-Produkte Equity-Swaps ...	Rohstoff-Futures Immobilienderivate Baltic-Dry-Index ...

Nominalwert[1]　Überwiegend Nominalwert　Sachwert　Überwiegend Sachwert

[1] Der Nominalwert stellt einen Geldwert dar, der jedoch von der Wertentwicklung der jeweiligen Währung bzw. des Zahlungsmittels abhängig ist.

Abbildung 54　　　　　　　　　　　Quelle: Steinbeis-Hochschule Berlin

auch ein Teil der Büros, Maschinen und Anlagen der jeweiligen Gesellschaft, bei der sie als Aktionär einsteigen. Vermögensverwalter empfehlen in Zeiten höherer Teuerung vor allem Aktien von Unternehmen, die in einem solchen Umfeld fähig sind, die Preise entsprechend zu erhöhen. Ein weiteres Kriterium sind hohe, nachhaltige Dividendenrenditen.

Sachwerte sind den Anlegern vor allem dann zu empfehlen, wenn sich diese auf eine Zeit mit einer höheren Inflation vorbereiten wollen. Blind zu kaufen, wäre allerdings ein grosser Fehler. Schliesslich sind die Preise in vielen Immobilien- und Rohstoffmärkten bereits sehr hoch.

Ist die selbst genutzte Immobilie ein sicherer Hafen?

Im selbst genutzten Eigenheim fühlen sich viele Bürger vor den Stürmen an den Finanzmärkten sicher. Immobilien schützen vor einem möglichen Anziehen der Inflation, und als Sachwerte sind sie in einer Zeit, in der das Vertrauen in die Papierwährungen sinkt, sehr attraktiv. Ausserdem kann der Besitzer Miete sparen, und mit einer Festhypothek lassen sich die Wohnkosten für längere Zeit planen.

Grundsätzlich sollte man beim Kauf von Wohneigentum einiges beachten. Zunächst einmal ist die Lage der Immobilie sehr wichtig. Sie sollte in einer Gegend mit guter Reputation oder Entwicklungspotenzial liegen und mit öffentlichen Verkehrsmitteln gut erreichbar sein. Wichtig sind auch die Einkaufsmöglichkeiten. Ausserdem sollten die Käufer prüfen, ob sich die Liegenschaft später zu einem ähnlich hohen Preis verkaufen lässt. Bei Bieterwettbewerben ist eher Zurückhaltung geboten, da die Preise oftmals mit Tricks in die Höhe getrieben werden. Einschätzungen des Werts einer Immobilie sind zunächst einmal auf Internetplattformen möglich. Wenn es dann wirklich ernst wird, kann es sich durchaus lohnen, einen professionellen Liegenschaftsschätzer in Anspruch zu nehmen.

Eine solide Finanzierung ist der nächste Schritt. Die Belastung muss für den Käufer auch dann tragbar sein, wenn das Einkommen mit der Pensionierung sinkt oder wenn die Zinsen steigen. Soll die Immobilie als Altersvorsorge dienen, muss ausserdem genug Geld vorhanden sein oder verdient werden können, um die Immobilie altersgerecht umzurüsten. Zu berücksichtigen ist bei einem Liegenschaftskauf immer auch, dass die meisten Bürger damit ein sogenanntes Klumpenrisiko eingehen, weil sie grosse Teile ihres Vermögens dort investieren. Zu einer guten Planung des Vorhabens ist also dringend geraten.

Ist die Liegenschaft nicht für den Eigengebrauch gedacht, sondern zur Vermietung, gilt dasselbe. Hier sollten potenzielle Immobilienkäufer kalkulieren, ob sich mit der erzielbaren Miete eine ansprechende Rendite auf das eingesetzte Eigenkapital erzielen lässt. Marktbeobachter nennen als Richtwert eine Rendite von 4 Prozent bis 6 Prozent. Den Käufern sollte auch bewusst sein, dass sie das Risiko eingehen, die Liegenschaft könnte später leer stehen oder der Mieter könnte später vielleicht nicht zahlen. Wer sich damit nicht herumärgern will, kann eine Liegenschaftsverwaltung einsetzen. Diese kostet allerdings wieder Geld.

Nach dem jahrelangen Boom treffen willige Käufer am Schweizer Immobilienmarkt indessen auf die nächsten Schwierigkeiten. Finanzplaner und Immobilienexperten raten ihnen zumindest angesichts der stark gesunkenen Renditen zur Vorsicht.

Mitte 2012 halten viele von ihnen den Schweizer Liegenschaftsmarkt für überhitzt. Dies würde bedeuten, dass die derzeit bezahlten Preise sich kurz- und mittelfristig nicht als nachhaltig erweisen dürften. Unter rein finanziellen Überlegungen gelten die erreichbaren Renditen als nicht mehr attraktiv. Nicht nur in Agglomerationen wie Zürich oder Genf, sondern auch in Städten wie St. Gallen würden historisch hohe Preise für Immobilien bezahlt, heisst es am Markt. Bei steigenden Zinsen wären so Verluste im Schweizer Immobilienmarkt programmiert. «Die Party ist vorbei», heisst es mit Verweis auf die in den vergangenen Jahren stark gestiegenen Preise für Renditeobjekte. Liegenschaften als Anlageobjekte gelten unter solchen Umständen als riskante Sache.

In diesem Zusammenhang ist vor allem vor waghalsigen Finanzierungen zu warnen. Die hohe Verschuldung der Schweizer mit Hypothekenkrediten könnte ein erhebliches gesamtwirtschaftliches Problem werden, wenn die Zinsen steigen. Viele Liegenschaftskäufer sind also gut beraten, die Risiken herunterzufahren und die Hypothekarschuld mittelfristig abzubauen. Auch beim Vorbezug von Pensionskassenkapital ist Vorsicht geboten. Eine Alternative zum Direkterwerb könnten Schweizer Immobilienfonds sein. Doch bei diesen an der Börse kotierten Fonds sind die dort bezahlten Aufgelder, die Agios, stark gestiegen. Dies erhöht das Verlustrisiko für die Anleger.

Im deutschen Immobilienmarkt sieht die Lage noch deutlich besser aus. Viele Beobachter halten ihn derzeit von den Preisen her für deutlich attraktiver als den schweizerischen. Die Grossbank Credit Suisse beispielsweise schrieb Mitte Juni 2012 in einer Studie, der deutsche Liegenschaftsmarkt dürfte von den soliden wirtschaftlichen Bedingungen des Landes profitieren. Auch sei die Geldpolitik der Europäischen Zentralbank für Deutschland tendenziell zu locker, und der Status des Landes als sicherer Hafen könne Käufer anlocken. In wirtschaftlich starken Zentren wie München, Hamburg oder Stuttgart hat der Boom aus der Sicht der Credit-Suisse-Analytiker längst eingesetzt und sich in den mittelgrossen Städten in Westdeutschland ausgebreitet. Die Bank sieht die deutschen Eigenheimpreise historisch betrachtet auf einem «sehr erschwinglichen Niveau».

Sowohl in der Schweiz als auch in Deutschland sollten Privatpersonen aber sehr vorsichtig sein, wenn sie Immobilien in Gegenden kaufen, die sie wenig kennen. Bei solchen Direktkäufen drohen Fehleinschätzungen sowie negative Überraschungen, und Auswärtige wissen zu wenig Bescheid. Zudem kennen sie im Ausland die Mietgesetze oft nicht ausreichend. Finanzexperten raten dazu, für solche fremden Orte Fachleute zu engagieren.

Für den deutschen Markt gelten auch ausgewählte geschlossene Immobilienfonds als Anlagemöglichkeit. Viele Banken sind derzeit dazu gezwungen, ihr Eigenkapital zu erhöhen, und bauen deshalb ihren Immobilienbestand ab. Beobachter sehen hier interessante Investitionsmöglichkeiten. Allerdings gilt es, den Fondsanbieter hinsichtlich der Transparenz und der Leistungen genau zu überprüfen. Bei den geschlossenen Fonds hat es in Deutschland auch schon einige Skandale gegeben.

Norbert Walter, ehemaliger Chefvolkswirt der Deutschen Bank, meldete indessen demografisch bedingte Zweifel daran an, dass sich die Immobilienpreise in vielen europäischen Ländern in den kommenden Jahren gut entwickeln. Die ungünstigen Renditeperspektiven hätten damit zu tun, dass die Bevölkerung schrumpfen und altern werde. Besonders ausgeprägt werde dies in Ländern sein, wo diese Entwicklung bald und mit Vehemenz eintrete, also unter anderem in Mittel- und Osteuropa. Auch im deutschen Immobilienmarkt seien Korrekturen möglich.

Hohe Schulden sind ein Spiel mit dem Feuer

Die Zinsen sind historisch tief, die Zentralbanken drucken Milliarden und Abermilliarden an Geld, und viele Ökonomen erwarten mittelfristig deutlich höhere Inflationsraten. «Ist das nicht die optimale Zeit, um sich zu verschulden?», fragen sich da viele Anleger. Schliesslich könnten deutlich höhere Teuerungsraten in der Zukunft die Schulden ja praktisch verschwinden lassen – und entsprechend dürfte eine höhere Verschuldung einer Inflation sogar vorbeugen. In der Theorie hört sich das gut an, und es ist auch nicht ausgeschlossen, dass eine solche Strategie im Einzelfall funktioniert. Beispiele dafür wären ein sehr hoher Fremdkapitalanteil beim Kauf einer Immobilie oder gar der Erwerb von Aktien mit «gepumptem» Geld. Trotzdem hat eine solche Geldanlage sehr hohe Risiken. Genau genommen ist sie sogar ein regelrechtes Vabanquespiel.

Schliesslich ist es keineswegs klar, dass die Inflation auf absehbare Zeit steigt. Derzeit fallen die Konsumentenpreise tendenziell sogar. Die Entwicklung geht also in die andere Richtung und ist eher deflationär. In solchen Zeiten «verschwinden» die Schulden nicht nur nicht, ihr Wert steigt sogar. Hält diese Entwicklung an oder entwickelt sich gar eine wirkliche Deflation, so wiegt die Schuldenlast auf den Schultern der Anleger immer schwerer. Ausserdem sinken in einer Deflation auch die Immobilienpreise. In Japan, das nach dem Platzen einer Immobilienblase Anfang der 1990er-Jahre in die Deflation rutschte, haben Liegenschaften einen sehr grossen Teil ihres Werts verloren. Ist dies der Fall, kann es im Extremfall dazu kommen, dass der Wert der für den Kauf einer Liegenschaft aufgenommenen Schulden sogar denjenigen der Immobilie übersteigt – und das eingebrachte Eigenkapital des Liegenschaftskäufers ist ohnehin weg. Ein weiteres Problem ist, dass sich Immobilien in solchen Zeiten deutlich schwerer verkaufen lassen.

Sollte eine solche Verschuldungsstrategie tatsächlich einmal funktionieren und sollten die Anleger von der Inflation profitieren, so ist zu befürchten, dass der Staat anschliessend reagieren und die Profiteure der Inflation nachträglich zur Kasse bitten würde. Passiert ist dies beispielsweise in Deutschland nach dem Ende der Hyperinflation im Jahr 1924, als Immobilienbesitzer im Nachgang steuerlich stark belastet wurden. Dasselbe passierte nach dem Zweiten Weltkrieg unter dem Stichwort Lastenausgleich.

Selbst wenn man davon ausgeht, dass es auf absehbare Zeit zu höheren Inflationsraten kommt, so lässt sich der Zeitpunkt doch keineswegs vorhersagen. Dies macht eine Schuldenstrategie wie die oben genannte heikel. Investoren brauchen gerade in der Not ihren wichtigsten Freund bei der Geldanlage – und der heisst Zeit. In schwierigen Perioden ist an den Finanzmärkten davon auszugehen, dass Banken auch nicht gut dastehen und deshalb von ihren Kunden mehr Sicherheiten verlangen, um selber zu überleben. Hoch verschuldeten Anlegern droht dann im schlimmsten Fall der Schuldenkollaps.

Frühwarnsystem für die Anleger

Wo und wie man die wichtigsten Daten zur Messung von Realzins, Inflation, Stagflation und Deflation am besten verfolgen kann

Wer mitverfolgen will, wie sich die realen Zinsen entwickeln und wie sich der grosse Kampf zwischen Deflation und Inflation fortsetzt, muss lediglich ein paar Kerndaten im Auge behalten. Diese findet man in guten Tageszeitungen, im Internet oder bei den Herausgebern der entsprechenden Informationen (vgl. hierzu die Links weiter unten). Eine sehr gute Übersicht über die Entwicklung der Realzinsen und des Bruttoinlandsprodukts findet sich jeweils donnerstags auf der Kursseite «Börse & Konjunktur» in der Rubrik «Wirtschaftsdaten» im Equity-Bund der *Neuen Zürcher Zeitung* (vgl. hierzu Abbildung 55). Aktualisierungen der entsprechenden Daten finden Sie auch im Internet-Blog von Michael Rasch unter www.michaelrasch.de.

Die realen Zinsen ergeben sich nach der herkömmlichen Berechnung jeweils aus der Rendite der zehnjährigen Staatsanleihen des betreffenden Landes minus der jeweils monatlich erhobenen, aber auf das Gesamtjahr hochgerechneten Inflationsrate. Als Indikator für die Inflation, die auch Teuerung genannt wird, verwendet man die Konsumentenpreise. In jedem Land wird regelmässig ein sogenannter Konsumentenpreisindex («consumer price index», CPI) berechnet und veröffentlicht, der auf einem bestimmten Warenkorb beruht. Ende Juli 2012 lag die Rendite zehnjähriger deutscher Staatsanleihen beispielsweise bei 1,2 Prozent, und der Anstieg der Konsumentenpreise betrug 1,7 Prozent. Daraus ergab sich zu diesem Zeitpunkt eine negative Realrendite von 0,5 Prozent (1,2 % – 1,7 % = – 0,5 %). Bei negativen Realrenditen nimmt die Kaufkraft des Geldes (oft kaum merklich) ab. Bei positiven Realrenditen ist es genau umgekehrt, die Kaufkraft nimmt zu.

Das Wirtschaftswachstum wird am Bruttoinlandsprodukt gemessen. Sinkt das Bruttoinlandsprodukt in zwei oder mehr aufeinanderfolgenden Kalenderquartalen, spricht man von einer Rezession. Auf die Frage, ab wann eine Wirtschaft boomt, gibt es keine fixe Antwort. Dies hängt unter anderem mit den unterschiedlichen Gegebenheiten in einer Volkswirtschaft sowie mit dem berechneten Potenzialwachstum in einem Land zusammen. In Bezug auf Deutschland und die Schweiz kann man von einem Boom sprechen, wenn die Wirtschaft mit einer Jahresrate von über 2 Prozent bis über 2,5 Prozent wächst. In den USA würde man bei diesen Zahlen noch nicht von einer Hochkonjunktur reden. Dort liegt die Schwelle eher bei mehr als 3 Prozent bis 4 Prozent. In den wegen des grossen Nachholbedarfs schnell wachsenden Schwellenländern, wie beispielsweise in China, kann eine Wachstumsrate von 6 Prozent dagegen schon einem Einbruch der Konjunktur gleichen. Im Reich der Mitte wuchs die Wirtschaft in den vergangenen Jahren in der Spitze um rund 12 Prozent. Von Stagflation spricht man, wenn die Konjunktur stagniert oder sogar leicht schrumpft, die Inflation jedoch hoch ist. Bei einem Wachstum von unter 1 Prozent und einer Teuerung von über 3,5 Prozent bis über 4 Prozent kann man durchaus langsam von einer Stagflation reden. Feste, weithin anerkannte Richtwerte dafür gibt es allerdings nicht.

Das Bruttoinlandsprodukt ist eine eher träge Konjunkturzahl, da sie nur einmal im Quartal veröffentlicht wird und somit eine Rückschau bietet. Wer die Entwicklung der Wirtschaft enger verfolgen möchte, kann sich die meist monatlich veröffentlichten Frühindikatoren für eine Wirtschaft ansehen. Für Deutschland sind das beispielsweise der Ifo-Index und der ZEW-Index, in der Schweiz ist es das Barometer der Konjunkturforschungsstelle der ETH Zürich (KOF-Konjunkturbarometer), und in Österreich der OeNB-Konjunkturindikator der Oesterreichischen Nationalbank. In den USA sind die wichtigsten Frühindikatoren der von Kingsbury International erhobene Chicagoer Einkaufsmanagerindex und der Frühindikator des Conference Board sowie die beiden ISM-Indizes des Institute for Supply Management (ISM) für das verarbeitende beziehungsweise nicht verarbeitende Gewerbe in den Vereinigten Staaten.

Bruttoinlandsprodukt und Wirtschaftswachstum

Die Zahlen des Wirtschaftswachstums werden in jedem Land einmal pro Quartal veröffentlicht. Für die Analyse ist vor allem die Jahresrate entscheidend und nicht so sehr die Veränderung gegenüber dem Vorquartal. Sie finden die Daten im Internet auf der Homepage der entsprechenden Behörden oder Organisationen:

Deutschland – Statistisches Bundesamt
Startseite: https://www.destatis.de/DE/Startseite.html
Konjunkturindikatoren: https://www.destatis.de/DE/ZahlenFakten/
    Indikatoren/Konjunkturindikatoren/Konjunkturindikatoren.html

Schweiz – Staatssekretariat für Wirtschaft (Seco)
Startseite: http://www.seco.admin.ch/
Bruttoinlandsprodukt Quartalsschätzungen:
http://www.seco.admin.ch/themen/00374/00456/index.html?lang=de

Österreich – Österreichisches Institut für Wirtschaftsforschung (Wifo)
Startseite: http://www.wifo.ac.at/wwa/jsp/index.jsp
Wirtschaftsdaten: http://www.wifo.ac.at/wwa/jsp/index.jsp?&fid=26950

USA – Amt für Wirtschaftsforschung
(BEA – Bureau of Economic Analysis)
Startseite: http://www.bea.gov/
Die US-Wirtschaft auf einen Blick: http://www.bea.gov/newsreleases/
    glance.htm

Konsumenten- und Verbraucherpreise

Die Konsumentenpreise werden in jedem Land in der Regel einmal pro Monat veröffentlicht. Um diesen Massstab für die herrschende Inflation (Teuerung) analysieren zu können, ist die Jahresrate entscheidend und weniger die Veränderung von Monat zu Monat. In manchen Ländern werden auch die Konsumentenpreise unter Ausklammerung der Energie- und Lebensmittelpreise veröffentlicht, weil die Preise in diesen beiden Sektoren oft stark schwanken. Das ist die sogenannte Kerninflation. Die Ausklammerung kann für gewisse ökonomische Analysen, etwa jene der Notenbanken, hilfreich sein. Für die Bürger sind jedoch die Konsumentenpreise inklusive aller Bestandteile entscheidend, da diese das reale Leben am besten abbilden. Sie finden die Daten im Internet auf den Homepages der entsprechenden Behörden und Organisationen:

Deutschland – Statistisches Bundesamt
Startseite: https://www.destatis.de/DE/Startseite.html
Verbraucherpreise: https://www.destatis.de/DE/PresseService/Presse/
Pressemitteilungen/2012/01/PD12_011_611.html;jsessionid=7A5FF
117493A15270C192CCE1C6D3B78.cae1

Schweiz – Bundesamt für Statistik (BfS)
Startseite: http://www.bfs.admin.ch/
Landesindex der Konsumentenpreise: http://www.bfs.admin.ch/bfs/portal/
de/index/themen/05/02.html

Österreich – Statistik Austria
Startseite: http://www.statistik.at/
Preise: http://www.statistik.at/web_de/statistiken/preise/index.html

USA – Amt für Arbeitsstatistik (BLS – Bureau of Labor Statistics)
Startseite: http://www.bls.gov/
Konsumentenpreisindex: http://www.bls.gov/cpi/

Rendite zehnjähriger Staatsanleihen (Government Bonds)
Die Rendite zehnjähriger Staatsanleihen wird an den Börsen im täglichen Handel fortlaufend ermittelt. Am Ende des Tages gibt es, wie bei den Aktienindizes, einen Schlussstand.

Die Daten für verschiedene Länder findet man am übersichtlichsten auf der Homepage der *Neuen Zürcher Zeitung* (vgl. hierzu den Link unten). Auch Finanzmedien wie *Bloomberg*, die *Financial Times* und *The Wall Street Journal* sowie Finanzwebsites im Internet zeigen in der Regel eine Auswahl an Renditen für unterschiedliche Staatsanleihen.
http://www.nzz.ch/finanzen/obligationen/
http://www.bloomberg.com/markets/rates-bonds/government-bonds/us/
http://online.wsj.com/mdc/public/page/mdc_bonds.html?mod=mdc_
topnav_2_3002_europe
http://markets.ft.com/research/Markets/Bonds

Wirtschaftsdaten im Kursteil der *Neuen Zürcher Zeitung*

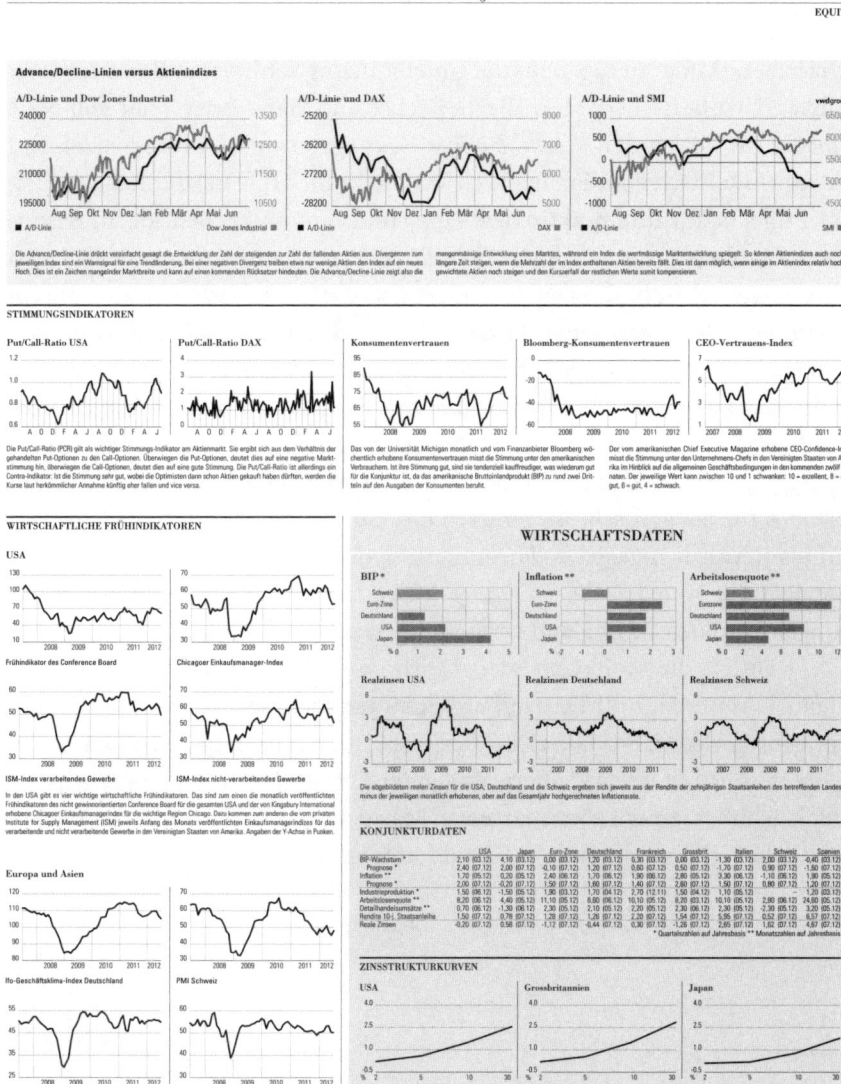

Abbildung 55

287

Dank

Wir haben Danke zu sagen für die Unterstützung zahlreicher Personen. Wir danken Ursula Hedwig Merz, Beate Becker und Hans-Peter Thür von NZZ Libro, dem Verlag der *Neuen Zürcher Zeitung*, sowie Matthias Setzler und Georg Hodolitsch vom FinanzBuch Verlag für die Hilfe bei der Realisierung des Projekts, für ihre praktischen Tipps und ihre nützlichen Ideen. Besonderer Dank geht an Rebekka Schibli, die aus dem unterschiedlichsten Datenmaterial Abbildungen gezaubert hat, die dem Buch erst zu wahrem Glanz verhelfen. Dr. Peter Fischer, Leiter der Wirtschaftsredaktion der *Neuen Zürcher Zeitung*, gebührt ein grosses Dankeschön für die Unterstützung des Buchs und die Gewährung von Freiräumen bei der Umsetzung. Dank gebührt zudem Dr. Christoph Eisenring, Wirtschaftskorrespondent in Washington und eines der geldpolitischen Gewissen der *Neuen Zürcher Zeitung*, für das kritische Gegenlesen des monetären Teils und die Hinweise auf manch allzu zugespitzte Formulierung. Auch Dr. Peter Rasonyi, Korrespondent der *Neuen Zürcher Zeitung* in London, hat sich mit seinen Anmerkungen zur Bank of England verdient gemacht.

Durch die wohlwollenden Worte von Prof. Norbert Walter, Prof. Manuel Ammann und Dr. Gerhard Schwarz zu unserem Werk fühlen wir uns sehr geehrt. Und dass sich Marc Faber bereit erklärte, ein Vorwort zu schreiben, erfüllt uns mit überwältigender Freude. Michael Ferbers grösster Dank gebührt seiner Lebenspartnerin Maya, die das Verfassen dieses Buches sehr liebevoll und mit grosser Geduld unterstützt hat.

Anmerkungen

Folgende Artikel aus der *Neuen Zürcher Zeitung* wurden in den folgenden Kapiteln verwendet, übernommen oder verarbeitet. Kleinere Passagen dieser Texte können auch in anderen Kapiteln vorkommen:

Prolog – Die Retter der Welt sind zum Risiko geworden

Michael Rasch: «Die Retter der Welt werden zum Risiko», in: *Neue Zürcher Zeitung*, 2. November 2010.

Einleitung – Die grossen Auseinandersetzungen unserer Zeit

Michael Rasch: «Ein Hoch auf die Spekulanten», in: *Neue Zürcher Zeitung*, 16. März 2010.

Michael Rasch: «Im Zweifel für die Freiheit der Finanzmärkte», in: *Neue Zürcher Zeitung*, 12. Juni 2010.

TEIL 1

Der Machbarkeitsglaube der Notenbanken – das Streben nach rezessionsfreiem Wachstum

Michael Rasch: «Wie der Wahnsinn seinen Anfang nahm», in: *Neue Zürcher Zeitung*, 3. August 2011.

Michael Rasch: «Aktienmarkt und Konjunktur sind untrennbare Zwillinge», in: *Neue Zürcher Zeitung*, 10. Mai 2012.

Die Geister, die sie riefen – das Geschehen in der Finanzkrise

Michael Rasch: «Ohne Deutschland wäre der Euro erledigt», in: *Neue Zürcher Zeitung*, 25. August 2010.

Michael Rasch: «Der Euro zwingt Politiker zu soliderer Wirtschaftspolitik», in: *Neue Zürcher Zeitung*, 28. Januar 2012.

Michael Rasch: «Wie eitle Notenbanker die Welt in den Ruin führten», in: *Neue Zürcher Zeitung*, 9. Februar 2012.

Michael Rasch: «Rezept für eine Dauerdepression in der europäischen Peripherie», in: *Neue Zürcher Zeitung*, 9. Februar 2012.

Michael Rasch: «Teile des US-Immobilienmarkts liegen weiter in Trümmern», in: *Neue Zürcher Zeitung*, 8. März 2012.

Michael Rasch: «Börsianer hoffen auf die nächste Injektion der US-Notenbank», in *Neue Zürcher Zeitung*, 21. Juni 2012.

Die grosse Manipulation – die unerträglichen Preissignale der freien Märkte

Michael Rasch: «Die grosse Manipulation», in: *Neue Zürcher Zeitung*, 23. Februar 2012.

Michael Rasch: «US-Notenbank schaltet Rezessionsindikator aus», in: *Neue Zürcher Zeitung*, 23. Februar 2012.

Michael Rasch: «Ein ‹Free Lunch› für Anleger», in: *Neue Zürcher Zeitung*, 23. Februar 2012.

Michael Rasch: «Zerrbild Zinsstrukturkurve», in: *Neue Zürcher Zeitung*, 25. Mai 2012.

Die stille Enteignung – die Folgen der «ganz normalen» Geldentwertung

Michael Rasch: «Der Fluch der Fiat-Währungen?», in: *Neue Zürcher Zeitung*, 5. November 2010.

Michael Rasch: «Das Leiden der kleinen Leute», in: *Neue Zürcher Zeitung*, 18. Januar 2011.

Michael Rasch: «Gottvertrauen in Gold aus Angst vor den Regierungen», in: *Neue Zürcher Zeitung*, 29. Juli 2011.

Michael Rasch: «Privatisierung von Währungen zum Schutz vor Schuldenkrisen», in: *Neue Zürcher Zeitung*, 23. Februar 2012.

Der Verrat an den Sparern – die Folgen der staatlich orchestrierten Umverteilung

Michael Rasch: «Risiken und Nebenwirkungen der Niedrigzinspolitik», in: *Neue Zürcher Zeitung*, 11. Dezember 2010.

Michael Rasch: «Die heimliche Schädigung der Sparer», in: *Neue Zürcher Zeitung*, 7. Juni 2012.

Kein einfacher Ausweg – mögliche Lösungen für die Schuldenkrise

Michael Rasch: «Die Währungsunion muss den Vergleich nicht scheuen», in: *Neue Zürcher Zeitung*, 27. Oktober 2011.

Die unheilvolle Zukunft – die dauerhafte finanzielle Repression

Michael Rasch: «Finanzielle Repression bedroht Bürger in den USA und Europa», in: *Neue Zürcher Zeitung*, 19. Mai 2012.

Michael Rasch: «Die heimliche Schädigung der Sparer», in: *Neue Zürcher Zeitung*, 7. Juni 2012.

Epilog – die Schuldenkrise in der Eurozone

Michael Rasch: «Rating-Giganten – Ausgeburten staatlicher Regulierungswut», in: *Neue Zürcher Zeitung*, 23. Juli 2011.

Michael Rasch: «Der Euro zwingt Politiker zu soliderer Wirtschaftspolitik», in: *Neue Zürcher Zeitung*, 28. Januar 2012.

Michael Rasch: «Merkel – Gefangene der Märkte und des ‹Club Med›», in: *Neue Zürcher Zeitung*, 30. Juni 2012.

TEIL 2

Szenario 1: Deflation – das grosse Schrumpfen

Michael Ferber: «Banken und Staaten hängen an der Nadel», in: *Neue Zürcher Zeitung*, 16. Februar 2012.

Szenario 2: Höhere Inflation – drohende Verluste für Sparer

Michael Ferber: «Banken und Staaten hängen an der Nadel», in: *Neue Zürcher Zeitung*, 16. Februar 2012.

Michael Ferber: «Gefahren des Systems mit ungedecktem Papiergeld», in: *Neue Zürcher Zeitung*, 25. Mai 2012.

Michael Ferber: «Pensionskassen zehren von der Substanz», in: *Neue Zürcher Zeitung*, 23. Mai 2012.

Michael Ferber: «Teuerungsschutz mit Tücken», in: *Neue Zürcher Zeitung*, 24. Mai 2012.

Szenario 3: Stagflation – wenig Wachstum, deutliche Geldentwertung

Michael Ferber: «Grossbritannien und das Stagflationsgespenst», in: *Neue Zürcher Zeitung*, 26. April 2012.

Geldanlage in der Krise und darüber hinaus

Achtung, manipulierte Märkte! Der Kaufkrafterhalt als Herausforderung

Michael Ferber: «Die verflixten Niedrigzinsen», in: *Neue Zürcher Zeitung*, 5. Juli 2012.

Michael Ferber: «Der Blick über die Grenze», in: *Neue Zürcher Zeitung*, 12. Juli 2012.

Michael Ferber: «Standpunkt Norbert Walter: ‹Aus der Gold-Hausse ist die Luft raus›», in: *Neue Zürcher Zeitung*, 7. Juni 2012.

Eine breite Diversifikation des Geldes ist weiterhin sinnvoll

Michael Ferber: «‹Es gibt zurzeit keine attraktive Anlageklasse›», in: *Neue Zürcher Zeitung*, 29. Juli 2012.

Michael Ferber: «Wachsende Skepsis gegenüber Staatsanleihen», in: *Neue Zürcher Zeitung*, 3. Juli 2012.

Langfristig dürfte es eine Aktienrisikoprämie geben –aber wie lange ist langfristig?

Michael Ferber: «Sorge über dürre Aktienrisikoprämien», in: *Neue Zürcher Zeitung*, 10. Mai 2012.

Hohe Dividenden als Lichtblick, aber nicht als Anleihenersatz

Michael Ferber: «Dividenden sind kein Ersatz für Bondcoupons», in: *Neue Zürcher Zeitung*, 12. Juli 2012.

Indexprodukte bevorzugt – Gebühren wiegen in der Krise doppelt schwer

Michael Ferber: «Die verflixten Niedrigzinsen», in: *Neue Zürcher Zeitung*, 5. Juli 2012.

Sachwerte geben im Papiergeldboom Sicherheit

Michael Ferber: «Viele Sachwerte eignen sich nur für Liebhaber», in: *Neue Zürcher Zeitung*, 21. Juni 2012.

Ist die selbst genutzte Immobilie ein sicherer Hafen?

Michael Ferber: «Der Blick über die Grenze», in: *Neue Zürcher Zeitung*, 12. Juli 2012.

Hohe Schulden sind ein Spiel mit dem Feuer

Michael Ferber: «Hohe Schulden sind ein Spiel mit dem Feuer», in: *Neue Zürcher Zeitung*, 12. Juni 2012.

Abbildungsverzeichnis

Quellenverzeichnis

Bücher und Lexika

Ahamed, Liaquat: *Lords of Finance. The Bankers who Broke the World*, The Penguin Press, New York 2009.

Authers, John: *The Fearful Rise of Markets: A Short View of Global Bubbles and Market Meltdowns*, Harlow 2010.

Baader, Roland: *Geld, Gold und Gottspieler. Am Vorabend der nächsten Weltwirtschaftskrise*, Gräfelfing 2004.

Baader, Roland: *Geldsozialismus*, Schriftenreihe der Vontobel-Stiftung, Zürich 2010.

Beck, Bernhard: *Volkswirtschaft verstehen*, 4., überarbeitete Auflage. Vdf Hochschulverlag AG an der ETH Zürich, Zürich 2005.

Beike, Rolf / Schlütz, Johannes: *Finanznachrichten lesen – verstehen – nutzen*, 5. Auflage, Stuttgart 2010.

Bernholz, Peter: *Monetary Regimes and Inflation. History, Economic and Political Relationships*, Cheltenham 2003.

Boeckh, J. Anthony: *Inflation um jeden Preis*, München 2012.

Boehringer, Simone, Hrsg.: *Der private Rettungsschirm. Weil Ihnen Staat und Banken im Krisenfall nicht helfen werden*, München 2012.

Brandeis, Louis D.: *Das Geld der Anderen. Wie die Banker uns ausnehmen*, FinanzBuch Verlag, München 2012.

Braunberger, Gerald / Fehr, Benedikt, Hrsg.: *Crash. Finanzkrisen gestern und heute*, Frankfurt / Main 2008.

Bresciani Turroni, Costantino: *The Economics of Inflation*, The Ludwig von Mises Institute, Auburn 1937 / 2007.

Brückner, Michael: *Die besten Zitate aus Wirtschaft und Management*, Hannover 2009.

Bruno, Michael / Sachs, Jeffrey D.: *Economics of Worldwide Stagflation*, Cambridge / Massachusetts 1985.

Canterbery, E. Ray: *The Global Great Recession*, Singapur 2011.

Dimson, Elroy / Marsh, Paul / Staunton, Mike: *Triumph of the Optimists: 101 Years of Global Investment Returns*, Princeton University Press 2002.

Eichengreen, Barry: *Das Ende des Dollarprivilegs. Aufstieg und Fall des Dollars und die Zukunft der Weltwirtschaft*, Börsenbuchverlag, Kulmbach 2012.

Encyclopaedia Britannica: http://www.britannica.com/EBchecked/topic/243118/ Great-Depression.

Ferber, Michael: *Was Sie über Geldanlage wissen sollten. Ein Wegweiser der Neuen Zürcher Zeitung für Privatanleger*, NZZ Libro, Zürich 2011.

Fink, Klaus-J.: *888 Weisheiten und Zitate für Finanzprofis. Die passenden Worte für jede Situation im Beratungsgespräch*, 1. Auflage, Gabler, Wiesbaden 2007.

Friedman, Milton / Jacobsen Schwartz, Anna: *The Great Contraction 1929–1933. A Study by the National Bureau of Economic Research*, New York und Princeton 1969.

Greenblatt, Joel: *Das Geheimnis erfolgreicher Anleger*. Börsenbuchverlag, Kulmbach 2011.

Hamada, Koichi / Kashyap, Anil K. / Weinstein, David E.: *Japan's Bubble, Deflation, and Long-Term Stagnation*, Cambridge / Massachusetts und London 2011.

Hüfner, Martin / Sieger, Heiner: *Achtung: Geld in Gefahr! Wie wir jetzt unser Einkommen und Vermögen schützen*, Hamburg 2008.

Kindleberger, Charles P.: *Die Weltwirtschaftskrise 1929–1939*. FinanzBuch Verlag, München.

Kindleberger, Charles P. / Aliber, Robert Z.: *Maniacs, Panics and Crashes. A History of Financial Crises*, 6. Auflage, Palgrave Macmillan, New York 2011.

Leuschel, Roland / Vogt, Claus: *Das Greenspan-Dossier. Wie die US-Notenbank das Weltwährungssystem gefährdet*, München 2004.

Leuschel, Roland / Vogt, Claus: *Die Inflationsfalle, Retten Sie Ihr Vermögen!*, Weinheim 2009.

Mauldin, John / Tepper, Jonathan: *Endgame. The End of the Debt Supercycle and How it Changes Everything*, Hoboken / New Jersey 2011.

Müller, Thomas: *Meine liebsten Börsenzitate*, Rosenheim 2009.

Münchau, Wolfgang: *Kernschmelze im Finanzsystem*, München 2008.

Münchau, Wolfgang: *Makrostrategien. Sicher investieren, wenn Staaten pleitegehen*, München 2010.

Polleit, Thorsten: *Der Fluch des Papiergeldes*, FinanzBuch Verlag, München 2011.

Polleit, Thorsten / Prollius, Michael von: *Geldreform. Vom schlechten Staatsgeld zum guten Marktgeld*, Lichtschlag Medien, Düsseldorf 2011.

Pring, Martin J.: *The All-Season Investor: Successful Strategies for Every Stage in the Business Cycle*, John Wiley & Sons, April 1992.

Reinhart, Carmen M. / Rogoff, Kenneth S.: *Dieses Mal ist alles anders. Acht Jahrhunderte Finanzkrisen*, 5. Auflage, FinanzBuch Verlag, München 2011.

Risse, Stefan: *Die Inflation kommt. Die besten Strategien, sich davor zu schützen*, München 2009.

Robbins, Lionel: *The Great Depression*, New Brunswick, New Jersey 2009.

Rothbard, Murray Newton: *Das Schein-Geld-System. Wie der Staat unser Geld zerstört*, 2. Auflage, Resch Verlag, München 2005.

Samuelson, Paul A. / Nordhaus, William D.: *Volkswirtschaftslehre. Das internationale Standardwerk der Makro- und Mikroökonomie*, 4., aktualisierte Auflage, mi-Wirtschaftsbuch, FinanzBuch Verlag, München 2010.

Shilling, A. Gary: *The Age of Deleveraging. Investment Strategies for a Decade of Slow Growth and Deflation*, Hoboken / New Jersey 2011.

Turk, James / Rubino, John: *The Coming Collapse of the Dollar and how to profit from it*, Doubleday, a division of Random House Inc., New York 2004.

Wissenschaftliche Artikel und Studien

Attié, Alexander P./Roache, Shaun K.: «Inflation Hedging for Long-Term Investors», *IMF Working Paper*, April 2009.

Arent, Stefan: «Expectations and Saving Behavior: An Empirical Analysis», *Ifo Working Papers*, Nr. 128, März 2012.

Bank Pictet: «Die Performance von Aktien und Obligationen in der Schweiz», Januar 2011, Quelle: www.pictet.com.

Bank Rothschild: *Anlegen in Zeiten finanzieller Repression*, Mai 2012.

Bank Sarasin: «Haben inflationsgeschützte Anleihen Potenzial?», *Fixed Income Strategy, Economic and Strategy Research*, Juni 2009.

Bank Sarasin: «Deflation: Japan versus USA», *Macro Focus, Economic and Strategy Research*, Januar 2010.

Bank Sarasin: «Was taugen inflationsindexierte Anleihen als Inflationsschutz?», *Fixed Income Strategy, Economic and Strategy Research*, April 2012.

Barasinska, Nataliya/Schäfer, Dorothea/Stephan, Andreas: *SOEPpapers on Multidisciplinary Panel Data Research: Financial Risk Aversion and Household Asset Diversification*, DIW, Berlin 2008.

Birchler, Urs/Volkart, Rudolf/Ettlin, Daniel/Hegglin, René: *Aktienbesitz in der Schweiz 2010*, Universität Zürich, Institut für Banking und Finance, http://www.bf.uzh.ch.

Bordo, Michael D./Meissner, Christopher M.: «Does Inequality Lead to a Financial Crisis?», *NBER Working Papers*, Nr. 17896, 2012.

Boudoukh, Jacob/Richardson, Matthew: «Stock Returns and Inflation: A Long-Horizon Perspective», *The American Economic Review*, Bd. 83, Nr. 5, 1993, S. 1346–1355.

Brinson, Gary/Hood, L. Randolph/Beebower, Gilbert L.: «Determinants of Portfolio Performance», *The Financial Analysts Journal*, Juli/August 1986.

Buiter, Willem H./Rahbari, Ebrahim: «The ECB as Lender of Last Resort for Sovereigns in the Euro Area», *CEPR Discussion Paper Series*, Nr. 8973, Mai 2012.

Checherita, Cristina/Rother, Philipp: «The impact of high and growing government debt on economic growth. An empirical investigation for the euro area», *Europäische Zentralbank Working Paper Series*, Nr. 1237, August 2012.

Credit Suisse: «Inflationsindexierte Anleihen: Ausblick 2011», *Research Flash: Investment Idea*s, Januar 2011.

Credit Suisse: «New Normal Investing: «Is the (Fat) Tail Wagging Your Portfolio?», Credit Suisse Asset Management, *White Paper*, April 2012.

Credit Suisse/London Business School: «Thought Leadership from Credit Suisse Research and the world's foremost experts», *Global Investment Returns Yearbook 2012*, Februar 2012.

Cocca, Teodoro/Johannes Kepler Universität Linz und LGT: «Eine Untersuchung des Anlageverhaltens von vermögenden Personen in Deutschland, Österreich und der Schweiz» *LGT Private Banking Report 2010*.

Demary, Markus/Voigtländer, Michael: «Inflationsschutz von Immobilien – Direktanlagen und Aktien im Vergleich», Institut der Deutschen Wirtschaft, Trends 1/2009.

Deutsche Bank (2012): «M3 im Euroraum: Die Zusammensetzung der Geldmenge», *Deutsche Bank Research*, Konjunktur, Februar 2012.

Deutsche Bank: «Sachwerte. Gefragte Anlageklasse in Krisenzeiten», *Deutsche Bank Research*, Aktuelle Themen, Mai 2012.

Deutsche Bundesbank: «Die Entwicklung der Staatsverschuldung seit der deutschen Wiedervereinigung», *Monatsbericht März 1997*, S. 17 ff.

Deutsche Bundesbank: «Anlegerverhalten in Theorie und Praxis», *Monatsbericht Januar 2011*, S. 45 ff.

Deutsche Bundesbank: «Das PHF: Eine Erhebung zu Vermögen und Finanzen privater Haushalte in Deutschland», Monatsbericht Januar 2012, S. 29 ff.

Deutsches Aktieninstitut: «Aktienanlage: Soziale Schere öffnet sich», *DAI Kurzstudie 2/2010*.

Dimson, Elroy / Marsh, Paul / Staunton, Mike: *Credit Suisse Global Investment Return Sourcebook 2012*, Credit Suisse Research Institute, Zürich 2012.

Dimson, Elroy / Marsh, Paul / Staunton, Mike: *Credit Suisse Global Investment Return Yearbook 2012*, Credit Suisse Research Institute, Zürich 2012.

Drescher, Christian / Erler, Alexander / Krizanac, Damir: «Das Assetmärchen der Federal Reserve», in: *Wirtschaftsdienst 2010/8*, Analysen und Berichte, Geldpolitik, S. 527–530.

Erler, Alexander / Krizanac, Damir: «Taylor-Regel und Subprimekrise. Eine empirische Analyse der amerikanischen Geldpolitik», *Wirtschaftswissenschaftliche Diskussionspapiere 05–09*, Rechts- und Wirtschaftswissenschaftliche Fakultät der Universität Bayreuth 2009.

Erler, Alexander / Drescher, Christian / Krizanac, Damir: «The Fed's Trap. A Taylor-type rule with asset prices», *J. Econ Financial Springer Science+Business Media*, LLC 2011, JEL Classification E52-E58, März 2011.

Erste Group Research: *Goldreport 2012 – In Gold we trust*, Juli 2012.

Fama, Eugene F. / Schwert, G. William: «Asset Returns and Inflation», in: *Journal of Financial Economics 5*, 1977, S. 115–146.

Fischer, Stanley / Sahay, Ratna / Végh, Carlos: «Modern Hyper- and High Inflations», *IMF Working Paper*, Januar 2003.

Flossbach von Storch, Bert : «Money for Nothing», *Bericht 1. Quartal 2012*.

Friesen, Geoffrey / Sapp, Travis: «Mutual fund flows and investor returns: An empirical examination of fund investor timing ability», in: *Journal of Banking and Finance* September 2007, S. 2796–2816.

Gothaer Asset Management / GfK Marktforschung Nürnberg: «Studie zum Anlageverhalten der Deutschen», 2012.

Junius, Karsten / Tödtmann, Kristian: «Inflation und Staatsverschuldung», Ifo-Schnelldienst, 63. Jahrgang, 17/2010.

Kooths, Stefan / Roye, Björn van: «Nationale Geldschöpfung im Euroraum: Mechanismen, Defekte, Therapie», *Kieler Diskussionsbeiträge*, Institut für Weltwirtschaft Kiel, Juni 2012.

Landesbank Baden-Württemberg: «Banken und Nullzinspolitik der Zentralbank: Lehren aus Japan», *Credit Research*, Dezember 2008.

Landesbank Baden-Württemberg: «Neue Normalität, Unsicherheit und Korrelationen: This time is different, isn't it?», *Credit Research*, Juni 2012.

Liechtensteinische Landesbank: *Finanzanlagen und Inflation*, 2011.

Nölke, Johannes: «Schützen Immobilien auch vor Hyperinflation?», in: *Immobilien & Finanzierung 22/2010*, www.optegrahhkl.de.

Reinhart, Carmen M.: «The Return of Financial Repression», Centre for Economic Policy Research, *Discussion Paper*, Nr. 8947, April 2012.

Reinhart, Carmen M. / Rogoff, Kenneth S.: «Growth in a Time of Debt», *NBER Working Paper*, Nr. 15639, Januar 2010.

Reinhart, Carmen M. / Sbrancia, M. Belen: «The Liquidation of Government Debt», *BIS Working Paper*, Nr. 363, Monetary and Economic Department, November 2011.

Rudebusch, Glenn D. / Williams, John C.: *Federal Reserve Bank. Forecasting Recessions: The Puzzle of the Enduring Power of the Yield Curve*, 2008.

Schweizerische Nationalbank: *Vermögen der privaten Haushalte 2010*.

Schweizerische Nationalbank: *Wechselkursentwicklung bremst Vermögensanstieg*, 2011.

Société Générale: «Theft! Were the US & UK central banks complicit in robbing the middle classes?», *Société Générale Cross Asset Research*, Global Strategy Weekly, 22. November 2011.

Société Générale: «Popular Delusions. Time to strip Sir Alan Greenspan and Sir Mervyn King of their knighthoods too?», *Société Générale Cross Asset Research*, Global Strategy Weekly, 9. Februar 2012.

Société Générale: «Popular Delusions. No-one hears you scream when the printing presses roll», *Société Générale Cross Asset Research*, Global Strategy Weekly, 15. Februar 2012.

Société Générale: «Popular Delusions. Take your seats for the coming Japanese inflation crisis: there is no way out», *Société Générale Cross Asset Research*, Global Strategy Weekly, 1. März 2012.

Steinbeis Research Center for Financial Services / Commerz Real: *Wachsende Bedeutung von Sachwerten bei institutionellen Investoren*, München 2011.

Taylor, John B.: «The Financial Crisis and the Policy Responses: An Empirical Analysis of That Went Wrong», *NBER Working Paper*, Nr. 14631, Januar 2009.

UBS: «Inflation – Rückkehr einer unbequemen Bekannten», *UBS Research Fokus*, Juni 2011.

UBS: «Staatsbankrotte in der Eurozone. Griechenland – und dann?», *UBS Research Fokus*, Oktober 2011.

VermögensPartner: «Fachanalyse Kosten in der Vermögensverwaltung. Gesamtkosten, Gebühren und wie man verschiedene Vermögensverwalter miteinander vergleichen kann», Januar 2010, www.vermoegens-partner.ch.

Vontobel Asset Management: «Inflation versus Deflation: ein Leitfaden für Anleger», *Investors Insight*, November 2010.

VP Bank (2010): «Anlegen in einem Inflations- oder Deflationsumfeld», *Wealth Management Solutions*, Juni 2010.

Wegelin & Co. (2010): «Deflation?», *Anlagekommentar*, Nr. 273, Oktober 2010.

Reden, Präsentationen und Broschüren

Ammann, Dominique / PPCmetrics: *Inflation – Fluch oder Segen für die berufliche Vorsorge?*, Präsentation, gehalten am 2. November 2012.

Baltensperger, Ernst: *Geldpolitik heute – Globale Perspektiven. Herausforderungen für die Schweiz und die Finanzmärkte*, Vortrag auf einer Veranstaltung der Notenstein Privatbank in Zürich, gehalten am 29. März 2012.

Bernanke, Ben S.: *Deflation: Making Sure ‹It› Doesn't Happen Here*, Rede vor dem National Economists Club, gehalten in Washington D.C. am 21. November 2002; http://www.bis.org/review/r021126d.pdf.

Liebi, Thomas / Swisscanto Asset Management: *Globale Schuldenkrise und ihre Auswirkungen*, Präsentation, gehalten am 3. Februar 2012.

Polleit, Thorsten: *Why Using Paper Money Has Always Ended in Tears*, Präsentation, gehalten in Zürich am 9. Mai 2012.

Poser, Jan Amrit / Bank Sarasin: *Ausblick 2012: Quadratur des Kreises. Kann ein zweites Japan vermieden werden?*, Präsentation, gehalten am 3. Februar 2012.

Reichmuth & Co.: *Check-up*, Kundeninformation, verschiedene Ausgaben 2009–2012, www.reichmuthco.ch.

VermögensPartner: *Merkblatt: Gebühren und Kosten in der Vermögensverwaltung*, www. kickbacks.ch.

Zeitungsartikel und Internetbeiträge

Aebersold Szalay, Claudia: «Gefangene der eigenen Politik», in: *Neue Zürcher Zeitung*, 9. Februar 2012.

Baltensperger, Ernst: «Warum die Kritiker der SNB irren», in: *Neue Zürcher Zeitung*, 5. April 2011.

Blechner, Notker: «Finanzielle Repression ist Realität», auf: *www.boerse.ard.de*.

Eisenring, Christoph: «Etwas Deflation ist nicht schlechter als etwas Inflation», in: *Neue Zürcher Zeitung*, 30. Oktober 2010.

Eisenring, Christoph: «Die Fed öffnet die Geldschleusen erneut», in: *Neue Zürcher Zeitung*, 4. November 2010.

Ferber, Michael siehe unter Anmerkungen S. 290 ff.

Germis, Carsten: «Japan schwächt den Yen», in: *Neue Zürcher Zeitung*, 1. November 2011.

Germis, Carsten: «Bank of Japan muss sich wehren», in: *Neue Zürcher Zeitung*, 30. Dezember 2011.

Germis, Carsten: «Politik drängt Japans Notenbank», in: *Neue Zürcher Zeitung*, 7. April 2012.

Göbel, Heike / Steltzner, Holger: «Wir sitzen in der Falle», in: *Frankfurter Allgemeine Zeitung*, 18. Februar 2012.

Grundlehner, Werner: «Die unverdiente Ritterwürde angelsächsischer Notenbanker», in: *Neue Zürcher Zeitung*, 8. März 2012.

Hackhausen, Jörg / Hagen, Jens: «Die Entschuldung geht nur über Inflation», in: *Handelsblatt*, 6. Februar 2012.

Issing, Otmar: «Keine Experimente», in: *Handelsblatt*, 25. Mai 2012.

Makin, H. John: «The Pain of Zero Interest Rates», auf: *www.aig.org* des American Enterprise Institute, 15. Februar 2012.

Müller, Matthias: «Geringe Zinsen als Wurzel des Übels», in: *Neue Zürcher Zeitung*, 11. Mai 2012.

Polleit, Thorsten: «Hayek und die Privatisierung des Geldes», auf: *www.misesinfo.org*, 27. März 2012.

Polleit, Thorsten: «Die Zentralbankräte werden immer mehr Geld drucken», auf: *www.misesinfo.org*, 18. Mai 2012.

Polleit, Thorsten: «Die wahre Lehre vom Geld», Beitrag für das Liberale Institut in Zürich, Juni 2012.

Prollius, Michael von: «‹Free Banking› gegen schlechtes Zentralbankengeld», Beitrag für das Liberale Institut in Zürich, Juni 2009.

Rasch, Michael siehe unter Anmerkungen S. 289 ff.

Rasonyi, Peter: «Die hohe Inflation nagt am Wohlstand der Briten», in: *Neue Zürcher Zeitung*, 27. Januar 2011.

Rasonyi, Peter: «Geldpolitik mit verbundenen Augen», in: *Neue Zürcher Zeitung*, 10. Februar 2012.

Rasonyi, Peter: «Die Bank of England sucht eine neue Balance», in: *Neue Zürcher Zeitung*, 18. Mai 2012.

Rasonyi, Peter: «Noch mehr monetäre Lockerung in Sicht», in: *Neue Zürcher Zeitung*, 21. Juni 2012.

Rezmer, Anke / Cünnen, Andrea / Kokologiannis, Georgios: «Höhere Inflation ist unvermeidlich», in: *Handelsblatt*, 10. April 2012.

Ruhkamp, Stefan: «Erschreckende Qualität», in: *Frankfurter Allgemeine Zeitung*, 8. März 2012.

Schöchli, Hansueli: «Die Nationalbank füllt das Reserveloch», in: *Neue Zürcher Zeitung*, 14. Januar 2012.

Stark, Jürgen: «Die Not des Monsieur Hollande», in: *Handelsblatt*, 29. Mai 2012.

Tester, Elisabeth: «Expansive Geldpolitik ist wie Fremdgehen», in: *Finanz und Wirtschaft*, 14. April 2012.

Tofall, Norbert F.: «Der Weg in die Knechtschaft einer monetären Planwirtschaft», Beitrag für das Liberale Institut in Zürich, April 2010.

www.zinsen-berechnen.de